U0366176

系统故障诊断技术、算法及 MATLAB 实现

魏秀琨　王志鹏　辛　格　编著

電子工業出版社
Publishing House of Electronics Industry
北京 • BEIJING

内 容 简 介

本书共 9 章（另有 2 个附录），涵盖了故障诊断信号分析基础、信号高级分析方法、滚动轴承故障诊断、齿轮故障诊断等基于信号分析的故障检测和故障诊断技术，同时，还包含了基于模型的故障诊断（对应第 6～8 章）、数据驱动的悬挂系统故障诊断方法。

为帮助读者更好地理解和学习，书中重要的理论和案例都配有 MATLAB 程序，每章都附有思考题（提供答案）。另外，编著者针对每章都制作了课件，方便读者学习和教师课堂教学使用。

本书力求理论和实践相结合，既可以作为理工科研究生的教材或参考书，也可以作为工程技术人员的自学用书。

图书在版编目（CIP）数据

系统故障诊断技术、算法及 MATLAB 实现 / 魏秀琨，王志鹏，辛格编著. —北京：电子工业出版社，2022.9

ISBN 978-7-121-44116-5

Ⅰ. ①系… Ⅱ. ①魏… ②王… ③辛… Ⅲ. ①交通运输系统－故障诊断 Ⅳ. ①U

中国版本图书馆 CIP 数据核字（2022）第 151274 号

责任编辑：王　群　　特约编辑：刘广钦
印　　刷：北京虎彩文化传播有限公司
装　　订：北京虎彩文化传播有限公司
出版发行：电子工业出版社
　　　　　北京市海淀区万寿路 173 信箱　　邮编：100036
开　　本：720×1000　1/16　印张：19.5　　字数：375 千字　　彩插：6
版　　次：2022 年 9 月第 1 版
印　　次：2024 年 5 月第 5 次印刷
定　　价：99.00 元

凡所购买电子工业出版社图书有缺损问题，请向购买书店调换。若书店售缺，请与本社发行部联系，联系及邮购电话：（010）88254888，88258888。

质量投诉请发邮件至zlts@phei.com.cn，盗版侵权举报请发邮件至dbqq@phei.com.cn。

本书咨询联系方式：wangq@phei.com.cn，910797032（QQ）。

PREFACE
前言

随着现代化大生产的发展和科学技术的进步，各类系统的规模日益扩大，复杂程度越来越高，系统的投资规模也越来越大。受许多无法避免的因素的影响，系统会出现各种各样的故障，可能造成严重的损失，甚至导致灾难性事故。保证系统的安全运行，消除事故，是十分迫切的问题。

故障检测与诊断技术为提高系统的可靠性、可维护性和有效性提供了一个新的途径。对工业生产过程来说，为了避免某些生产过程发生故障而导致整个生产过程瘫痪，必须在故障发生伊始迅速予以有效处理，保证系统功能基本正常，从而确保生产过程安全可靠地进行。用计算机监控系统检测生产过程中的故障并分离故障源，成为生产过程控制的重要任务之一。

故障诊断已经成为机电行业中非常重要的技术手段。很多高校也陆续开设了一些研究生课程，但针对故障诊断技术撰写的教材并不多见。本书是编著者根据“故障诊断技术”课程多年的授课和教学经验，结合学生在学习时的具体需求编写的一部教材。本书部分内容来自编著者多年的科研实践，相关案例有助于学习者理解理论并将理论应用于实践。

本书共9章，第1章介绍系统故障诊断技术的内涵及发展趋势；第2章和第3章介绍与故障诊断相关的信号分析技术，这两章是第4章和第5章（滚动轴承故障诊断和齿轮故障诊断）的基础；第6章和第7章主要讨论动力学系统分析和观测器的设计；第8章主要讨论基于动力学模型的故障诊断技术；第9章介绍数据驱动的悬挂系统故障诊断方法。第2～5章可以单独作为以信号处理技术为故障诊断手段的内容独立使用，第6～8章可以作为以观测器为主要手段的故障诊断技术单独学习和使用，第9章可以作为数据驱动的故障诊断技术单独学习和使用。

在本书的编写过程中，魏秀琨负责全书的统筹并编写了第 6~9 章及附录部分，王志鹏编写了第 1~3 章，辛格编写了第 4~5 章。

尹新强、汤庆锋、王棣青、赵春生、刘运超、魏东华、王宁、张慧月、左亚昆、张顺捷、李哲、钟槭烟等为本书的内容录入、绘图、MATLAB 程序编写和调试、资料收集、文字校对等做了大量的工作，在此向他们表示衷心的感谢！

限于编著者的水平，加之时间仓促，书中可能存在疏漏和不妥之处，希望读者批评指正。

编著者

CONTENTS

目录

第 1 章 绪　论

1.1 系统故障诊断技术的内涵

1.1.1 系统故障诊断技术的基本概念

1. 安全性、可靠性

（1）安全性：指不发生事故的能力，是判断、评价系统性能的一个重要指标。安全性表明系统在规定的条件下、规定的时间内不发生事故的情况下，完成规定功能的性能。其中，事故指的是使一项正常进行的活动中断，并造成人员伤亡、职业病、财产损失或破坏环境的意外事件。

（2）可靠性：指无故障工作的能力，是判断、评价系统性能的一个重要指标。可靠性表明系统在规定的条件下、规定的时间内完成规定功能的性能。系统或系统中的一部分不能完成预定功能的事件或状态，称为故障或失效。系统的可靠性越高，发生故障的可能性越小，完成规定功能的可能性越大。如果系统很容易发生故障，则说明系统很不可靠。

2. 异常、故障与失效

（1）异常：指系统中的不规则或偏离标准状态。

（2）故障：根据 GJB 451A—2005，故障是指产品不能执行规定功能的状态，通常指功能故障，因预防性维修或其他计划性活动或缺乏外部资源而不能执行规定功能的情况除外。

（3）失效：根据 GJB 451A—2005，失效是指产品丧失完成规定功能的能力的事件。在实际应用中，特别是对硬件产品而言，故障与失效很难区分，故一般统称为故障。

3. 诊断和预测

（1）诊断：指检测故障和隔离故障的过程（GJB 3385—98）、检测和隔离故障的活动（GJB 2547—95、GJB/Z 91—97）、为确定和隔离故障所执行的功能和所用的技术（MIL-STD-1309D-92），以及为识别故障、定位故障和确定故障原因所进行的工作（GB/T 3187—94）。

注：在 GB/T 3187—94 中，将此（诊断）定义称为“故障诊断”（Fault Diagnosis）。

（2）预测：指根据测试数据确定系统或设备潜在故障的过程。在评价一个系统或设备时，使用测试性能或其他有关数据，确定潜在的、即将发生的故障（MIL-STD-1309D-92）。对故障的症状进行分析，以预测未来的使用状态和剩余使用寿命。

4．维修保障

维修保障是指维修机构在规定的条件下，按照规定的维修策略提供维修元件或系统所需资源的能力。

5．健康、健康监测与装备健康监测理论

（1）健康：“健康”是系统良好状态的一种统称，是医学领域的常用名词。“人的健康”定义为人在身体、情感、精神、社会等方面持续应对所处环境的能力程度。现阶段，对于装备的“健康”尚未形成统一的定义。参照“人的健康”的定义，结合装备特点，本书中定义“装备的健康”为装备系统持续应对所处环境并完成规定任务的能力程度。

（2）健康监测：根据诊断/预测信息、可用资源、使用需求，对维修活动做出适当规划与决策。

（3）装备健康监测理论：装备健康监测理论着眼于微观和介观的动态变化与损伤过程控制，是由健康相关概念内涵及表征（认知层次）、健康时空演化规律（机理层次）、装备健康监测方法（实践层次）构成的理论体系。装备健康监测工程是以防止故障和最大限度降低故障影响为目标，进行健康监测系统设计、分析、制造、验证和使用的管理与技术过程。

1.1.2 系统故障诊断技术的目的与任务

故障诊断技术是一门综合性技术，不仅与诊断对象的性能和运行规律密切相关，而且涉及多门学科，如现代控制理论、可靠性理论、数理统计、模糊集理论、信号处理、模式识别和人工智能等。设备故障诊断的任务是监测设备的状态并判断其是否正常，预测和诊断设备的故障并消除故障，指导设备的管理和维修。

1. 状态监测

状态监测的任务是了解和掌握设备的运行状态，包括采用各种检测、测量、监视、分析和判别方法，结合系统的历史和现状，考虑环境因素，对设备运行状态进行评估，判断其是否处于正常状态，并对状态进行显示和记录，对异常状态进行报警，以便运行人员及时处理，并为设备的故障分析、性能评估、合理使用和安全工作提供信息和基础数据。

设备的状态通常可分为正常状态、异常状态和故障状态 3 种情况。

（1）正常状态：指设备的整体或局部没有缺陷，或虽有缺陷，但其性能仍在允许的限度内。

（2）异常状态：指缺陷已有一定程度的扩展，使设备状态信号发生一定程度的变化，设备性能已劣化，但仍能工作，此时应注意设备性能的发展趋势，即设备应在监护下运行。

（3）故障状态：指设备性能已大幅下降，设备已不能正常工作。设备的故障状态有严重程度之分，包括已有故障萌生并有进一步发展趋势的早期故障、设备尚可勉强“带病”运行的一般功能性故障、设备不能运行必须停机的严重故障、已导致灾难性事故的破坏性故障及由于某种原因瞬间发生的突发性紧急故障等。

对应不同的状态，应有不同的报警信号，一般用指示灯的颜色加以区分，绿灯表示正常，黄灯表示预警，红灯表示报警。对于设备状态演变的过程，应进行记录，包括对灾难性破坏事故的状态信号的存储、记忆，俗称“黑匣子”记录，以利事后分析事故原因。

2. 故障诊断

故障诊断的任务是根据状态监测所得的信息，结合已知的结构特性、参数、环境条件，以及设备的运行历史（包括运行记录和曾发生过的故障及维修记录等），对设备可能发生的或已经发生的故障进行预报和分析、判断，确定故障的性质、类别、程度、原因、部位，指出故障发生和发展的后果及趋势，提出阻止故障继续发展和消除故障的对策并加以实施，最终使设备恢复正常状态。故障诊断包括如下 4 个方面的内容。

（1）故障建模。按照先验信息和输入输出关系，建立系统故障的数学模型，作为故障检测与诊断的依据。

（2）故障检测。从可测或不可测的估计变量中，判断运行的系统是否发生了故障，一旦出现意外变化，就发出报警。

（3）故障分离与估计。如果系统发生了故障，则给出故障源的位置，确定故障原因是执行器、传感器或被控对象出现了问题还是发生了特大扰动等。故障估计是指在弄清故障性质的同时，计算故障程度、大小及故障发生时间等参数。

（4）故障分类、评价与决策。判断故障的严重程度，以及故障对系统的影响和发展趋势，针对不同的工况采取不同的措施（包括保护系统的启动）。

设备上不同部位、不同类型的故障会引起设备功能的不同变化，导致设备整体及各部位状态和运行参数的不同变化。故障诊断的任务就是当设备上某一部位出现某种故障时，从相关状态及其参数的变化中推断出导致这些变化的故障及其所在部位。由于状态参数数量极大，所以，必须找出其中的特征信息并提取特征量，才能对故障进行诊断。由某一故障引起的设备状态的变化称为故障的征兆。故障诊断的过程就是根据已知征兆判定设备上存在的故障的类型及其所在部位的过程。因此，故障诊断方法本质上是一种状态识别方法。

故障诊断的困难在于，故障和征兆之间不存在简单的一一对应关系：一种故障可能对应多种征兆，一种征兆也可能对应多种故障。例如，旋转机械转子的不平衡故障导致振动增大，其中对应转速的工频分量占比较大，是其主要征兆，同时还存在一系列其他征兆。反过来，工频分量占比较大这一征兆不是不平衡的特有征兆，还有许多其他故障也对应这一征兆，这就为故障诊断增加了难度。因此，通常故障诊断有一个反复试验的过程：首先，按已知信息提取征兆，进行诊断，得出初步结论，提出处理对策，对设备进行调整和试验，甚至停机维修；然后，启机进行验证，检查设备是否已恢复正常。如尚未恢复，则需要补充新的信息，进行新一轮的诊断和提出处理对策，直至状态恢复正常。

3. 管理和维修指导

设备管理和维修方式的发展经历了 3 个阶段，即从早期的事后维修（Run-to-Breakdown Maintenance）发展到定期预防维修（Time-based Preventive Maintenance），现在正向视情维修（Condition-based Maintenance）发展。定期预

防维修可以预防事故的发生，但可能出现过剩维修或不足维修的情况。视情维修是一种更科学、更合理的维修方式，但其有赖于完善的状态监测和故障诊断技术，这也是国内外近年来对故障诊断技术非常重视的一个原因。随着我国故障诊断技术的进一步发展和实施，我国的设备管理、维修工作将上升到一个新的水平，工业生产的设备完好率将进一步提高，恶性事故将进一步得到控制，经济建设将更健康地发展。

1.1.3　系统故障诊断技术的基本理论与方法

随着故障诊断技术的发展，人们已提出了许多方法。按照国际故障诊断权威专家德国 Frank 教授的观点，故障诊断方法可分为基于数学模型的方法、基于知识的方法和基于信号处理的方法 3 类。然而，近年来随着理论研究的深入和相关领域的发展，各种新的故障诊断方法不断出现，传统的分类方式已经不再适用。周东华教授从一个全新的角度对现有的故障诊断方法进行了重新分类，将其分为定性分析方法和定量分析方法两大类，如图 1-1 所示。

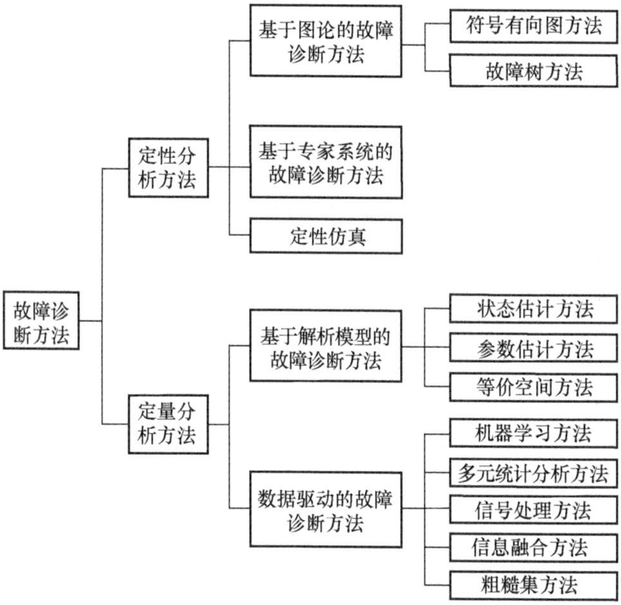

图 1-1　故障诊断方法分类

1．定性分析方法

1）基于图论的故障诊断方法

基于图论的故障诊断方法主要包括符号有向图（Signed Directed Graph，SDG）方法和故障树（Fault Tree）方法。

SDG 是一种被广泛采用的描述系统因果关系的图形化模型。在 SDG 中，事件或者变量用节点表示，变量之间的因果关系用从原因节点指向结果节点的有方向的边表示。在系统正常时，SDG 中的节点都处于正常状态；在系统发生故障时，故障节点的状态会偏离正常值，并发出报警信号，根据 SDG 给出的节点变化的因果关系并结合一定的搜索策略，可以分析出故障所有可能的传播路径，判明故障发生的原因，并且得到故障的发展演变过程。

故障树是一种特殊的逻辑图。基于故障树的诊断是一种由果到因的分析过程，它从系统的故障状态出发，逐级进行推理分析，最终确定故障发生的基本原因、影响程度和发生概率。

基于图论的故障诊断方法具有建模简单、结果易于理解和应用范围广等特点。但是，当系统比较复杂时，这类方法的搜索过程会变得非常复杂，而且诊断正确率不高，可能给出无效的故障诊断结果。

2）基于专家系统的故障诊断方法

基于专家系统（Expert System）的故障诊断方法利用领域专家在长期实践中积累起来的经验建立知识库，并设计一套计算机程序，模拟人类专家的推理和决策过程，从而进行故障诊断。专家系统主要由知识库、推理机、综合数据库、人机接口及解释模块等部分构成。

知识库和推理机是专家系统的核心，在传统专家系统中，专家知识常用具有确定性的“if-then”规则表示。通常来说，专家知识不可避免地具有不确定性。模糊专家系统在专家知识的表示中引入了模糊隶属度的概念，并利用模糊逻辑进行推理，能够很好地处理专家知识中的不确定性。模糊理论善于描述由“不精确”引起的不确定性，证据理论则能描述由“不知道”引起的不确定性。

基于专家系统的故障诊断方法能够利用专家丰富的经验知识，无须对系统进行数学建模，并且诊断结果易于理解，因此得到了广泛的应用。但是，这类方法也存在不足，主要表现如下：首先，知识的获取比较困难，这成为专家系统开发中的主要瓶颈；其次，诊断的准确程度依赖知识库中专家经验的丰富程度和知识水平的高低；最后，当规则较多时，推理过程会出现匹配冲突、组合爆炸等问题，使得推理速度较慢、效率低下。

3）定性仿真

定性仿真（Qualitative Simulation）是获得系统定性行为描述的一种方法，由定性仿真得到的系统在正常和各种故障情况下的定性行为描述可作为系统知识以用于故障诊断。基于定性微分方程约束的定性仿真方法是定性仿真中最为成熟的方法之一。这种方法先将系统描述成一个代表物理参数的符号集合及反映这些物理参数之间相互关系的约束方程集合，然后从系统的初始状态出发，生成各种可能的后继状态，并用约束方程过滤掉那些不合理的状态，重复此过程，直到没有新的状态出现为止。定性仿真的最大特点是能够对系统的动态行为进行推理。

2. 定量分析方法

1）基于解析模型的故障诊断方法

基于解析模型的故障诊断方法，利用系统精确的数学模型和可观测输入输出量，构造残差信号来反映系统期望行为与实际运行模式之间的不一致，然后基于对残差信号的分析进行故障诊断。总体来说，这类方法包括状态估计（State Estimation）方法、参数估计（Parameter Estimation）方法和等价空间（Parity Space）方法。

（1）状态估计方法主要包括滤波器方法和观测器方法，利用被控过程的状态直接反映系统的运行状态，并结合适当的模型进行故障诊断。首先，重新构造被控过程状态，并构造残差序列，残差序列包含各种故障信息及基本残差序列；其次，通过构造适当的模型并采用统计检验法，把故障从中检测出来，并做进一步的分离、估计及决策。通常可用 Luenberger 观测器或卡尔曼滤波器进行状态估计。

2000 年，Puneet Goel 等几位美国机器人学者在滑轮式机器人上提出了一种基于多卡尔曼滤波器的故障检测和辨识方法，用适应方法预测可能出现的故障类型，然后学习它们并将其作为故障样本。每种故障类型的行为模型都被嵌入多个类似的卡尔曼滤波器估计器。当预报读数和实际的传感器读数不同时，这个残差就被作为每个滤波器的工作情形指示器。用反馈式神经网络的方法将这个残差集作为样本，确定哪个滤波器与正常状态的滑动式机器人更协调，则最不协调的滤波器可能出现故障。

（2）参数估计方法认为故障会引起系统过程参数的变化，而过程参数的变化会进一步导致模型参数的变化，因此，可以通过检测模型中的参数变化来进行故障诊断。

（3）等价空间方法利用系统的解析数学模型，建立系统输入和输出变量之间的等价数学关系，这种关系能够反映输出变量之间静态的直接冗余及输入和输出变量之间动态的解析冗余，然后通过检验实际系统的输入值和输出值是否满足该等价关系，达到检测和分离故障的目的。

基于解析模型的故障诊断利用了对系统内部的深层认识，具有很好的诊断效果。但是这类方法依赖被诊断对象精确的数学模型，在实际应用中，对象精确的数学模型往往难以建立，此时基于解析模型的故障诊断方法便不再适用。然而，系统在运行过程中积累了大量的运行数据，因此，需要研究数据驱动的故障诊断方法。

2）数据驱动的故障诊断方法

数据驱动的故障诊断方法对过程运行数据进行分析处理，从而在不需要知道系统精确解析模型的情况下完成系统的故障诊断。这类方法又可分为机器学习方法、多元统计分析方法、信号处理方法、信息融合方法和粗糙集方法等。

（1）机器学习方法。机器学习方法的基本思路如下：利用系统在正常和各种故障情况下的历史数据训练神经网络（Neural Network）或者支持向量机（Support Vector Machine）等，以用于故障诊断。

在故障诊断中，神经网络主要用来对提取出来的故障特征进行分类。神经网络的训练需要大量对象的历史数据，这对于有些系统是无法实现的。与神经网络不同，支持向量机更适用于小样本的情况。

机器学习方法以故障诊断正确率为学习目标，并且适用范围广。但是机器学习方法需要过程故障情况下的样本数据，并且精度与样本的完备性和代表性有很大的关系，因此，难以用于那些无法获得大量故障数据的工业过程。

（2）多元统计分析方法。多元统计分析方法利用多个变量之间的相关性对过程进行故障诊断。这类方法根据过程变量的历史数据，利用多元投影方法将多变量样本空间分解成由主元变量张成的较低维的投影子空间和一个相应的残差子空间，并分别在这两个空间中构造能够反映空间变化的统计量，然后将观测向量分别向两个子空间进行投影，并计算相应的统计量指标以用于过程监控。利用不同的多元投影方法得到的子空间分解结构反映了过程变量之间不同的相关性，常用的多元投影方法包括主元分析（Principal Component Analysis，PCA）、偏最小二乘（Partial Least Squares，PLS）及独立主元分析（Independent Component Analysis，ICA）等。

PCA 对过程变量的样本矩阵或样本方差矩阵进行分解，所选取的主元变量之间是互不相关的，并且可以由过程变量通过线性组合的形式得到。PCA 方法得到的投影子空间反映了过程变量的主要变化，而残差子空间则主要反映了过程的噪声和干扰等。

基于 PCA 的故障诊断方法将子空间中的所有变化都当作过程故障，而实际中人们往往最关心质量变量的变化，因此，只对那些能够导致质量变量发生变化的故障感兴趣。PLS 利用质量变量引导过程变量样本空间的分解，所得的投影空间只反映过程变量中与质量变量相关的变化，因此，具有比 PCA 更强的对质量变量的解释能力。如果质量变量能够实时在线测量，则可以建立过程变量与质量变量之间的软测量模型，将质量变量的预测值与实测值比较以进行故障诊断。但是质量变量通常无法在线获得，在这种情况下，只能利用 PLS 给出的过程变量的投影结构和实测值来对质量变量进行监控。当将 PLS 用于过程监控时，更为贴切的名称是潜空间投影（Projection to Latent Structures）。

基于 PCA 的故障诊断方法假设过程变量服从多元正态分布，然而在有些情况下，过程变量并不完全是正态分布的。此时，PCA 提取出来的主元变量只是不相关的，并不是相互独立的。针对具有非高斯分布的多个过程变量，ICA 认为影响这些过程变量的少数本质变量是相互独立且非高斯的，并且可以由过程变量的线性组合得到，利用 ICA 算法可以提取出这些互相独立的主元变量。

多元统计分析方法不需要对系统结构和原理深入了解，完全基于系统运行过程中传感器的测量数据，而且算法简单，易于实现。但是，这类方法诊断出来的故障物理意义不明确，难以解释，并且由于实际系统的复杂性，这类方法中还有许多问题有待进一步的研究，如过程变量之间非线性，以及过程的动态性和时变性等。

（3）信号处理方法。这类方法利用各种信号处理方法对测量信号进行分析处理，提取与故障相关的信号的时域或频域特征以用于故障诊断，主要包括谱分析（Spectrum Analysis）方法和小波变换（Wavelet Transform）方法。不同的故障会导致信号的频谱表现出不同的特征，因此，可以通过对信号的功率谱、倒频谱等进行谱分析来进行故障诊断。

以傅里叶变换为核心的传统谱分析方法虽然在平稳信号的特征提取中发挥了重要作用，但是实际系统发生故障后的测量信号往往是非平稳的，而且傅里叶变换是一种全局变换，不能反映信号在时频域上的局部特征。小波变换作为一种非平稳信号的时频域分析方法，既能反映信号的频率内容，又能反映该频率内容随时间变化的规律，并且其分辨率是可变的，即在低频部分具有较高的频率分辨率和较低的时间分辨率，而在高频部分具有较高的时间分辨率和较低的频率分辨率。小波变换在故障诊断中的应用主要有以下几种：利用小波变换对信号进行多尺度多分辨率分析，从而提取信号在不同尺度上的特征以用于故障诊断；利用小波变换的模极大值可以检测出信号的突变，因此，基于小波变换的奇异性检测可用于突发型故障的诊断；根据实际系统中有用信号往往集中在低频部分且比较平稳，而噪声主要表现为高频信号的特点，小波变换还常用于随机信号的去噪。基于小波分解与重构的去噪方法通过在小波分解信号中去除高频部分来达到去噪的目的。

（4）信息融合方法。信息融合方法对多源信息进行自动分析和综合，从而获得比单源信息更为可靠的结论。信息融合按照融合时信息的抽象层次可分为数据层融合、特征层融合和决策层融合。目前，基于信息融合的故障诊断方法主要是决策层融合方法和特征层融合方法。

决策层融合方法利用决策层融合算法对基于不同传感器数据得到的故障诊断结果或者基于相同数据经过不同方法得到的故障诊断结果进行融合，从而获得更加准确的结论。基于 DS 证据理论（Dempster-Shafer Evidence Theory）融合的方法是决策层融合方法中研究最多的一类。DS 证据理论处理具有不确定性的多属性判决问题时具有突出的优势，它不但能处理由“不精确”引起的不确定性，还能处理由“不知道”引起的不确定性。

特征层融合方法主要利用神经网络或支持向量机将多个故障特征进行融合，得到融合后的故障特征以用于诊断或者直接输出故障诊断结果。故障特征既可以是从多个传感器数据中得到的特征，也可以是从相同数据中抽象出来的不同特征。

基于信息融合的故障诊断方法利用了多个传感器的互补和冗余信息，但是，如何保证这些信息能够被有效利用以达到提高故障诊断的准确性及减少虚报和漏报的目标，还有待进一步的研究。

（5）粗糙集方法。粗糙集（Rough Set）是一种从数据中进行知识发现并揭示其潜在规律的新的数学工具。与模糊理论使用隶属度函数和证据理论使用置信度不同，粗糙集的最大特点就是不需要数据集之外的任何主观先验信息，就能够对不确定性进行客观描述和处理。属性约简是粗糙集理论的核心内容，它是在不影响系统决策的前提下，通过删除不相关或者不重要的条件属性，使得可以用最少的属性信息得到正确的分类结果。因此，在故障诊断中可以使用粗糙集来选择合理有效的故障特征集，从而降低输入特征量的维数及故障诊断系统的规模和复杂程度。

总之，数据驱动的故障诊断方法不需要精确的解析模型，完全从系统的历史数据出发，因此，在实际系统中更容易直接应用。但是，这类方法因为没有系统内部结构和机理的信息，因此，对故障的分析和解释相对比较困难。需要说明的是，虽然基于解析模型的方法和数据驱动的方法是两类完全不同的故障诊断方法，但它们之间并不是完全没有联系的。

设备故障诊断技术发展至今，相关方法均已有了明显的成效。在定量分析方法中，基于解析模型的故障诊断方法研究较早，对线性系统的诊断也较完善。对非线性系统的故障诊断仍是当前的研究热点和难点问题，采用非线性理论、自适应观测器及定性方法等可以对一些简单的非线性系统进行故障诊断。另外，故障诊断的鲁棒性研究也日益受到重视，它和故障诊断的灵敏性的合理折中也是一个难点问题。此外，故障检测最优阈值的选取和故障的准确定位等诊断性能方面的问题也是研究热点方向之一。数据驱动的故障诊断方法避开了系统建模的难点，实现简单，实时性较好，但对潜在的早期故障的诊断存在不足，因此，多用于故障的检测，与其他诊断方法的结合有望提高其故障诊断性能。

定性分析方法对于复杂系统和非线性系统有较大的实际意义。由于该类方法充分考虑了人的智能因素，更符合对实际系统的自然推理，是一类很有前途的诊断方法。但该类方法的部分理论尚不成熟，真正应用于工业实际过程的不是很多，在很多方面还有待进一步研究。

虽然经过几十年的发展，故障诊断研究已经取得了大量的成果，但是在已有成果中，对于故障检测问题的研究较多，而对于故障分离和辨识问题的研究较少；对于单故障诊断问题的研究较多，而对于多故障诊断问题的研究较少。此外，对于故障诊断的鲁棒性、自适应性等问题的研究和结论也较少，这些都有待进一步的研究。

（1）数据驱动的复杂系统的故障诊断和预测。复杂系统具有高维、强非线性、强耦合及大时延等特性，很难对其建立精确的数学模型，因此，根据复杂系统的实际运行数据对其进行故障诊断和预测，成为保证复杂系统安全、可靠运行的关键问题。

（2）基于定量数据和定性信息的故障诊断和预测。系统知识既包括客观反映系统运行状态的测量数据（定量数据），也包括人们的主观认知和经验（定性信息），因此，如何在故障诊断和预测中将这些客观定量数据和主观定性信息进行综合利用是一个重要的研究方向。

（3）复杂系统的混合故障诊断和预测。实际系统的复杂性及各种故障诊断和预测方法的局限性，使得单一的故障诊断和预测方法往往无法达到理想的效果。因此，如何有效地利用多种故障诊断和预测方法提高整个诊断系统的性能是一个具有重要现实意义的研究方向。

（4）特定系统的故障诊断和预测。在对混杂系统、奇异系统和网络化控制系统等进行处理时，需要解决其特有的问题，一般的动态系统故障诊断和预测方法很难适用，必须研究针对这类系统结构和特点的故障诊断和预测方法。

目前，故障诊断正处于智能化诊断阶段。这一阶段的特点是将人工智能的研究成果（如专家经验的总结、模糊逻辑和人工神经网络等）应用到故障诊断领域中，以常规诊断技术为基础，以人工智能技术为核心，其研究内容与实现方法已发生并将继续发生重大变化。此时，以数据处理为核心的诊断过程被以知识处理为核心的诊断过程代替，对诊断技术的研究转变为从知识的角度出发来系统地研究诊断技术。智能诊断技术经过二十多年的发展，已有了很多研究成果，但远未达到成熟的水平。

智能诊断技术能够大大提高诊断的效率和可靠性。目前，智能诊断技术主要有 3 个基本方向：专家系统故障诊断、模糊逻辑故障诊断和神经网络故障诊断。它们之间的融合也在研究之中。

人工智能在故障诊断领域中的应用，实现了基于人类专家经验知识的设备故障诊断，并且将其提高到一个新的水平——智能化诊断。由此可以看出，故障诊断是一门综合性学科，它的发展离不开它所依赖的基础学科的发展。可以说，与前沿科学的相互融合、取长补短是故障诊断技术的发展方向。传感器的精密化、多维化，诊断理论和诊断模型的多元化，以及诊断技术的智能化是当今故障诊断技术的发展趋势。

基于人工智能的故障诊断即将人工智能领域的各种研究成果用于故障诊断，如基于专家系统的方法、基于人工神经网络的方法、基于遗传算法及模糊推理的方法等。它是计算机技术和故障诊断技术相互结合与发展进步的结果。基于人工智能的故障诊断的本质特点是模拟人脑的机能，有效地获取、传递、处理、再生和利用故障信息，成功地识别和预测诊断对象的状态。将神经网络、专家系统、遗传算法、模糊推理等人工智能领域中的各种方法加以综合利用并用于故障诊断，特别是针对具有模糊性的诊断对象，将更有利于深入细致地刻画与描述故障的特征，有利于避免故障判断中的非此即彼的绝对性，使推理过程与客观实际更加相符，同时也解决了传统的故障诊断专家系统中存在的知识获取“瓶颈”问题、知识“窄台阶”问题，以及容易出现的“匹配冲突”“组合爆炸”“无穷递归”等问题。将人工智能领域中的各种方法有机结合，可以大大提高故障诊断的水平和效率。因此，基于人工智能的故障诊断技术是故障诊断领域最为引人注目的且最有发展前途的研究方向之一，是今后故障诊断领域的研究热点。

1.1.4 系统故障诊断系统的结构与内容

系统故障诊断的内容包括状态监测、诊断分析和故障预测 3 个方面。其具体实施过程可以归纳为以下 4 个方面。

1. 信号采集

设备在运行过程中必然会有力、热、振动及能量等特征量的变化，由此会产生各种不同信息（信号）。根据不同的诊断需要，选择能表征设备工作状态的不同信号（如振动、压力、温度等）是十分有必要的。这些信号一般是用不同的传感器来获取的。

2. 信号处理

信号处理是将采集到的信号进行分类处理、加工，获得能表征机器特征的过程，也称特征提取过程，如将振动信号从时域变换到频域以进行频谱分析。

3. 状态识别

将经过信号处理后获得的设备特征参数与规定的允许参数或判别参数进行比较，以确定设备所处的状态、是否存在故障及故障的类型和性质等。为此，应正确制定相应的判别准则和诊断策略。

4. 诊断决策

根据对设备状态的判断，决定应采取的对策和措施，同时根据当前信号预测设备状态可能发展的趋势，进行趋势分析。

上述诊断内容可用图 1-2 来表示。

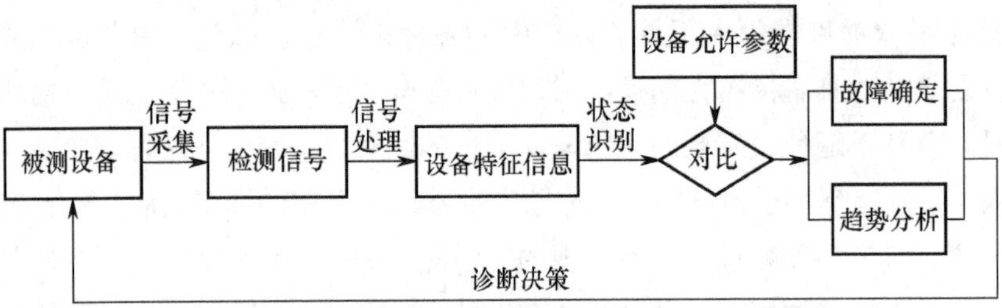

图 1-2　设备诊断过程框图

设备状态监测与故障诊断既有联系又有区别，有时为了方便，将其统称为设备故障诊断。其实，没有监测又何谈诊断？诊断为目的，监测是手段，监测是诊断的前提。状态监测通常是指通过监测手段，监测和测量设备或部件运行状态信息和特征参数（如振动、温度等），以此来检查其状态是否正常。例如，当特征参数小于允许值时，便认为是正常，否则为异常；尚可认为超过允许值的大小表示故障严重程度，当它达到某一设定值（极限值）时就应停机检修。以上过程前部分是监测部分。当监测的结果不需要进行更进一步的处理和分析时，以有限的几个指标就能确定设备的状态，这也是诊断，这往往是简易诊断，称为以监测为主的简易诊断系统，或称监测及简易诊断系统。

设备故障诊断，不仅要检查出设备是否正常，还要对设备发生故障的部位、产生故障的原因及故障的性质和程度，给出正确的、深入的判断，即要求做出精密诊断。因此，不仅要对这些监测和诊断系统有所了解，更重要的是对设备本身的结构、特性、动态过程、故障机理及故障发生后的后续工作或事件（包括维修与管理）有比较清楚的了解。对现代工业大型设备的了解，本身就是一类专业知识，非一般仪表工程师或电子、计算机专业人员能力所及。从这一角度考虑，故障诊断技术与状态监测系统又是两回事，有着十分不同的专业倾向。

1.2　系统故障诊断技术的发展趋势

1.2.1　故障预测与健康监测的技术内涵

具有现代性能的监测与诊断系统，必须是具有现代状态监测技术与现代分析诊断技术（二者紧密结合），能够达到满意的故障诊断效果及良好的确诊率的系统。

健康监测系统一般应具备如下功能：故障检测、故障隔离、故障诊断、故障预测、健康监测和寿命追踪。对于复杂装备和系统，健康监测应能实现不同层次、不同级别的综合诊断、故障预测和健康监测。目前应用较为成熟的健康监测技术体系是美军 F-35 飞机上机载智能实时监控系统和地面飞机综合管理的双层体系结构。多级系统实现信息综合并传给地面的联合分布式信息系统（Joint Distribution Information System，JDIS），从而对飞机安全性进行有效判断，实现技术状态管理和维护保障。

健康监测技术的迅速发展导致维修和保障模式从状态监控向状态管理转变，这一技术的实现将使原来由事件主宰的维修（事后维修）或时间相关的维修（定期维修）被基于状态的维修（视情维修，CBM）取代。健康监测是测试和维修诊断的一种革新方案，是一种全面故障检测、隔离、预测及健康监测技术。它的引入不是为了直接消除系统故障，而是为了了解和预报故障何时可能发生，或在出现始料未及的故障时触发一种简单的维修活动，从而实现自主式保障，降低使用和保障费用。健康监测代表了一种方法的转变，即从传统的基于传感器的诊断转向基于智能系统的预测，从反应式的通信转向先导式的 3R（在准确的时间对准确的部位采取准确的维修活动）。健康监测能以较高的故障诊断能力和非常低的虚警率来确定部件完成其特定功能的能力（超出传统测试性和 BIT 的能力）。

健康退化曲线如图 1-3 所示。曲线 1、曲线 2、曲线 3 表示部件或系统的健康退化过程，由于损伤发展的随机性、载荷的不确定性及失效模式的多样性等原因，部件或系统使用寿命的分散度很大，采用定时维修，即基于使用寿命的统计学估计确定维修间隔 τ，既不能有效避免部件突然失效（如图 1-3 中的曲线 1）而造成的事故，还会因为替换了有很长剩余使用寿命的部件（如图 1-3 中的曲线 3）

而造成浪费，并增加了因例行检查和更换而造成的人为故障。但是部件或系统的状态（健康水平），将经历一个状态良好、（早期的）潜在故障（初步损伤）、故障发展和即将失效这样一个健康退化过程。这一过程从时变的角度可简化为图 1-4，故障预测与健康监测（Prognostic and Health Management，PHM）的目标不仅仅在故障发生时（*D* 点）进行诊断、隔离，更关注于在早期的潜在故障发生时（*A* 点）预测损失演变过程，根据诊断/预测信息、可用资源和使用需求做出维修决策，实现健康监测。

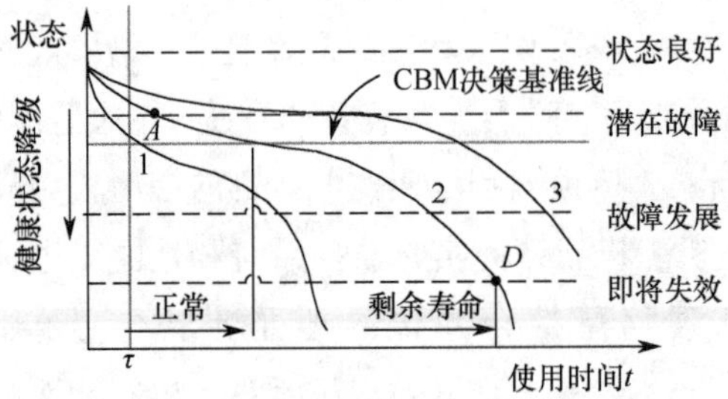

图 1-3　健康退化曲线

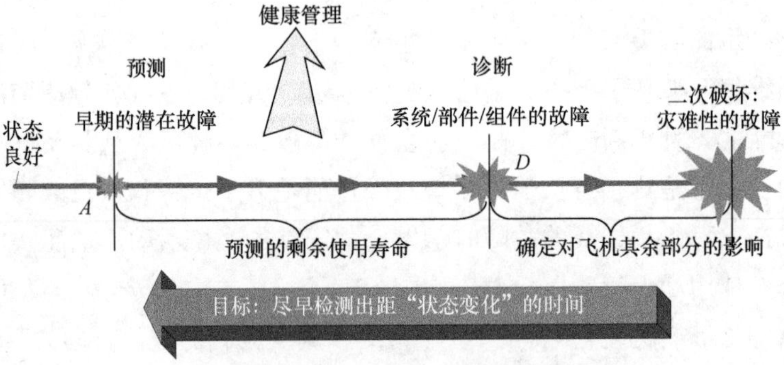

图 1-4　故障预测与健康监测过程

根据以上分析，PHM 系统应既涵盖传统的故障诊断与隔离等内容，又包括预测能力的描述，还包括支持状态管理能力的内容。因此，提出的 PHM 系统指标应分 3 类：故障诊断/隔离类指标、预测性指标和其他指标。

健康监测所具有的这种持续的状态监控与健康监测、故障诊断和预测、维修决策支持能力，能够实现在准确的时间对准确的部位采取准确的维修活动，可以提高设备使用效率，缩短维修和停工时间，节约维修费用，减少设备的事故率，是实现设备视情维修的重要手段。利用健康监测技术可以实现以下目标。

（1）提高系统的任务可靠性和安全性。

（2）减少维修人力、备件和修理费用。

（3）取消计划性检查。

（4）实现维修和零备件采购时机最佳化。

（5）自动替换故障元件为外场正常元件。

（6）消除不可重复性（Cannot Duplicates，CNDs）和重复测试（Retest OKs，RTOKs）。

（7）实时通报系统各级保障链即将发生的维修事件。

（8）在潜在的灾难性失效发生前及时捕获。

（9）检测初始故障并监测，直到失效前。

（10）适时维修缩短设备停机时间。

健康监测必须在系统制造之前进行设计，目的是使这种全新的概念获得最大的效益。在系统设计中，对保障性因素的权衡是一个复杂的问题。例如，提高系统的可靠性可以减少人力和零备件需求，从而降低保障费用；而更高的可靠性意味着更高的采购费用。引入健康监测不是为了直接消除故障，而是为了了解和预计故障何时发生，或在出现未料到的故障时触发一种简单的维修活动。

1.2.2 故障预测与健康监测技术体系

IEEE 1471—2000（软件密集型系统体系结构描述的推荐规程）中关于体系结构术语的定义如下：体系结构是指一个系统的基本组织，表现为系统的组件、组件之间的相互关系、组件与环境之间的相互关系，以及设计和进化的原理。体系结构描述系统结构的实体及其特性，决定系统结构组成部分之间的关系，良好的体系结构可以降低大型复杂装备设计开发的复杂度，它对系统的诸多方面存在重要影响。体系结构研究的基本内容包括形式化描述、构造与表示、分析/设计与验证、发展演化与重用、基于体系结构的开发方法、特定领域的体现结构框架、支持工具、产品线体系结构和评价方法等多个方面。

健康监测技术体系相关内容如图 1-5～图 1-10 所示。

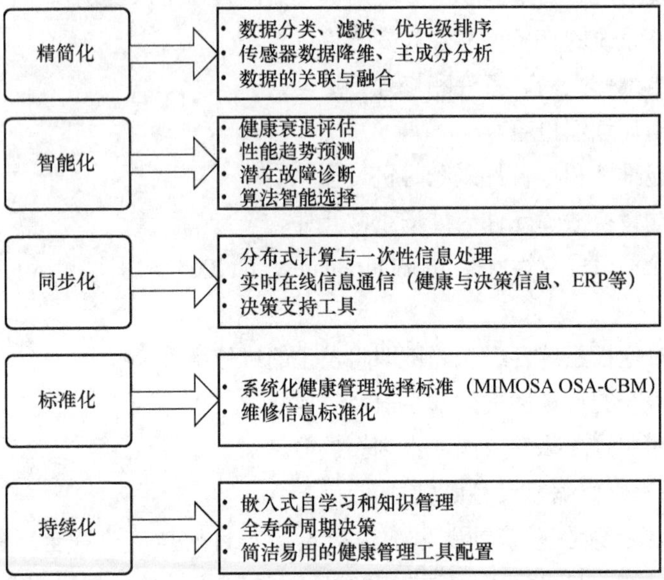

图 1-5　健康监测技术体系

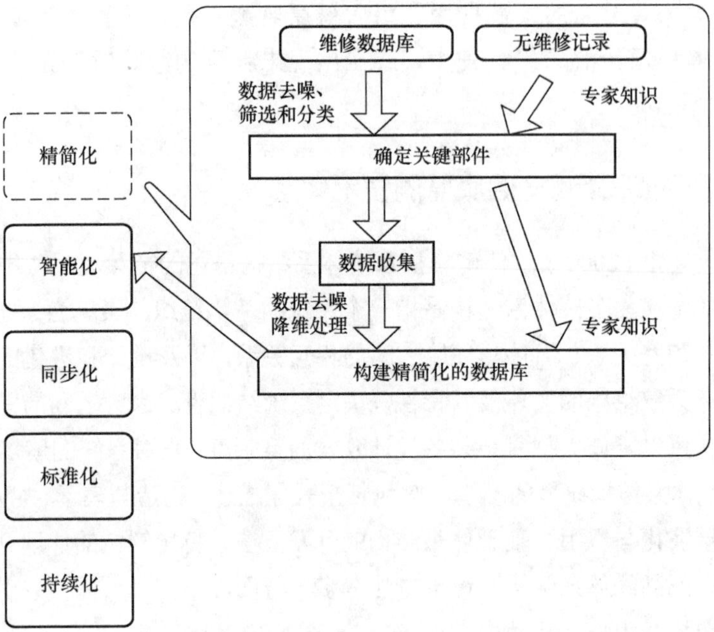

图 1-6　健康监测技术体系（精简化）

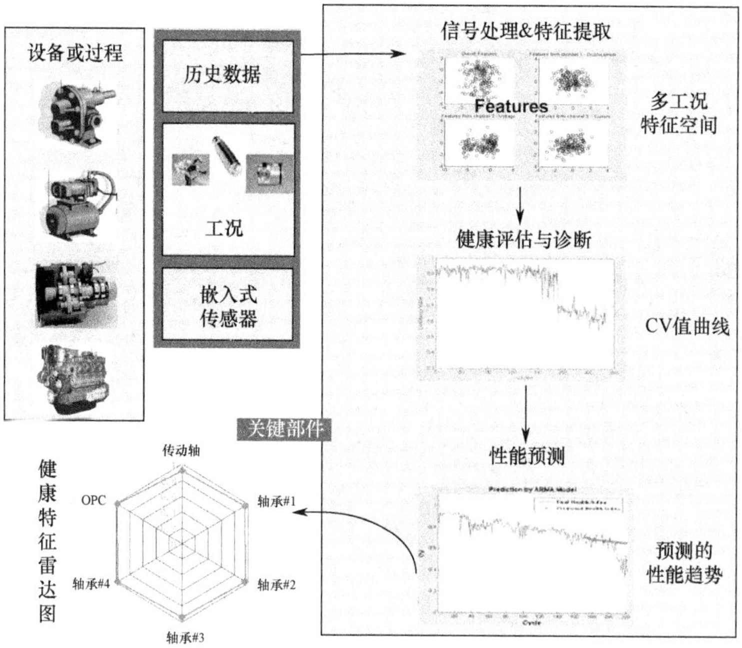

图 1-7　健康监测技术体系（智能化）

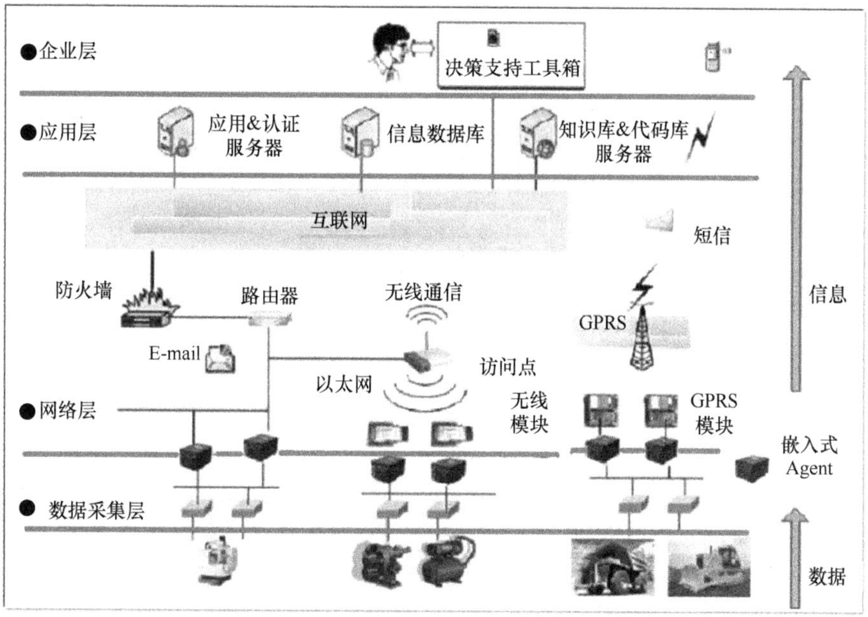

图 1-8　健康监测技术体系（同步化）

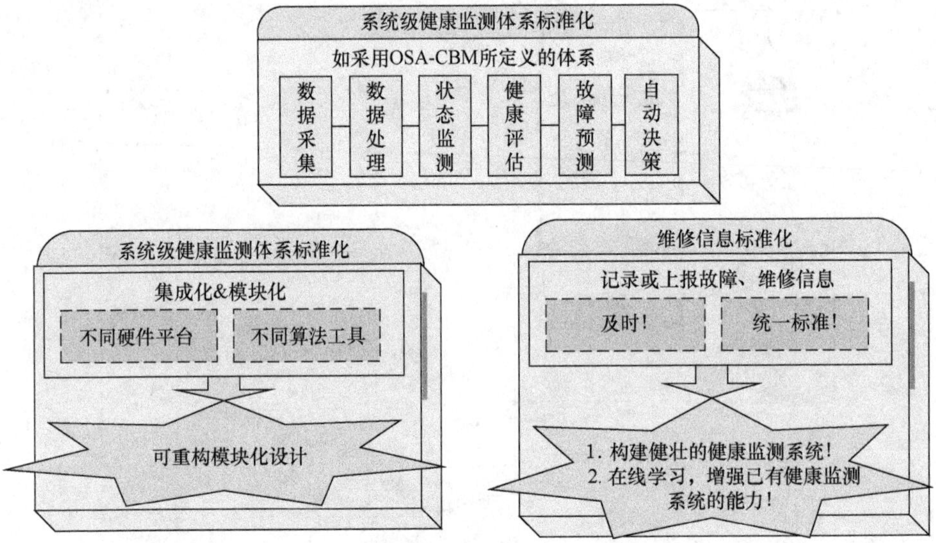

图 1-9　健康监测技术体系（标准化）

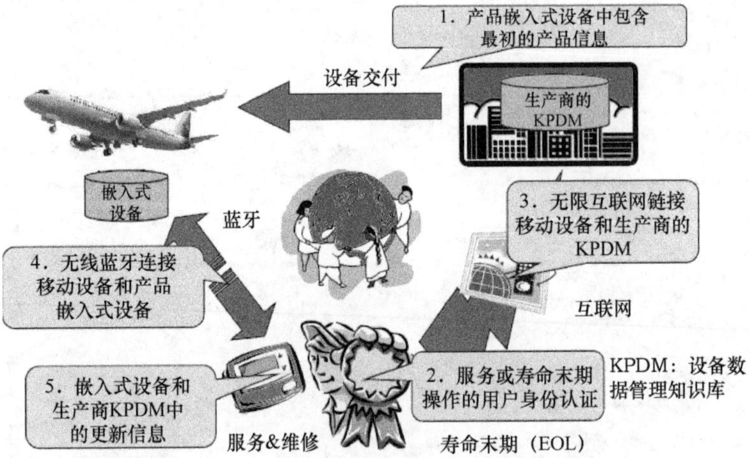

图 1-10　健康监测技术体系（持续化）

1.2.3　故障预测与健康监测的系统功能层次

健康监测系统是一个集异常检测与信号处理、故障诊断与寿命预测、智能推理与决策、数据传输、系统评估、策略优化配置等多种技术于一体的复杂系统。

健康监测的核心是利用先进传感器（如涡流传感器、小功率无线综合微型传感器、无线微机电系统等）的集成，并借助各种算法（如 Gabor 变换、快速傅里叶变换、离散傅里叶变换）和智能模型（如专家系统、神经网络、模糊逻辑等）来预测、监控和管理装备的健康状态。

健康监测技术的主要功能如图 1-11 所示。

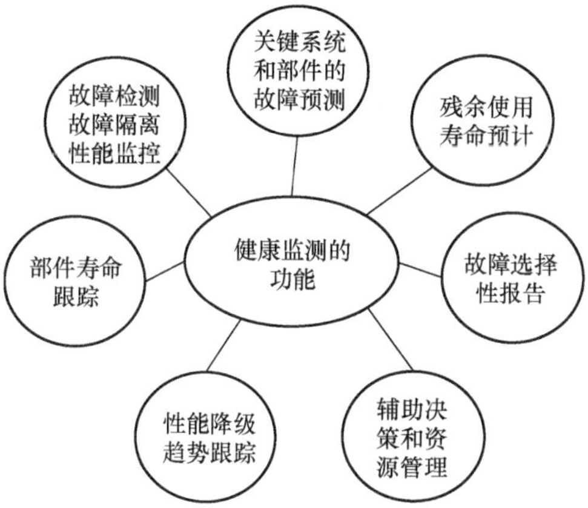

图 1-11 健康监测技术的主要功能

利用现有软/硬件技术的最新进展，以相关标准为依据，提出一种基于客户/服务器（Client/Server，C/S）分布计算模式的面向对象（Object/Oriented，O/O）的体系结构，最终目标是针对 C/S 资源、通信分布的特点，实现基于组件的故障预测和状态管理体系结构。OSA-CBM 健康监测结构是国际上一致认可的可以完整描述健康监测的通用结构，它已在包括美国海军舰船系统、装备等领域在内的诸多系统中得到初步应用验证。

健康监测概念的引入，首先是对装备的设计、测试与验证技术提出了空前的挑战。装备及其各系统、部件、组件、设备、模块和零件的健康信息和健康模型的设计是建立健康监测体系的基础，也是健康监测能否实现的根本所在（本书不对该设计领域进行分析）。其次，健康监测系统是以计算机技术为核心的网络技术、信息技术、测试技术和人工智能技术等领域技术的高度综合。飞机自主后勤保障系统的运行及其各后勤保障要素之间的信息共享是依赖功能强大的 JDIS 信息网络系统支持的。装备各元器件、零部件、系统的原始信息的感知是依赖以传感器和以人工智能为基础的测试技术来实现的。从功能划分和模块化设计的角度分析，健康监测系统可分成图 1-12 所示的 6 个逻辑分层。

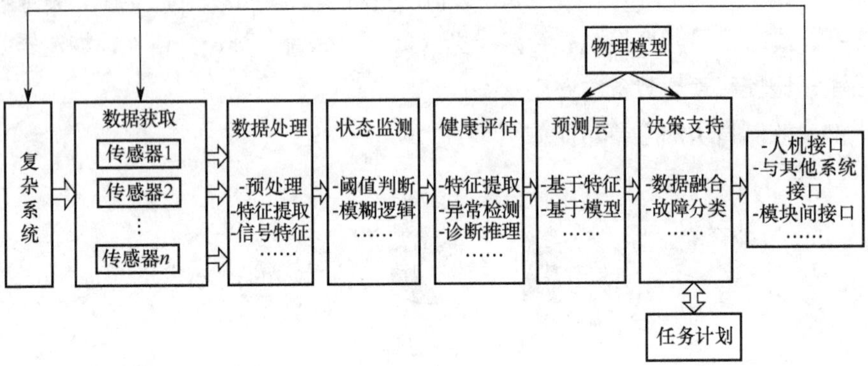

图 1-12　OSA-CBM 体系结构

健康监测系统各层结构的具体功能如下。

（1）数据获取（Data Acquisition，DA）层。DA 层代表传感器数据存取软件模块，装备健康监测系统通过 DA 层与传统传感器、灵巧传感器及数据总线进行通信，从而实现数据的采集。

（2）数据处理（Data Manipulation，DM）层。DM 层负责实现单通道/多通道信号处理技术，通常提供诸如滤波、平均、统计分析、谱分析等功能。

（3）状态监测（Condition Monitoring，CM）层。CM 层的基本功能是将特征数据与给定的期望值或运行门限进行比较，输出枚举型的状态指示（如低、中、高等）。CM 层级也可以根据设定的运行阈值输出报警信号，在获取适当数据的条件下，还能够评估运行环境状态（当前运行状态或使用环境状态）。主要输入为经过信号处理后的来自各传感器及控制系统的数据，输出为关于部件或子系统的状态/条件。

（4）健康评估（Health Assessment，HA）层。HA 层的基本功能是监测系统、子系统、部件的健康退化情况。如果发现健康退化，则创建一条诊断记录并以一定的置信度提出一个或多个可能的故障。HA 层级在进行健康评估时，需要综合考虑健康历史趋势、运行状态、使用负载、维修历史等多种信息。

（5）预测层（Prognostics Layer，PL）。PL 层的基本功能是根据系统未来运行剖面和目前健康状况，估计系统的未来健康状态。预测内容可以分为系统未来的健康状态及剩余可用寿命两类。

（6）决策支持（Decision Support，DS）层。DS 层包含一些运行和保障系统，如任务/运行能力评估和计划、维修推理机和维修资源管理等。

在健康监测系统的 6 层结构中，数据获取和数据处理主要由机载系统实现，其余 4 层的工作分别由机载系统和地面系统完成。对于初步的故障或状态评估，由机载系统承担；对于系统级的详细测试分析，以及部件与部件之间的复杂故障分析，由机载系统配合地面系统来完成。健康监测系统的 6 层结构都可以在地面健康监测系统中实现，通过有线和无线网络系统，地面健康监测系统可以实时得到每次任务的完整数据及信息，从而进行全面的部件和系统级的故障诊断、预测，以及使用寿命的仿真评估和设计完善。

为了实现装备健康监测系统各模块的连接，必须有访问接口。健康监测系统中主要有两类接口：一类是人-机接口，主要面向机组人员、地面维修人员及机群管理者；另一类是机-机接口，负责保证健康监测系统各模块之间，以及健康监测系统与其他外部系统之间的数据信息交换。

这种分层结构有以下几个特点。

（1）系统分层次的体系结构，可以显著降低系统开发设计的复杂度。

（2）实时性，监测系统状态，根据健康退化信息执行控制策略。

（3）分布式、跨平台系统特点，支持多源信息融合及跨部件/子系统层次的信息融合。

（4）具备数据收集与相关分析功能，能够确定间歇故障与未知故障类型。

（5）开放性、模块化的设计实现方法，就装备对象而言，数据处理、状态监测和健康评估三层将在机上实现。

1.2.4 故障预测与健康监测的典型体系框架分析

健康监测系统中诊断、评估、预测和决策等算法的有效执行，如各类信息如何产生、如何用于控制健康监测环境，都形成了框架设计的基础。另外，系统的知识库如何与分布在不同等级的控制中心相匹配也是健康监测框架设计需要解决的一个重要问题。因此，基于控制和知识分布的不同，本书将所有健康监测系统体系结构分为两大类进行分析：中央控制的体系结构和分布式控制的体系结构。

1. 中央控制的体系结构

一般来说，健康监测的应用对象较简单且安装了足够多的传感器的健康监测系统体系结构，都属于中央控制类型。

中央控制的健康监测系统体系结构如图 1-13 所示。中央控制的健康监测系统获取传感器数据和外部事件信号，执行一系列算法，完成故障诊断、健康评估、寿命预测等。由于整个健康监测系统的控制是集中的，因此，所有模型的激活都是由中央控制的。知识库中包含传感器、设备的失效状态和健康参数等信息，为中央控制提供支持。

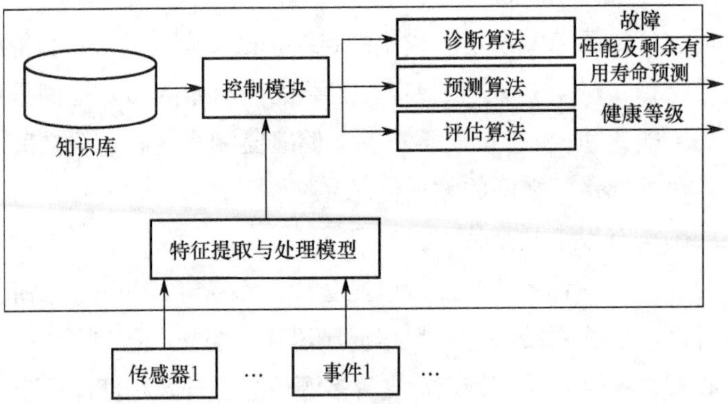

图 1-13　中央控制的健康监测系统体系结构

Vachtsevanos 开发了一个增强预测的诊断系统（PEDS）框架，如图 1-14 所示，属于中央控制类型的体系结构。这是一个以数据库为导向的设计，试图成为一个通用的诊断与预测系统。尽管数据库没有明确定义为知识库，但它保存了大多数的配置并提供一个通用的图表。基于案例的推理是在以前案例的基础上，结合逻辑推理，得到一些行为建议。这个系统体系结构中有许多独一无二的特点，如构成因果关系的调整模型等。

2. 分布式控制的体系结构

分布式控制的体系结构更加组件化，而且特地为系统的物理分布（也可能是流动的）形成设计结构。控制和知识库是分等级的，因此，控制和知识库也被分为几层，分布的各层通过一个网络通信。分布式控制的健康监测系统体系结构如图 1-15 所示。

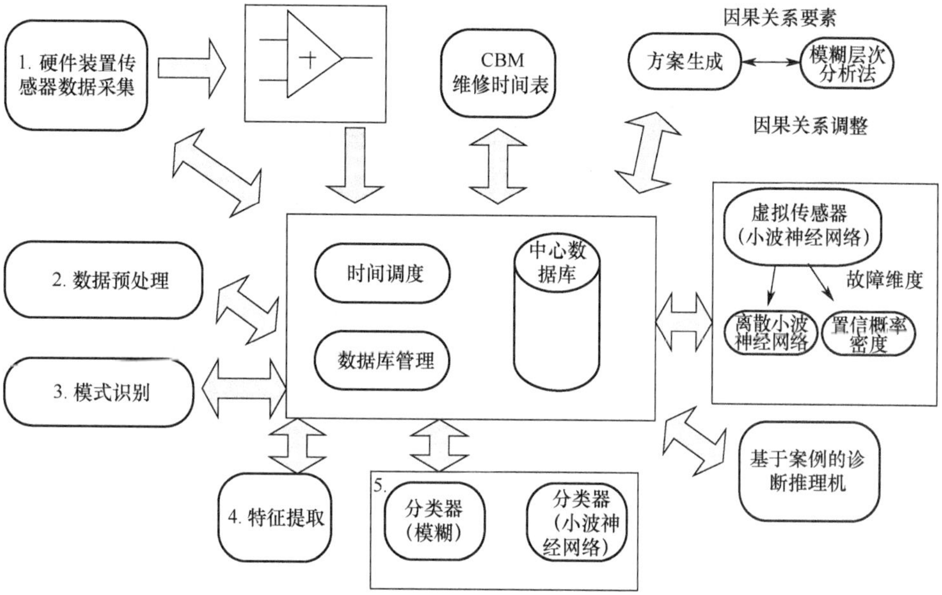

图 1-14 增强预测的诊断系统（PEDS）框架

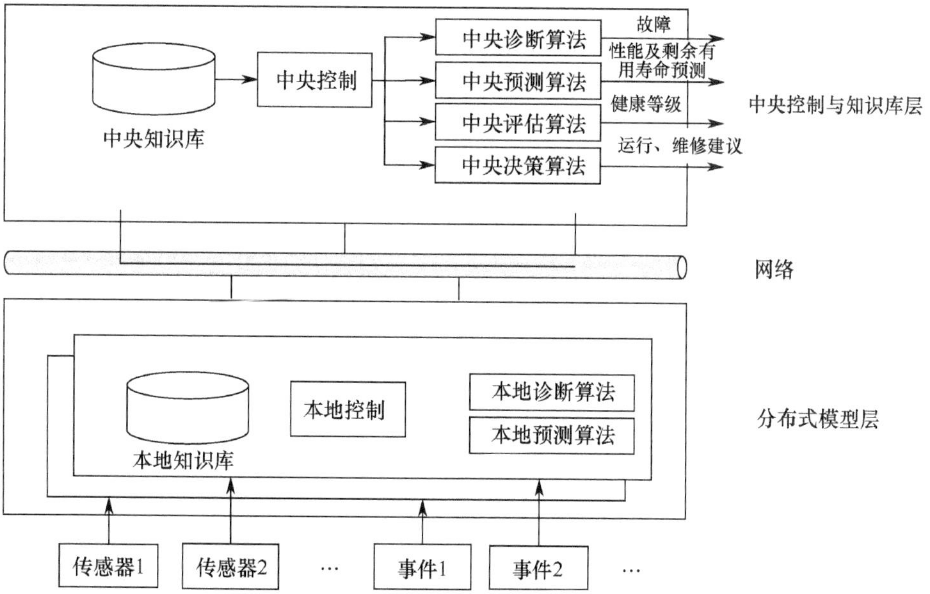

图 1-15 分布式控制的健康监测系统体系结构

美国空军 JSF 飞机的健康监测系统是典型的分布式控制体系结构，如图 1-16 所示。

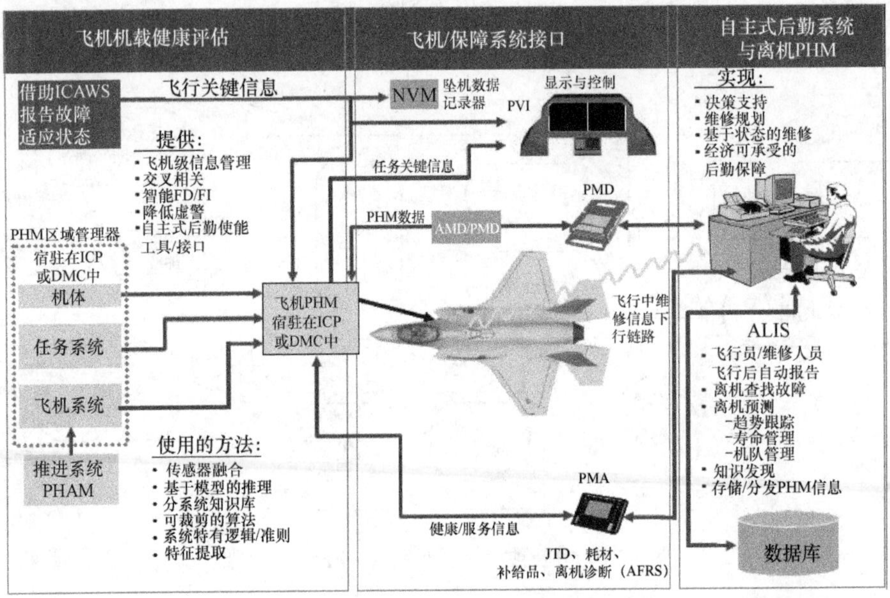

PVI——人机接口；AMD——飞机存储装置；PMD——便携式存储装置；PMA——便携式维修辅助装置；ALIS——自动化后勤信息系统；DMC——显示管理计算机。

图 1-16　JSF 飞机健康监测系统框架

JSF 飞机健康监测系统可分为机载健康监测和地面健康监测两部分。位于 JSF 飞机 ICP 的机载健康监测系统是一个层次化的系统，根据飞机的功能结构将其划分为若干区域进行管理，其信息来源包括从设备传感器获取的信息和 ISAWS 管理器输出的飞行关键信息。飞行中，机载健康监测对任务关键信息进行处理并输出给显示与控制台，报告给驾驶员，并将与维修相关的信息通过无线通信链路传输到地面健康监测，报告给维修人员；降落后，维修人员通过 PMD 从机载健康监测获取页面对所需的健康监测数据进行进一步的分析。机载健康监测实现了包括故障检测和故障隔离在内的增强性诊断、低层次分系统或系统的性能监测，以及关键系统和部件的故障预报与寿命跟踪，其关键技术包括传感器的布置、数据及信息的特征提取、增强的诊断/BIT、故障告警验证、信息融合、健康模型、故障选择性报告等。地面健康监测从故障诊断数据库中读取飞行器下载的健康信息并进行诊断推理，其诊断结果可用作机载健康监测诊断结果的补充和验证。采用网络化技术，移动终端可以访问和维护故障诊断数据库，并且该数据库可以在飞机飞行前后及飞行时不断学习和改进。所有与地面控制站相关的系统都通过分布式光纤网（Fiber Distributed Data Interface，FDDI）连接。

3. 框架特性分析

尽管上述两类健康监测体系结构的多个案例中没有描述框架的特性，但从其设计描述中也可以分析出一些结论。

1）具有中央控制的体系结构的系统

具有中央控制的体系结构的系统具有以下优点。

（1）系统具有一定的学习能力，用于改进系统的输出结果的准确度。

（2）对不同问题领域具有一定的可重用性。

但其缺点也很明显，具体如下。

（1）单调地组织诊断、评估、预测等活动，按顺序开展，使得系统的容错能力较差。

（2）尽管应用了学习策略，学习策略的意义在于改进结果，而系统并没有从学习中组织自己。

（3）不具有良好的可扩展性，如果问题的范围发生了变化，不能简便地实现系统升级。

2）具有分布式控制体系结构的系统

具有分布式控制体系结构的系统具有以下优点。

（1）分级组织成员，不仅能提高系统的输出结果的准确性，而且使得系统的容错能力较强。

（2）具有较强的学习能力，利用基于模型的推理，基于案例的推理等策略改进系统的精确度。

（3）具有较好的扩展性。

（4）对不同问题领域具有一定的可重用性。

但是该类系统也具有一定的不足，具体如下。

（1）系统结构较为复杂，其维修性可能成为一个大问题。

（2）系统学习策略的应用仅仅是为了修正结果，并不会从学习中组织自己。

综上，对于较复杂的情况选用分布式控制体系结构比中央控制体系结构更加合适，但在设计系统时需要多关注其维修性，并且可以通过引入自学习能力来提升该类系统的能力。

1.2.5 故障预测与健康监测的发展展望

1. 健康监测系统与“四性”的关系和作用

良好的可靠性、测试性、维修性是飞机实现高的任务成功率、完好率等的基础，而良好的保障性——自主保障系统是实现飞机综合效能的保证。健康监测系统这一综合诊断能力是启动自主保障系统的触发器，同时健康监测系统也是飞机系统可靠性、维修性、测试性和保障性综合最优需求的关键。

健康监测系统设计和“四性”的关系图如图 1-17 所示。

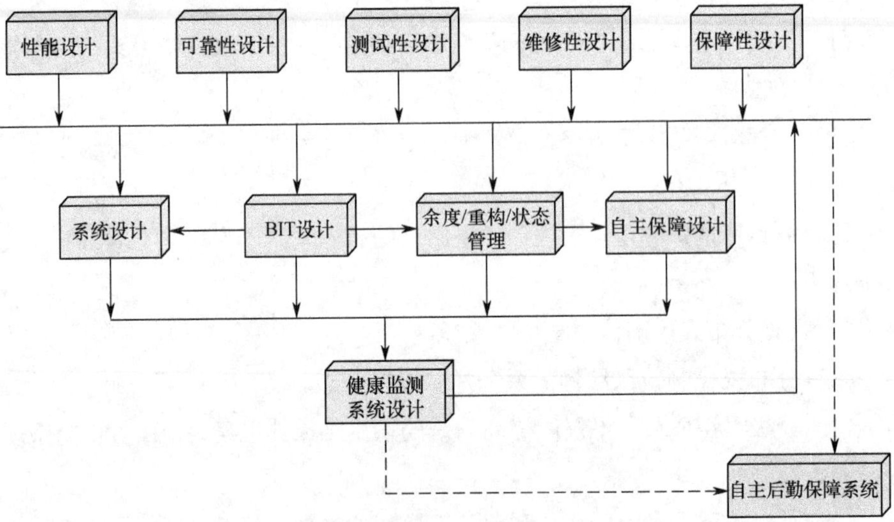

图 1-17 健康监测系统设计和“四性”的关系图

可靠性设计分析是系统性能、BIT、余度管理、重构等设计的基础。根据对系统、产品进行 FMEA、FMECA、FTA、可靠性分配、预计等可靠性分析设计结果，分析确定系统内各部件故障模式、识别影响飞行安全和任务成功的关键信号和故障，建立产品的故障模式、故障原因、故障现象之间的关系模型，按照危害度、严酷度分析，为飞机系统的故障诊断方案设计的确定提供输入，从而确定需进行健康监测设计的系统部件或功能项目，便于开展后续各层次的健康监测设计。

从可靠性角度出发，采用健康监测设计，可以尽早地、准确地检测、确定、隔离系统故障和预测评价系统健康状态，从而在系统详细设计中采取相应的重构、余度、自修复等措施，降低故障对任务的影响程度，提高任务可靠性。

通过维修性建模、分配和预计等维修性设计分析结果，为系统、部件/LRM的健康监测系统功能划分、健康监测系统机载与地面功能划分提供设计输入。从维修性的角度出发，采用健康监测系统设计可以实现快速故障检测，缩短故障检测时间，在系统运行过程中完成故障检测与隔离，缩短停机诊断时间。采用健康监测系统还能够较为准确地进行故障识别和定位，从而减少对备件和维修人员的需求，缩短后勤延误时间和等待维修时间。同时还可针对即将出现的故障做好修复准备，缩短备件的预订时间，将传统的被动式维修保障逐步转换为主动式维修保障。

健康监测技术是基于测试性/BIT 的进一步发展而形成的先进综合诊断技术。基本的 BIT 设计，为健康监测系统实现更高一级的融合诊断推理提供了健康监测资源和数据源。测试性设计分析（诊断要求、测试划分、测试性预计和嵌入和外部测试性分析等）结果，为测试性/BIT 要求的确定与分配提供设计输入，为系统、部件/LRM 的健康监测系统硬件与软件设计提供设计输入。

从测试性的角度出发，采用健康监测，综合应用了人工智能和信息技术，注入了先进的推理技术，将管理功能从故障检测、状态监控扩充到自主重构、资源重组、健康状态管理，从而补充和扩展现有飞机常规 BIT 的能力，可以通过对机内采集信息的分析进行设备的运行状态的监测，预测发展趋势，尽可能将故障消灭在萌芽阶段，由对故障的被动感知变为提前预测，减少虚警，提高故障检测定位精度，消除故障不能复现、重测合格等问题，弥补常规 BIT 的超限报警、故障记录和部分告警，以及不具备在线故障预测和全状态监控等功能局限，提高 BIT 综合性能、故障综合诊断能力，实现机载实时状态监测、故障诊断、故障预测预报等。

依据使用需求分析、使用与维修任务工时分析、制订保障要求、保障系统方案的评价及权衡分析、以可靠性为中心的维修分析、修理级别分析等保障性设计分析的结果，为确定健康监测系统诊断资源的配置、健康监测系统与保障系统接口关系提供设计输入。

从保障性的角度出发，采用健康监测系统，改进系统测试性/BIT，根据实时故障诊断和预测结果进行预测维修，预先安排维修计划，使原来由事件主宰的维修或时间相关的维修被基于状态的视情维修所取代，缩短维修和供应保障过程，大大减少对各种地面测试设备和维修人员的要求，减小后勤保障规模，实现诊断、维修、后勤保障的综合化，改进系统的保障性。

2. 对任务与安全的影响

健康监测系统具有预测保障的能力，能够在组件或子系统发生最终的系统故障之前预知其早期故障，通过跟踪组件的生命周期使用情况数据，发现飞机系统存在的问题，并在这些问题发展为系统的灾难性故障之前，为操作人员赢得提前期和反应时间，从而提升系统安全性。对故障可能造成灾难性事故的关键系统而言，尤为如此，例如，对飞机中即将发生的故障而言，其预测告警的提前期必须将允许飞机安全着陆作为最低标准。健康监测系统可提高恢复系统全功能的能力，以便该系统为执行另一个运行任务做好准备，为任务完成提供有效保障。

3. 对维修与使用保障的影响

健康监测系统促进了基于状态维修的发展，实现通过评估系统中每个组件的健康状态信息实施维修。利用健康监测系统的预测能力，消除不必要的检查和定期维护，可基于产品或系统的健康状态来采取维护维修措施，减少维护措施的频率，延长维护周期，根据健康监测系统的预测结果，及时修复或更换将要发生故障的组件，并能准确识别故障位置和发生故障的组件，以便快速更换，节省维修时间，提高系统可维修性。健康监测系统能够提供零部件的实际健康状况，指导规划维修，改进备件保障，降低系统运行和维护的支持成本。例如，使用健康监测系统支持的 JSF 当前的可靠性和维修性目标在维护人力方面降低了 20%～40%，在支持飞机所需的机动后勤规模方面降低了 50%；健康监测系统可协助构建保障系统，在有健康监测系统支持的 JSF 计划中，提出了自主式保障系统的概念，基于健康监测系统的保障方案，其成本与其他飞机相比较低。

思考题

1. 什么是故障、故障检测、故障分离？
2. 发展设备故障诊断技术的重要意义是什么？
3. 设备故障诊断的任务包括哪些方面？
4. 故障诊断方法主要有哪些类型？各有什么优缺点？
5. 什么是健康监测？健康监测系统一般应具备哪些功能？

参考文献

[1] 何正嘉，陈进，王太勇，等. 机械故障诊断理论及应用[M]. 北京：高等教育出版社，2010.

[2] 屈梁生，何正嘉. 机械故障诊断学[M]. 上海：上海科学技术出版社，1986.

[3] 曾声奎，MICHAEL G P，吴际. 故障预测与健康监测（PHM）技术的现状与发展[J]. 航空学报，2005, 26(5): 626-637.

[4] 朱海涛. 浅析人工智能技术在设备故障诊断中的应用[J]. 四川有色金属，2009，(2): 3.

[5] MISHRA S, PECHT M. In-situ Sensors for Product Reliability Monitoring[J]. Proceedings of SPIE, 2002, 4755: 10-19.

[6] VALDEZ F C, FELDMAN R. A Survey of Preventative Maintenance Models for Stochastically Determining Single-Unit Systems[J]. Naval Research Logistics, 1989, 36: 419-446.

[7] SAVAGE C, DIULIO M. Enterprise Remote Monitoring(ICAS and Distance Support)[J]. Tomorrow's Vision Being Executed Every day, 2002.

[8] 周东华，叶银忠. 现代故障诊断与容错控制[M]. 北京：清华大学出版社，2000.

[9] 周东华，胡艳艳. 动态系统的故障诊断技术[J]. 自动化学报，2009(6): 11.

[10] 沈路，贺小明. 基于知识的故障诊断专家系统研究[C]//第十二届设备监测与诊断学术会议论文集，2005: 267-271.

[11] 杨军. 装备智能故障诊断技术[M]. 北京：国防工业出版社，2004.

[12] BRISTOW J, HADDEN G D, BUSH D. Integrated diagnostics and prognostics systems[J]. 1999.

[13] ISERMAN R. Process fault detection based on modeling and estimation methods a survey[J]. Automatica, 1984, 20(4): 387-404.

[14] ISERMAN R. Fault diagnosis of machines via parameter estimation and knowledge processing-

tutorial paper [J]. Automatica, 1993, 29(4): 815-835.

[15] KUMAMARU K, et al. Robust fault detection using index of Kull back discrimination information [Z]. IFAC world Congress, 1996.

[16] 张宝珍，曾天翔. 先进的故障预测与状态管理技术[J]. 测控技术, 2003, 22(11): 4-6.

[17] 孙倩，吕琛. 健康监测系统的诊断与预测算法性能度量[J]. 南京理工大学学报，2011, 35: 58.

[18] 张宝珍. 预测与健康监测技术的发展及应用[J]. 测控技术，2008, 27(2): 5-7.

[19] 姜兴旺，景博，等. 综合飞行器故障预测与健康监测系统研究[J]. 工程与技术，2008, 5: 37-40.

第 2 章 故障诊断信号分析基础

2.1 信号分析的定义与意义

信号是信息的载体，信息是信号所载的内容。有用的信息能够反映设备运行的状态和揭示未来的运行趋势。信号中的某些特征信息与设备故障有很强的依赖关系，要提取这些有用的信号，就需要信号处理。信号特征提取的目的是去伪存真及去除（减少）噪声的干扰，提取反映设备状态的有用的信息。

检测到装备相关设备的信号是随机的，这种信号蕴含了系统状态的重要信息。人们很难直接从它的外部变化观察出系统内部的规律，而必须采用各种现代手段对原始信号进行预处理和处理，才能找到它的内在规律。具体可分为两步走：首先，选用合适的仪器和分析方法，研究许多特征量的变化规律，达到去伪存真的目的；其次，选择对工况状态最为敏感的特征量，达到去粗存精的目的，这就是特征分析和特征量选择的意义，它是装备相关设备健康监测的重要步骤。特征分析的结果是否正确、可靠，以及特征量的选择是否合理，在很大程度上决定了健康监测的准确性。特征分析的方法几乎包括了现代所有的信息处理技术能提供的手段，如数字信号处理、时间序列分析、信息理论、图像识别及应用数学等。

2.2 信号预处理

在对信号进行分析处理之前，必须进行预处理工作，以便发现和处理数据中可能存在的各种问题。常见的数据预处理方法主要包括异常值处理、零均值化处理、消除趋势项、加窗处理、滤波。

2.2.1 异常值处理

在传感器采集数据、信号调理到 A/D 转换这一过程中，任何一个中间环节的瞬时失常或外界随机干扰都可能导致数字信号中含有异常值。数字信号中的各种分析处理方法对异常值的容错程度也各不相同，在部分情况下，即使是一个异常值的存在，也会在很大程度上影响处理结果，这就对异常值的识别和处理提出了要求。

3σ 规则是常用的异常值处理方法，该规则基于对测试数据的平稳正态假设，其主要特点是计算简便。尽管平稳正态性过程具有广泛的代表性，但并非适用于所有测试数据，因此，3σ 规则在处理实际问题时具有一定的局限性。当然，异常值处理的其他方法还有很多，如模式识别的方法等。但在实际工况监视与故障诊断系统中，考虑到分析、诊断的实时性要求，必须从处理方法的简便性和有效性两方面进行权衡。

2.2.2 零均值化处理

零均值化处理又称中心化。由于各种原因，测试所得的信号均值往往不为零，为了简化后续处理的计算工作，在分析数据之前一般要将被分析的数据转换为零均值的数据，这种处理就称为零均值化处理。零均值化处理对信号的低频段有特殊的意义，这是因为信号的非零均值相当于在此信号上叠加了一个直流分量，而直流分量的傅里叶变换是在零频率处的冲激函数。因此，如果不去掉均值，在估计信号的功率谱时，将在零频率处出现一个很大的谱峰，并会影响在零频率左、右处的频谱曲线，使之产生较大的误差。

对连续样本记录 $x_t(t)$ 采样后所得离散数据序列为 $x_i(n)$，$n=1,2,\cdots,N$，其均值 $\hat{\mu}_i$ 常通过下式估计：

$$\hat{\mu}_i = \frac{1}{N}\sum_{n=1}^{N} x_i(n) \tag{2-1}$$

零均值化就是定义一个新的信号 $\{u_i\}$，n=1,2,⋯, N，有

$$u_i = x_i - \hat{\mu}_i \tag{2-2}$$

此时的 $\{u_i\}$ 即为零均值化的信号，以后处理信号时，就以新信号 $\{u_i\}$ 为出发点。

根据上述零均值处理的原理，计算两张图片的零均值归一化互相关函数的 MATLAB 代码如下。

```
%%零均值归一化互相关函数
%结果为 1 时相关性最好，值越小相关性越差
%计算两个大小相同的灰度矩阵的相关系数
%%
clear;
clc;
[filename1,pathname1,name1]=uigetfile({'*.jpg';'*.jpeg';'*.bm
p'},'选择一张图片');
f=imread([D work]);              %读取图片色度信息
f=rgb2gray(f);                   %将图片转换为灰度图片
f=double(f);
[r1,c1]=size(f);

[filename2,pathname2,name2]=uigetfile({'*.jpg';'*.jpeg';'*.bm
p'},'选择一张图片');
g=imread([D work]);              %读取图片色度信息
g=rgb2gray(g);                   %读取图片色度信息
g=double(g);
[r2,c2]=size(g);
%%
if r1~=r2||c1~=c2                               %判断两张图片是否一样大
   Rsize=min([r1 r2]);                          %创建一个新的灰度矩阵
   Csize=min([c1 c2]);
   f=imresize(f,[Rsize,Csize]);
   g=imresize(g,[Rsize,Csize]);
   F=sum(sum(f))/numel(f);                      %图片灰度值平均值
   G=sum(sum(g))/numel(g);                      %图片灰度值平均值
else
   F=sum(sum(f))/numel(f);                      %图片灰度值平均值
   G=sum(sum(g))/numel(g);                      %图片灰度值平均值
   Rsize=r1;
   Csize=c1;
end
%%计算相关性
%%
num=0;                         %分子
den1=0;                        %分母
```

```
    den2=0;
    for i=1:Rsize
        for j=1:Csize
            num=num+(f(i,j)-F)*(g(i,j)-G);
        end
    end
    for i=1:Rsize
        for j=1:Csize
            den1=den1+(f(i,j)-F)^2;
        end
    end
    %den1=double(den1);
    den1=sqrt(den1);
    for i=1:Rsize
        for j=1:Csize
            den2=den2+(g(i,j)-G)^2;
        end
    end
    %den2=double(den2);
    den2=sqrt(den2);
    den=den1*den2;              %总分母
    CZNCC=num/den;              %相关系数
    fprintf('两图的相关系数是：%.4f\n',CZNCC)
```

2.2.3 消除趋势项

趋势项是样本信号中周期大于记录长度的频率成分。这可能是测试系统本身由于各种原因引起的趋势误差。数据中的趋势项，可以使低频时的谱估计失去真实性，所以，从原始数据中去掉趋势项是非常重要的工作。但是，如果趋势项不是误差，而是原始数据中本来包含的成分，那么，这样的趋势项就不能消除，所以，消除趋势项时要特别谨慎。消除趋势项最常用的方法是最小二乘法，它能使残差的平方和最小。该方法既能消除多项式趋势项，又能消除线性趋势项。对于其他类型的趋势项，可以用滤波的方法来去除。

设记录到的信号 $x(t)$ 如图 2-1(a)所示，它包含了图 2-1(b)所示的趋势项和图 2-1(c)所示的真实信号。趋势项是一个缓变的信号，可以用一个多项式来拟合该趋势项，多项式的阶次随趋势项的形状而定。一旦该多项式被确定，那么从 $x(t)$ 中减去趋势项，就可以近似得到真实信号。

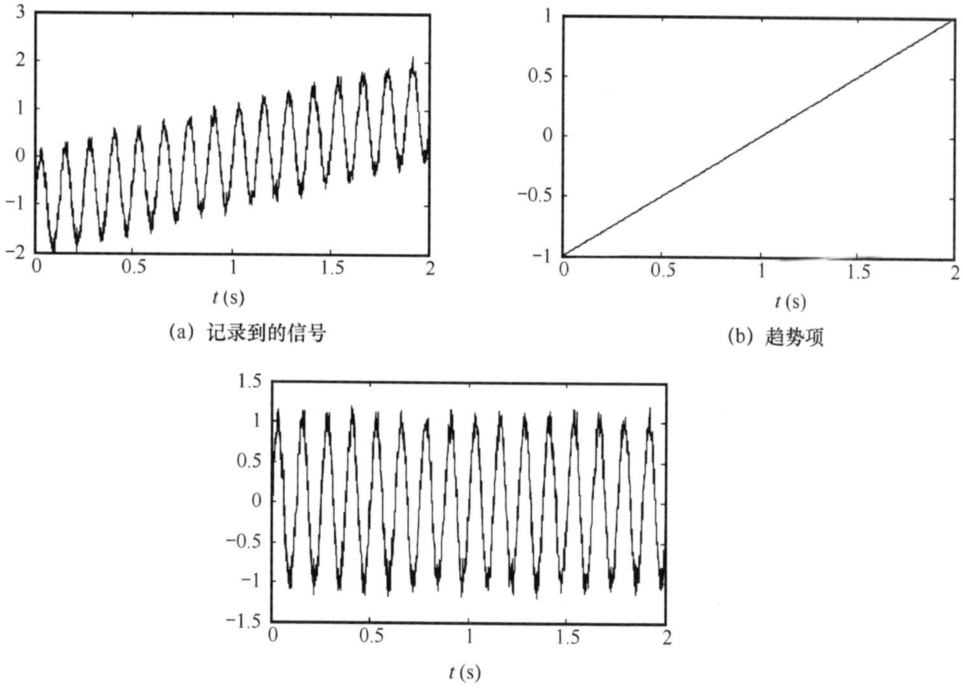

(a) 记录到的信号　(b) 趋势项　(c) 真实信号

图 2-1　消除趋势项示意

使用 MATLAB 实现消除趋势项的代码如下。

```
%%消除趋势项
fs=1000;%fs 为采样频率
t=1/fs:1/fs:1;
x1=2*sin(100*pi*t);
subplot(4,1,1);
plot(x1);
title('原始信号');
x2=3*sin(pi*t);
subplot(4,1,2);
plot(x2);
title('趋势项');
x=x1+x2;
```

```
        subplot(4,1,3);
        plot(x);
        title('原始信号+趋势项')
        m=2;
        a=polyfit(t,x,m);%估计多项式待定系数 a
        y=x-polyval(a,t);%用 x 减去多项值系数 a 生成的趋势项
        title('original signal');
        grid on;
        subplot(4,1,4);
        plot(t,y);
        title('去除趋势项后得到的信号')
```

2.2.4 加窗处理

在实际进行数字信号处理时，往往需要把信号的观察时间限制在一定的时间间隔内，从而只需要选择一段时间信号进行分析。这样取用有限个数据，即将信号数据截断的过程，就等于将信号进行加窗处理操作。这样操作以后，常常会发生频谱分量从其正常频谱扩展开来的现象，即所谓的“频谱泄露”。当进行离散傅里叶变换时，时域中的截断是必要的，因此，泄露效应也是离散傅里叶变换所固有的，必须进行抑制。要对频谱泄露进行抑制，可以通过窗函数加权抑制离散傅里叶变换的等效滤波器的振幅特性的副瓣，或用窗函数加权，使有限长度的输入信号周期延拓后在边界上尽量减少不连续程度的方法实现。在后面的 FIR 滤波器的设计中，为获得有限长单位取样响应，需要用窗函数截断无限长单位取样响应序列。另外，在功率谱估计中也会遇到窗函数加权问题。

1. 窗效应

加窗处理是截取测量信号中的一段信号，必然会带来截断误差，使得截取的有限长信号不能完全反映原信号的频域特性，即产生窗效应。如图 2-2 所示，正弦原始信号经过矩形窗函数之后，信号增加了新的频率成分，变成了无限带宽信号。这种信号在频率轴分布扩展的现象称为泄露。具体来说，加窗处理会增加新的频率成分，并且使谱值大小发生变化。从能量角度来讲，泄露现象相当于原信号各种频率成分处的能量渗透到其他频率成分上，所以，又称为功率泄露。

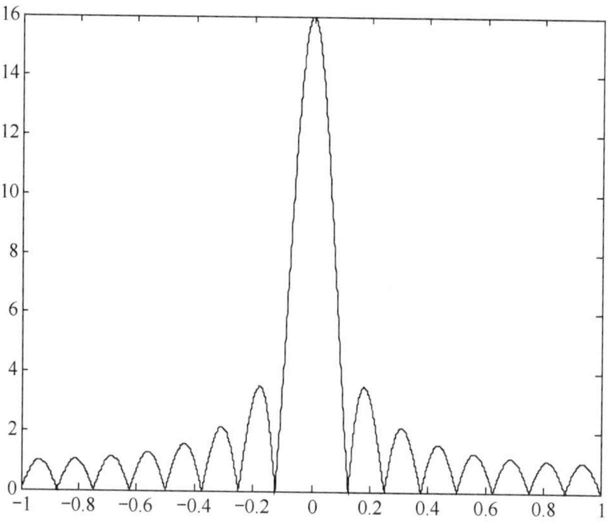

图 2-2　矩形窗的频域波形

信号截断以后产生的能量泄露现象是必然的，因为窗函数的频谱为无限带宽，所以，即使 $x(t)$ 为带限信号，经截断后必然成为无限带宽信号。由采样定理可知，无论采样频率多高，只要信号一经截断，就不可避免地引起混叠，因此，信号截断必然导致一些误差，这是信号分析中不容忽视的问题。但是当窗口宽度 T 趋于无穷大时，窗谱 $W(\omega)$ 将变为 $\delta(\omega)$ 函数，而 $\delta(\omega)$ 与 $X(\omega)$ 的卷积仍为 $X(\omega)$，这说明，如果窗口无限宽，即不截断，就不存在泄露误差。不过，要使窗口达到无限宽也是不可能的。

2. 常用窗函数

实际应用的窗函数可以分为以下主要类型。

（1）幂窗：采用时间变量的某种幂次的函数，如矩形、三角形、梯形或其他时间变量的高次幂。

（2）三角函数窗：应用三角函数，即正弦或余弦函数等组合成的复合函数，如汉宁窗、海明窗等。

（3）指数窗：采用指数时间函数，如 e^{-st} 形式、高斯窗等。

下面介绍几种常用窗函数的性质和特点。

1）矩形窗

矩形窗是时间变量的零次幂窗，函数形式为

$$w(t)=\begin{cases}\dfrac{1}{T}, & |t|\leqslant T\\ 0, & |t|>T\end{cases} \tag{2-3}$$

相应的窗谱函数为

$$W(\omega)=\frac{2\sin\omega T}{\omega T} \tag{2-4}$$

使用 MATLAB 生成一个长度为 100 的矩形窗，代码及结果如下。

```
%%矩形窗
w=rectwin(100);
wvtool(w);
%%矩形窗的时域及频域波形
```

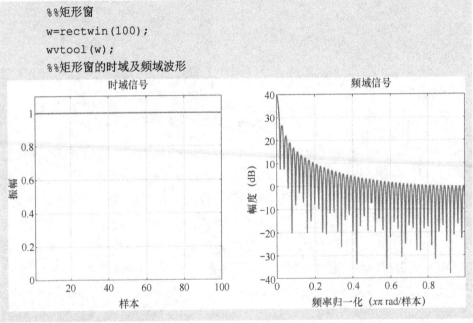

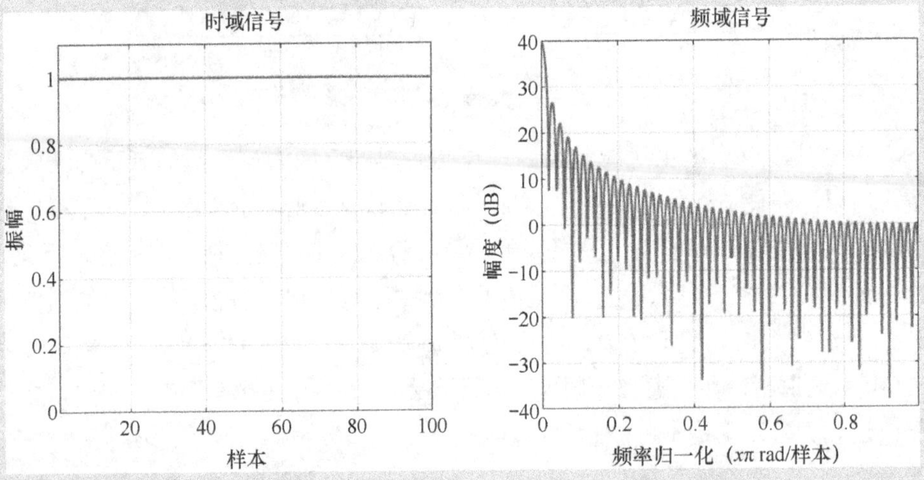

2）三角窗

三角窗是幂窗的一次方形式，函数形式为

$$w(t)=\begin{cases}\dfrac{1}{T}(1-\dfrac{|t|}{T}), & |t|\leqslant T\\ 0, & |t|>T\end{cases} \tag{2-5}$$

相应的窗谱函数为

$$W(\omega)=\left(\frac{\sin\dfrac{\omega T}{2}}{\dfrac{\omega T}{2}}\right)^2 \tag{2-6}$$

$$W(\omega)=\frac{\sin\frac{\omega T}{2}}{\frac{\omega T}{2}}+\frac{1}{2}\left[\frac{\sin(\omega T+\pi)}{\omega T+\pi}+\frac{\sin(\omega T-\pi)}{\omega T-\pi}\right] \tag{2-7}$$

三角窗与矩形窗相比，主瓣宽约为矩形窗的两倍，但旁瓣小，而且无负旁瓣，如图 2-3 所示。

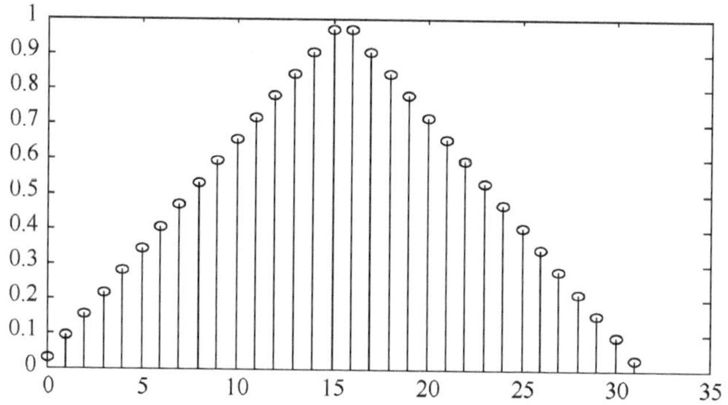

(a)

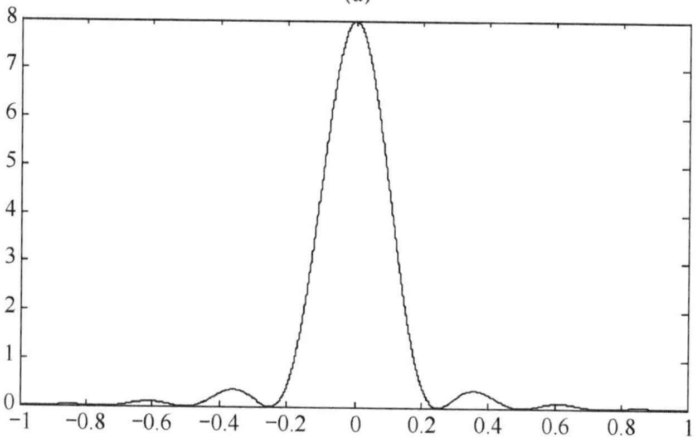

(b)

图 2-3　三角窗的时域及频域波形

使用 MATLAB 生成一个长度为 100 的三角窗，代码及结果如下。

```
%%三角窗
w=triang(100);
wvtool(w);
%%三角窗的时域及频域波形
```

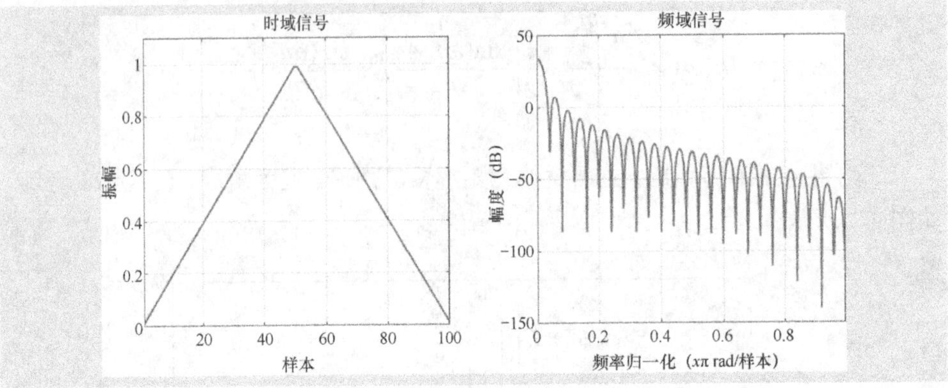

3）汉宁窗

汉宁窗可以看成 3 个矩形窗的频谱之和，函数形式为

$$w(n)=\begin{cases}0.5+0.5\cos\dfrac{2\pi n}{M-1}, & 0\leqslant n\leqslant M-1\\ 0, & \text{其他}\end{cases}$$

相应的窗谱函数为

$$W(\omega)=\frac{\sin(\omega T)}{\omega\left[1-\left(\dfrac{\omega T}{\pi}\right)^2\right]}$$

汉宁窗的时域及频域波形如图 2-4 所示。

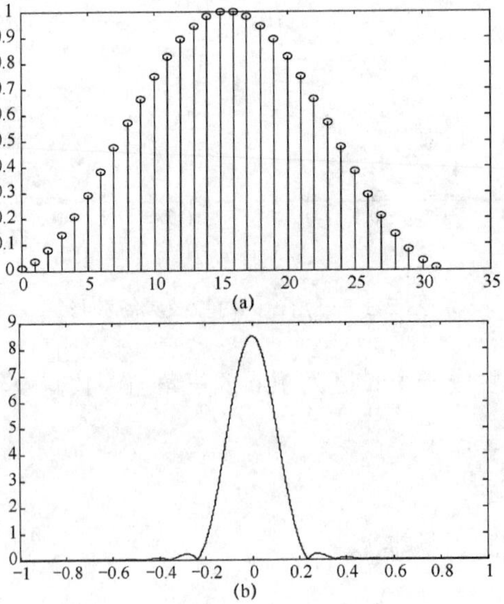

图 2-4　汉宁窗的时域及频域波形

从图 2-4 中可以看出，汉宁窗的主瓣加宽，旁瓣则明显减小，从减小泄露的观点出发，汉宁窗优于矩形窗。但汉宁窗主瓣加宽，相当于分析带宽加宽，频率分辨率下降。

使用 MATLAB 生成一个长度为 64 的汉宁窗，代码及结果如下。

```
%%汉宁窗
w= hann(64);
wvtool(w);
%%汉宁窗的时域及频域波形
```

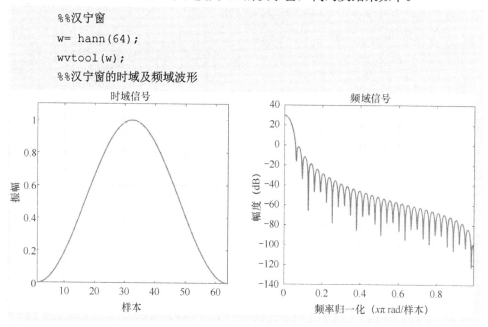

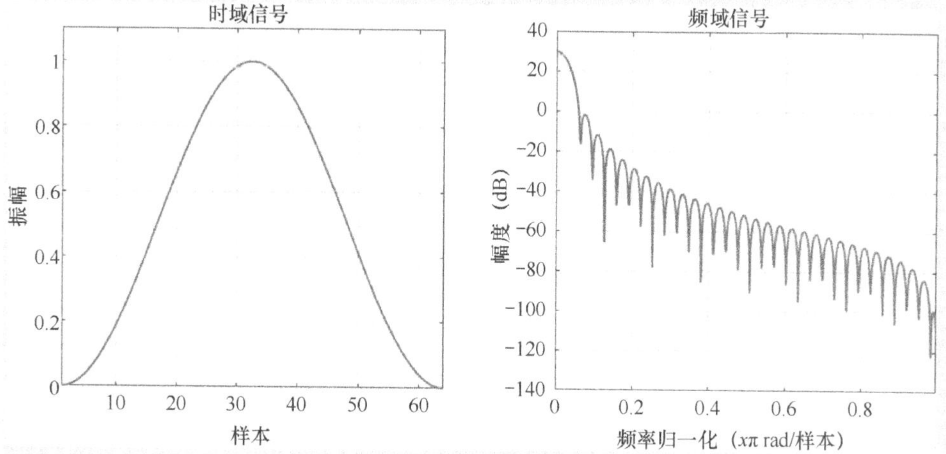

4）海明窗

海明窗也是余弦窗的一种，又称为改进的升余弦窗，其时间函数表达式为

$$w(t)=\begin{cases}\dfrac{1}{T}\left(0.54+0.4\cos\dfrac{\pi T}{T}\right), & |t|\leqslant T\\ 0, & |t|>T\end{cases} \tag{2-8}$$

相应的窗谱函数为

$$W(\omega)=1.08\frac{\sin\omega T}{\omega T}+0.46\frac{\sin(\omega T+\pi)}{\omega T+\pi}+\frac{\sin(\omega T-\pi)}{\omega T-\pi} \tag{2-9}$$

海明窗与汉宁窗都是余弦窗，只是加权系数不同。海明窗加权的系数能使旁瓣更小。实验表明，海明窗与汉宁窗都是很有用的窗函数。海明窗的时域及频域波形如图 2-5 所示。

使用 MATLAB 生成一个长度为 64 的海明窗，代码及结果如下。

```
%%海明窗
w=hamming(64);
```

```
wvtool(w);
%%海明窗的时域及频域波形
```

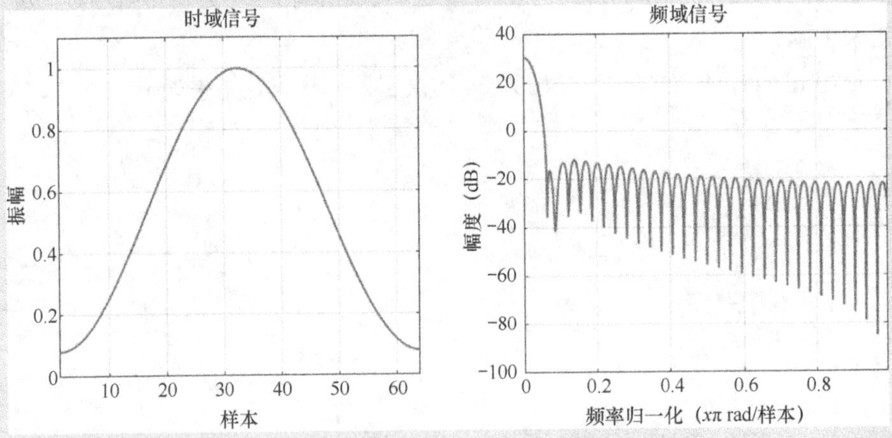

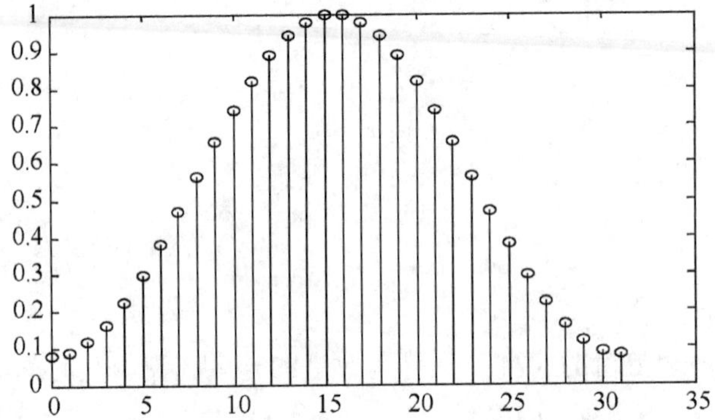

(a)

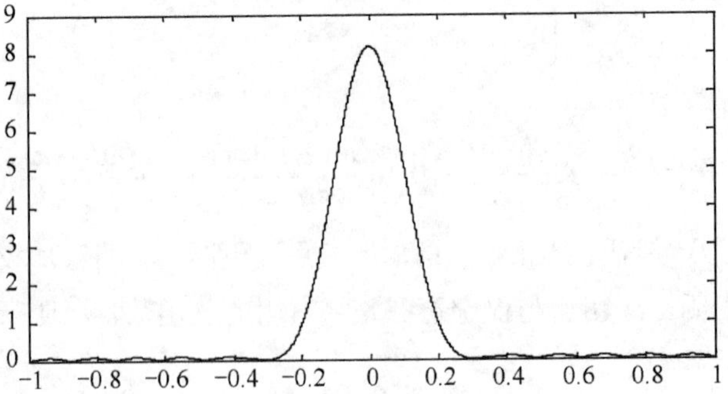

(b)

图 2-5　海明窗的时域及频域波形

5）布莱克曼窗

布莱克曼窗函数与汉明窗和汉宁窗函数的定义很像，不过增加了升余弦的二次谐波分量，其窗函数的定义为

$$w(n)=\begin{cases}0.42-0.5\cos\left(\dfrac{2\pi n}{M-1}\right)+0.08\cos\left(\dfrac{4\pi n}{M-1}\right), & 0\leqslant n\leqslant M-1\\ 0, & 其他\end{cases} \tag{2-10}$$

使用 MATLAB 生成一个长度为 64 的布莱克曼窗，代码及结果如下。

```
%%布莱克曼窗
w= blackman(64);
wvtool(w);
%%布莱克曼窗的时域及频域波形
```

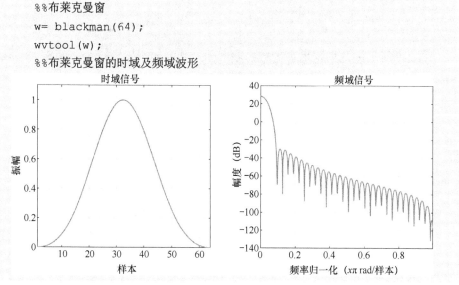

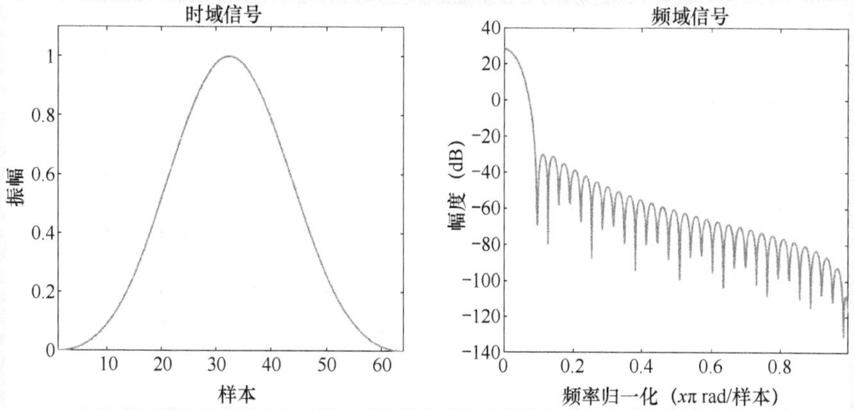

6）切比雪夫窗

切比雪夫窗是一种对局部进行优化的时窗，因为它满足窗函数的最大振幅比原则，所以也称为最大振幅比时窗函数。其特点是旁瓣具有等波动性，也就是所有旁瓣高度相同。切比雪夫窗的函数形式为

$$w(n)=\frac{1}{N}\left\{\frac{1}{\gamma}+2\sum_{k=1}^{\frac{N}{2}-1}T_{\frac{N}{2}-1}\left[\beta\cos\left(\frac{k\pi}{N}\right)\right]\cos\left(\frac{2nk\pi}{N}\right)\right\},n=1,2,\cdots,N-1 \tag{2-11}$$

式中，γ 为切比雪夫窗的形状参数。

使用 MATLAB 生成一个长度为 64 的切比雪夫窗，代码及结果如下。

```
%%切比雪夫窗
w=chebwin(64);
wvtool(w);
%%切比雪夫窗的时域及频域波形
```

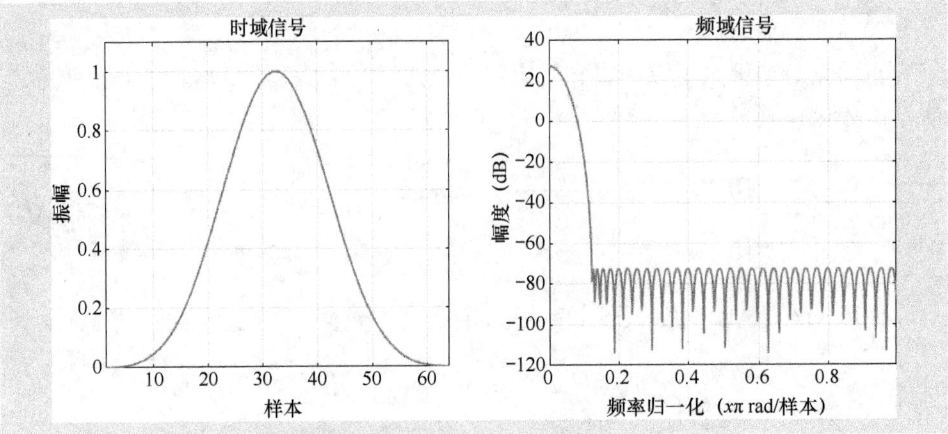

图 2-6 所示为几种常用窗函数的波形图，其中矩形窗主瓣窄、旁瓣大，频率识别精度最高，幅值识别精度最低；切比雪夫窗主瓣宽、旁瓣小，频率识别率最低，但幅值识别精度高。

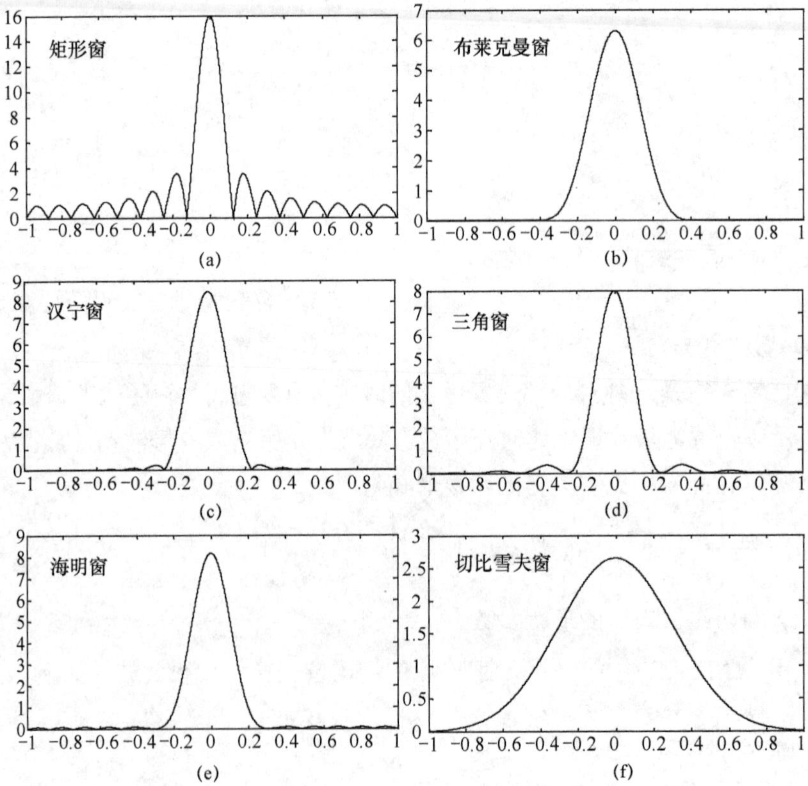

图 2-6　几种常用窗函数的波形图

对于这几个常用的窗函数，如果仅要求精确读出主瓣频率，而不考虑幅值精度，则可选用主瓣宽度比较窄而便于分辨的矩形窗，如测量物体的自振频率等；如果分析窄带信号，且有较强的干扰噪声，则可选用旁瓣幅度比较小的窗函数，如汉宁窗、三角窗等；对于随时间衰减的函数，可采用指数窗来提高信噪比。

下面给出一个具体的例子，来说明上述窗函数的不同特性。

```
%窗函数应用示例
clear;clc;close all
Fs=600;
N=600;
t=(0:N-1)/Fs;    %采样时间序列
x=sin(2*pi*50*t)+cos(2*pi*80*t)+0.6;  %采样信号
% 绘制原始采样信号
subplot(4,1,1)
plot(t,x);
title('原始信号')

%绘制原信号频谱图
subplot(4,1,2)
X=fft(x,N);
f=(0:N-1)*Fs/N;
plot(f,abs(X));
title('原始信号频谱图')

%对原始信号时域加窗
N=length(x);
wn=hanning(N);  %汉宁窗
x=x.*wn';    %原始信号时域加窗

%绘制加窗后的信号
subplot(4,1,3)
plot(t,x);
title('加窗后的信号')

%对加窗信号进行快速傅里叶变换
X=fft(x,N);
```

```
f=(0:N-1)*Fs/N;
%绘制频谱图
subplot(4,1,4)
plot(f,abs(X));
title('加窗后的信号频谱图')
```

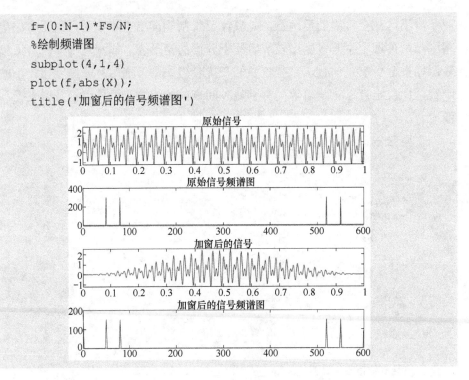

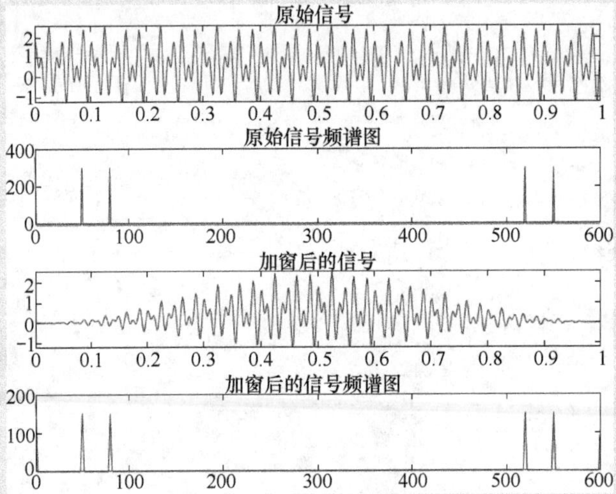

3. 选窗原则

根据窗函数对于数据处理的影响，可参照下述原则选取理想的窗函数来改善频谱能量泄露问题。

（1）窗函数频谱的主瓣应尽可能窄，即能量尽可能集中在主瓣内，以提高谱估计时的频域分辨率和减少泄露，在数字滤波器设计中获取较小的过渡带。

（2）尽可能减小窗函数频谱最大旁瓣的相对幅度，以便使旁瓣高度随频率尽快衰减。

如果这两条不能同时满足，往往是增加主瓣宽度以换取对旁瓣的抑制。总之，在应用窗函数时，除要考虑窗函数频谱本身的特性外，还应充分考虑被分析信号的特点及具体处理要求。在一般情况下，当信号在“远”频段包含强干扰时，选用具有高旁瓣的窗函数；当信号在有用频率附近包含强干扰时，选择具有较低的大旁瓣级别的窗函数；当需要在某一频率附近分离两个或多个信号时，选择具有窄主瓣而平滑的窗函数；在信号频率组成的幅值比其频率精度位置更重要的场合，选择具有宽主瓣的窗函数；当信号频段较宽时，可采用均衡的窗函数或不加窗函数。

2.2.5　滤波

数字滤波器是一个离散时间系统（按预定的算法，将输入离散时间信号转换为所要求的输出离散时间信号的特定功能装置）。应用数字滤波器处理模拟信号时，首先必须对输入模拟信号进行限带、采样和模/数转换。数字滤波器输入信号的采样率应大于被处理信号带宽的两倍，其频率响应具有以采样频率为间隔的周期重复特性，且以折叠频率即 1/2 采样频率点呈镜像对称。为得到模拟信号，数字滤波器处理的输出数字信号必须经数/模转换、平滑。数字滤波器具有高精度、高可靠性、可程控改变特性或复用、便于集成等优点。

数字滤波器有低通、高通、带通、带阻和全通等类型。它可以是时不变的或时变的、因果的或非因果的、线性的或非线性的。应用最广的是线性、时不变数字滤波器，以及 FIR 滤波器。

传统的抗混叠滤波器设计采用的都是无源元件，如广泛使用的 RC 滤波器。这类滤波器在设计上有如下缺点。

（1）截止频率不可调，特别是对于通用的数据采集系统，采集频率可以人为设定，也要求截止频率能够人为设定，通常的做法是把截止频率固定为系统最高的采集频率，乘以一个大于 2 的系数作为最终的截止频率。

（2）高阶滤波器设计复杂，采用元件较多，参数调试不方便。

（3）有源器件和无源器件等元件之间的分布参数复杂，滤波器的性能很难保证。

（4）RC 无源滤波器的截止频率呈非线性，依靠调节 RC 元件的参数调节很难适应这个非线性，灵活性差。

正是由于测控系统对滤波器的特殊要求，促进了集成有源滤波器、可编程有源滤波器的发展。有源滤波器的发展，一方面提供了高精度、高稳定性、高性能的集成有源滤波器；另一方面提供了通用的有源滤波器。可编程有源滤波器的出现是开关电容技术发展的结果，正是由于开关电容技术的成熟，使得可编程有源滤波器的实现成为可能。

基本的抗混叠滤波器有巴特沃斯（Butterworth）滤波器、贝塞尔（Bessel）滤波器、切比雪夫（Chebyshev）滤波器和椭圆（Elliptic）函数型滤波器 4 种。

根据不同的设计方法，以二阶有源低通滤波器为例，常用的类型及特点如表 2-1 所示。

表 2-1　常用的滤波器类型及特点

设计方法分类	滤波器函数类型	特点
近代设计法	巴特沃斯滤波器	通带内响应最为平坦
	切比雪夫滤波器	截止特性特别好，群延时特性不太好，通带内有等纹波起伏
	逆切比雪夫滤波器	阻带内有零点（陷波点），由于椭圆函数型滤波器能够比它得到更好的截止特性，因此不太常用
	椭圆函数型滤波器	通带内有起伏，阻带内有零点，截止特性比其他滤波器都好，但对器件要求严
	贝塞尔滤波器	通带内延时特性最平坦，截止特性相当差
	高斯滤波器	这种函数的 BPF 常用于决定频谱分析仪带宽的滤波器
	相位等波纹滤波器	通带内的相位是等纹波变化的
	勒让德滤波器	截止特性比巴特沃斯滤波器好，并且可以用小器件来实现
古典设计法	定 K 型滤波器	设计简单，易于增加阶数
	M 推演型滤波器	能得到比定 K 型滤波器更陡峭的截止特性，但阻带特性较差

工程上常用的数字滤波方法如下。

1. 限幅滤波法（又称程序判断滤波法）

方法：根据经验判断，确定两次采样允许的最大偏差值（设为 A），每次检测到新值时判断，如果本次值与上次值之差小于或等于 A，则本次值有效；如果本次值与上次值之差大于 A，则本次值无效，放弃本次值，用上次值代替本次值。

优点：能有效克服因偶然因素引起的脉冲干扰。

缺点：无法抑制那种周期性的干扰，平滑度差。

2. 中位值滤波法

方法：连续采样 N 次（N 取奇数），把 N 次采样值按大小排列，取中间值为本次有效值。

优点：能有效克服因偶然因素引起的波动干扰，对温度、液位的变化缓慢的被测参数有良好的滤波效果。

缺点：对流量、速度等快速变化的参数不宜。

3. 算术平均滤波法

方法：连续取 N 个采样值进行算术平均运算，当 N 值较大时，信号平滑度较高，但灵敏度较低；当 N 值较小时，信号平滑度较低，但灵敏度较高。N 值的选取原则如下：一般流量测量，可取 N=12；对压力的测量，可取 N=4。

优点：适用于对一般具有随机干扰的信号进行滤波，这种信号的特点是有一个平均值，信号在某一数值范围附近上下波动。

缺点：对于测量速度较慢或要求数据计算速度较快的实时控制不适用，比较浪费 RAM。

4. 递推平均滤波法（又称滑动平均滤波法）

方法：把连续 N 个采样值看成一个队列，队列的长度固定为 N，每次采样到一个新数据放入队尾，并扔掉原来队首的数据（先进先出原则）。对队列中的 N 个数据进行算术平均运算，就可获得新的滤波结果。N 值的选取原则如下：一般流量测量，可取 N=12；对压力的测量，可取 N=4；对液面的测量，可取 N=4～12；对温度的测量，可取 N=1～4。

优点：对周期性干扰有良好的抑制作用，平滑度高，适用于高频振荡的系统。

缺点：灵敏度低，对偶然出现的脉冲性干扰的抑制作用较差，不易消除由于脉冲干扰所引起的采样值偏差，不适用于脉冲干扰比较严重的场合，比较浪费 RAM。

5. 中位值平均滤波法（又称防脉冲干扰平均滤波法）

方法：相当于“中位值滤波法+算术平均滤波法”，连续采样 N 个数据，去掉一个最大值和一个最小值，然后计算 N−2 个数据的算术平均值。N 的取值范围为 3～14。

优点：融合了两种滤波法的优点，对于偶然出现的脉冲性干扰，可消除由于脉冲干扰所引起的采样值偏差。

缺点：测量速度较慢，和算术平均滤波法一样，比较浪费 RAM。

6. 限幅平均滤波法

方法：相当于“限幅滤波法+递推平均滤波法”，每次采样到的新数据先进行限幅处理，再送入队列进行递推平均滤波处理。

优点：融合了两种滤波法的优点，对于偶然出现的脉冲性干扰，可消除由于脉冲干扰所引起的采样值偏差。

缺点：比较浪费 RAM。

7. 一阶滞后滤波法

方法：取 a=0～1，本次滤波结果=（1−a）×本次采样值+a×上次滤波结果。

优点：对周期性干扰具有良好的抑制作用，适用于波动频率较高的场合。

缺点：相位滞后，灵敏度低，滞后程度取决于 a 值大小，不能消除滤波频率高于采样频率的 1/2 的干扰信号。

8．加权递推平均滤波法

方法：是对递推平均滤波法的改进，即不同时刻的数据加以不同的权，通常，越接近当前时刻的数据，权取得越大，给予新采样值的权系数越大，则灵敏度越高，但信号平滑度越低。

优点：适用于有较大纯滞后时间常数的对象和采样周期较短的系统。

缺点：对于纯滞后时间常数较小、采样周期较长、变化缓慢的信号，不能迅速反映系统当前所受干扰的严重程度，滤波效果差。

9．消抖滤波法

方法：设置一个滤波计数器，将每次采样值与当前有效值比较，如果采样值等于当前有效值，则计数器清零。如果采样值不等于当前有效值，则计数器加 1，并判断计数器是否大于或等于上限 N（溢出）。如果计数器溢出，则用本次值替换当前有效值，并清计数器。

优点：对于变化缓慢的被测参数有较好的滤波效果，可避免在临界值附近控制器的开/关反复跳动或显示器上的数值抖动。

缺点：对于快速变化的参数不宜，如果在计数器溢出的那一次采样到的值恰好是干扰值，则会将干扰值当作有效值导入系统。

10．限幅消抖滤波法

方法：相当于“限幅滤波法+消抖滤波法”，先限幅后消抖。

优点：继承了“限幅”和“消抖”的优点，改进了“消抖滤波法”中的某些缺陷，避免将干扰值导入系统。

缺点：对于快速变化的参数不宜。

下面通过一个具体的案例来说明滤波在具体的信号处理中的作用及效果，可以看出，原信号经过滤波处理后，过滤了大部分噪声。

（1）在 MATLAB 命令行中输入“filterDesigner”，打开滤波器设计工具箱。

（2）设计一个滤波器：巴特沃斯低通滤波器，阶数为 10 阶，采样频率为 500Hz，截止频率为 50Hz，如图 2-7 所示。源代码见 Filter_IIR_Butterworth.m。

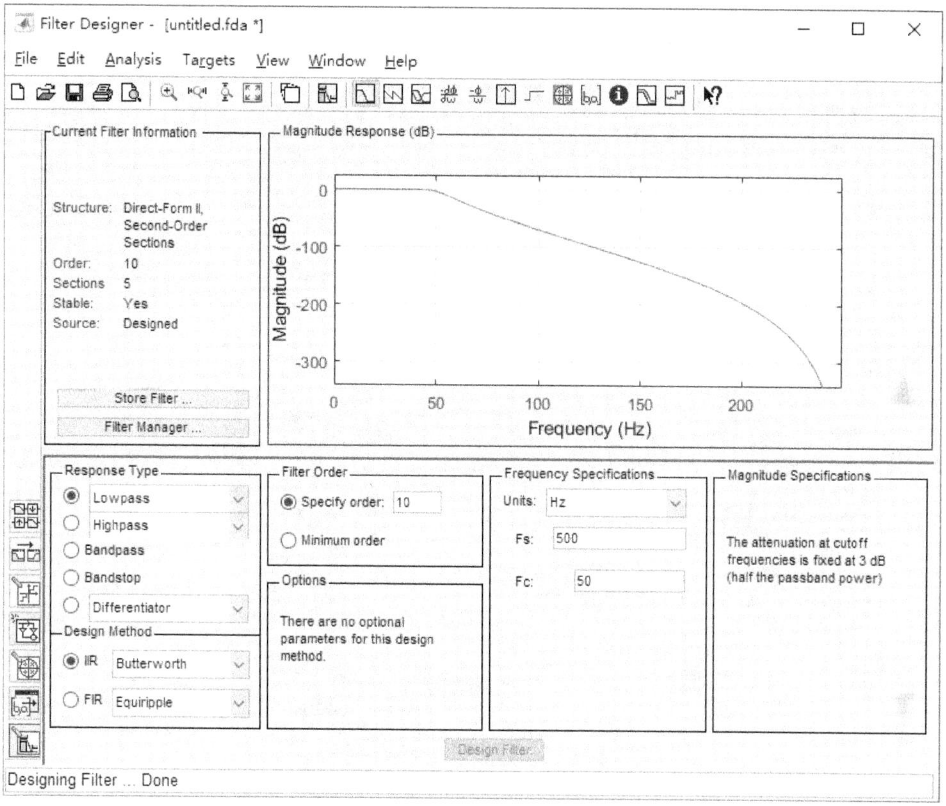

图 2-7　设计一个滤波器

```
Filter_IIR_Butterworth.m
function Hd = Filter_IIR_Butterworth
%FILTER_IIR_BUTTERWORTH 返回离散时间过滤器的值

%MATLAB Code
%Generated by MATLAB(R) 9.5 and Signal Processing Toolbox 8.1.
%Generated on: 19-Oct-2020 13:16:43

%Butterworth Lowpass filter designed using FDESIGN.LOWPASS.

%所有频率值均以 Hz 为单位
Fs = 500;  %采样频率
```

```
N  = 10;  %采样点
Fc = 50;  %截止频率

h  = fdesign.lowpass('N,F3dB', N, Fc, Fs);
Hd = design(h, 'butter');

%[EOF]
```

以.m 文件的形式导出到 MATLAB 中，如图 2-8 所示。

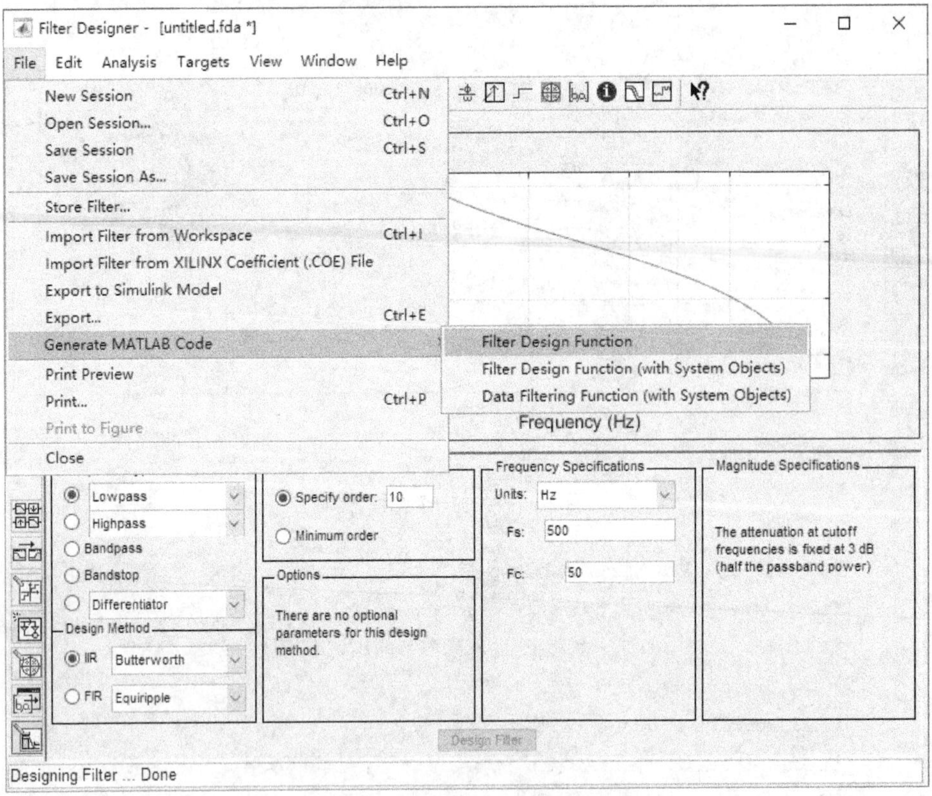

图 2-8　以.m 文件的形式导出到 MATLAB 中

（3）新建脚本，应用设计好的滤波器，如图 2-9 所示。源代码见 Apply_Filter_IIR_Butterworth.m。

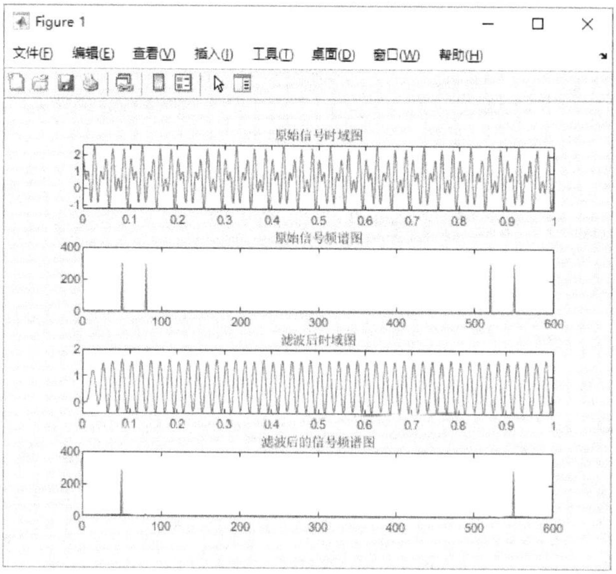

图 2-9　新建脚本

Apply_Filter_IIR_Butterworth.m

```
clear;clc;close all
Fs=600;
N=600;
t=(0:N-1)/Fs;    %采样时间序列
x=sin(2*pi*50*t)+cos(2*pi*80*t)+0.6;   %采样信号

%%绘制原始采样信号
subplot(4,1,1)
plot(t,x);
title('原始信号时域图')
%%
%%对原始信号进行快速傅里叶变换
X=fft(x,N);
f=(0:N-1)*Fs/N;
%%
%绘制原信号频谱图
subplot(4,1,2)
plot(f,abs(X));
title('原始信号频谱图')
```

```
%%
y = filter(Filter_IIR_Butterworth,x);
%直接使用设计好的滤波器进行滤波，filter 函数是滤波函数
subplot(4,1,3);
plot(t,y);
title('滤波后时域图');
%%
%对滤波后信号进行快速傅里叶变换
Y=fft(y,N);
f=(0:N-1)*Fs/N;
%%
%绘制频谱图
subplot(4,1,4)
plot(f,abs(Y));
title('滤波后的信号频谱图')
```

2.3 特征提取与信号处理方法

2.3.1 特征选择与提取

按照信号的特征，信号的分类如图 2-10 所示。

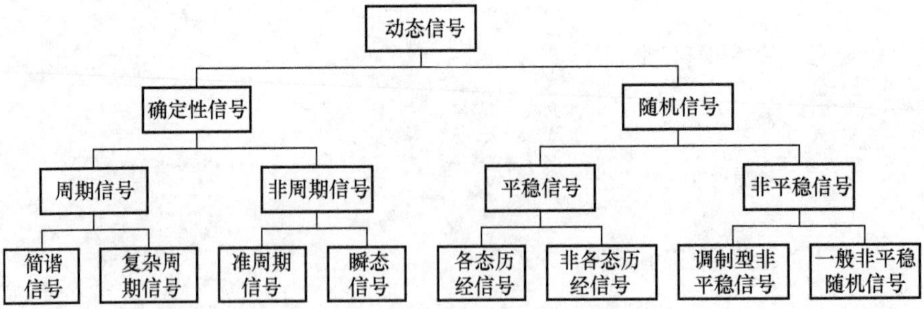

图 2-10 信号的分类

如果描述系统的状态变量可以用确定的时间函数来表述，则称这样的物理过程是确定性的，描述它们的测量数据就是确定性信号。

周期信号包括简谐信号和复杂周期信号。表述简谐信号的基本物理量是频

率、振幅和初相位；复杂周期信号可借助傅里叶级数展成一系列离散的简谐分量之和，其中任意两个分量的频率比都是有理数。

非周期信号包括准周期信号和瞬态信号。准周期信号也是由一些不同离散频率的简谐信号合成的信号，但它不具有周期性，组成它的简谐分量中总有一个分量与另一个分量的频率比为无理数；瞬态信号的时间函数为各种脉冲函数或衰减函数，如有阻尼自由振动的时间历程就是瞬态信号。瞬态信号可借助傅里叶变换得到确定的连续频谱函数。

如果描述系统的状态变量不能用确切的时间函数来表述，无法确定状态变量在某瞬刻的确切数值，其物理过程具有不可重复性和不可预知性时，则称这样的物理过程是随机的，描述它们的测量数据就是随机信号，在数学上称为随机过程。随机信号虽然具有不确定性，但却具有一定的统计规律性，可借助概率论和随机过程理论来描述。

传统的特征提取技术主要有信号的幅值域分析、信号的时域分析，以及以傅里叶变换为核心的经典信号处理分析方法（主要有频谱分析、相关分析、相干分析、传递函数分析、细化谱分析、倒频谱分析、包络分析等）。它们在旋转机械故障特征提取中发挥了巨大的作用。下面主要介绍一些常用的传统的特征提取技术。

2.3.2　时域分析方法

时域分析最重要的特点是信号的时间顺序，即相关设备振动信号产生的先后顺序。时域分析能通过旋转机械振动信号的时间波形来提取旋转机械的故障特征。在时域分析中主要有时基波形分析、自相关分析和互相关分析等方法。时域特征是旋转机械振动信号比较直观的特征信息，比较常见的一些指标是均值、最大值、最小值、均方根值等。常用的方法和参数公式如下。

1. 均方根值（RMS）

RMS 的计算公式为

$$X_{\mathrm{RMS}}=\sqrt{\sum_{i=1}^{N}x_i^{2}/N} \tag{2-12}$$

式中，x_i 为振动幅值，N 为采样点数，RMS 反映振动能量的大小。

2. 峰值因子

峰值因子表示波形中波峰高度的指标，用公式$C_f=\frac{X_{max}}{X_{RMS}}$计算，反映振动中冲击成分的大小。

3. 峭度因子

峭度因子通过公式$K_v=\frac{\beta}{X_{RMS}^4}$计算得到，其中$\beta=\frac{1}{N}\sum_{i=1}^{N}x_i^4$，峭度因子表示在冲击下的振动波形如何变化，或者说表示波形是如何变得陡峭的量值。

4. 时基波形分析

设备的振动信号在时域一般是以时间波形的形式表示的。时间波形有直观、易于理解等特点，由于是最原始的信号，所以包含的信息量大。其缺点是不太容易看出所含信息与故障的联系。对于某些信号，由于其波形具有明显的特征，这时可以利用时间波形做出初步判断。例如，对旋转机械而言，当其不平衡故障较严重时，信号中有明显的以旋转频率为特征的周期成分。使用 MATLAB 进行时基波形分析的代码如下。

```
%相关指标
clc
close all
clear
Fs=1000; %采样频率
t=0:1/Fs:1;  %采样时间
xn=sin(2*pi*80*t);
%定义一个随机正弦信号
yn=sin(2*pi*30*t); %定义另一个随机正弦信号
plot(yn) %画出 yn 的信号图
rm=rms(yn);  %均方根
kurtosis(yn)%峭度因子
ma = max(yn); %最大值
mi = min(yn); %最小值
pk = ma-mi; %峰-峰值
C = pk/rm; %峰值因子
```

5. 自相关分析

信号或数据 $x(t)$ 的自相关函数 $R_x(\tau)$ 用于描述一个时刻的取值与另一个时刻的取值之间的依赖关系。若信号 $x_s(t)$ 为采样所获得的一组离散数据 $x_1, x_2, \cdots, x_N$，则自相关函数的离散化数据计算公式为

$$R_x(n) = \frac{1}{N-n}\sum_{r=1}^{N-n} x(r)x(r+n) \qquad n = 0,1,2,\cdots,M(M \ll N) \tag{2-13}$$

式中，N 为采样点数，r 为时间序列，n 为时延序列（时间位移数）。

$R_x(\tau)$ 是有量纲的，不同波形的自相关程度很难比较；工程中常使用自相关系数来描述相关性，其量纲为 1，更具有对比性和方便性。

自相关系数定义为

$$\rho_x(\tau) = \frac{R_x(\tau) - \mu_x}{\sigma_x^2} \tag{2-14}$$

式中，μ_x 是均值，${\sigma_x}^2$ 是方差，自相关系数的值总在区间[−1,1]中。当 $\tau = 0$ 时，自相关系数总为 1。

自相关分析的应用如下。

（1）判断信号的性质。周期信号的自相关函数仍为同周期的周期函数：对于随机信号，当时间延迟趋于无穷大时，自相关系数趋于信号均值的平方，当时间延迟为 0 时，自相关系数为最大，等于 1。

（2）用于检测随机信号中的周期成分，尤其是噪声中的确定性信号。因为周期信号在所有时间延迟上，自相关系数不等于 0，而噪声信号当时间延迟趋于无穷大时，自相关系数趋于 0。

（3）对自相关函数进行傅里叶变换，可以得到自功率谱密度函数为

$$G_x(f) = 2\int_{-\infty}^{\infty} R_x(\tau)\mathrm{e}^{-\mathrm{j}2f\tau}\mathrm{d}\tau \qquad (f \geqslant 0) \tag{2-15}$$

典型信号的自相关分析如图 2-11 所示。可以看出，自相关函数是区别信号类型的一个非常有效的手段。只要信号中含有周期成分，其自相关函数在 τ 很大时都不衰减，并具有明显的周期性。不包含周期成分的随机信号，当 τ 稍大时，自相关函数将趋于 0。宽带随机噪声的自相关函数很快衰减到 0，窄带随机信号的自相关函数具有较慢的随机特性。

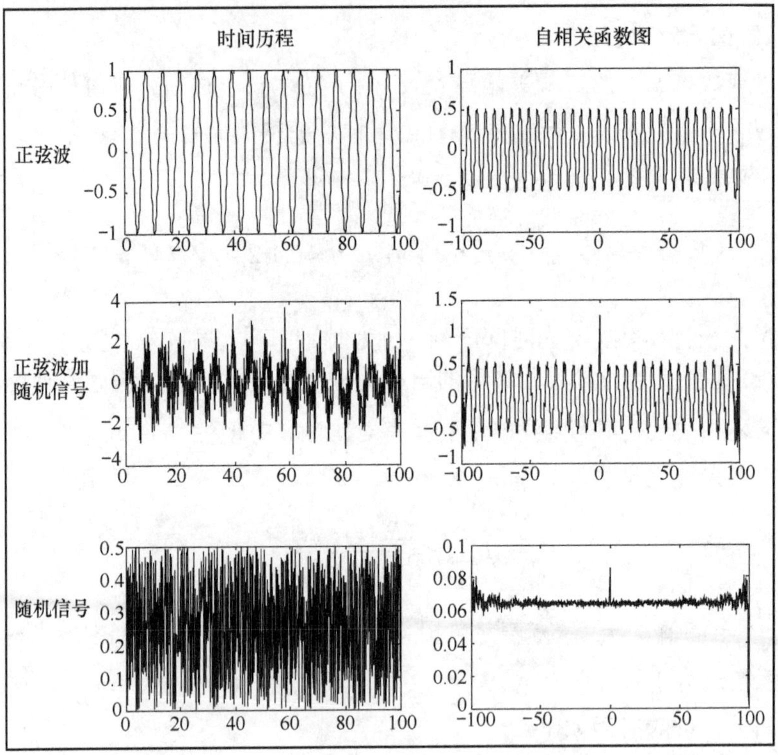

图 2-11 典型信号的自相关分析

在正常运行时，机器的振动或噪声一般是大量的、无规则的、大小接近的随机扰动的结果，因而具有较宽且均匀的频谱，其自相关函数往往与宽带随机噪声的自相关函数接近；对于不正常运行状态下的振动信号，通常在随机信号中会出现规则的周期性脉冲，其大小也往往比随机信号强得多。

使用 MATLAB 进行自相关计算的代码如下。

```
%自相关函数的使用
clear all
Fs=1000; %采样频率

t=0:1/Fs:1;  %采样时间

xn=sin(2*pi*80*t);
%定义一个随机正弦信号
yn=sin(2*pi*30*t); %定义另一个随机正弦信号
plot(xn) %画出 xn 的信号图
```

```
xc=xcorr(xn);%计算自相关函数
figure
plot(xc) %画出自相关后的图像
```

6．互相关分析

互相关函数如 $R_{xy}(\tau)$ 是表示两组数据之间依赖关系的相关统计量，互相关函数表示为

$$R_{xy}(\tau)=\lim\frac{1}{T}\int_0^{\tau}x(t)y(t+\tau)\mathrm{d}t \tag{2-16}$$

若信号 $x(t)$ 为采样所获得的一组离散数据 $x_1,x_2,\cdots,x_N$，则互相关函数的离散化数据计算公式为

$$R_{xy}(n)=\frac{1}{N-n}\sum_{r=1}^{N-n}x(r)y(n+r) \tag{2-17}$$

式中，r 为时间序列，N 为采样点数，n 为时延序列（时间位移数）。

工程中通常使用互相关系数来描述相关性，更具有对比性和方便性。互相关系数定义为

$$\rho_{xy}(\tau)=\frac{R_{xy}(\tau)-\mu_x\mu_y}{\sigma_x\sigma_y} \tag{2-18}$$

式中，μ_x 和 μ_y 为均值，σ_x 和 σ_y 为标准差。互相关系数的值总是在区间[−1,1]中。

互相关分析的应用如下。

（1）研究系统的时间滞后性质，系统输入信号和输出信号的互相关函数，在时间延迟等于系统滞后时间的位置上出现峰值。

（2）利用互相延时和能量信息可以对传输通道进行分析识别。

（3）检测噪声中的确定性信号。

（4）确定设备振动噪声主要来源于哪个部件。

（5）对互相关函数进行傅里叶交换，可以得到互功率谱密度函数：

$$G_{xy}(f)=2\int_{-\infty}^{\infty}R_{xy}(\tau)\mathrm{e}^{-\mathrm{i}2\pi ft}\mathrm{d}\tau \tag{2-19}$$

使用 MATLAB 进行互相关计算的代码如下。

```
%互相关函数的使用
clc
close all
clear
```

```
Fs=1000; %采样频率

t=0:1/Fs:1;  %采样时间

xn=sin(2*pi*80*t);
%定义一个随机正弦信号
yn=sin(2*pi*30*t); %定义另一个随机正弦信号
plot(xn) %画出 xn 的信号图
xc=xcorr(xn,yn);%计算互相关函数
figure
plot(xc) %画出互相关后的信号图
```

2.3.3 频域分析方法

工程中所测的信号一般用时域来描述，称为时域信号。然而，由于故障的发生、发展往往会引起信号频率结构的变化，为了通过所测信号了解、观测对象的动态行为，往往需要频域信息。将时域信号通过数学处理变换为频域分析的方法称为频谱分析。频谱分析是设备健康监测中用得最广泛的信号处理、特征提取方法之一。在研究频谱分析方法之前，首先介绍一下数字信号处理的一些基本概念。

1. 傅里叶变换

傅里叶变换是进行频率结构分析的重要工具，它可以辨别或区分组成任意波形的一些不同频率的正弦波和它们各自的振幅。对于一个时域信号 $x(t)$，其傅里叶正变换为

$$X(f)=\int_{-\infty}^{\infty}x(t)\mathrm{e}^{-\mathrm{i}2\pi ft}\mathrm{d}t \tag{2-20}$$

傅里叶逆变换为

$$x(t)=\int_{-\infty}^{\infty}X(f)\mathrm{e}^{\mathrm{i}2\pi ft}\mathrm{d}f \tag{2-21}$$

傅里叶变换是从时域到频域或从频域到时域的信号转换，并无信息丢失，不同的只是其表示方法。

2. 离散傅里叶变换

离散傅里叶变换是为适应计算机进行傅里叶变换而派生的专用术语。在对信号 $x(t)$ 进行傅里叶变换运算，并在计算机上实现时，必要的步骤是把模拟信号 $x(t)$

和 $X(\omega)$改造为离散数据，并且把计算范围限定在一个有限区间，进而实现正、逆傅里叶运算。这样，在时域和频域中都只取有限个离散数据，这些数据分别构成周期性的离散时间函数和频率函数。离散傅里叶变换（DFT）和离散逆傅里叶变换（IDFT）公式如下。

$$\text{DFT：}X(k)=\sum_{n=0}^{N-1}x(n)W_N^{nk} \quad (k=0,1,\cdots,N-1) \tag{2-22}$$

$$\text{IDFT：}x(n)=\frac{1}{N}\sum_{n=0}^{N-1}X(k)W_N^{nk} \quad (n=0,1,\cdots,N-1) \tag{2-23}$$

式中，$W_N^{nk}=\mathrm{e}^{-\mathrm{i}2\pi nk/N}$，$N$ 为采样点数。

这就是所要求的离散傅里叶交换式，它将 N 个时域采样点与 N 个频域采样点联系起来。实际信号只要在所关心的处理区间（$0\leqslant n\leqslant N-1, 0\leqslant k\leqslant N-1$）是确定的，则无论其在非处理区间如何，都可以用上述两式构成 DFT 与 IDFT 的关系。

使用 MATLAB 进行 8 点 DFT 和 16 点 DFT 变换的代码如下。

```
N=8;
n=(0:1:N-1);
xn=0.5.^n;
w=(-8:1:8)*4*pi/8;
X=xn*exp(-1i*(n'*w));
subplot(311)
stem(n,xn);
w1=(-4:1:4)*4*pi/4;
X1=xn*exp(-1i*(n'*w1));
title('原始信号(指数信号)');
subplot(312);
stem(w/pi,abs(X));
title('原信号的 16 点 DFT 变换')
subplot(313)
stem(w1/pi,abs(X1));
title('原信号的 8 点 DFT 变换')
```

3. 快速傅里叶变换

快速傅里叶变换（FFT）方法是由美国的库利和图基（J. W. Cooley 和 J. W. Tukey）于 1965 年首先提出来的。快速傅里叶变换方法的诞生，被认为是信号分析、数据处理技术具有划时代意义的进步。快速傅里叶变换是一种计算离散傅里叶变换的新方法，大大减少了离散傅里叶变换的运算次数，缩短了运算时间。使 N 点的乘法计算量由 N^2 次降为 $\frac{N}{2}\log_2 N$ 次。仍以 $N=1024$ 为例，计算量降为5120次，仅为原来的4.88%。

由上述可知 N 点序列 $x(n)$ 的离散傅里叶变换为

$$X(k)=\sum_{n=0}^{N-1}x(n)W_N^{nk} \qquad (k=0,1,\cdots,N-1) \tag{2-24}$$

系数 $W_N^{nk}=\mathrm{e}^{-\mathrm{i}2\pi nk/N}$ 是一个周期函数，$W_N^{nk}=W_N^{k(N-n)}=W_N^{-nk}$ 且是对称的：

$$W_N^{nk+N/2}=-W_N^{nk} \tag{2-25}$$

快速傅里叶变换正是基于这样的基本思想发展起来的。快速傅里叶变换的算法形式有很多种，基本可以分成两大类：时间抽取（DIT-FFT）和频率抽取（DIF-FFT）。

使用MATLAB进行快速傅里叶变换的代码如下。

```
Fs=128;  %采样频率
T=1/Fs;  %采样时间
L=256;   %信号长度
t=(0:L-1)*T;%时间
%cos为底原始信号
x=5+7*cos(2*pi*15*t-30*pi/180)+3*cos(2*pi*40*t-90*pi/180);
y=x+randn(size(t));  %添加噪声
figure;
plot(t,y)
title('加噪声的信号')
xlabel('时间(s)')
%采样点数，采样点数越大，分辨的频率越精确，N>=L，超出的部分信号补为0
N=2^nextpow2(L);
Y=fft(y,N)/N*2;  %除以N乘以2才是真实幅值，N越大，幅值精度越高
f=Fs/N*(0:1:N-1);     %频率
A=abs(Y);     %幅值
P=angle(Y);   %相值
figure;
subplot(211);plot(f(1:N/2),A(1:N/2));
%函数快速傅里叶变换返回值的数据结构具有对称性，因此只取前一半
title('幅值频谱')
xlabel('频率(Hz)')
ylabel('幅值')
```

```
subplot(212);plot(f(1:N/2),P(1:N/2));
title('相位频谱)
xlabel('频率(Hz)')
ylabel('相位')
```

4. 功率谱分析

功率谱分析是故障诊断中常用的谱分析方法。在频谱分析中，幅值谱通过信号的傅里叶变换直接求得，而功率谱可通过幅值谱的平方求得，另外，也可以通过相关函数的傅里叶变换求得。功率谱在对各种动力学过程的分析中，具有更加明显的效果，功率谱图中突出了主频率。许多动力过程的破坏是与功率紧密相关的，而且随机信号往往只进行功率谱分析。

1）自功率谱分析

用快速傅里叶变换方法直接从原始数据计算功率谱密度，从原理上讲，可以用任意采样长度 N。但是，为了减少运算次数，在实践中，往往采用长度 $N=2^m$（m 为正整数）记录数据。因此，数据序列必须被截断或者加上零点，以得到所要求的数据点个数。也就是说，对原始数据必须用时间窗进行处理。

对于一个测量数据记录样本来说，当采样长度为 T_0 时，其连续功率谱密度为

$$G_x(f)=\frac{2}{T_0}|X(f)|^2 \tag{2-26}$$

假设采样时间间隔为 T，采样点数为 N，则 $T_0=NT$。由连续傅里叶变换和离散傅里叶变换关系式得

$$X(f)=TX(n) \tag{2-27}$$

故

$$G(n)=\frac{2}{nT}T^2|X(n)|^2=\frac{2}{nT}T^2X^*(n)X(n) \tag{2-28}$$

自功率谱分析能够将实测的复杂工程信号分解成简单的谐波分量来研究，描述了信号的频率结构，因此，对机器设备的动态信号进行功率谱分析相当于给机器“透视”，从而了解装备各部分的工作状况。功率谱分析在解决工程实际问题中获得了广泛的应用。

使用 MATLAB 进行自功率谱分析的代码如下。

```
fs=1000; %采样频率
t=0:1/fs:1;  %采样时间
```

```
xn=sin(2*pi*80*t)+2*sin(2*pi*140*t)+randn(size(t));
%randn 产生一个均值为 0、标准差为 1 的正态分布的随机信号
pxx=abs(fft(xn,1024)).^2/length(xn);
figure;
plot(xn);
figure;
plot(20*log(pxx))
```

2）互功率谱分析

频谱分析中需要对各信号本身和相互之间的关系进行探讨。为此，需进行各种谱的形状和谱之间的相互分析，如自功率谱（密度）和互功率谱（密度）。求互功率谱有两种方法——直接方法和通过快速傅里叶变换的方法。它们实际上是功率谱密度函数计算方法的推广，下面只介绍通过直接方法得到互功率谱密度。

设测量数据记录的两个样本 $x(t)$ 和 $y(t)$ 的采样序列分别为 $\{x_k\}$ 和 $\{y_k\}$。与自功率谱密度推导类似，互功率谱密度表达式可写为

$$G_{xy}=\frac{2T}{N}X^{*}(n)Y(n) \tag{2-29}$$

使用 MATLAB 进行互功率谱分析的代码如下。

```
fs=1000;
t=0:1/fs:1;
xn=randn(length(t),1);%xn 是白噪声
b=ones(1,5)/5;
yn=filter(b,1,xn);%yn 是 xn（白噪声）通过滤波器（滤波器系数为 b）
csd(xn,yn);
cohere(xn,yn)
```

5. 倒频谱分析

倒频谱（Cepstrum）分析可以处理复杂频谱图上的周期结构。倒频谱包括功率倒频谱分析和复倒频谱分析两种主要形式。倒频谱用于分析具有同族谐频或异族谐频、多成分边频等复杂信号，找出功率谱上不易发现的问题。

倒频谱的数学描述包括两类：一类是实倒频谱（Real Cepstrum，R-CEP）；另一类是复倒频谱（Complex Cepstrum，C-CEP）。

1）实倒频谱

如果时间序列 $x(t)$的傅里叶正变换为 $X(f)$，其功率谱为

$$G_x(f)=\frac{2}{T_0}|X(f)|^2 \tag{2-30}$$

那么，功率倒频谱 $C_{\mathrm{R}}(q)=|F|\ln G_x(f)||^2$，$F$为傅里叶变换符号，是将对数功率谱进行傅里叶变换，然后取其模的平方。

幅值倒频谱实际应用较多的是式（2-30）的算术平方根定义形式，称为幅值倒频谱，即

$$C_{\mathrm{O}}(q)=\sqrt{C_{\mathrm{R}}(q)}=|F|\ln G_x(f)|| \tag{2-31}$$

2）复倒频谱

在实倒频谱的分析中，丢失了相位信息。复倒频谱是另一种倒频谱，它是从复谱得来的，因此不损失相位信息。与实倒频谱不同，获得复倒频谱的过程是可逆的，这在很多情况下符合工程要求。

设时间信号 $x(t)$ 的傅里叶变换为

$$X(f)=\mathrm{Re}[X(f)]+\mathrm{Im}[X(f)] \tag{2-32}$$

则复倒频谱 $C_{\mathrm{C}}(q)$ 为

$$C_{\mathrm{C}}(q)=F^{-1}|\lg X(f)| \tag{2-33}$$

倒频谱分析技术早期用于地震的回波分析，近年在装备故障诊断、语音信号分析、生物医学、雷达及声呐的数据处理等方面得到广泛的应用。它能分离边带信号和谐波，这在齿轮和滚动轴承发生故障、信号中出现调制现象时，对于检测和分析信号十分有效。

3）倒频谱应用

工程上实测的波动、噪声信号往往不是振源信号本身，而是振源或声源信号 $x(t)$ 经过传递系统 $h(t)$ 到测点的输出信号 $y(t)$。线性系统 $x(t)$、$h(t)$、$y(t)$ 之间的关系可用卷积公式表示：

$$y(t)=x(t)*h(t)=\int_0^{\infty}x(\tau)h(t-\tau)\mathrm{d}\tau \tag{2-34}$$

在时域中，信号在经过卷积后一般是一个比较复杂的波形，难以区分源信号与系统的响应。为此，需要对式（2-34）继续进行傅里叶变换，在频域上进行分析。

$$S_y(f)=S_x(f)S_h(f) \tag{2-35}$$

对式（2-35）两边取对数，得

$$\ln S_y(f)=\ln S_x(f)+\ln S_h(f) \tag{2-36}$$

对式（2-36）再进一步进行傅里叶逆变换，可得倒频谱

$$F\{\ln S_y(f)\} = F\{\ln S_x(f)\} + F\{S_h(f)\} \tag{2-37}$$

或

$$C_y(q) = C_x(q) + C_h(q) \tag{2-38}$$

式（2-38）在倒频谱上由两部分构成，即低频和高频部分。它们各自在倒频谱图上占有不同的倒频率位置，因而，倒频谱可以提供清晰的分析结果。

使用MATLAB进行倒功率谱分析的代码如下。

```
%倒频谱程序
sf = 1000;
nfft = 1000;
x = 0:1/sf:5;
y1=10*cos(2*pi*5*x)+7*cos(2*pi*10*x)+5*cos(2*pi*20*x)+0.5*randn(size(x));
y2=20*cos(2*pi*50*x)+15*cos(2*pi*100*x)+25*cos(2*pi*200*x)+0.5*randn(size(x));
for i = 1:length(x)
   y(i) = y1(i)*y2(i);
end

z = rceps(y);
plot(t(nn),abs(z(nn)));
title('z=rceps(y)');ylim([0 0.3]);
xlabel('时间(s)');
ylabel('幅值');
grid on;
```

6. 全息谱方法

全息谱理论由我国已故工程院院士屈梁生教授于20世纪80年代提出，在之后的工程实践中，全息谱理论经受了实践的考验，解决了许多工程中的难题，同时自身也得到了较为完备的发展，已经成为机械故障检测和诊断的有力工具。

全息谱就是为了使故障诊断所需要的信息量增加，把幅度、频率和被忽略的相位信息综合起来考虑，使设备的振动形态特征得以充分反映。这种谱分析方法把频谱分解的优点与轨迹的直观性结合起来，弥补了某些情况下难以通过轴心轨迹判断振动特点的缺陷。谱的显示形式也由谱线变成了椭圆状，包含椭圆的大小、圆偏心率、倾角、转向等特征。

二维全息谱是全息谱的一种，反映了旋转机械某个平面相互垂直的两个方向振动信号幅值，以及它们之间的相位关系，是幅度、频率、相位的有机结合。二维全息谱将 x、y 方向分别经过谱分析，再将两个方向的频率成分进行融合，由于只含有单一频率，所以，轴心轨迹是一系列的圆、椭圆、直线、斜线。

二维全息谱的实现过程如下。

（1）将各传感器输出的振动信号通过快速傅里叶变换算法分解成谐波频率。

（2）将同一平面内水平、竖直两个方向上频率谐波相同的成分合成为一个运动轨迹。具体做法是把相互垂直的两个方向信号分解的各阶次谐波合成轨迹，并依次放在由转子振动的阶次频率为横坐标的对应位置。

全息谱理论振动传感器采用正交安装的方法，具体如图 2-12 所示。

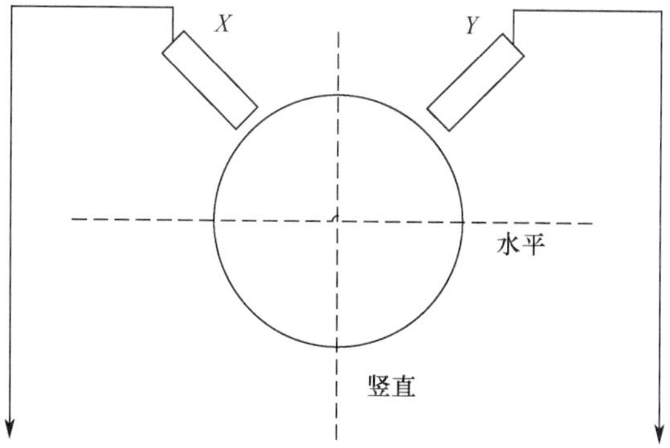

图 2-12　全息谱理论振动传感器安装方法

从向量的正交分解原理可知道，如图 2-12 所示的安装方法可实现机械部件振动信息的全面采集，得到振动的全面信息。

X、*Y* 传感器所测量的信号为同源信息（同一轴承的不同方位信息），以此为基础，可以进行如图 2-13 所示的分析。

从图 2-13 中可以看出，全息谱分析技术在常规的时域分析、频域分析和趋势分析的基础上增加了全息谱（二维和三维）、全息瀑布谱、轴心轨迹分析及时频域分析，全面以数量分析了轴承的启动与运行信息，实现了“度”的数量化。与 Bently 的全频谱相比，具有明显的故障分辨优势。

全息谱实例如下。

某一输油泵轴承经电涡流传感器测得轴承 *X*、*Y* 方向的时域波形如图 2-14 所示，轴承对应的频域分析如图 2-15 所示，轴承二维全息谱如图 2-16 所示。

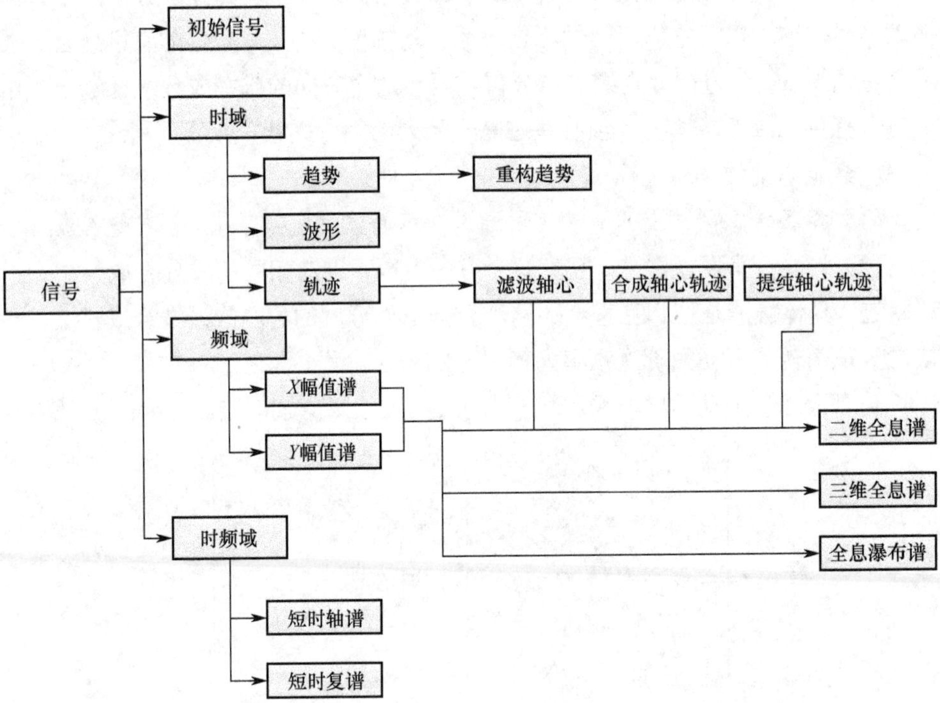

图 2-13　全息谱的相关技术分析概况

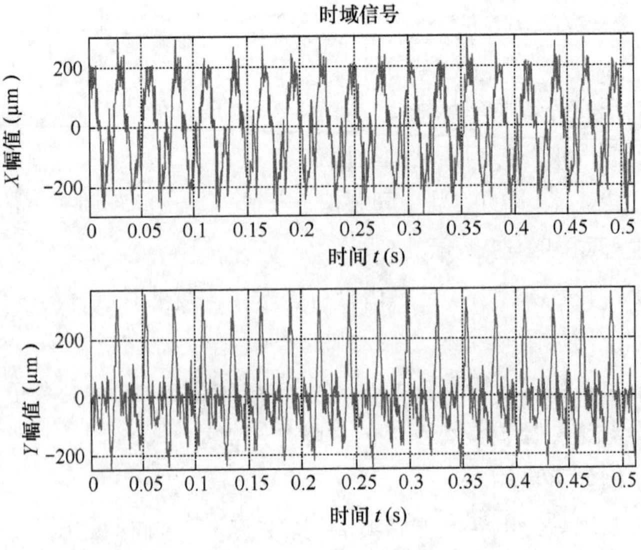

图 2-14　轴承 X、Y 方向的时域波形

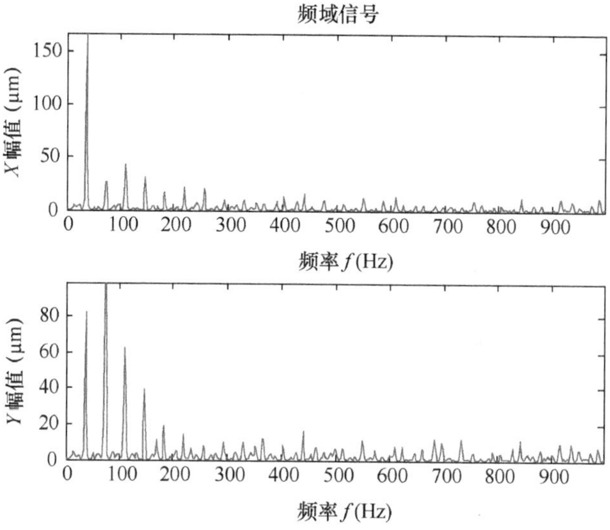

图 2-15　轴承对应的频域分析

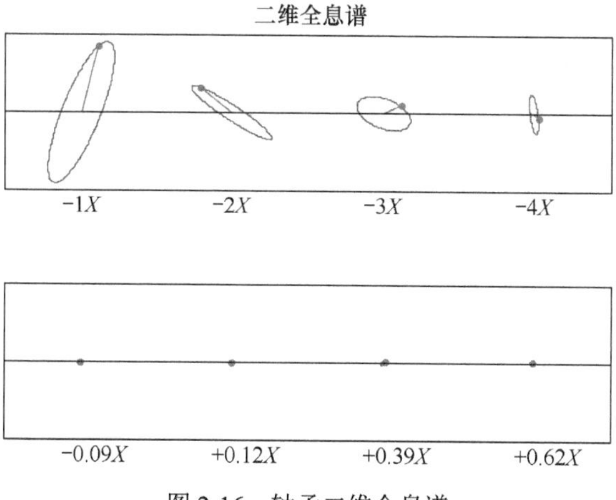

图 2-16　轴承二维全息谱

7. 频谱细化

现代信号分析和数据处理除了要求快速，对频率分辨率的要求也越来越高。频谱细化分析技术是由快速傅里叶变换发展起来的一种新技术，采用了高分辨率的傅里叶分析方法（简称 HR-FA 法），即局部放大某些感兴趣的重点频谱区域，在该区域得到更加详尽的频率成分信息，以提高分析的准确性。

一般的快速傅里叶变换分析是一种基带的分析方法，在整个分析带宽内，频

率是等分辨率的，即

$$\Delta f = \frac{2f_{\mathrm{m}}}{N} = \frac{f_{\mathrm{s}}}{N} = \frac{1}{N\Delta t} = \frac{1}{T} \tag{2-39}$$

式中，N 为采样点数；f_{m} 为分析带宽的最高频率；f_{s} 为采样频率，依采样定理，取 $f_{\mathrm{s}} = 2f_{\mathrm{m}}$；$\Delta t$ 为采样间隔；T 为采样长度，$T = N\Delta t$。

采样点数 N 一般是固定的（如 512、1024、2048），显然，要提高频率分辨率 Δf，需加大采样间隔 Δt。这种处理的结果是缩小了分析带宽，加大了采样长度。

如图 2-17 所示，将任选频段的中心频率 f_0 移至原点处，然后按基带的分析方法即可获得细化频谱，这就是复调制细化方法的原理。

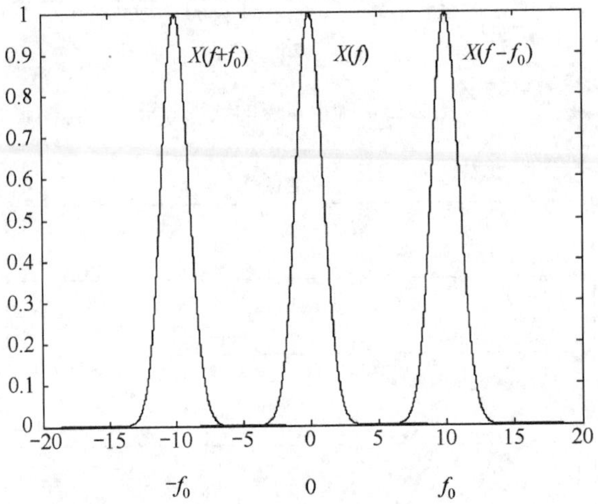

图 2-17　频移原理

思考题

1．对以下周期序列进行频谱分析：

$$x_4(n) = \cos\left(\frac{\pi}{4}n\right)$$

$$x_5(n) = \cos\left(\frac{\pi}{4}n\right) + \cos\left(\frac{\pi}{8}n\right)$$

选择快速傅里叶变换的变换区间 N 为 8 和 16 两种情况进行频谱分析。分别打印其幅频特性曲线，并进行对比、分析和讨论。

2．对模拟周期信号进行频谱分析：

$$x_6(t) = \cos(8\pi t) + \cos(16\pi t) + \cos(20\pi t)$$

选择采样频率 $f_s = 64\text{Hz}$，对变换区间 N 分别取 16、32、64 三种情况进行频谱分析。分别打印其幅频特性曲线，并进行对比、分析和讨论。

参考文献

[1] 黄文虎，等. 设备故障诊断原理、技术及应用[M]. 北京：科学出版社，1997.

[2] 余成波，胡新宇，赵勇. 传感器与自动检测技术[M]. 北京：高等教育出版社，2004.

[3] 段红，魏俊民. 现代测试信号处理理论与实践[M]. 北京：中国纺织出版社，2005.

[4] 刘松强. 数字信号处理系统及其应用[M]. 北京：清华大学出版社，1996.

[5] 王仲生. 智能故障诊断与容错控制[M]. 西安：西北工业大学出版社，2005.

[6] 温熙森，等. 模式识别与监控状态[M]. 长沙：国防科技大学出版社，1997.

[7] 王江萍. 机械设备故障诊断技术及应用[M]. 西安：西北工业大学出版社，2001.

[8] 刘红梅，吕琛，侯文魁，等. 基于支持向量机的直升机旋翼系统故障诊断[J]. 华中科技大学学报（自然科学版），2009(S1): 151-155.

[9] 刘红梅，王少萍，欧阳平超. 基于小波包和 Elman 神经网络的液压泵故障诊断[J]. 北京航空航天大学学报，2007(1): 67-71.

[10] 周东华，孙优贤. 控制系统的故障检测与诊断技术[M]. 北京：清华大学出版社，1994.

[11] 程乾生. 信号数字处理的数学原理[M]. 北京：石油工业出版社，1993.

[12] 李方泽，刘馥清，王正. 工程振动测试与分析[M]. 北京：高等教育出版社，1992.

[13] 黄世霖. 工程信号处理[M]. 北京：人民交通出版社，1986.

[14] 李宵，裴树毅，屈梁生. 全息谱技术用于化工设备故障诊断[J]. 化工进展，1997(4): 33-37.

[15] CLAASEN T A C M, MECKLENBRAKER W F G. The Wigner distribution-A tool for time-frequency signal analysis – Part I: Continuous-time signals[J]. Philips J.Res, 1980, 35: 217-250.

[16] BRUCE A, DONOHO D, HONGYE G. Wavelet analysis[J]. IEEE Spectrum, 1996, 10: 26-35.

[17] NORDEN E H, SHEN Z, LONG S R, et al. The empirical mode decomposition and the Hilbert spectrum for nonlinear and non-stationary time series analysis[J]. Mechanical Systems and

Signal Processing, 1991, 5(3), 155-166.
[18] 曾黄麟. 粗糙集理论及应用[M]. 重庆：重庆大学出版社，1996.
[19] 尹朝庆，尹浩. 人工智能与专家系统[M]. 北京：中国水利水电出版社，2002.
[20] 王万森. 人工智能原理及其应用[M]. 北京：电子工业出版社，2000.
[21] 石君友，等. 测试性设计分析与验证[M]. 北京：国防工业出版社，2011.

第 3 章 信号高级分析方法

3.1 时频域分析

基于傅里叶变换的信号频域表示及其能量的频域分布，揭示了信号在频域的特征，它们在传统的信号分析与处理的发展史上发挥了极其重要的作用。但是，傅里叶变换是一种整体变换，它只是建立了从时域到频域的通道，并没有将时域和频域组合成一个域，即对信号的表征要么完全在时域，要么完全在频域，信号的时间信息在频域中无法得到。

时频分析法将时域和频域组合成一体，这就兼顾到非平稳信号的要求。它的主要特点在于时间和频率的局部化，通过时间轴和频率轴两个坐标组成的相平面，可以得到整体信号在局部时域内的频率组成，或者看出整体信号各频带在局部时间上的分布和排列情况。时频分析在语音处理、地震资料分析、信号检测和数据压缩等多个领域得到了广泛应用。对旋转机械而言，发生故障时的振动信号，大量是非平稳、非线性的信号，因此，时频分析方法是进行旋转机械故障特征提取的一个重要的方法和特征提取工具，并广泛应用于旋转机械故障诊断中。

信号的时频分析分为线性和二次型两种。典型的线性时频表示有短时傅里叶变换、小波变换和 Gabor 变换等。在很多实际场合中，还要求二次型的时频表示能够描述该信号的能量密度分布。这样一种更加严格意义下的时频表示称为信号的时频分布。基于经验模态分解的时频分析方法，是一种优秀的时频信号分析方法，尤其适合于非线性、非稳态的信号序列处理。

3.1.1 短时傅里叶变换

众所周知，傅里叶变换是时域到频域相互转换的工具，从物理意义上讲，傅里叶变换的实质是把 $x(t)$这个波形分解成许多不同频率的正弦波的叠加。这样就

可以把对原函数 $x(t)$的研究转换为对其权系数，即其傅里叶变换 $X(\mathrm{j}\omega)$的研究。从傅里叶变换中可以看出，它的标准基是由正弦波及其高次谐波组成的，因此，在频域内是局部化的，如频谱分析仪能清楚地显示信号的频率特性。但是傅里叶分析是纯频域分析，从其定义中可以看出，它是整个时间域内的积分，不能反映时域局部信息的特征，也就是说，对于傅里叶谱中的某一频率，不知道这个频率是在什么时候产生的。这样，在信号分析中就面临一对最基本的矛盾：时域和频域的局部化矛盾。

如果要分析的信号是一种平稳信号，这一点也许并不是很重要。然而，实际中大多数信号均含有大量的非稳态成分，如信号的偏移、突变等。这些情况往往是很重要的，反映了信号的重要特征。例如，旋转机械许多故障引起的振动是非稳定的，由撞击和脉冲引发的振动往往是瞬态和时变的信号，这类信号仅从时域上或频域上分析显然不够。

为了克服傅里叶变换没有时间分辨率的缺陷，Gabor 等人提出了短时傅里叶变换，通过在信号上加一个滑移时间窗的方法，对信号进行分段取样，将其转换为若干个局部平稳信号。然后对这些分段的“平稳”信号进行傅里叶变换，可以得到一组原信号的局部频谱，将这些局部频谱组合成时频谱图，就能找出信号的非平稳特性。

设 $x(t)$是一个时变信号，若其随时间变化的过程是缓慢的，则可以用一个滑移时间窗将其分割成若干个短段，在每个短段内，信号可以看成是近似平稳的。

对截取后的近似短时平稳信号进行傅里叶变换，得到短时傅里叶变换公式为

$$\mathrm{STFT}(t,f)=\int_{-\infty}^{+\infty}x(t)h^{*}(\tau-t)\mathrm{e}^{-\mathrm{j}2\pi ft}\mathrm{d}\tau \tag{3-1}$$

式中，$h^{*}(\tau-t)$ 是滑移时间窗 $h(\tau-t)$ 的共轭，根据信号的特点，可以采用矩形窗、汉宁窗、布莱克曼窗等；t 为窗口的中心位置。这样，$h(t)$ 起到时限作用，$\mathrm{e}^{-\mathrm{j}2\pi ft}$ 起到频限作用，短时傅里叶变换同时具有了时域和频域的局部化功能。

对短时傅里叶变换系数取平方，得到信号的短时功率谱为

$$\mathrm{STP}=|\mathrm{STFT}(t,f)|^{2} \tag{3-2}$$

STP 反映了信号在时频相平面上的功率谱密度分布情况。

设信号 $x(\tau)$ 和窗函数 $h(\tau)$ 的傅里叶变换为

$$X(f)=\int_{-\infty}^{+\infty}x(\tau)\mathrm{e}^{-\mathrm{j}2\pi f\tau}\mathrm{d}\tau \tag{3-3}$$

$$H(f)=\int_{-\infty}^{+\infty}h(\tau)\mathrm{e}^{-\mathrm{j}2\pi f\tau}\mathrm{d}\tau \tag{3-4}$$

则可以得到短时傅里叶变换的另一种表达式：

$$\mathrm{STFT}(t,f)=\mathrm{e}^{-\mathrm{j}2\pi ft}\int_{-\infty}^{+\infty}X(v)H^{*}(v-f)\mathrm{d}v \tag{3-5}$$

这相当于在频率域上用一个滑移谱窗对信号进行分段截取。滑移时间窗的时域函数 $h(t)$ 和频域函数 $H(t)$ 在时域和频域分别确定了信号的截取范围，从而确定了傅里叶变换的分析精度。

由上述可知，短时傅里叶变换的分析精度由滑移时间窗的时窗和谱窗的宽度联合确定，窗宽越窄，则相应的分辨率越高。但是，根据测不准原理，一个滑移时间窗不能同时具有窄的时窗宽度和谱窗宽度，如果时窗窄，则谱窗必然宽；反之也一样。

短时傅里叶变换符合研究信号不同位置局部性的要求，确实比傅里叶变换优越。但是，短时傅里叶变换窗口的形状大小与频率无关，保持不变，这不符合实际问题中高频信号的分辨率应比低频信号低的要求。

3.1.2　Wigner-Ville 分布

1. Wigner-Ville 分布的定义

基于 WVD 时频分析方法自 Wigner 和 J. Ville 提出以来，就在瞬时频率估计、信号的相干检测和时变滤波等很多领域得到应用。时频分析的基本思想是设计时间和频率的能量密度和强度，将一个一维的时间信号以二维的时间–频率密度函数形式表示出来，旨在揭示信号中包含多少频率分量，以及每个分量是怎样随时间变化的。Wigner-Ville 分布是 Cohen 类双线性时频分布的一种，它以自相关函数相对时间位移 T 为积分变量对信号自相关函数进行傅里叶变换，从而得到关于时间和频率二维线性函数，其定义为

$$\mathrm{WVD}_x(t,f)=\int_{-\infty}^{\infty}x\left(t+\frac{\tau}{2}\right)x^{*}\left(t-\frac{\tau}{2}\right)\exp(-\mathrm{j}2\pi f\tau)\mathrm{d}\tau \tag{3-6}$$

核函数为

$$\varPhi(\tau,v)=1 \tag{3-7}$$

式中，$x(t)$ 是实际信号 $s(t)$ 的复频率信号，它借助 Hilbert 变换将原信号移相 90°，组成解析信号：

$$x(t)=s(t)+\mathrm{jHT}(s(t)) \tag{3-8}$$

2. Wigner-Ville 分布的性质

Wigner-Ville 分布的性质如下：时移不变性、频移不变性、时域有界性、频域有界性。

3. 应用实例

下面介绍基于 Wigner-Ville 分布的电力电子电路故障诊断方法。

图 3-1 所示为三相全波桥式可控整流电路，电路中主要发生两种情况的故障：电路中有一只晶闸管故障或者同时有两只晶闸管发生故障。应用仿真工具箱建立整流电路仿真模式，并对各种故障进行仿真实验。经研究表明：整流桥输出端的直流脉动电压 u_d 包含了晶闸管是否有故障的信息，是一个关键的测试点；并且直流脉动电压 u_d 容易检测，若可借助于 u_d 的分析达到故障分类的目的，则可达到事半功倍的效果，所以，尝试将 u_d 作为主要分析处理对象。为了便于分析，以任意一只晶闸管发生故障作为主要研究内容，即只有 T_1、T_2、T_3、T_4、T_5、T_6 其中一只发生断路或短路故障，同时还将电路正常工作时作为一种特殊的故障进行分析。

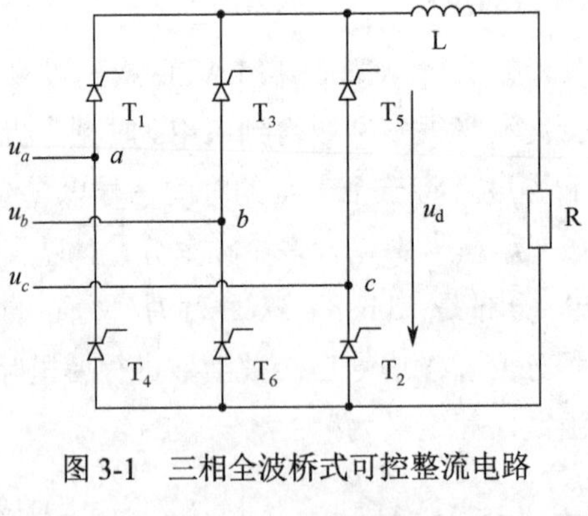

图 3-1　三相全波桥式可控整流电路

通过 MATLAB 仿真整流角为 0° 时不同故障产生时的 u_d 信号（每个周期采样 65 点），运用 Wigner-Ville 分布对其进行处理，得到不同故障发生时的 Wigner-Ville 分布，如图 3-2 所示。

从图 3-2 中可以看出，三相全波桥式可控整流电路在不同故障发生时 u_d 信号的 Wigner-Ville 分布也不一样，而 Wigner-Ville 模的时频矩阵中每个元素表示故障信号在对应时刻和频率处的幅值，类似于数字图像的像素矩阵。因此，可将图像识别中相似度分类识别的方法应用于电力电子电路进行故障诊断。

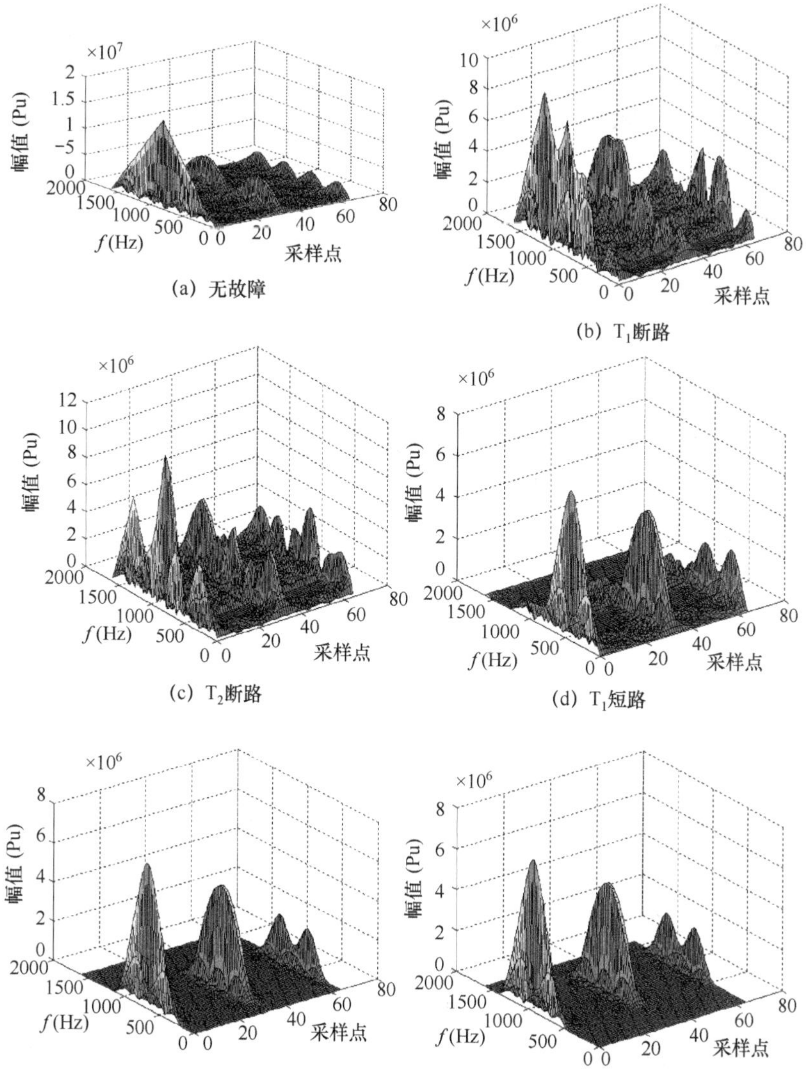

(a) 无故障　(b) T_1断路　(c) T_2断路　(d) T_1短路　(e) T_2短路　(f) T_3短路

图 3-2　不同故障发生时的 Wigner-Ville 分布

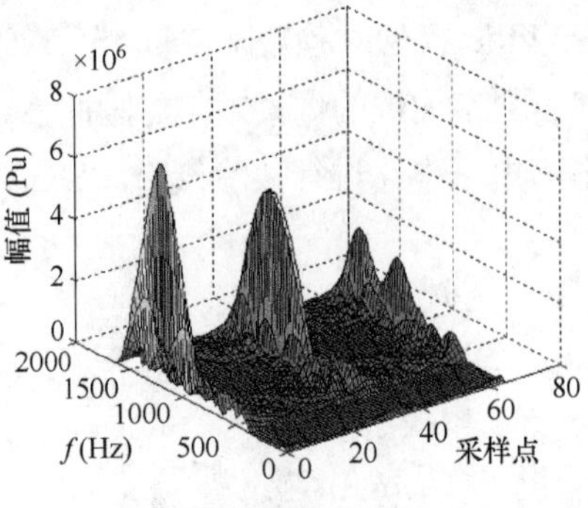

(g) T_4短路

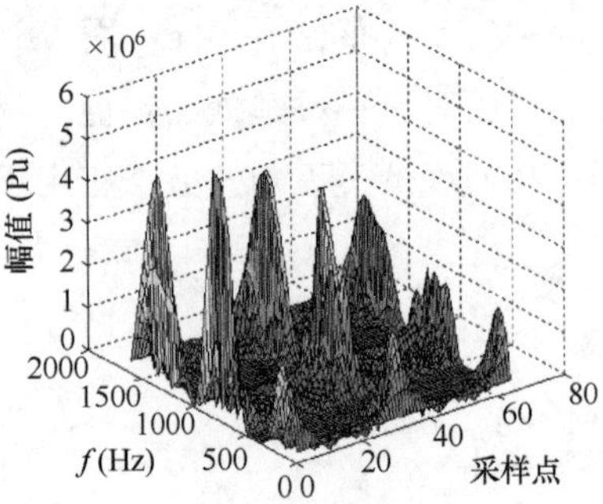

(h) T_5短路

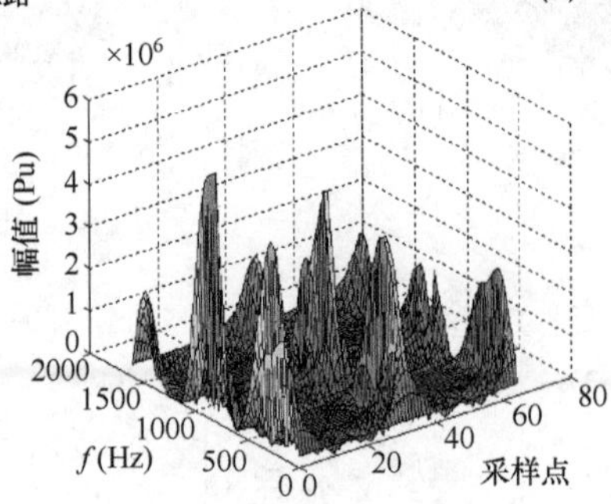

(i) T_6短路

注：彩插页有对应彩色图片。

图 3-2　不同故障的 Wigner-Ville 分布（续）

3.1.3　小波变换

小波变换是在 20 世纪 80 年代末发展起来的新兴学科。1981 年，法国地质物理学家 Morlet 在分析地质数据时基于群论首先提出了小波分析（Wavelet Analysis）这一概念。Morlet 最初提出的是形状不变的小波（Wavelet of Constant Shape），因为在分析函数（信号）时，加窗傅里叶变换并不具有形状不变性。Morlet 方法所取得数值分析的成功不仅激发了 Morlet 对小波分析进行深入研究，而且也大大鼓舞了法国理论物理学家 Gross-mann，于是他们携手共同研究小波理论。1985 年，法国数学家 Meyer 首次提出光滑的小波正交基，后被称为 Meyer 基，为小波理论做出了重要贡献。由于小波变换成功地实现了时频局部化，而且具有快速简捷的算法，因此，它一出现就引起了各研究领域的注意，并成为信号处理的强有力工具。1986 年，Meyer 及其学生 Lemarie 提出了多尺度分析的思想。1988 年，年轻的女数学家 Daubechies 提出了具有紧支集光滑正交小波基——

Daubechies 基，为小波应用研究增添了催化剂。现在人们借助 Daubechies 基和 Mallat 算法可从事广泛的应用研究。后来，信号分析专家 Mallat 提出了多分辨分析的概念，给出了构造正交小波基的一般方法，因为在这以前人们构造的正交小波基都带有高度技巧性和不可模仿性。多分辨分析概念是小波理论最基本的概念之一。Mallat 受到金字塔算法的启发，以多分辨分析为基础提出了著名的快速小波算法——Mallat 算法。这是小波理论突破性的成果，其作用和地位相当于傅里叶分析。Mallat 算法的提出宣告小波从理论研究走向宽广的应用研究。

国内小波研究起步较晚，直到 1990 年才有论文公开发表，1994 年是国内的小波研究高潮，并且取得了重要的进展。1996 年 6 月，在北京召开了国际调和分析与小波分析学术大会，同年国家教委举办了动力系统与小波分析高级研讨班，这些活动对我国小波分析的研究起到了积极的推动作用。中国国家自然科学基金委员会已将小波分析与信号处理列为鼓励与重点资助研究领域，这也是小波研究在我国迅速发展的原因之一。

经过几十年的发展，小波变换的理论日趋成熟和完善，其应用也越来越广，在图像处理和压缩、信号检测和重构、通信等领域都有着广泛的应用。在故障诊断方面，在机械制造和自动控制等领域，经常需要对系统反馈的信号进行分析，以找到系统内部的故障。但系统反馈的信号往往带有较大的噪声，这给故障信号的提取带来了困难。而且，故障信号多是突变信号，传统的傅里叶分析由于在时域不能局部化，难以检测到突变信号。小波分析由于可在时频域局部化，而且时窗和频窗的宽度可调节，故可检测到突变信号。当取母小波为平滑函数的一阶导数时，信号的小波变换的模在信号的突变点取得局部极大值，如再考虑多尺度（多分辨）小波分析，则随着尺度的增大，噪声引起的小波变换模的极大值点迅速减少，而故障引起的小波变换模的极大值点得以显露。故小波分析不但可以在低信噪比的信号中检测到故障信号，而且可以滤去噪声，恢复原信号，具有很高的应用价值。

1. 小波变换的定义

给定一个基本函数ψ，令

$$\psi_{a,b}(t)=\frac{1}{\sqrt{a}}\psi\left(\frac{t-b}{a}\right) \tag{3-9}$$

式中，a、b 均为常数，并且 $a>0$。

显然，$\psi_{a,b}(t)$ 是基本函数 $\psi(t)$ 先进行移位再进行伸缩以后得到的。若 a、b 不断变化，则可得到一族函数 $\psi_{a,b}(t)$。给定平方可积的信号 $x(t)$，即 $x(t)\in L^2(R)$，则 $x(t)$ 的小波变换（WT）定义为

$$\begin{aligned}\mathrm{WT}_x(a,b)&=\frac{1}{\sqrt{a}}\int_{-\infty}^{+\infty}x(t)\psi^*\left(\frac{t-b}{a}\right)\mathrm{d}t\\&=\langle x(t),\psi_{a,b}(t)\rangle\end{aligned} \tag{3-10}$$

式中，a、b 和 t 均是连续变量，因此，式（3-10）又称为连续小波变换（CWT）。

信号 $x(t)$ 的小波变换 $\mathrm{WT}_x(a,b)$ 是 a 和 b 的函数，b 是时移，a 是尺度因子。$\psi(t)$ 又称为基本小波或母小波，$\psi_{a,b}(t)$ 是母小波经移位和伸缩所产生的一族函数，称为小波基函数或简称小波基。

记 $\Psi(\Omega)$ 为 $\psi(t)$ 的傅里叶变换，若

$$c_\psi*\int_{-\infty}^{+\infty}\frac{|\psi(\Omega)|}{\Omega}<\infty$$

则 $x(t)$ 可由其小波变换 $\mathrm{WT}_x(a,b)$ 来恢复，即

$$x(t)=\frac{1}{c_\psi}\int_0^{\infty}a^{-2}\int_{-\infty}^{+\infty}\mathrm{WT}_x(a,b)\psi_{a,b}(t)\mathrm{d}a\mathrm{d}b$$

在式（3-9）中，b 的作用是确定对 $x(t)$ 分析的时间位置，即时间中心。尺度因子 a 的作用是把基本小波 $\psi(t)$ 进行伸缩。由 $\psi(t)$ 变成 $\psi\left(\frac{t}{a}\right)$ 时，若 $a>1$，则 a 越大，$\psi\left(\frac{t}{a}\right)$ 的时域支撑范围（时域宽度）较之 $\psi(t)$ 就越大；反之，若 $a<1$，则 a 越小，$\psi\left(\frac{t}{a}\right)$ 的宽度越窄。这样，a 和 b 联合起来确定了对 $x(t)$ 分析的中心位置及分析的时间宽度，如图 3-3 所示。

这样，式（3-10）的 WT 可理解为用一族分析宽度不断变化的基函数对 $x(t)$ 进行分析，这一变化正好满足了对信号分析时在不同频率范围所需要不同的分辨率这一基本要求。

2. 小波变换的特点

小波变换具有以下特点。

（1）多分辨率又称多尺度，可以由粗及精地逐步观察信号。

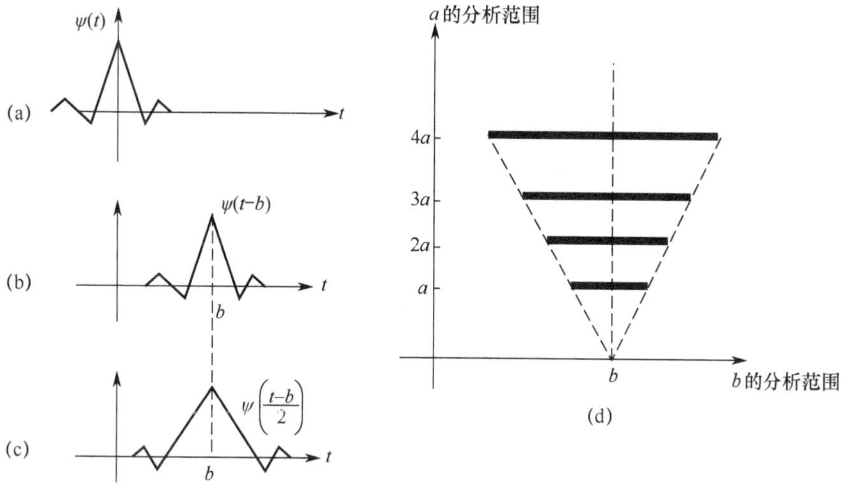

(a)基本小波；(b)b>0，a=1；(c)b 不变，a=2；(d)分析范围

图 3-3　基本小波的伸缩及参数 a 和 b 对分析范围的控制

（2）小波变换也可以看成基本频率特性为$\Psi(\omega)$的带通滤波器在不同尺度下对信号进行滤波。由于傅里叶变换的尺度特性：$\psi\left(\dfrac{t}{a}\right)$的频谱为$a\Psi(a\omega)$，故这组滤波器不论 a（a >0）为何值，$\psi\left(\dfrac{t}{a}\right)$始终保持了和$\psi(t)$具有相同的品质因数。

（3）适当选择基本小波，使$\psi(t)$在时域上为有限支撑，$\Psi(\omega)$在频域上也比较集中，便可以使小波变换在时频两域内都具有表征信号局部特性的能力，因此有利于检测信号的瞬态或奇异点。

因此，小波变换被誉为分析信号的“数学显微镜”。

3．多分辨率小波分析及 Mallat 算法

1）多分辨率分析的基本概念

多分辨率分析可以用分解树表示。以 3 层分解树为例，其分解结构如图 3-4 所示。首先，将原始信号空间分解为低频和高频两部分；然后，仅对低频部分继续进行分解，而高频部分则不再分解。这样，随着分解层次的增加，信号的细节将逐渐呈现出来。

以正交滤波器组为例，进一步说明多分辨率的概念。当信号 x 的采样率满足 Nyquist 条件时，归一化频带将限制在$[-\pi,\pi]$。将信号的正频率部分分别用理想

低通滤波器 H_0 和理想高通滤波器 H_1 分解成频带在 $[0,\pi/2]$ 的低频部分和频带在 $[\pi/2,\pi]$ 的高频部分。因为处理后的两路信号的频带不相交，所以，它们必定正交，故将滤波器 H_0 和 H_1 称为正交滤波器组。此外，由于滤波器 H_0 和 H_1 的输出信号的带宽均减半，因此，采样速率也可以减半而不至于引起信息丢失。图 3-5 所示为理想滤波器组分解示意。

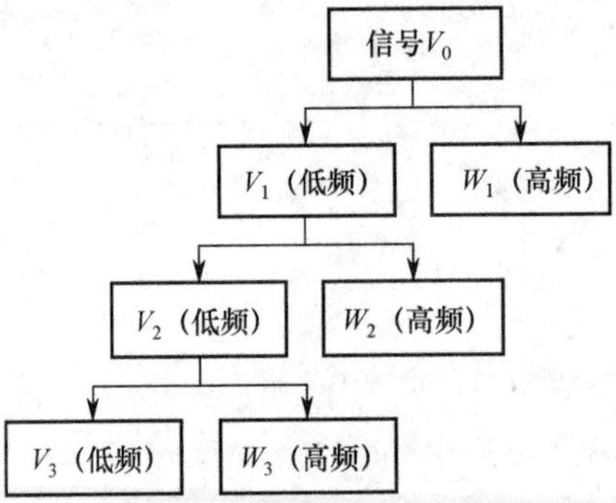

图 3-4　3 层分解树分解结构

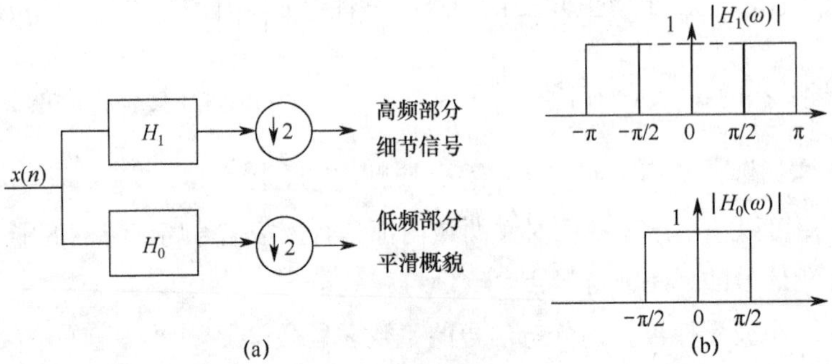

图 3-5　理想滤波器组分解示意

图 3-5 中用采样符号（↓2）表示“二抽一”环节，即每隔一个样本采样一次，组成长度缩短一半的新样本。

对于低频部分可按类似的过程继续分解下去：每级分解把该级输入信号分解成低频部分和高频部分，而且各级滤波器是一致的，滤波器的输出采样率也都可以减半。这样，就可以对原始信号 x 进行多分辨率分析。

小波变换是对给定的信号进行尺度—位移分析，是时频分析的另一种形式。实际上，小波的尺度—位移分析是按多分辨率分解来实现的，也即小波变换最后归结为树状滤波器组的问题。Mallat 从函数的多分辨率分解概念出发，建立了空间二剖分情况下在多分辨分解与小波变换之间的关系，并解除了分解和重构滤波器为理想滤波器的约束。

2）函数空间的逐级划分

对空间进行逐级二分解，将产生一组逐级包含的子空间，即

$$\cdots, V_0 = V_1 \oplus W_1, V_1 = V_2 \oplus W_2, \cdots, V_j = V_{j+1} \oplus W_{j+1}, \cdots$$

式中，$j \in \mathbf{Z}$，j 值越小，空间越大。

对于子空间 V_0，若存在低通函数 $\phi(t)$，其整数位移集合 $\{\phi(t-k), k \in \mathbf{Z}\}$ 构成 V_0 中的正交归一基，则称 $\phi(t)$ 为尺度函数，且 $\phi_{jk}(t) = 2^{-j/2}\phi(2^{-j/2}t-k)$ 必是 V_j 中的正交归一基。

若在子空间 W_0 中能找到一个带通函数 $\psi(t)$，使 $\{\psi(t-k), k \in \mathbf{Z}\}$ 是 W_0 中的正交归一基，则 $\psi_{jk}(t) = 2^{-j/2}\psi(2^{-j/2}t-k)$ 将是 W_j 中的正交归一基，称 $\psi(t)$ 为小波函数。

3）Mallat 算法

在多分辨率分析的基础上，可通过滤波器组实现信号的小波变换。令 $a_j(k)$，$d_j(k)$ 是多分辨率分析中的低频概貌和高频细节，则 $a_j(k)$ 和 $d_j(k)$ 存在如下递推关系：

$$a_{j+1}(k) = \sum_{n=-\infty}^{\infty} a_j(n) h_0(n-2k) \tag{3-11a}$$

$$d_{j+1}(k) = \sum_{n=-\infty}^{\infty} a_j(n) h_1(n-2k) \tag{3-11b}$$

式中，$h_0(k)$和 $h_1(k)$是满足如下二尺度差分方程的两个滤波器：

$$\phi\left(\frac{\mathrm{t}}{2^j}\right) = \sqrt{2}\sum_{-\infty}^{\infty} h_0(k)\phi\left(\frac{t}{2^{j-1}}-k\right) \tag{3-12a}$$

$$\psi\left(\frac{\mathrm{t}}{2^j}\right) = \sqrt{2}\sum_{-\infty}^{\infty} h_1(k)\phi\left(\frac{t}{2^{j-1}}-k\right) \tag{3-12b}$$

且有

$$h_0(k) = \langle \phi_{1,0}, \phi_{0,k}(t) \rangle \tag{3-13a}$$

$$h_1(k) = \langle \psi_{1,0}, \phi_{0,k}(t) \rangle \tag{3-13b}$$

即 $h_0(k)$ 和 $h_1(k)$ 与 j 无关，它对任意两个相邻级中的 ϕ 和 ψ 的关系都适用。

给出 Mallat 算法的过程，其中 $d_j(k)=\mathrm{WT}_x(2^j,k)$ 即二进栅格上的小波变换的快速实现，如图 3-6 所示。

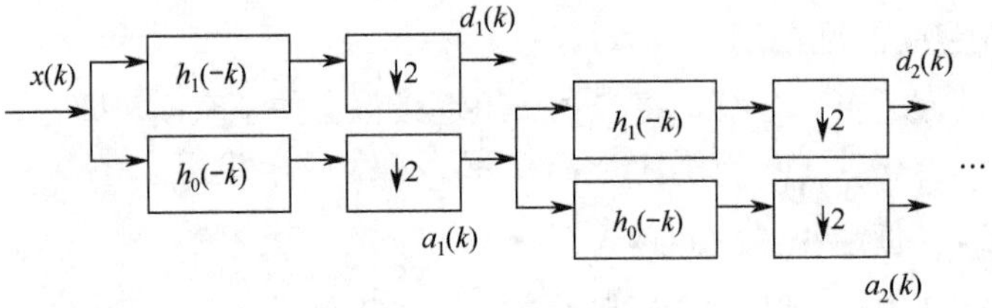

图 3-6　小波变换的快速实现

4. 提升小波变换

如前所述，第一代小波的构造都是以傅里叶变换为工具，对某一固定函数经伸缩和平移得到的，对那些不满足傅里叶变换的场合，第一代小波就显得无能为力。小波变换的实现是基于卷积运算的，且每层小波分解后进行“二抽取”。这种小波变换计算量大、效率低，且对存储空间的要求高。

信号的重建问题，也即小波反变换如下。

若 $a_{j+1}(k)$、$d_{j+1}(k)$ 按式（3-11）得到，则

$$a_j(k)=\sum_{n=-\infty}^{\infty}a_{j+1}(k)h_0(k-2n)+\sum_{n=-\infty}^{\infty}d_{j+1}(k)h_1(k-2n) \tag{3-14}$$

整个信号重建如图 3-7 所示，其正好是图 3-5 的逆过程。区别是在分解的过程中，h_0 和 h_1 要先进行翻转，而在重建过程中，h_0 和 h_1 不翻转；分解时存在二抽取，而在重建过程中存在二插值。

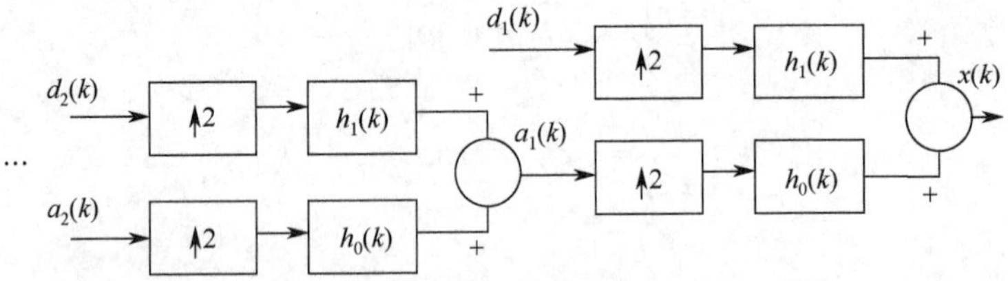

图 3-7　信号重建

为此，许多学者展开了深入的研究。1993 年，Lounsbery 利用局部邻域尺度函数正交化的方法，构造出了任意亏格的多角曲面的逼近小波。Donoho 利用多

项式内插和重分格式为工具，在没有应用传统的傅里叶变换方法的情况下，构造出内插和平均内插小波。1994 年，Donoho 与 Sweldens 分别将它推广到区间小波和加权小波的构造。1995 年，Sweldens 和 Schroder 结合内插和平均内插，正式提出“提升格式”及第二代小波的概念，用提升构造出一系列小波，以 Donoho 小波为其特例。1996 年，Sweldens 给出经典小波中双正交滤波的提升格式，并结合 Deslauriers-Dubuc 滤波，证明了它的提升过程。同年，Daubechies 和 Sweldens 合作，利用提升将小波变换分解成有限步的提升过程，并完全脱离了傅里叶变换，利用提升研究整数到整数的小波变换。

相比于 Mallat 算法，提升算法是一种更为快速有效的小波变换实现方法，它不依赖于傅里叶变换，完全在空域完成了对双正交小波滤波器的构造。Daubechies 已经证明，任何离散小波变换或具有有限长滤波器的两阶滤波变换都可以被分解成一系列简单的提升步骤，所有能够用 Mallat 算法实现的小波，都可以用提升算法来实现。

提升方案可用来构造第二代小波，即该小波不是某个函数的伸缩和平移。提升方案的基本思想很简单，它开始于“惰性”小波，实际上不计算什么，但具有小波的一般属性。然后，提升方案通过添加新的基函数，逐渐构造一个具有改进属性的新小波。

由提升方案构造的小波具有以下优点。

（1）更快的小波变换。快速小波变换首先把信号分解成高通和低通成分并进行下采样，然后对低通成分重复进行该过程，直到所需要的变换级数，提升方案可把变换速度提高两倍。

（2）同址计算。不需要辅助存储器，原信号（图像）可被小波变换的结果覆盖。

（3）无须借助傅里叶变换便可获得逆变换。用提升方案可以立即通过撤销正变换的操作符来得到逆变换。实际上，只要调整一下正变换中的正负号即可。

3.1.4　EMD 信号分析方法

1. EMD 简介

经验模态分解（Empirical Mode Decomposition，EMD）是近年来在机电系统故障诊断中最受关注、应用前景比较好的信号处理方法之一，它在非平稳信号分析及处理等领域起着十分重要的作用。基于模态分解的时频分析方法于 1998 年由 Norden E. Huang 提出，他运用基于经验的模态分解方法，将一个时间序列信号分解成有限个不同时间尺度的内禀模态函数（Intrinsic Mode Function，IMF），然后对每个 IMF 进行 Hilbert-Huang 变换，得到时频平面上的能量分布谱图，用来分析信号时频谱特征的信号分析方法。Hilbert-Huang 变换适合处理非线性、非平稳信号。用这种方法进行分析可更准确有效地掌握原信号的特征信息。此方法包括两个过程：经验模态分解和 Hilbert 变换，其中最关键的部分是 EMD 方法。EMD 方法基于信号的局部特征时间尺度，能把复杂信号函数分解为有限的内禀模态函数之和，每个 IMF 所包含的频率成分不仅与分析频率有关，而且最重要的是随信号本身变化而变化，因此，EMD 方法是自适应的信号处理方法。

EMD 方法假设：任意一个信号都是由若干内禀模态函数组成的，在任何时候，一个信号都可以包含许多内禀模态函数，如果内禀模态函数之间相互重叠，便形成复合信号。对于内禀模态函数，可以用 Hilbert 变换构造解析信号，然后求出瞬时频率。对于一般的不满足内禀模态函数条件的复杂信号，先要采用 EMD 方法将其分解。EMD 方法将一个复杂的信号分解为若干个内禀模态函数之和，它基于一个基本假设——任何复杂的信号都是由一些不同的内禀模态函数组成的，每个内禀模态函数不论是线性或是非线性的还是非平稳的，都具有相同数量的极值点和过零点，在相邻的两个过零点之间只有一个极值点，而且上下包络线关于时间轴局部对称，任何两个模态之间是相互独立的；在任何时候，一个信号都可以包含许多内禀模态函数（一个 IMF 代表一个简单的振动模态），如果模态函数相互重叠，便形成复杂信号。

在此假设基础上，可以采用 EMD 方法通过下面的步骤对任何信号 $x(t)$ 进行分解。

（1）确定信号的所有局部极值点，然后用三次样条曲线将所有的局部极大值点连接起来，形成上包络线。

（2）用三次样条曲线将所有的局部极小值点连接起来，形成下包络线，上下包络线应该包络所有的数据点。

（3）上下包络线的平均值记为 m_1，有

$$h_1 = x(t) - m_1 \tag{3-15}$$

理想地，如果 h_1 是一个 IMF，那么 h_1 就是 $x(t)$ 的第一个 IMF 分量。

（4）如果 h_1 不满足 IMF 的条件，则把 h_1 作为原始数据，重复步骤（1）～（3），得到上下包络线的平均值 m_{11}，再判断 $h_{11}=h_1-m_{11}$ 是否满足 IMF 的条件，如不满足，则重复循环 k 次，得到 $h_{1(k-1)}=h_{1k}-m_{1k}$，使得 h_{1k} 满足 IMF 的条件。记 $c_1=h_{1k}$，则 c_1 为信号 $x(t)$的第一个满足条件的分量。

（5）将 c_1 从 $x(t)$中分离出来，得

$$r_1 = x(t) - c_1 \tag{3-16}$$

将 r_1 作为原始数据重复步骤（1）～（4），得到 $x(t)$的第二个满足 IMF 条件的分量 c_2，重复循环 n 次，得到信号 $x(t)$的 n 个满足 IMF 条件的分量。这样就有

$$\begin{cases} r_1 - c_2 = r_2 \\ \quad\vdots \\ r_{n-1} - c_n = r_n \end{cases} \tag{3-17}$$

当 r_n 成为一个单调函数，不能再从中提取满足 IMF 条件的分量时，循环结束。这样，由式（3-16）和式（3-17）得到

$$x(t) = \sum_{i=1}^{n} C_i + r_n \tag{3-18}$$

式中，r_n 称为残余函数，代表信号的平均趋势。

EMD 的分解过程其实是一个“筛分”过程，在“筛分”的过程中，不仅消除了模态波形的叠加，而且使波形轮廓更加对称。EMD 方法从特征时间尺度出发，首先，把信号中特征时间尺度最小的模态分离出来；其次，分离特征时间尺度较大的模态函数；最后，分离特征时间尺度最大的分量。可以把 EMD 方法看成一组高通滤波器，分量 $c_1,c_2,\cdots,c_n$ 分别包含了信号从高到低不同频率段的成分，而 r_n 则表示了信号 $x(t)$的中心趋势。图 3-8 所示为 EMD 方法流程。

短时傅里叶变换、小波变换都是常用的时频分析方法，它们适用于线性、非稳态信号的特征提取；基于 EMD 的时频分析方法，是一种新的时频分析方法。这几种时频分析方法在对旋转机械振动信号的特征提取方面，性能和特点对于旋转机械中不同的故障模式各有优势和缺陷。

2. 应用实例

本例介绍使用 EMD 和 SOM 神经网络配合进行轴承性能监测评估。

首先，使用 EMD 方法将采集到的轴承振动信号分解成 IMF 分量，共分解出 7 个 IMF 分量，使用前 5 个 IMF 分量计算其能量值，构成一个特征向量。收集若

干组正常情况下的特征向量，作为正常样本来训练 SOM 神经网络，然后使用同样的方法计算待监测轴承的特征向量，使用之前训练好的 SOM 神经网络计算 MQE（最大量化误差），最后将 MQE 归一化，获取当前轴承的健康度。使用 EMD 进行健康监测评估的过程如图 3-9 所示。

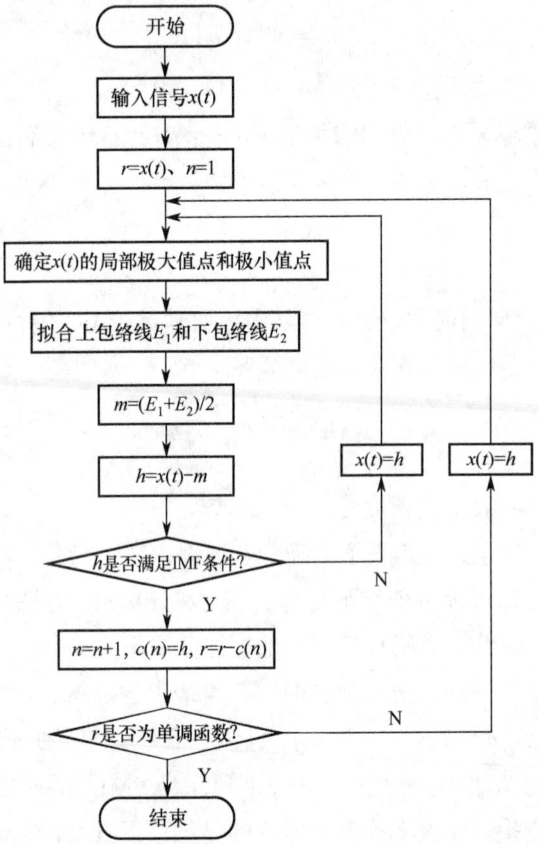

图 3-8　EMD 方法流程

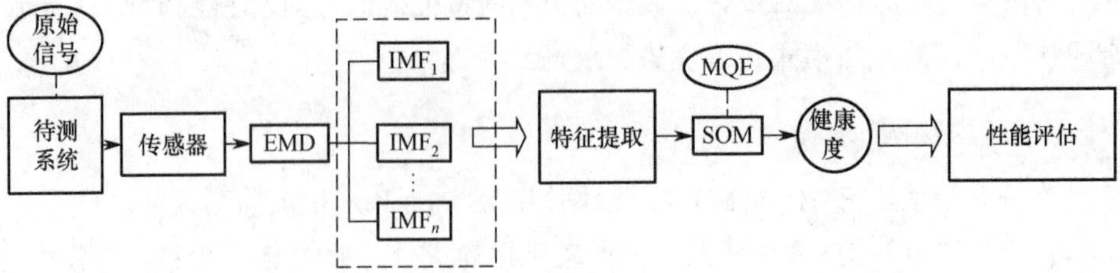

图 3-9　使用 EMD 进行健康监测评估的过程

将采集到的信号进行 EMD 分解，获取的 IMF 分量如图 3-10 所示。

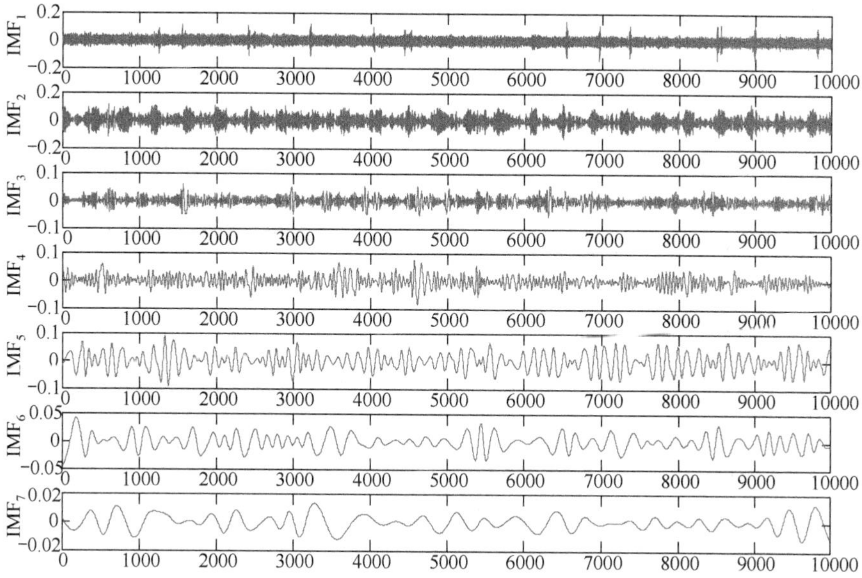

图 3-10　轴承振动信号的 IMF 分量

由于前 5 个 IMF 分量包含了轴承性能的主要信息，因此，计算前 5 个 IMF 分量的能量值，并用来训练 SOM 神经网络，计算 MQE，最终计算获取轴承的健康度，即 CV 值。故障状态下轴承的 MQE 和 CV 值如图 3-11 所示。从图中可以看出，在第 20 个时间单位，轴承出现故障，从而导致最大量化误差增大，健康度下降。

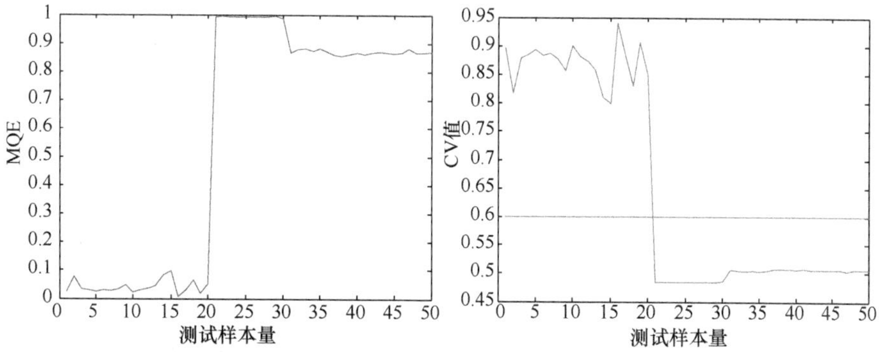

(a) 最大量化误差　　(b) 健康度

图 3-11　故障状态下轴承的 MQE 和 CV 值

3.2 数据约减方法

3.2.1 主成分分析

1. 基本原理

在统计学上，主成分分析（PCA）的定义为用几个较少的综合指标来代替原来较多的指标，而这些较少的综合指标既能尽多地反映原来较多指标的有用信息，且相互之间又是无关的。作为一种建立在统计最优原则基础上的分析方法，主成分分析具有较长的发展历史。1901 年，Pearson 首先将变换引入生物学领域，并重新对线性回归进行了分析，得出了变换的一种新形式。Hotelling 于 1933 年将主成分分析与心理测验学领域联系起来，把离散变量转变为无关联系数。在概率论理论建立的同时，主成分分析又单独出现，由 Karhunen 于 1947 年提出，Loeve 于 1963 年对主成分分析归纳总结。因此，主成分分析也被称为 K-L 变换。

PCA 运算就是一种确定一个坐标系统的直交变换，在这个新的坐标系统下，变换数据点的方差沿新的坐标轴得到了最大化。这些坐标轴经常被称为主成分。PCA 运算是一个利用了数据集的统计性质的特征空间变换，这种变换在无损或很少损失数据集的信息的情况下降低了数据集的维数。

PCA 的基本原理如下：给定输入数据矩阵 $\boldsymbol{X}_{m\times n}$（通常 $m>n$），它由一些中心化的样本数据 $\{\boldsymbol{x}_i\}_{i=1}^{m}$ 构成，其中 $\boldsymbol{x}_i\in\boldsymbol{R}^n$ 且有

$$\sum_{i=1}^{m}\boldsymbol{x}_i=0 \tag{3-19}$$

PCA 通过下式将输入数据矢量 $\boldsymbol{x}_i$ 变换为新的矢量：

$$s_i=\boldsymbol{U}^{\mathrm{T}}\boldsymbol{x}_i \tag{3-20}$$

式中，$\boldsymbol{U}$ 是一个 $n\times n$ 正交矩阵，它的第 i 列 $\boldsymbol{U}_i$ 是样本协方差矩阵 $\boldsymbol{C}$ 的第 i 个本征矢量。

$$\boldsymbol{C}=\frac{1}{n}\sum_{i=1}^{n}\boldsymbol{x}_i\boldsymbol{x}_i^{\mathrm{T}} \tag{3-21}$$

换句话说，PCA 首先求解如下本征问题：

$$\lambda_i\boldsymbol{u}_i=\boldsymbol{C}\boldsymbol{u}_i \quad i=1,\cdots,n \tag{3-22}$$

式中，λ 是 $\boldsymbol{C}$ 的一个本征值，$\boldsymbol{u}_i$ 是相应的本征矢量。当仅利用前面的 P 个本征矢量时（对应本征值按降序排列），得矩阵 $\boldsymbol{S}=\boldsymbol{U}^{\mathrm{T}}\boldsymbol{X}$。新的分量 $\boldsymbol{S}$ 称为主分量。最大特征值 λ 对应的最大特征向量 $\boldsymbol{u}$ 就是第一个主成分，这个特征向量就是数据有最大方差分布的方向。第二主成分也就是第二大特征值对应的特征向量，数据点沿着这个方向方差有第二大变化，且这个特征向量与第一个是正交的。

实际过程中原始数据如果没有经过中心化，即式（3-19）不成立，则可以对数据进行标准化处理。即对每个指标分量进行标准化处理：

$$\boldsymbol{X}_{ij}=\frac{\boldsymbol{A}_{ij}-\overline{\boldsymbol{A}}_j}{\boldsymbol{S}_j} \tag{3-23}$$

式中，样本均值为

$$\overline{\boldsymbol{A}}_j=\frac{1}{m}\sum_{i=1}^{m}\boldsymbol{A}_{ij} \tag{3-24}$$

样本标准差为

$$\boldsymbol{S}_j=\sqrt{\frac{1}{m-1}\sum_{i=1}^{m}(\boldsymbol{A}_{ij}-\overline{\boldsymbol{A}}_j)^2} \tag{3-25}$$

得到 $\boldsymbol{X}=(x_{ij})_{m\times n}$，接下来根据式（3-19）～式（3-25）运算，这就是标准的 PCA，这种标准化方法有效减少了数据量纲对数据提取的影响。

2. 应用

基于上述主成分分析的基本原理，可以得出主成分分析的计算步骤如下。

（1）将所获得的 n 个指标（每个指标有 m 个样品）的一批数据写成一个（$m\times n$）维数据矩阵 $\boldsymbol{A}=\begin{pmatrix} a_{11} & \cdots & a_{1n} \\ \vdots & & \vdots \\ a_{m1} & \cdots & a_{mn} \end{pmatrix}$。

（2）对矩阵 $\boldsymbol{A}$ 进行标准化处理：对每个指标分量进行标准化处理，利用公式 $\boldsymbol{X}_{ij}=\dfrac{\boldsymbol{A}_{ij}-\overline{\boldsymbol{A}}_j}{\boldsymbol{S}_j}$，从而得到 $\boldsymbol{X}=(x_{ij})_{m\times n}$。

（3）由下式计算样本矩阵的相关系数矩阵：

$$\boldsymbol{R}=\frac{1}{m-1}\boldsymbol{X}^{\mathrm{T}}\cdot\boldsymbol{X}=(r_{ij})_{n\times n} \tag{3-26}$$

（4）运用 Jacobi 迭代方法计算 $\boldsymbol{R}$ 的特征值 $\lambda_1,\cdots,\lambda_n$，即对应的特征向量 $\boldsymbol{v}_1,\cdots,\boldsymbol{v}_n$。

（5）特征值按降序排序（通过选择排序）得 $\lambda_1' > \cdots > \lambda_n'$ 并对特征向量进行相应调整，得 $\boldsymbol{v}_1',\cdots,\boldsymbol{v}_n'$。

（6）通过施密特正交化方法单位正交化特征向量，得到 $\alpha_1,\cdots,\alpha_n$。

（7）计算特征值的累积贡献率 $B_1,\cdots,B_n$，根据给定的提取效率 p，如果 $B_t \geqslant p$，则提取 t 个主成分 $\alpha_1,\cdots,\alpha_t$。

（8）计算已标准化的样本数据 $\boldsymbol{X}$ 在提取出的特征向量上的投影 $\boldsymbol{Y}=\boldsymbol{X}\cdot\boldsymbol{\alpha}$，其中 $\boldsymbol{\alpha}=(\alpha_1,\cdots,\alpha_t)$。

（9）所得的 $\boldsymbol{Y}$ 即为进行特征提取后的数据，也就是降维后的数据。

3.2.2 核主元分析

1．基本原理

作为一种由线性到非线性之间的桥梁，核方法的相关研究起源于 20 世纪初，其在模式识别中的应用至少可以追溯到 1964 年，然而直到最近几年，核方法的研究才开始得到广泛的重视，从而相继提出了各种基于核方法的理论和方法。

核方法是一系列先进性数据处理技术的总称，其共同特点是这些数据处理方法都应用了核映射。核函数方法的基本原理是通过非线性函数把输入空间映射到高维空间，在特征空间中进行数据处理，其关键在于通过引入核函数，把非线性变换后的特征空间内积运算转换为原始空间的核函数计算，从而大大简化了计算量。

从具体操作过程上看，核方法首先采用非线性映射将原始数据由数据空间映射到特征空间，进而在特征空间进行对应的线性操作。由于采用了非线性映射，且这种非线性映射往往是比较复杂的，从而大大增强了非线性数据的处理能力。

从本质上讲，核方法实现了数据空间、特征空间和类别空间之间的非线性变换。设 x_i 和 x_j 为数据空间中的样本点，数据空间到特征空间的映射函数为 $\boldsymbol{\varPhi}$，核函数的基础是实现向量的内积变换：

$$(x_i,x_j)\rightarrow K(x_i,x_j)=\varPhi(x_i)\cdot\varPhi(x_j) \tag{3-27}$$

通常，非线性变换函数 $\varPhi(\cdot)$ 相当复杂，而运算过程中实际用到的核函数 $K(\cdot,\cdot)$ 则相对简单得多，这正是核方法的优势。

对于核函数，必须满足 Mercer 条件：对于任意给定的对称函数 $K(x_i,x_j)$，

它是某个特征空间中的内积运算的充要条件是对于任意的不恒为 0 的函数 $g(x)$ 满足

$$\int g(x)^2 \mathrm{d}x < \infty \tag{3-28}$$

有

$$\int K(x,y)g(x)g(y)\mathrm{d}x\mathrm{d}y \geqslant 0 \tag{3-29}$$

式（3-28）和式（3-29）给出了函数成为核函数的充要条件。

考虑到核方法的基础是实现了一种由输入空间到特征空间的非线性映射，假设输入空间数据为 $x_i \in R^{d_L} (i=1,2,\cdots,N)$，对任意对称、连续且满足 Mercer 条件的函数 $K(x_i,x_j)$，存在一个 Hilbert 空间 $\boldsymbol{H}$，对映射 $\varPhi: \boldsymbol{R}^{d_L} \to \boldsymbol{H}$ 有

$$K(x_i,x_j) = \sum_{n=1}^{d_F} \varPhi_n(x_i) \cdot \varPhi(x_j) \tag{3-30}$$

式中，d_F 是 H 空间的维数。

常用的核函数有以下几种形式。

（1）线性核函数：

$$K(x,x_i) = x \cdot x_i \tag{3-31}$$

（2）p 阶多项式核函数：

$$K(x,x_i) = [(x \cdot x_i) + 1]^p \tag{3-32}$$

（3）高斯径向基函数（RBF）核函数：

$$K(x,x_i) = \exp(-\frac{\|x - x_i\|^2}{\sigma^2}) \tag{3-33}$$

（4）多层感知器核函数：

$$K(x,x_i) = \tanh[v(x \cdot x_i) + c] \tag{3-34}$$

假设 $x_1,x_2,\cdots,x_M$ 为训练样本，用 $\{x_i\}$ 表示输入空间。KPCA 方法的基本思想是通过某种隐式方式将输入空间映射到某个高维空间（常称特征空间），并且在特征空间中实现 PCA。假设相应的映射为 $\boldsymbol{\varPhi}$，其定义如下：

$$\begin{aligned} &\boldsymbol{\varPhi}: x^d \to F \\ &x \to \xi = \varPhi(x) \end{aligned} \tag{3-35}$$

核函数通过映射 $\boldsymbol{\varPhi}$ 将隐式的实现点 x 到 F 的映射，并且由此映射而得的特征空间中数据满足中心化的条件，即

$$\sum_{\mu=1}^{M}\Phi(x_\mu)=0 \tag{3-36}$$

则特征空间中的协方差矩阵为

$$\boldsymbol{C}=\frac{1}{M}\sum_{\mu=1}^{M}\Phi(x_\mu)\Phi(x_\mu)^{\mathrm{T}} \tag{3-37}$$

现求$\boldsymbol{C}$的特征值$\lambda \geqslant 0$和特征向量：

$$V\in F或\{0\},\boldsymbol{C}\boldsymbol{v}=\lambda\boldsymbol{v} \tag{3-38}$$

即有

$$(\Phi(x_v)\cdot\boldsymbol{C}\boldsymbol{v})=\lambda(\Phi(x_v)\cdot\boldsymbol{v}) \tag{3-39}$$

考虑到所有的特征向量可表示为$\Phi(x_1),\Phi(x_2),\cdots,\Phi(x_M)$的线性张成，即

$$\boldsymbol{v}=\sum_{i=1}^{M}\alpha_i\Phi(x_i) \tag{3-40}$$

则有

$$\frac{1}{M}\sum_{\mu=1}^{M}\alpha_\mu(\sum_{w=1}^{M}(\Phi(x_v)\cdot\Phi(x_w)\Phi(x_w)\Phi(x_\mu)))=\lambda\sum_{\mu=1}^{M}(\Phi(x_v)\cdot\Phi(x_\mu)) \tag{3-41}$$

式中，$v=1,2,\cdots,M$。定义$M\times M$维矩阵：

$$\boldsymbol{K}_{\mu v}:=(\Phi(x_\mu)\cdot\Phi(x_v)) \tag{3-42}$$

则式（3-41）可以简化为

$$M\lambda\boldsymbol{K}\boldsymbol{\alpha}=\boldsymbol{K}^2\boldsymbol{\alpha} \tag{3-43}$$

显然满足

$$M\lambda\boldsymbol{\alpha}=\boldsymbol{K}\boldsymbol{\alpha} \tag{3-44}$$

求解式（3-44）就能得到特征值和特征向量，对于测试样本在特征向量空间V^k的投影：

$$(v^k\cdot\Phi(x))=\sum_{i=1}^{M}(\alpha_i)^k(\Phi(x_i),\Phi(x)) \tag{3-45}$$

将内积用核函数替换，则有

$$(v^k\cdot\Phi(x))=\sum_{i=1}^{M}(\alpha_i)^k\boldsymbol{K}(x_i,x) \tag{3-46}$$

当式（3-36）不成立时，需要进行调整：

$$\Phi(x_\mu)\to\Phi(x_\mu)-\frac{1}{M}\sum_{v=1}^{M}\Phi(x_v),\mu=1,\cdots,M \tag{3-47}$$

则核矩阵可修正为

$$\boldsymbol{K}_{\mu\nu} \to \boldsymbol{K}_{\mu\nu} - \frac{1}{M}\left(\sum_{w=1}^{M}\boldsymbol{K}_{\mu w} + \sum_{w=1}^{M}\boldsymbol{K}_{w\nu}\right) + \frac{1}{M^2}\sum_{w,\tau=1}^{M}\boldsymbol{K}_{w\tau} \tag{3-48}$$

2. 基于核的主成分分析的应用

基于上述 KPCA 的基本原理，可得 KPCA 的处理过程如下。

（1）将所获得的 n 个指标（每个指标有 m 个样品）的一批数据写成一个（$m\times n$）维数据矩阵：

$$\boldsymbol{A} = \begin{pmatrix} a_{11} & \cdots & a_{1n} \\ \vdots & & \vdots \\ a_{m1} & \cdots & a_{mn} \end{pmatrix} \tag{3-49}$$

（2）计算核矩阵，先选定高斯径向核函数中的参数，再由式（3-42）计算核矩阵 $\boldsymbol{K}$。

（3）通过式（3-48）修正核矩阵得到 $\boldsymbol{K}_{\text{L}}$。

（4）运用 Jacobi 迭代方法计算 $\boldsymbol{K}_{\text{L}}$ 的特征值 $\lambda_1,\cdots,\lambda_n$，即对应的特征向量 $\boldsymbol{v}_1,\cdots,\boldsymbol{v}_n$。

（5）特征值按降序排序（通过选择排序），得 $\lambda_1' > \cdots > \lambda_n'$，并对特征向量进行相应调整，得 $\boldsymbol{v}_1',\cdots,\boldsymbol{v}_n'$。

（6）通过施密特正交化方法单位正交化特征向量，得到 $\boldsymbol{\alpha}_1,\cdots,\boldsymbol{\alpha}_n$。

（7）计算特征值的累积贡献率 $B_1,\cdots,B_n$，根据给定的提取效率 p，如果 $B_t \geqslant p$，则提取 t 个主分量 $\boldsymbol{\alpha}_1,\cdots,\boldsymbol{\alpha}_t$。

（8）计算已修正的核矩阵 $\boldsymbol{X}$ 在提取出的特征向量上的投影 $Y = \boldsymbol{K}_{\text{L}} \cdot \boldsymbol{\alpha}$，其中 $\boldsymbol{\alpha} = (\boldsymbol{\alpha}_1,\cdots,\boldsymbol{\alpha}_t)$。

（9）所得的投影 Y 即为数据经 KPCA 降维后所得数据。

3. PCA 和 KPCA 的比较

主成分分析属于代数特征分析方法，是模式识别领域中一种经典的特征抽取和降维方法。PCA 的缺点是需要很大的存储空间和计算复杂度。如果原始空间的维数是 n，PCA 需要分解一个 $n\times n$ 的非稀疏矩阵。因为 PCA 是一种线性映射方法，降维后的表示是由线性映射生成的，它忽略了数据之间高于 2 阶的相互关系，所以，抽取的特征并不是最优的，这在一定程度上影响了 PCA 方法的效果。核主成分分析是线性 PCA 的非线性扩展算法，它采用非线性的方法抽取主成分，即 KPCA 是在通过映射函数 Φ 把原始向量映射到高维空间 F 中，在 F 中进行 PCA 分析。

KPCA 与 PCA 的本质区别如下：PCA 是基于指标的，而 KPCA 是基于样本的。KPCA 不仅适合解决非线性特征提取问题，还能比 PCA 提供更多的特征数量和更高的特征质量，因为前者可提供的特征数量与输入样本的数量是相等的，而后者的特征数量仅为输入样本的维数。KPCA 的优势是可以最大限度地抽取指标的信息；但是 KPCA 抽取指标的实际意义不是很明确，计算也比 PCA 复杂。

PCA 的主分量具有如下特征。

（1）行矢量 $\boldsymbol{S}(i), i=1,\cdots,p$ 线性无关。

（2）用最前面的几个主分量表示原输入，其均方逼近误差最小。

KPCA 的特征与特征空间中的 PCA 的特征是一样的，其特征如下。

（1）前 p（$p\in\{1\cdots M\}$）个主成分或者是特征向量上的投影，与其余 p 个正交方向相比有较大的方差。

（2）通过前 p 个主分量（在任意 p 个可能的方向中）描绘 F 中的观测报告所产生的均方近似误差是最小的。

（3）主成分之间是线性无关的。

（4）前 p 个主分量相对于输入而言，拥有最大的共有信息量。

这表明在 KPCA 中典型的 PCA 的性质在特征空间中依然得到保留，如最大变化的正交方向、最小的 L2-重建误差、相对于输入而言最大的共有信息等。

3.2.3 粗糙集理论

1. 粗糙集理论的基本原理

如果将研究对象看成现象，那么可以将这些现象分类。现象被分为确定现象与不确定现象。不确定现象又分为随机现象、模糊现象和粗糙现象，如图 3-12 所示。

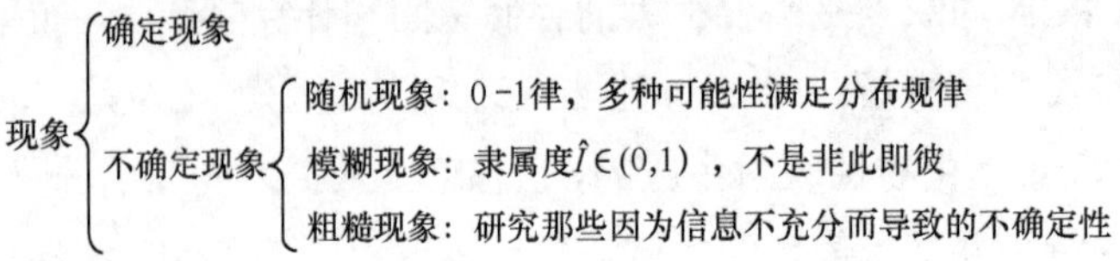

图 3-12　现象的分类

相对于前两种现象的处理，粗糙现象是基于不完全的信息或知识去处理不分明的现象，因此，需要基于观测或者测量到的部分信息对数据进行分类，这就需要采取与概率统计和模糊数学不同的处理手段，这就是粗糙集理论。粗糙集是基于一系列既不知道多了还是少了，也不知道有用还是没用的不确定、不完整乃至部分信息相互矛盾的数据或者描述来对数据进行分析、推测未知信息。

粗糙集的一个重要特点是利用不精确、不确定、部分真实的信息来得到易于处理、鲁棒性强、成本低廉的决策方案，因此，更适合解决某些现实系统，如中医诊断、统计报表的综合处理等。粗糙集的另一个重要特点就是只依赖数据本身，不需要样本之外的先验知识或者附加信息，因此，挑选出来的决策属性可以避免主观性，有英雄不问出身的意味。用粗糙集来处理的数据类型包括确定性的、非确定性的、不精确的、不完整的、多变量的、数值的、非数值的。粗糙集使用上、下近似来刻画不确定性，使得边界有了清晰的数学意义，并且降低了算法设计的随意性。

粗糙集涉及论域U（这与模糊系统相似），还涉及属性集合$R=C\bigcup D$（这被认为是知识或者知识库）。当然，也要有属性值域V，以及从$U\times R$到V的信息函数f。因此，一个信息系统S可以表示为一个四元组$S=\{U,R,V,f\}$。在不混淆的情况下，简记为$S=(U,R)$，也称为知识库。

等价关系（通常用来代替分类）是不可或缺的概念，根据等价关系可以划论域中样本为等价类。每个等价类被称为同一个对象。但是，等价关系又是建立在不可分辨概念之上的，为了便于描述这里的等价关系，首先介绍不可分辨性。

设$B\subseteq R$为一个非空子集，如果$x_i,x_j\in U$，均有$f(x_i,r)=f(x_j,r),\forall r\in B$成立，那么，称$x_i$和$x_j$关于属性子集$B$不可分辨。$B$不可分辨关系，简记为$\mathrm{Ind}(B)$，是一种等价关系（易验证它满足等价关系的数学公理），于是$\mathrm{Ind}(B)$可以将论域U中的元素分成若干等价类，每个等价类称为知识库的知识颗粒。全体等价类组成的集合记为$U/\mathrm{Ind}(B)$，称为基本集合。若集合X可以表示成某些基本集合的并集时，则称X是B精确集，否则称为B粗糙集。

粗糙集中的“粗糙”主要体现在边界域的存在，而边界又是由下、上近似来刻画的。对于任意$X\subset U$，X关于现有知识R的下、上近似分别定义为

$$R\_(X)=\{x\in U,[x]_R\subseteq X\} \tag{3-50}$$

$$R^{-}(x)=\{x\in U,[x]_R\cap X\neq\phi\} \tag{3-51}$$

X 的确定域 $\mathrm{Pos}(X)=R\_(X)$，是指论域 U 中那些在现有知识 R 之下能够确定地归入集合 X 的元素的集合。反之，$\mathrm{Neg}(X)=U-R\_(X)$ 被称为否定域。边界域是某种意义上论域的不确定域，即在现有知识 R 之下 U 中那些既不能肯定在 X 中，又不能肯定归入 $\overline{X}=U\setminus X$ 中的元素的集合，记为 $\mathrm{Bnd}_R(X)$。

样本子集 X 的不确定性程度可以用粗糙度 $a_R(X)$ 来刻画，粗糙度的定义为

$$a_R(X)=\frac{\mathrm{Card}(R\_(X))}{\mathrm{Card}(R^{-}(X))} \tag{3-52}$$

式中，Card 表示集合的基数（集合中元素的个数）。显然，$0\leqslant a_R(X)\leqslant 1$，如果 $a_R(X)=1$，则称集合 X 关于 R 是确定的；如果 $a_R(X)<1$，则称集合 X 关于 R 是粗糙的，$a_R(X)$ 可认为是在等价关系 R 下逼近集合 X 的精度。

2. 粗糙集理论的应用

知识约简是粗糙集的核心内容之一，它是研究知识库中哪些知识是必要的，以及在保持分类能力不变的前提下，删除冗余的知识。在粗糙集应用中，约简与核是两个最重要的基本概念。

1）一般约简

设 P 和 Q 是属性集，Q 中的每个属性都是不可省略的。如果 $Q\subseteq P$ 且 $\mathrm{Ind}(Q)=\mathrm{Ind}(P)$，则称 Q 是 P 的一个约简（Reduce），记为 $\mathrm{Red}(P)$。另外，若以 $\mathrm{Core}(P)$ 记 P 中所有不可省略的属性集合称为 P 的核（Core），那么所有约简 $\mathrm{Red}(P)$ 的交正好等于 P 的核，即 $\mathrm{Core}(P)=\bigcap\mathrm{Red}(P)$。该式的意义在于，不仅体现了核与所有约简的关系直接由约简得到，而且也表明了核是知识库中最重要的部分，是进行知识约简的过程中不能删除的知识。

2）相对约简

一般地，考虑一个分类相对于另一个分类的关系，这就导出了相对约简与相对核的概念。在粗糙集中，相对约简的概念是条件属性相对决策属性的约简。

我们需要给出如下概念：设 P 和 Q 为论域 U 上的两个等价关系，定义 Q 关于 P 的相对肯定域，记为 $\mathrm{Pos}_P(Q)$，为论域 U 中的所有那些对象构成的集合，它们可以在分类 U/P 的知识指导下，被正确地划入到 U/Q 的等价类之中。即

$$\mathrm{Pos}_P(Q)=\bigcup P\_(X)\ (X\in U/Q) \tag{3-53}$$

式中，$P\_(X)$ 是集合 X 的下近似。

设 P 和 Q 为论域 U 上的两个等价关系，$r\in P$。如果

$$\mathrm{Pos}_P(Q)=\mathrm{Pos}_{(P-\{r\})}(Q) \tag{3-54}$$

那么，称 r 关于 Q 可省略，否则称为 Q 不可省略。特别，当 $P-\{r\}$ 为 P 中的独立子集（它的每个元素都再不可省略），且 $\mathrm{Pos}_P(Q)=\mathrm{Pos}_{(P-\{r\})}(Q)$ 时，称 $P-\{r\}$ 为 P 的关于 Q 的相对约简，记为 $\mathrm{Ind}_Q(P)$。P 的所有关于 Q 的相对约简之交称为 P 的关于 Q 的核，记为 $\mathrm{Core}_Q(P)$。此时有 $\mathrm{Core}_Q(P)=\bigcap \mathrm{Ind}_Q(P)$。

比较相对约简与一般约简的定义，能够发现，前者是在不改变决策属性 Q 的前提下对特征属性集 P 的约简，而后者是在不改变对论域中对象的分辨能力的前提下对于特征属性集的约简。

3.3 传感器信息融合

信息融合（Information Fusion，IF）是在 20 世纪 80 年代形成和发展起来的一种智能信息综合处理技术。它能充分利用多源信息在空间和时间上的冗余性与互补性，以及计算机对信息的高速运算处理能力，来获得监控对象更准确、更合理的解释或描述。信息融合涉及系统论、信息论、人工智能和计算机技术等众多领域和学科。本节在对信息融合的相关概念进行阐述的基础上，主要介绍信息融合故障诊断的原理和方法。

3.3.1 信息融合的概念

1. 信息融合的定义

关于信息融合的定义，根据国内外研究成果，可将其概括如下：将来自不同用途、不同时间、不同空间的信息，通过计算机技术在一定准则下加以自动分析和综合，形成统一的特征表达信息，以使系统获得比单一信息源更准确、更完整的估计和判决。

由上述定义可以看出，信息融合是一个多级别、多层次的智能化信息处理过程。多传感器系统是信息融合的硬件基础，多源信息是信息融合的加工对象，协调优化和综合处理是信息融合的核心。信息融合的主要优点如下。

（1）生存能力强。当某个（或某些）传感器不能被利用或受到干扰，或某个目标/事件不在覆盖范围内时，总会有一种传感器可以提供信息。

（2）扩展了空间覆盖范围。多个交叠覆盖的传感器共同作用于监控区域，扩展了空间覆盖范围，同时一种传感器还可以探测其他传感器探测不到的区域。

（3）扩展了时间覆盖范围。用多个传感器的协同作用提高检测概率，某个传感器可以探测其他传感器不能顾及的目标/事件。

（4）提高了可信度。用一种或多种传感器对同一目标/事件加以确认，提高了可信度。

（5）降低了信息的模糊度。多传感器的联合信息降低了目标/事件的不确定性。

（6）改进了探测性能。对目标/事件的多种测量的有效融合，提高了探测的有效性。

（7）提高了空间分辨率。多传感器孔径可以获得比任何单一传感器更高的分辨率。

（8）增加了测量空间的维数。

2. 信息融合的分类

1）按结构形式分

按结构形式，信息融合可分为集中式融合、分布式融合和混合式融合 3 类。

（1）集中式融合。集中式融合是将各传感器的原始数据和经过预处理的数据全部送至融合中心进行融合处理，然后得到融合结果，如图 3-13 所示。

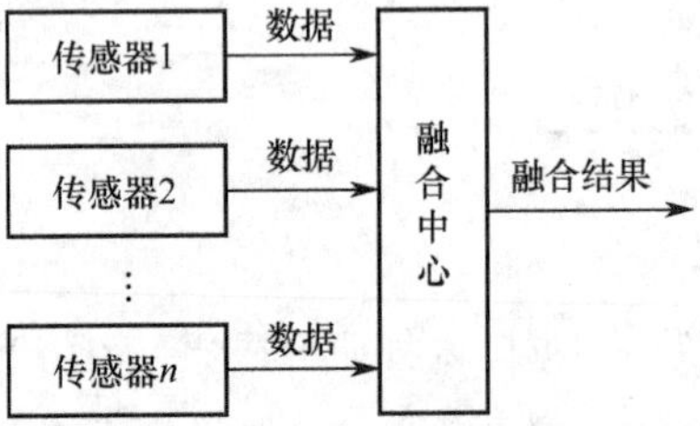

图 3-13　集中式融合

集中式融合的优点是信息损失小，处理精度高；缺点是数据关联比较困难，计算量大，系统的实时性比较差。

（2）分布式融合。分布式融合的特点是每个传感器的数据在进入融合中心以前，先由自己的数据处理器产生局部结果，然后把它们送到融合中心合成，以形成全局估计，如图 3-14 所示。

分布式融合的优点是计算量小、实时性好、便于工程实现；缺点是处理精度较集中式融合低。

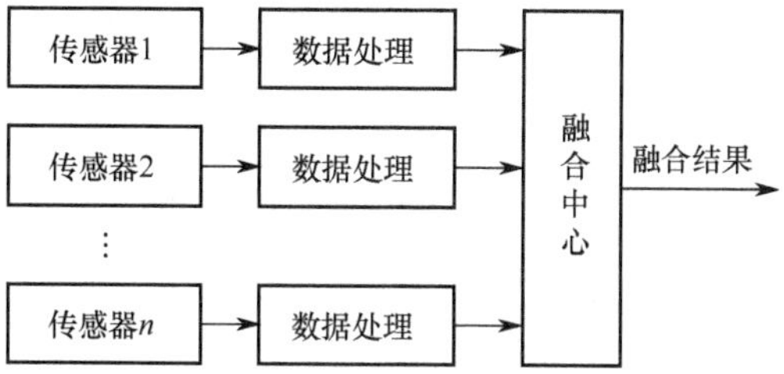

图 3-14　分布式融合

（3）混合式融合。混合式融合是以上两种形式的组合，如图 3-15 所示。

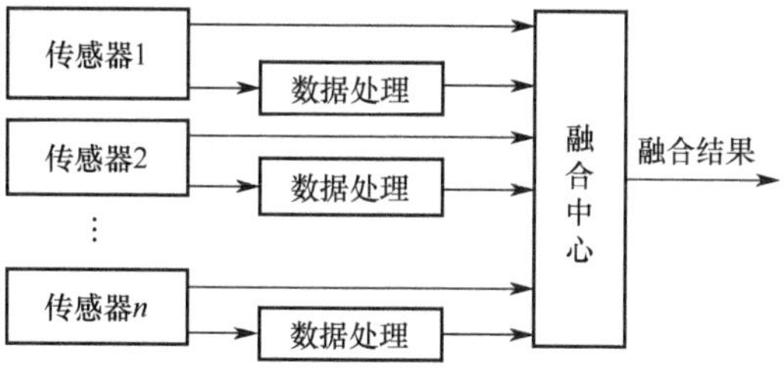

图 3-15　混合式融合

混合式融合的特点是传感器一方面将各自的数据送至融合中心进行融合，另一方面又各自单独进行数据处理，再将结果送至融合中心进行融合。

以上 3 种融合形式各有其优缺点。一般来说，集中式融合多用于同类传感器的数据融合，分布式融合和混合式融合则适用于不同类型传感器的数据融合，具体采用什么样的融合结构，应视具体系统而言，有时也可以混合采用这些结构。

2）按信息的抽象程度分

按信息的抽象程度，信息融合可以分为 3 个层次：决策层融合、特征层融合和数据层融合。

（1）决策层融合。决策层融合是由各传感器单独进行特征提取和属性判断，然后将各自的判断结果送入融合中心进行融合判断的过程。决策层融合结构如图 3-16 所示。

采用这种结构的优点是计算量小，相容性好，实现起来方便灵活。

（2）特征层融合。特征层融合是指各传感器独立地进行特征提取，融合中心则联合所有的特征矢量做出判决。特征层融合结构如图 3-17 所示。

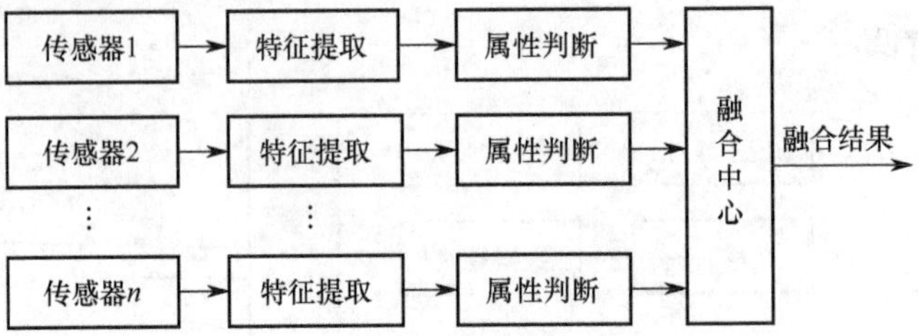

图 3-16　决策层融合结构

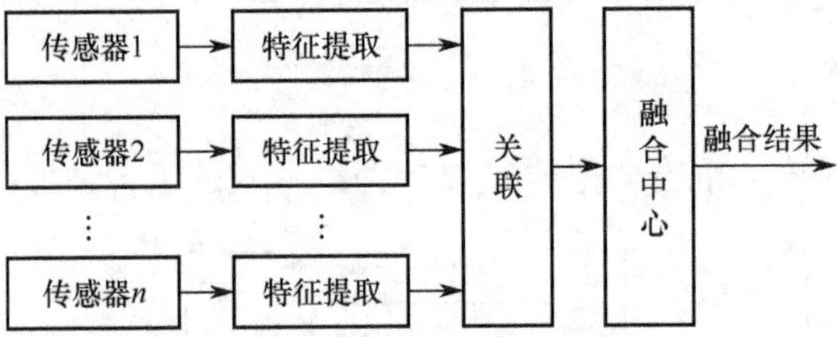

图 3-17　特征层融合结构

这种结构的关键是抽取一致的有用特征矢量，排除无用甚至矛盾的信息，其数据量和计算量属中等。

（3）数据层融合。数据层融合是指直接融合各传感器的原始数据，然后进行特征提取和故障判断。这种结构的信息损失最小，但计算量大、冗余度高。

3）按信息融合的方法分

按信息融合的方法，可将其分为基于系统数学模型的方法和基于知识的方法两大类。基于系统数学模型的方法主要有 Bayes 统计理论、数据关联理论、多假设方法等；基于知识的方法有模糊推理、神经网络等。

3.3.2　信息融合的方法

信息融合作为一种信息综合和处理技术，实际上是许多相关学科技术和方法的集成与应用，涉及信号检测、数据处理、数据通信、模式识别、决策理论、估计理论、最优化理论、人工智能、计算机技术等诸多领域。

1. 基于 DS 证据推理的融合方法

在故障诊断问题中，若干可能的故障会产生一些症状，每个症状下各故障都可能有一定的发生概率。融合各症状信息以求得各故障发生的概率，发生概率最大者即为主故障。

Dempster 和 Shafer 在 20 世纪 70 年代提出的证据理论是对概率论的扩展。他们建立了命题和集合之间的一一对应关系，把命题的不确定性问题转换为集合的不确定问题，而证据理论处理的正是集合的不确定性。DS 方法的融合模型如图 3-18 所示。

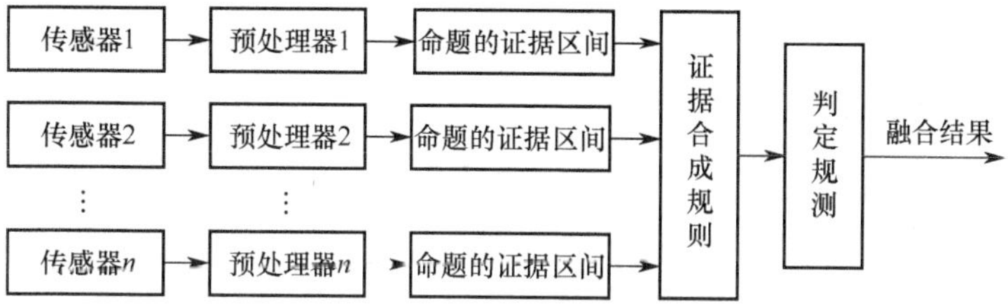

图 3-18　DS 方法的融合模型

使用 DS 方法融合多传感器数据或信息的基本思想如下：首先，对来自多个传感器和信息源的数据和信息（证据）进行预处理；其次，计算各证据的基本概率分配函数、可信度和似然度；然后，根据 DS 合成规则计算所有证据联合作用下的基本概率分配函数、可信度和似然度；最后，按照一定的判决规则选择可信度和似然度最大的假设作为融合结果。DS 方法作为一种不确定性推理算法，具有独特的优势。

该方法主要用于具有主观不确定性判断的多属性诊断问题。

2. 基于信息论的融合方法

信息融合有时并不需要用统计方法直接模拟观测数据的随机形式，而是依赖于观测参数与目标身份之间的映射关系来对目标进行标识，这就是基于信息论的融合方法。基于信息论的融合方法有参数模板法、聚类分析法、自适应神经网络法、表决法、熵值法等。

聚类分析法是一组启发式算法，经常用于在模式数量不能精确知道的目标识别系统中。聚类分析法的基本思想是先按某种聚类准则将数据分组（聚类），再由分析人员把每个数据组解释为相应的目标类。聚类分析法的步骤如下。

（1）从观测数据中选择一些样本数据。

（2）定义特征变量集合，以表征样本中的实体。

（3）计算数据的相似性，并按照相似性准则划分数据集。

（4）检验划分的数据类对于实际应用是否有意义。

（5）反复将产生的子集加以划分，并对划分结果使用上一步进行检验，直到再没有进一步的细分结果，或者直到满足某种规则为止。

3．基于认识模型的融合方法

基于认识模型的融合方法是模仿人类的认识思维，来辨别实体的识别过程模型。模糊集合法是一种比较有效的方法。模糊集合法的核心是隶属函数 $\mu(\cdot)$，类似于对 1 和 0 中的值进行概率分布。隶属函数主观上由知识启发、经验或推测过程确定，对它的评定没有形式化过程，精确的隶属函数分布形状对根据模糊演算得出的推理结论影响不大。因此，它可以用来解决证据不确定性或决策中的不确定性等问题。

模糊集合理论对于信息融合的实际价值在于它外延到模糊逻辑。对于实际问题，首先，通过模糊命题的表示，用综合规则先建立起演绎推理；其次，在推理中使用模糊概率，就可以方便地建立起模糊逻辑；最后，通过模糊运算，就能从不精确的输入中找出输出或结果。

模糊逻辑是一种多值逻辑。隶属程度可视为一个数据真值的不精确表示。因此，信息融合过程中存在的不确定性可以直接用模糊逻辑表示，然后使用多值逻辑推理，再根据各种模糊演算对各种命题（各传感器提供的数据）进行合并，从而实现信息融合。当然，要得到一致的结果，必须系统地建立命题及算子到[0,1]区间的映射，并适当地选择合并运算所使用的算子。

4．基于人工智能的融合方法

信息融合一般分数据层融合、特征层融合和决策层融合 3 个层次。在决策层融合通常要处理大量反映数值数据间关系和含义的抽象数据（如符号），因此，要使用推断或推理技术，而人工智能（Artificial Intelligence，AI）的符号处理功能正好有助于信息融合系统获得这种推断或推理能力。

人工智能主要是研究怎样让计算机模仿人脑从事推理、规划、设计、思考、学习、记忆等活动，让计算机来解决迄今只能由人类专家才能解决的复杂问题。人工智能技术在信息融合中的应用表现在以下几个方面。

（1）使用多个互相协作的专家系统（Expert System，ES），以便真正利用多个领域的知识进行信息综合。

（2）使用先进的立体数据库管理技术，为决策级推理提供支撑。

（3）使用学习系统，使信息融合系统具有自适应能力，以便自动适应各种态势的变化。

信息融合系统中的数据源有两类：一类是多传感器的观测结果，另一类是源数据（消息）。对于经过人工预处理过的非格式信息的融合，推理比数值运算更重要，因此，应该采用基于知识的专家系统技术进行融合。

专家系统是人工智能的一个实用性分支。专家系统的出现标志着人工智能向工程技术应用方面迈出了一大步，揭开了人工智能发展历史的序幕。然而，大量专家系统的开发研究也暴露了它的一些局限性，如不易获取知识、知识存储量受到容量限制、推理速度缓慢等。

神经网络系统采用特定的计算机组织结构，以分布式存储和并行、协同处理为特色，具有联想、学习、记忆能力和自适应学习更新能力，正好可以有效地克服现行专家系统的局限性。因此，将专家系统与人工神经网络相结合并用于信息融合，将会产生良好的效果。

神经网络专家系统既可以克服计算机信息处理技术的缺点，又可以克服专家系统技术的缺点，因此，专家系统与人工神经网络相结合而形成的神经网络专家系统，使人工智能技术有了更进一步的发展。具体表现在：知识表示和存储是分布式的；能实现自动知识获取；具有高度冗余性和容错能力；具有很强的不确定性信息处理能力和自适应学习能力等。

3.3.3　信息融合的关键技术

1．数据转换技术

数据转换不仅要转换不同层次之间的信息，而且要转换对环境或目标描述和说明的不同之处与相似之处。即使是同一层次的信息，也存在不同的描述和说明。

2．数据相关技术

数据相关技术的核心问题是如何克服传感器测量的不精确性和干扰等引起的相关二义性，即保持数据的一致性。因此，控制和降低相关计算的复杂性，开发相关处理、融合处理和系统模拟算法与模型是关键。

3．态势数据库技术

态势数据库分实时数据库和非实时数据库。实时数据库的作用是把当前各传感器的观测结果和融合计算所需要的其他数据及时提供给融合中心，同时也用来存储融合处理的中间结果和最终结果；非实时数据库用于存储各传感器的历史数据、有关目标、环境辅助信息和融合计算的历史信息等。态势数据库要解决的难题是容量要大、搜索要快、开放互联性要好，并具有良好的用户接口。

4．融合推理技术

融合推理是信息融合系统的核心。融合推理的关键是要针对复杂的环境和目标的时变动态特性，在难以获得先验知识的前提下，建立具有良好稳健性和自适应能力的目标机动与环境模型，以及如何有效地控制和降低递推估计的计算复杂性。

5．融合损失技术

融合损失技术就是解决如何减少、克服和弥补融合过程中的信息损失的问题。

思考题

1．傅里叶变换适合处理什么信号？小波分析适合处理什么信号？

2．简述傅里叶变换、短时傅里叶变换和小波变换之间的异同。

3．小波变换堪称“数学显微镜”，为什么？

4．为什么实施小波分析？

5．如何实施小波分析？

6．熟悉 MATLAB 小波分析工具箱。

7．在 MATLAB 工具箱中找到 STFT 变换的 spectrogram.m 函数，熟悉程序，并分析输入输出变量，然后了解 STFT 逆变换的 overlapadd.m 函数。

参考文献

[1] CHUI C K. An Introduction to Wavelets[M]. Boston: Academic Press，1992.

[2] 李世雄. 小波变换及其应用[M]. 北京：高等教育出版社，1997.

[3] 刘长征，黄茂成. 快速提升小波变换的研究及其实现[J]. 微计算机信息，2009(27): 3.

[4] 黄世霖．工程信号处理[M]. 北京：人民交通出版社，1986.

[5] 李宵，裴树毅，屈梁生．全息谱技术用于化工设备故障诊断[J]. 化工进展，1997(4)：33-37.

[6] 尹朝庆，尹浩. 人工智能与专家系统[M]. 北京：中国水利水电出版社，2002.
[7] 王万森. 人工智能原理及其应用[M]. 北京：电子工业出版社，2000.
[8] 张定会，戴曙光. 混合故障诊断专家系统[J]. 模式识别与人工智能，2000(3)：276-279.
[9] 王仲生. 工业设备故障在线诊断专家系统[J]. 微处理机，1993(4)：46-48.
[10] 王仲生. 电动机故障诊断专家系统[J]. 微处理机，1998(1)：46-48.
[11] 吴今培，肖建华. 智能故障诊断与专家系统[M]. 北京：科学出版社，1997.
[12] 杨叔子. 基于知识的故障诊断技术[M]. 北京：清华大学出版社，1993.
[13] MALLEY M E. A methodology for simulating the joint strike fighter's (JSF) prognostics and health management system[D]. State of Ohio: Air Force Institute of Technology, 2001.
[14] BENGTSSON M, OLSSON E, FUNK P, et al. Technical design of condition based maintenance system-A case study using sound analysis and case-based reasoning[C]//Maintenance and Reliability Conference Proceedings of the 8th Congress, 2004.
[15] CLANCY D. Model-based system-level health management for reusable launch vehicles[J]. AIAA Space 2000 Conference, 2000.
[16] HESS A, FILA L. The joint strike fighter (JSF) PHM concept: potential impact on aging aircraft problems [J]. IEEE, 2002(6) : 3021-3026.
[17] HESS A, FILA L. Prognostics from the need to reality-from the fleet users and PHM system designer/developers perspectives[J]. IEEE, 2002 (6) : 2791-2797.
[18] 孙博，康锐，谢劲松. 故障预测与健康监测系统研究和应用现状综述[J]. 系统工程与电子技术，2007, 29(10) : 1762-1767.
[19] 黄文虎，等. 设备故障诊断原理、技术及应用[M]. 北京：科学出版社，1997.

第 4 章 滚动轴承故障诊断

旋转机械是设备状态监测与故障诊断工作的重点，而旋转机械的故障有相当大比例与滚动轴承有关。滚动轴承是机器的易损件之一，据不完全统计，旋转机械的故障约有 30%是因滚动轴承引起的。引起滚动轴承故障的原因是多方面的，有些是系统内部原因造成的，有些是系统外部原因造成的。只有对其结构和振动机理进行深入分析和研究，才能有效进行故障诊断。本章系统地阐述了滚动轴承的结构和振动类型，并介绍了滚动轴承故障形式及产生原因，简单介绍了几种较为有效的故障诊断方法，为后续研究奠定了基础。

4.1 滚动轴承的基本概况

4.1.1 滚动轴承的基本结构

滚动轴承是由外圈、内圈、滚动体和保持架 4 部分组成的，如图 4-1 所示。滚动体类型有球、圆柱滚子、滚针、圆锥滚子和球面滚子等。

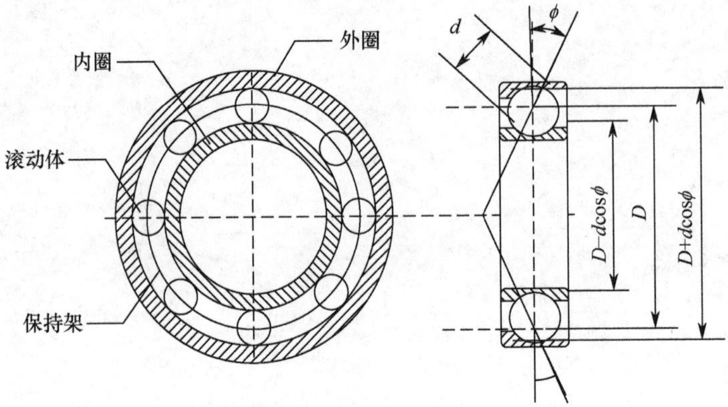

图 4-1 滚动轴承的基本结构

滚动轴承在工作时，外圈与轴承座或机壳装配在一起，具有支撑作用；内圈与传动轴装配在一起，并与轴共同旋转。滚动体是轴承的核心元件，通过保持架均匀分布在内圈和外圈之间，它将滑动摩擦变为滚动摩擦。滚动轴承按滚动体的不同，可分为圆柱滚动轴承、圆锥滚动轴承、球轴承。保持架的作用是引导滚动体的运动，同时将滚动体均匀分布在轴承内外圈之间，并改善轴承内部载荷分配和润滑性能。与无保持架的轴承相比，带保持架轴承的摩擦阻力较小，更适合应用在城轨列车这样的系统上。

4.1.2　滚动轴承异常的基本形式

滚动轴承在运转过程中可能会由于各种原因产生损坏，如装配不当、润滑不良、水分和异物侵入、腐蚀和过载等都可能会导致轴承过早损坏。

即使在安装、润滑和使用维护都正常的情况下，经过一段时间的运转，滚动轴承也可能出现疲劳剥落和磨损，从而不能正常工作。

滚动轴承的主要故障形式及产生原因如表 4-1 所示。

表 4-1　滚动轴承的主要故障形式及产生原因

损伤形式	损伤原因	损伤特征
疲劳	① 疲劳应力； ② 轴向载荷过大； ③ 对中不良； ④ 保持架的精度不高、圆度误差大； ⑤ 装配不当，轴弯曲； ⑥ 安装时冲击载荷过大，圆柱滚子轴承的装配过盈量太大； ⑦ 润滑不良； ⑧ 间隙过小，载荷过大，预压过大	① 向心轴承滚道只在一边有表面上的剥落； ② 双列轴承在表面上只在一边有剥落； ③ 滚动体及滚道接触边缘剥落，深沟球轴承滚道的斜向表面出现剥落； ④ 在滚动体的圆周方向的对称位置上产生剥落； ⑤ 滚子轴承的滚道和滚动体靠近端部处表面出现剥落； ⑥ 轴承的受力表面有较大面积的压光和微观剥落； ⑦ 滚道面和滚动体早期出现表面剥落
胶合	① 在保持架内被卡住，润滑不良，润滑脂过硬，启动时加速度太大； ② 滚道面不平行，转速过高； ③ 安装的初间隙过小，热膨胀引起滚动体与内外圈挤压； ④ 装配不当，轴向载荷过大	① 滚道面和滚动体表面出现胶合； ② 深沟球轴承的滚道面出现螺旋形污斑状胶合； ③ 滚子端面和挡边出现胶合

（续表）

损伤形式	损伤原因	损伤特征
磨损	① 运输中轴承受到小振幅的运动作用； ② 配合面间存在小间隙带来的滑动磨损； ③ 异物落入，装配不当，润滑欠佳； ④ 轴承与座孔或轴颈间存在间隙，运行中引起相对运动	① 在套圈上形成与钢球节距相同的凹坑，即摩擦腐蚀现象，类似于静压痕； ② 有红褐色的磨损粉末出现在配合面上的部分磨损； ③ 滚道面、凸缘面、滚动体、保护架等磨损； ④ 圆锥滚子轴承挡边磨损过大； ⑤ 轴承座孔或轴径磨损，当磨损较大时，轴承产生游隙噪声，振动增大
烧伤	装配不当，润滑欠佳	滚道面、挡边面、滚动体面、变色、熔体
腐蚀	① 具有腐蚀性的介质、湿气凝结侵入； ② 电流通过时产生的电火花熔化； ③ 轻微振动，装配的不适当	① 轴承内部的配合面等部位生锈腐蚀； ② 有搓板状的凹凸出现在滚动面上； ③ 配合面点蚀； ④ 有黑色或者红色的锈斑出现在表面
破损	① 冲击载荷太大，安装不恰当，会造成胶合发展； ② 冲击载荷，磨削，热处理不恰当，安装不恰当，会造成胶合发展； ③ 对中不良，安装不恰当，润滑不好，转速太快，异物进入	① 内环或者外环会有裂纹产生； ② 滚动体产生裂纹； ③ 保持架断裂
压痕	① 静载荷及冲击载荷都太大，有异物进入； ② 安装不恰当，滚道过载、撞击或承受不均匀载荷； ③ 装配敲击	① 滚动体、滚道面上有压痕； ② 圆柱滚动体轴承的滚动体和套圈接触处有楔形压痕

4.2 滚动轴承的振动类型及故障特征

在工作过程中，滚动轴承的振动通常分为两类：与轴承弹性有关的振动、与轴承滚动表面状况（波纹、伤痕等）有关的振动。前者与异常状态无关，后者反映了轴承的损伤情况。

滚动轴承在运转时，滚动体在内、外圈之间滚动。如果滚动表面损伤，滚动体在损伤表面转动时，便产生一种交变的激振力。由于滚动表面的损伤形状是不规则的，所以激振力产生的振动是由多种频率成分组成的随机振动。

轴承滚动表面损伤的形态和轴的转速，决定了激振力的频率。轴承和外壳决定了振动系统的传递性。通常，轴的转速越高，损伤越严重，其振动的频率就越高。

4.2.1 滚动轴承的固有振动特征

滚动轴承的振动模型如图 4-2 所示，假设轴承系统内圈转动，外圈不动。滚动轴承振动的基本形式是滚动体滚动引起的弹性接触振动，它是由结构决定的轴承的固有特性。滚动体是滚动轴承中最活跃的零件，是影响轴承振动的最重要因素。为了控制轴承的振动水平，就必须控制所用滚动体引起的振动。因此，轴承的振动方程是建立在滚动体振动的基础之上的。

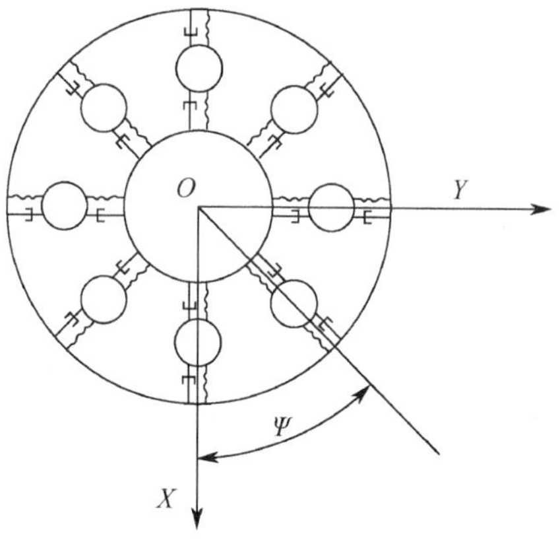

图 4-2 滚动轴承的振动模型

滚动轴承在工作时，滚动体与内环或外环之间可能产生冲击而引起轴承各元件的固有振动。各轴承元件的固有频率与轴承的外形、材料和质量有关；与轴的转速无关。在一般情况下，滚动轴承的固有频率通常可达数千赫兹到数十千赫兹。

套圈径向弯曲振动的固有频率为

$$f_{en}=\frac{n(n^2-1)}{2\pi\left(D/2\right)^2\sqrt{n^2+1}}\sqrt{\frac{EIg}{\rho A}} \tag{4-1}$$

式中，D 为圆环中性轴的直径；n 为振型阶数；E 为弹性模数；I 为圆环纵向截面的惯性矩；g 为重力加速度；$A=bh$，b 为圆环宽度，h 为圆环的厚度。

钢球的固有频率为

$$f_{\text{on}}=\frac{0.24}{r}\sqrt{\frac{E}{2\rho}} \tag{4-2}$$

式中，r 为钢球半径，E 为钢球的弹性模数，ρ 为材料密度。

轴承套圈的固有频率从数千赫兹至数十千赫兹，而滚动体的固有频率可达数百千赫兹，是频率非常高的振动。

4.2.2 滚动轴承的故障特征频率

滚动轴承的几何模型如图 4-3 所示。滚动轴承的主要几何参数如下。

（1）轴承节径 D：轴承滚动体中心所在的圆的直径。

（2）滚动体直径 d：滚动体的平均直径。

（3）内圈滚道半径 r_1：内圈滚道的平均半径。

（4）外圈滚道半径 r_2：外圈滚道的平均半径。

（5）接触角 α：滚动体受力方向与内外滚道垂直线的夹角。

（6）滚动体个数 z：滚珠的数量。

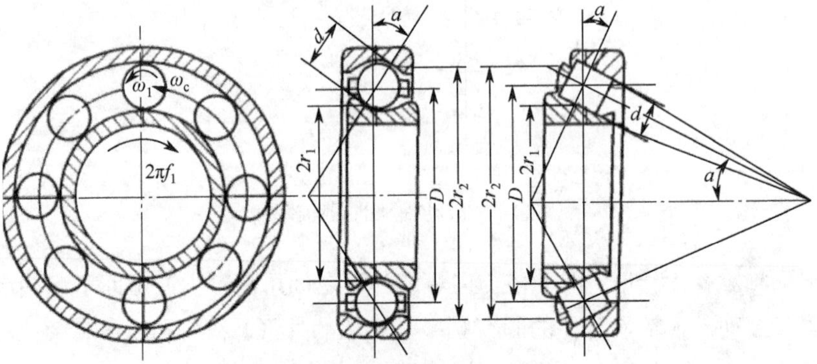

图 4-3　滚动轴承的几何模型

由于滚动轴承结构参数多且关系极其复杂，所以，为了简洁方便，对轴承做如下假设。

（1）轴承的外圈固定不动，内圈随轴转动，滚动体均匀分布并且沿着滚道做纯滚动运动。

（2）所有变形均为弹性变形，且变形符合 Hertz 弹性接触理论。

（3）考虑滚动体质量，忽略保持架的影响。

（4）不考虑加工误差和温升热效应。

通过研究不承受轴向力时轴承缺陷的特征频率，推导出承受轴向力时轴承缺陷特征频率。

1．不承受轴向力时轴承缺陷特征频率

1）当外环固定、内环随轴线转动时，单个滚动体（或保持架）相对于外环的旋转频率

由图 4-4(a)可知，内环滚道的切线速度为

$$\mathrm{V_i} = \pi D_\mathrm{i} f_\mathrm{r} = \pi f_\mathrm{r}(D_\mathrm{m} - d) \tag{4-3}$$

式中，f_r 为轴的旋转频率；d 为滚动体的直径；D_i 为内环滚道的直径；D_m 为轴承滚道节径，即内外滚道的平均值。

因为滚动体滚而不滑，所以，滚动体与内环滚道接触点 A 的速度为

$$V_A = V_\mathrm{i} \tag{4-4}$$

又因外环固定，所以，滚动体与接触点 C 的速度为

$$V_C = 0 \tag{4-5}$$

滚动体中心 B 的速度（保持架的速度）为

$$V_B = \frac{1}{2}V_A = \frac{\pi}{2}(D_\mathrm{m} - d)f_\mathrm{r} \tag{4-6}$$

所以，单个滚动体（或保持架）相对于外环的旋转频率为

$$f_\mathrm{Bo} = \frac{V_B}{l_\mathrm{m}} = \frac{\frac{\pi}{2}(D_\mathrm{m} - d)f_\mathrm{r}}{\pi D_\mathrm{m}} = \frac{1}{2}\left(1 - \frac{d}{D_\mathrm{m}}\right)f_\mathrm{r} \tag{4-7}$$

式中，$V_B = 2\pi f_\mathrm{r} D_\mathrm{m}$，$l_\mathrm{m}$ 为滚道节圆周长。

2）当内环固定、外环随轴线转动时，单个滚动体（或保持架）相对于内环的旋转频率

若外环的旋转频率仍为 f_r，则由图 4-4(b)可知，保持架相对内环的切向速度为

$$V_B = \frac{1}{2}V_A = \frac{\pi}{2}(D_\mathrm{m} + d)f_\mathrm{r} \tag{4-8}$$

所以，单个滚动体（或保持架）相对于内环的旋转频率为

$$f_\mathrm{Bi} = \frac{V_B}{l_\mathrm{m}} = \frac{\frac{\pi}{2}(D_\mathrm{m} + d)f_\mathrm{r}}{\pi D_\mathrm{m}} = \frac{1}{2}\left(1 + \frac{d}{D_\mathrm{m}}\right)f_\mathrm{r} \tag{4-9}$$

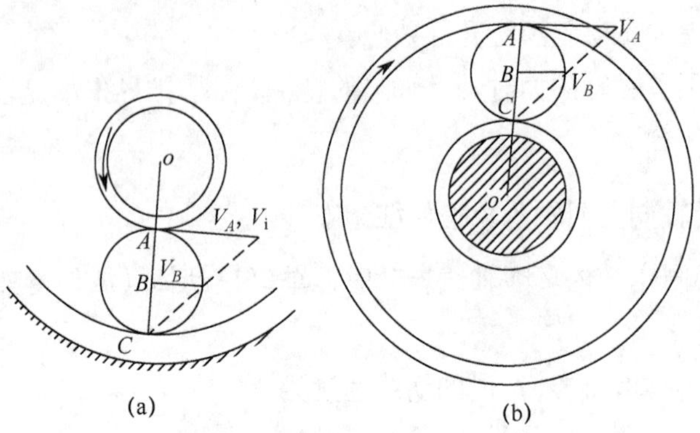

图 4-4　滚动轴承受力简图

3）当轴承内外环有缺陷时的特征频率

若内环固定，当内环滚道上有缺陷时，z 个滚动体滚过该缺陷时的频率为

$$f_i = f_{Bi}z = \frac{1}{2}\left(1+\frac{d}{D_m}\right)f_r z \tag{4-10}$$

若外环固定，当外环滚道上有缺陷时，z 个滚动体滚过该缺陷时的频率为

$$f_o = f_{Bo}z = \frac{1}{2}\left(1-\frac{d}{D_m}\right)f_r z \tag{4-11}$$

4）当单个滚动体有缺陷时的特征频率

如果单个有缺陷的滚动体每自转一周只冲击外环滚道（或外环）一次，则其相对于外环的转动频率为

$$f_{RS} = f_{Bo}\frac{\pi\left(D_m+d\right)}{\pi D_m} = \frac{1}{2}\left(1-\frac{d^2}{D_m^2}\right)f_r\frac{D_m}{d} \tag{4-12}$$

5）保持架与内外环发生碰磨的频率

保持架碰外环的频率（等于单滚动体的外环通过频率）为

$$f_{Bo} = \frac{1}{2}\left(1-\frac{d}{D_m}\right)f_r \tag{4-13}$$

保持架碰内环的频率（等于单滚动体的内环通过频率）为

$$f_{Bi} = \frac{1}{2}\left(1+\frac{d}{D_m}\right)f_r \tag{4-14}$$

如图 4-5 所示，在轴旋转时，每个滚动体通过载荷中心线会发生一次力的变化，对轴颈或轴承座产生激励作用，这个激励频率称为通过频率：

$$f_e = zf_c \tag{4-15}$$

式中，f_e 为保持架转动频率，f_c 为轴承内的滚动体个数。

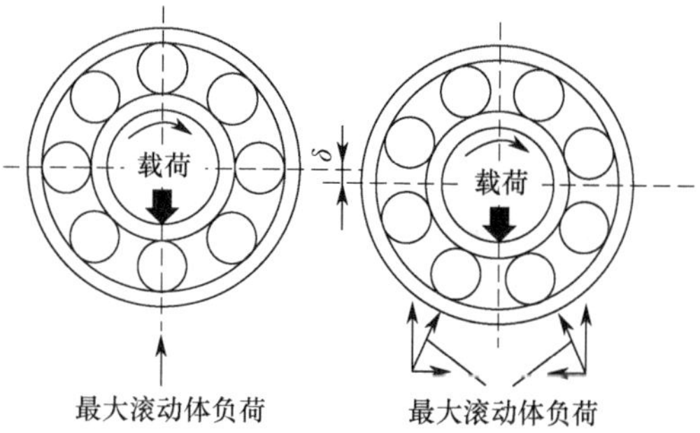

图 4-5　轴承旋转时滚动体上的负荷变化

2．承受轴向力时轴承缺陷特征频率

如图 4-6 所示，由于滚动体具有相当大的间隙，在承受轴向力时，轴承内外环轴向相互错开，滚珠与滚道的接触点由 A 点、B 点移动到 C 点、E 点。

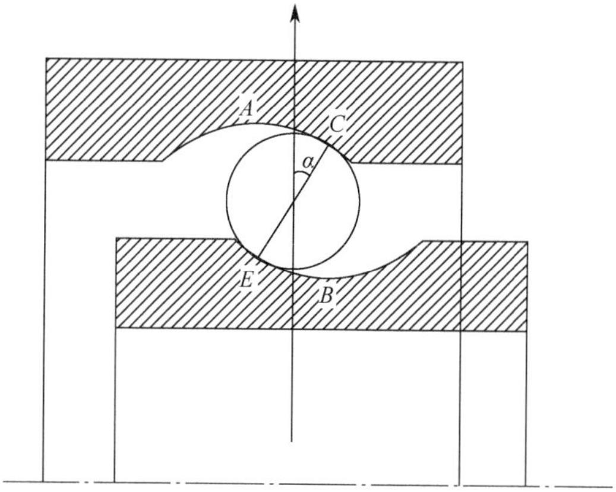

图 4-6　滚动轴承受轴向力时内、外环与滚珠相对位置

此时，轴承的节径不变，但内滚道的工作直径变大，外滚道的工作直径变小，滚珠的工作直径由 d 变为 $d\cos\alpha$ 。只需将不受轴向力时轴承缺陷特征频率计算公式进行替换（轴承特征频率只与轴承节径和滚珠直径有关）。

内圈有缺陷时的故障特征频率为

$$f_{\mathrm{i}}=\frac{1}{2}\left(1+\frac{d}{D_{\mathrm{m}}}\cos\alpha\right)f_{\mathrm{r}}z \tag{4-16}$$

外圈有缺陷时的故障特征频率为

$$f_{\mathrm{o}}=\frac{1}{2}\left(1-\frac{d}{D_{\mathrm{m}}}\cos\alpha\right)f_{\mathrm{r}}z \tag{4-17}$$

滚珠有缺陷时的故障特征频率为

$$f_{\mathrm{RS}}=\frac{1}{2}\left(1-\frac{d^2}{D_{\mathrm{m}}^2}\cos^2\alpha\right)f_{\mathrm{r}}\frac{D_{\mathrm{m}}}{d} \tag{4-18}$$

保持架碰外圈时的故障特征频率为

$$f_{\mathrm{Bo}}=\frac{1}{2}\left(1-\frac{d}{D_{\mathrm{m}}}\cos\alpha\right)f_{\mathrm{r}} \tag{4-19}$$

保持架碰内圈时的故障特征频率为

$$f_{\mathrm{Bi}}=\frac{1}{2}\left(1+\frac{d}{D_{\mathrm{m}}}\cos\alpha\right)f_{\mathrm{r}} \tag{4-20}$$

3．滚动轴承的时域波形特征

在正常情况下，滚动轴承的振动时域波形如图4-7所示。其有两个特点：一是无冲击，二是变化慢。

图4-7　滚动轴承的正常时域波形

当轴承元件发生异常时，就会产生冲击脉冲振动：冲击脉冲周期为基阶故障特征频率的倒数；冲击脉冲宽度在微秒（μs）级，它将激起系统或结构的高频响应（固有振动）；响应水平取决于系统或结构的固有频率及阻尼的大小。

1）外滚道损伤振动特征

若外圈固定，当轴承外滚道产生损伤时，如剥落、裂纹、点蚀等，在滚动体通过时也会产生冲击振动。由于点蚀的位置与载荷方向的相对位置关系是固定的

（外圈固定），所以，这时不存在振幅调制的情况，振动频率为 $nzf_{o}(n=1,2,\cdots)$，外滚道损伤振动特征如 4-8 图所示。

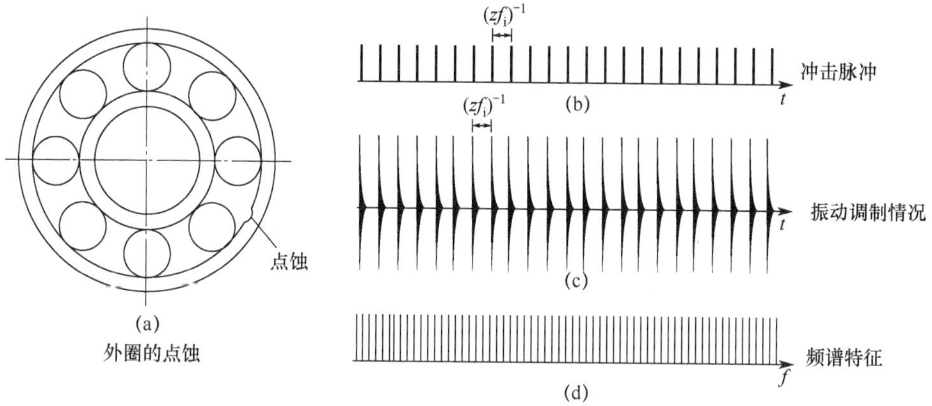

图 4-8　外滚道损伤振动特征

2）内滚道损伤振动特征

若外圈固定，通常滚动轴承都有径向间隙，且为单边载荷，点蚀部分与滚动体发生冲击接触的位置不同（内圈和滚动体均滚动），载荷受力不同，则振幅会发生周期性的变化，即发生振幅调制，如图 4-9 所示。以旋转频率 f_{r} 对冲击信号进行振幅调制，这时的振动频率为 $nzf_{i}\pm f_{r}(n=1,2,\cdots)$。

3）滚动体损伤振动情况

当滚动体产生损伤时，如剥落、点蚀等，缺陷部位通过内圈或外圈滚道表面时会产生冲击振动。在滚动轴承无径向间隙时（无最大力变化），会产生频率为 $nzf_{RS}(n=1,2,\cdots)$ 的冲击振动。

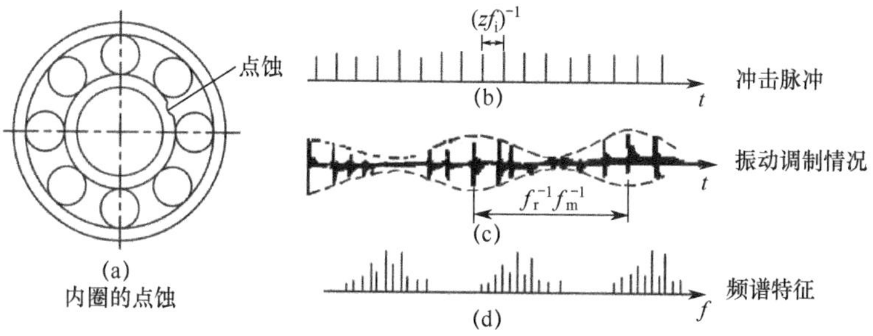

图 4-9　内滚道损伤振动特征

通常滚动轴承都有径向间隙（无最大力变化），因此，同内圈存在点蚀时的情况一样，根据点蚀部位与内圈或外圈发生冲击接触的位置不同，也会发生振幅调制的情况，不过此时是以滚动体的公转频率 f_m 进行振幅调制的。这时的振动频率为 $nzf_{RS} \pm f_m$，如图 4-10 所示。

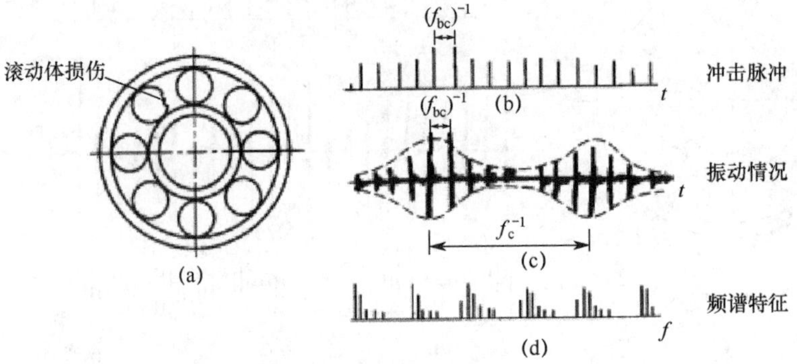

图 4-10　滚动体损伤振动情况

4）轴承偏心引起的振动

当滚动轴承的内圈出现严重磨损等情况时，轴承会出现偏心现象，当轴旋转时，轴心（内圈中心）便会绕外圈中心摆动，如图 4-11 所示，此时的振动频率为 $nf_r(n=1,2,\cdots)$。

5）不同轴引起的振动

若两个轴承不对中，则轴承装配不良等都会引低频振动。

6）滚动体的非线性伴生振动

滚动轴承靠滚道与滚动体的弹性接触来承受载荷，因此，具有“弹簧”的性质（刚性很大）。当润滑状态不良时，就会出现非线性弹簧性质的振动。轴向非线性振动频率为轴的旋转频率 f_r，分数谐波 $\frac{1}{2}f_r,\frac{1}{3}f_r,\cdots$，以及其高次谐波 $2f_r,3f_r,\cdots$。

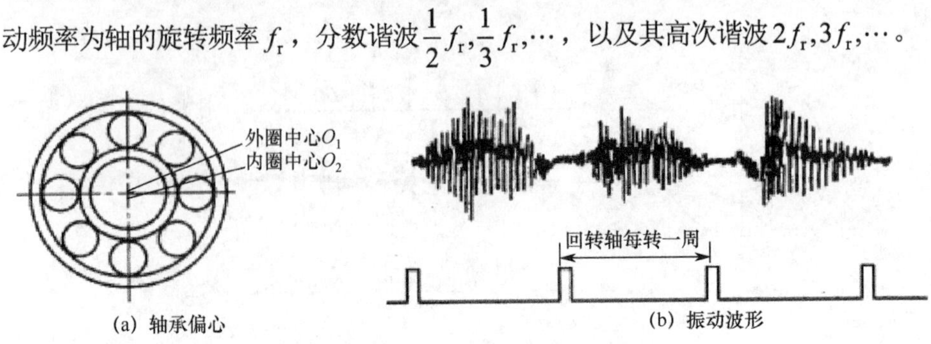

图 4-11　滚动轴承偏心振动特征

4. 故障频率经验公式

在一般不要求精确计算的过程中，可以根据故障频率的经验公式大致判断各特征频率，如表 4-2 所示。

表 4-2　故障频率的经验公式

特征频率及数量关系	公式
内圈故障频率	$f_i = 0.6 \times z \times f_r$
外圈故障频率	$f_o = 0.4 \times z \times f_r$
保持架故障频率	$f_c = 0.381 \sim 0.4 \times z \times f_r$
滚动体故障频率	$f_b = 0.23 \times z \times f_r (z < 10)$
	$f_b = 0.18 \times z \times f_r (z > 10)$
外圈与保持架关系	$f_o = z \times f_c$
外圈与内圈关系	$f_o + f_i = z \times f_r$

注：f_r 为转频；z 为滚动体个数。公式计算时假设外圈与轴承座没有相对运动，实际频率与上述理论计算值会有出入，所以在谱图上寻找各特征频率时，应找其近似值来判断。

4.3　滚动轴承故障诊断方法

如果轴承元件的表面有缺陷，在运转过程中缺陷与其他元件表面接触时会产生周期性的脉冲信号，其中，振动监测技术就是在轴承座上安装振动加速度传感器来采集轴承原始信号，通过对振动信号的分析，提取出这种周期性信号，诊断轴承是否发生故障。振动信号对绝大部分轴承故障都很敏感，故障会引发轴承振动增加或者改变振动特征。之所以将传感器安装在轴承座上，是因为轴承座离轴承最近，采集的信号能真实准确地反映滚动轴承的振动状态。

4.3.1　常用振动诊断方法

振动信号对绝大部分轴承故障都很敏感，故障会引发轴承振动增加或者改变振动特征。将传感器安装在轴承座上，是因为轴承座离轴承越近，采集的信号越能真实准确地反映滚动轴承的振动状态。

1. 表征轴承运行状态的特征

在采集了轴承的原始振动信号之后，接着就要计算信号的特征参数。因为滚动轴承发生故障时，其振动信号中的许多统计特征参量都会随故障的性质及大小发生变化，因此，可以作为故障诊断的依据。表征轴承在线运行状态的特征参数有很多，应用比较广泛的时域参数主要包括峰值（Peak）、有效值（Root Mean Square，RMS）、波形因子（Shape Factor）、峰值因子（Crest Factor）、脉冲因子（Impulse Factor）、偏度（Skewness）、峭度（Kurtosis）、裕度因子（Clearance Factor）等。频域参数主要包括 FC 频率、均方频率（MSF）、均方根频率（RMSF）、频率方差（VF）和频率标准差（RVF）等。每个类型的参数都有自身对应的敏感的故障类型，例如，峰值参数对于元件表面损伤类故障比较敏感；均方根值参数对磨损类故障有效，可以反映轴承总体的劣化状况；峰值因子既考虑了峰值又考虑了均方根值，所以，对这两种类型的故障都比较敏感；偏度、峭度等对冲击类故障比较敏感。表征轴承状态的参数很多，可以分为时域参数和频域参数两种，下面介绍轴承故障诊断中用到的两种类型的特征参数。

1）时域故障特征

基于振动信号分析的轴承故障诊断开始阶段，时域参数指标诊断方法占有重要地位。时域参数指标诊断方法的优点是计算简单方便，速度快，用少数指标就能表征机车轴承的状态，结果直观。轴承诊断中常用的时域特征参数分为有量纲故障特征和无量纲故障特征，具体的参数介绍如下。

（1）有量纲故障特征参数

在轴承故障诊断中，有量纲特征参数一般与轴承故障的严重程度密切相关，可以直接用于分析故障情况，轴承的故障越严重，有量纲参数的值就会越大，但是有量纲特征参数诊断轴承故障时受载荷、转速等运转环境的影响比较大。

常用的有量纲特征参数主要包括峰值、有效值、方根幅值、绝对平均值等。各项有量纲参数的计算方式如下，这里假设离散信号为$\{x_i\}, i = 1,2,3,\cdots,N$。

① 峰值：

$$\text{Peak} = 0.5 \times [\max(x_i) - \min(x_i)] \tag{4-21}$$

峰值是轴承振动信号中正最大幅值和负最大幅值之差，反映了信号的强度。峰值一般能诊断出具有瞬时冲击的故障类型，如轴承元件表面早期的点蚀、损伤等。

② 有效值：

$$\text{RMS} = \sqrt{\frac{1}{N}\sum_{i=1}^{N}(x_i - \overline{x})^2} \tag{4-22}$$

式中，$\overline{x}$ 为时域信号 x_i 的平均值。有效值是信号对于时间的平均值，反映了信号的强度和能量，一般随着故障的发展，有效值会慢慢增加。

③ 方根幅值：

$$x_{\mathrm{r}}=\left(\frac{1}{N}\sum_{i=1}^{N}\sqrt{|x_i|}\right)^2 \tag{4-23}$$

④ 绝对平均值：

$$|\overline{x}|=\frac{1}{N}\sum_{i=1}^{N}|x_i| \tag{4-24}$$

（2）无量纲故障特征参数

无量纲故障特征参数指没有或没法用具体的单位去量化的参数，通常表示信号本身的一些性质。在轴承故障诊断中，常用的无量纲参数有偏度、峭度、峰值因子、波形因子、脉冲因子、裕度因子等。

① 偏度：

$$\alpha=\frac{1}{N}\sum_{i=1}^{N}(x_i-\overline{x})^3 \tag{4-25}$$

② 峭度：

$$\beta=\frac{1}{N}\sum_{i=1}^{N}(x_i-\overline{x})^4 \tag{4-26}$$

③ 峰值因子：

$$\mathrm{CrestFactor}=\mathrm{Peak}/\mathrm{RMS} \tag{4-27}$$

④ 波形因子：

$$S=\frac{x_{\mathrm{RMS}}}{|\overline{x}|} \tag{4-28}$$

⑤ 脉冲因子：

$$I=\frac{\mathrm{Peak}}{|\overline{x}|} \tag{4-29}$$

⑥ 裕度因子：

$$L=\frac{\mathrm{Peak}}{x_{\mathrm{r}}} \tag{4-30}$$

当时域参数诊断轴承出现故障时，其抗干扰性较差，容易产生误判等问题，如均方根值可以反映轴承总体的劣化状况，但是当传感器采集的信号中含有噪声时，则会影响诊断结果；峰值、偏度和峭度等对冲击很敏感，但是当有其他冲击干扰时，也会影响它们的诊断结果；同时时域参数只对发展初期的故障敏感，当故障逐渐稳定时，时域参数会逐渐趋于平稳，甚至与正常轴承的值相同，从而失去故障诊断能力。通常，为了提高轴承故障诊断结果的可信度，必须对轴承的原始采集信号进行滤波等预处理，同时计算几个参数，利用多参数综合诊断降低干扰信号的随机性，提高诊断的准确度。

2）频域故障特征

频域参数反映的是信号频率特征的一些参数，下面介绍几个频域参数指标。

（1）频率重心：

$$\mathrm{FC}=\frac{\sum_{i=1}^{n}(f_i\cdot S(f_i))}{\sum_{i=0}^{n}S(f_i)} \tag{4-31}$$

（2）均方频率：

$$\mathrm{MSF}=\frac{\sum_{i=1}^{n}(f_i^2\cdot S(f_i))}{\sum_{i=0}^{n}S(f_i)} \tag{4-32}$$

（3）均方根频率：

$$\mathrm{RMSF}=\sqrt{\mathrm{MSF}} \tag{4-33}$$

（4）频率方差：

$$\mathrm{VF}=\frac{\sum_{i=1}^{n}(f-\mathrm{FC})^2\cdot S(f_i)}{\sum_{i=0}^{n}S(f_i)} \tag{4-34}$$

（5）频率标准差：

$$\mathrm{RVF}=\sqrt{\mathrm{VF}} \tag{4-35}$$

在轴承故障诊断中，频域参数用得比较少，但是频谱分析应用很广，因为轴承发生故障时，其振动信号的频谱图或功率谱中会出现很明显的特征，不用计算频率特征参数就可以通过经验观察出轴承是否发生故障。故障特征频率也是轴承故障的明显特征。当轴承的旋转速度是定值时，轴承的故障特征频率是一个定值，故障特征频率对早期故障很敏感且准确，所以，通常用故障特征频率诊断轴承故障而不采用频率参数，且频率参数与轴承故障之间的内在关联研究甚少，而时域特征参数对故障的早期阶段研究较多。

2. 包络谱分析法

包络谱分析法是利用包络检测和对包络谱的分析，根据包络谱峰识别故障。当滚动轴承元件产生缺陷而在运行中引起脉动时，不但会引起轴承外圈及传感器本身产生高频固有振动，且此高频振动的幅值还会受到上述脉动激发力的调制。

1）包络法的步骤

包络法的步骤如图 4-12 所示。采集经调制的高频分量，经放大、滤波后送入解调器，即可得到原来的低频脉动信号，再经谱分析即可获得功率谱（与冲击脉冲法相似）。

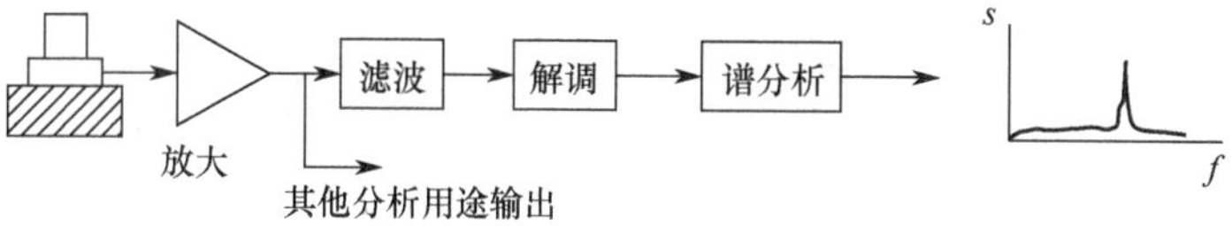

图 4-12　包络法的步骤

2）包络法的基本原理

（1）采集得到故障微弱冲击脉冲信号 $F(t)$。

（2）在 $F(t)$经传感器接收并滤波后，得到高频振荡波 $F'(t)$。

（3）经解调器处理，得到低频信号 $F''(t)$，即波形包络结果。

（4）对 $F''(t)$进行频谱分析。

3）包络法的优势

包络法把与故障有关的信号从高频调制信号中解调出来，从而避免与其他干扰混淆，故有很高的诊断可靠性和灵敏度，是目前最常用、最有效的诊断滚动轴承故障的方法之一。

不仅可根据某种高频固有振动的出现与否判断轴承是否异常，而且可根据包络信号的频率成分识别出产生故障的原件（如内圈、外圈、滚动体）。

4）共振解调法（包络检波频谱分析法）

共振解调法通常用于具有滚动轴承的轴组件振动的分析。它是利用轴承或检测系统作为谐振体，把故障冲击产生的高频共振响应波放大，通过包络检波方法（如希尔伯特变换）变为具有故障特征信息的低频波形，然后采用频谱分析法找出故障的特征频率（间隔频率），从而确定故障是否发生，以及在有故障发生时故障的类型。共振解调法的信号变换过程如图 4-13 所示。

3．倒频谱分析法

对于一个复杂的振动情况，其谐波成分更加复杂而密集，仅观察其频谱图，可能什么也辨认不出。利用倒谱分析方法，对功率谱上的周期分量进行再处理，可以找出功率谱上不易发现的问题。倒频谱分析法的处理过程如图 4-14 所示。

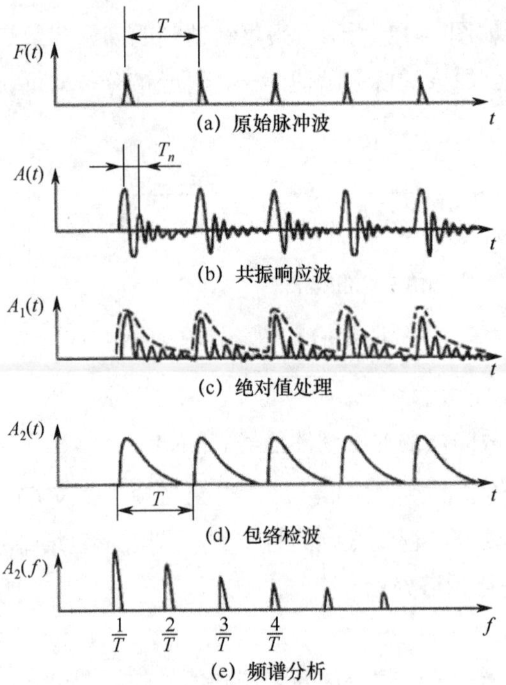

图 4-13　共振解调法的信号变换过程

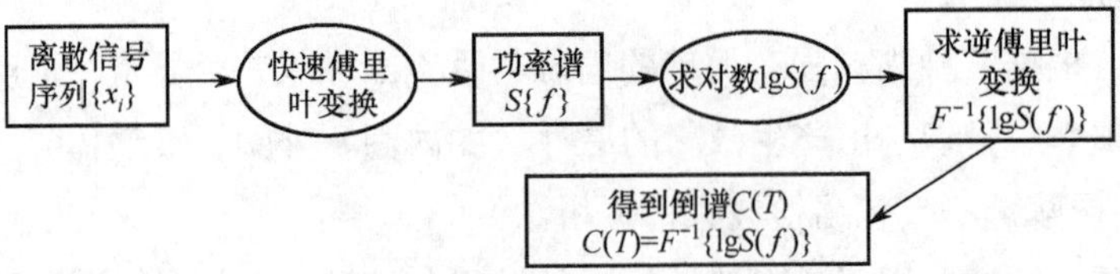

图 4-14　倒频谱分析法的处理过程

4．其他分析方法

1）振幅概率密度分析法

概率密度分布对正常和有疲劳剥落的轴承可进行定性区分（正常、异常）；

定量化可用概率密度分布的幅度表示，即概率密度分布的峭度 R_4（是概率密度分布陡峭程度的度量），把异常的程度数量化，然后根据 R_4 的大小判断轴承异常情况。

$$R_4 = \frac{\int_{-\infty}^{\infty} x^4 p(x)\mathrm{d}x}{\sigma_x^4} \tag{4-36}$$

式中，x 为瞬时幅值，$p(x)$ 为概率密度函数，σ_x 为标准偏差。

一般来讲，对于正常轴承，R_4 为 3；当剥落发生时，R_4 将变大。R_4 与峰值指标类似，因其与轴承转速、尺寸、负荷等条件无关，因此，使用起来对轴承好坏的判定非常简单。其缺点是，对轴承表面皱裂、磨损等异常情况不敏感，主要适用于轴承表面有伤痕的情况。

2）频谱分析法

将低频段测得的振动信号，经低通抗混叠滤波器后，进行快速傅里叶变换，得到频谱图。根据各项计算特征频率，在频谱图中找出其对应值，观察其变化，从而判别故障的存在与部位，故障轴承与完好轴承的频谱图对比如图 4-15 所示。

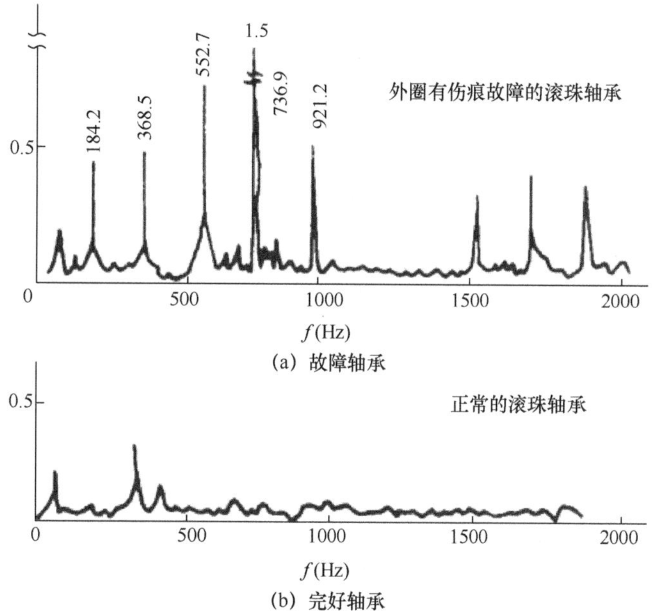

图 4-15　故障轴承与完好轴承的频谱图对比

3）高通绝对值频率分析法

将加速度计测得的振动加速度信号经电荷放大器放大后，再经过高通滤波器，只抽出其高频成分，然后将滤波后的波形进行绝对值处理，再对经绝对值处理后的波形进行频率分析，即可判明各种故障原因。测试分析原理如图 4-16 所示。

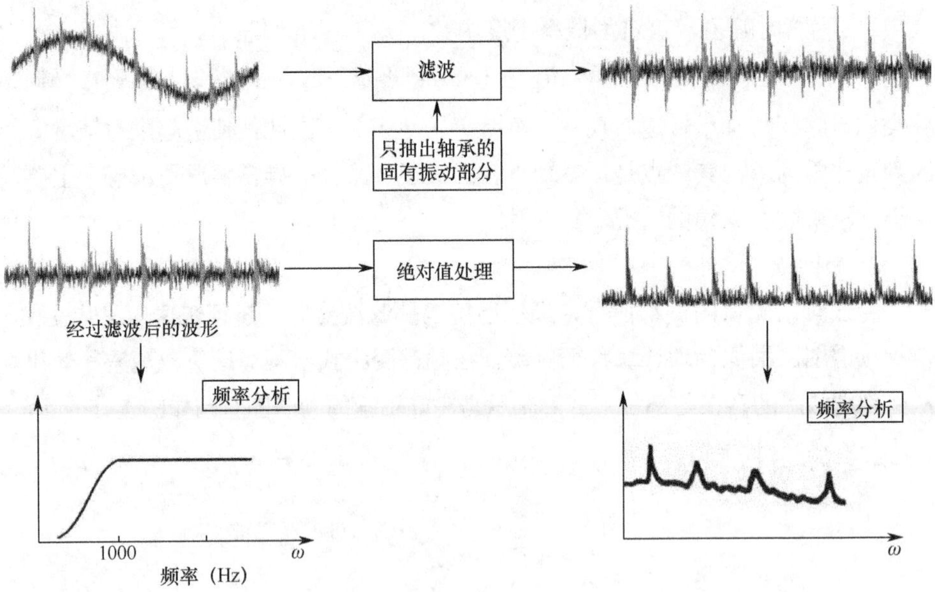

图 4-16　测试分析原理

4）波形因数诊断法

当波形因数值过大时，表明滚动轴承可能有点蚀；当波形因数小时，则有可能发生了磨损。

波形因数 = 峰值与均值之比（脉冲指标）= $\dfrac{X_p}{\bar{X}}$。

5）概率密度诊断法

可以根据不同状态下轴承的振动信号的概率密度统计特性不同来判断是否出现故障。对于无故障轴承，概率密度呈现典型正态分布曲线；对于有故障轴承，概率密度曲线可能出现偏斜或分散。

6）冲击脉冲法

轴承发生故障时产生的冲击强度与加速度传感器采集的振动信号的振幅成正比，因此，可以利用振动信号的振幅诊断轴承故障。将所测的信号能量值与基准值相减，轴承劣化程度一般与此差值成正比，从而可以根据差值的大小诊断轴承的故障。

4.3.2　现场振动监测及分析诊断的一般步骤

在各种轴承故障监测方法中，振动监测技术是目前最常用的一种方法。如果轴承元件的表面有缺陷，在运转过程中缺陷与其他元件表面接触时会产生周期性的脉冲信号，振动监测技术就是在轴承座上安装振动加速度传感器来采集轴承的原始信号，通过对振动信号的分析，提取出这种周期性信号，诊断轴承是否发生故障，实现对滚动轴承运行状态的监测与诊断。振动信号对绝大部分轴承故障都很敏感，故障会引发轴承振动增加或者改变振动特征。将传感器安装在轴承座上，是因为轴承座离轴承越近，采集的信号越能真实准确地反映滚动轴承的振动状态。

轴承振动产生机理如图 4-17 所示，轴承的工作环境会影响振动监测故障诊断的精确度，轴承运转时其他设备的振动也会传到轴承座，引起传感器的振动。为了提高故障识别的精确度，有必要滤除轴承原始采集信号中由其他设备引发的振动，即背景噪声。具体方法是在距离轴承座较远的位置再安装一个振动传感器，用于采集背景信号，从原始信号中滤掉背景信号，就能得到接近轴承运转状态的信号。

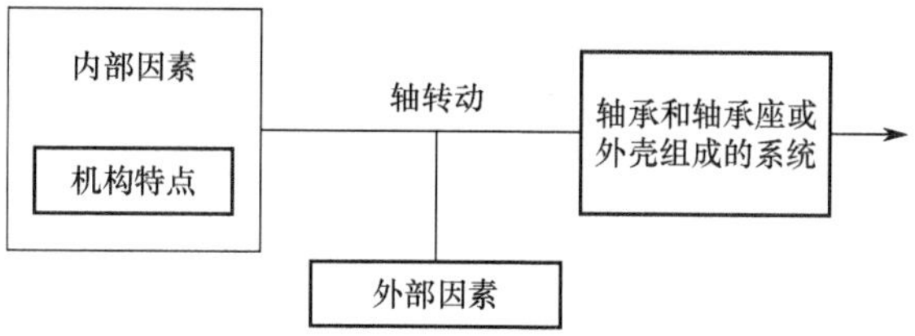

图 4-17　轴承振动产生机理

振动监测技术可以发现早期轴承故障，信号采集与处理技术非常成熟，因此故障诊断结果可信度高、适用面广，但是不能发现轴承内部的微小裂纹。

对比其他种类滚动轴承故障诊断技术，可以看出，温度监测技术在我国使用最早，监测轴承温度在一定程度上能防止燃轴事故发生。但红外线轴温探测系统需要复杂的网络系统，增加了系统的不可靠度，而且温度对大部分轴承故障并不敏感。当轴温超限报警时，轴承通常已经发生了比较严重的损伤。虽然声学监测技术的检测时间短，灵敏度很高，但是信号分析难度大。油膜电阻监测技术应用面窄，很难应用于轴承实时监测与智能故障诊断中。振动监测技术简单实用，检测设备成本较低，对绝大部分轴承故障都很敏感，是目前轴承故障诊断方法研究的重点，是以后轴承故障研究发展的主要趋势之一。

现场振动监测及分析诊断的一般步骤分为问诊、监测、诊断、措施。

（1）问诊：充分收集有关机器的工作原理、结构参数、操作性能、故障历史及检查维修情况。

（2）监测：测取旋转机械在运行过程中的振动信号。

（3）诊断：根据测得的信号进行分析，结合振动特征、故障机理及历史运行情况，对机器状态进行识别、分析故障原因、部位及发展趋势。

（4）措施：提出诊断结论及操作、维修建议。

其中，诊断流程如下：首先，对故障信号进行幅域分析，依据国家相关标准判断是否存在故障，为简易诊断；其次，对垂直方向和水平方向的振动信号进行频域分析，包括高频段分析观察自由能量的变化、低频段分析寻找故障频率及其谐波，以及通过共振解调分析在低频段定位故障频率及其谐波；最后，通过时域分析判断是否存在冲击、摩擦、偏载等情况。

4.3.3 滚动轴承故障诊断案例

1. 鼓风机轴承的共振解调谱分析案例

单级并流式鼓风机结构和测振点布置示意如图 4-18 所示，由功率为 30kW 的电动机经过皮带减速后拖动，风机的转速为 900r/min，风量为 1000m^3/min，风压为 90mm 水柱。两个同样大小各装有 60 个叶片的叶轮分别装在两支轴上，中间用联轴节连接。每个叶轮两侧各有两个滚动轴承支承。

在该机安装一段时间之后，位置测点③的轴承振动加速度自 0.07g 逐渐上升，并且超过了允许值，到 6 月 19 日已达到 0.68g，几乎上升了 10 倍。为此，对测点③的振动信号进行频率分析，计算该轴承的间隔频率。

轴承的几何尺寸：中径 $D_{\mathrm{m}}=70\mathrm{mm}$，滚珠直径 $d=12.5\mathrm{mm}$，接触角 $\alpha=0^{\circ}$，滚球数 $z=10$。

计算得鼓风机的转速频率为

$$f=\frac{n}{60}=15\ \text{(Hz)} \tag{4-37}$$

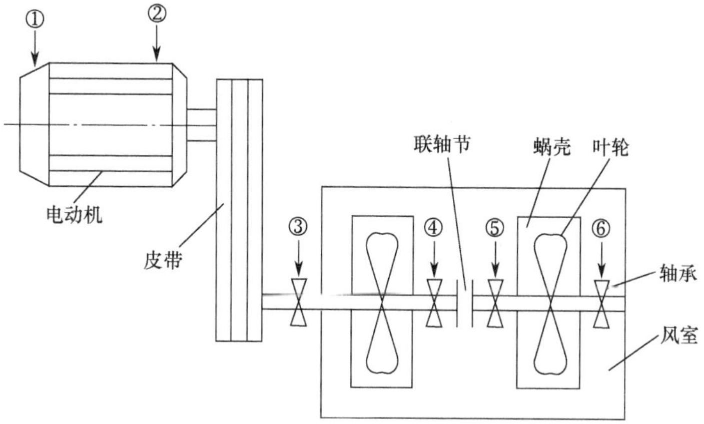

图 4-18　单级并流式鼓风机结构和测振点布置示意

单个滚动体相对内圈旋转频率为

$$f_{\mathrm{i}}=\frac{n}{2\times 60}\left(1+\frac{d}{D_{\mathrm{m}}}\cos\alpha\right)z=88.4\ \text{(Hz)} \tag{4-38}$$

外圈的间隔频率为

$$f_{\mathrm{e}}=\frac{n}{2\times 60}\left(1-\frac{d}{D_{\mathrm{m}}}\cos\alpha\right)z=61.6\ \text{(Hz)} \tag{4-39}$$

滚动体冲击两侧滚道的间隔频率为

$$f_{\mathrm{e}}=\frac{n}{60}\frac{D_{\mathrm{m}}}{d}\left(1-\frac{d^2}{D_{\mathrm{m}}^2}\cos^2\alpha\right)=81.3\ \text{(Hz)} \tag{4-40}$$

计算振动信号频谱（直接进行快速傅里叶变换），得到加速度频谱，如图 4-19 所示。信号出现大于 1kHz 以上的频率成分有 1350Hz 和 2450Hz，这是轴承元件的固有频率，仅在图 4-19 中看不出有关轴承的故障信息。

计算加速度包络检波频谱，如图 4-20 所示。初步确定是外圈滚道上出现剥落、裂纹或伤痕。但是进一步观察图 4-20 中的频率成分，可以发现，似乎外圈和内圈上都存在缺陷。

随后停机检查轴承，结果发现在内圈和外圈上都出现了很长的轴承裂纹，与诊断结论完全一致。

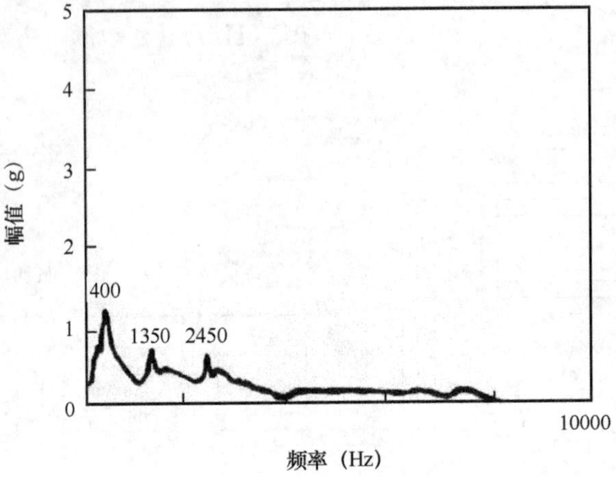

图 4-19　加速度频谱

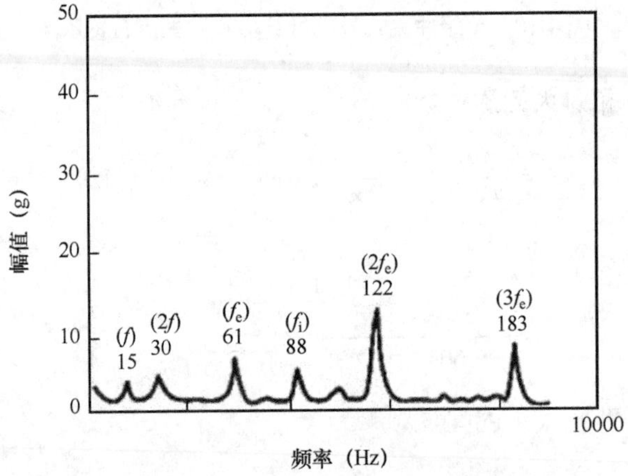

图 4-20　加速度包络检波频谱

2. 废气风机诊断案例

废气风机设备简图及测点布置示意如图 4-21 所示，其中电动机的转速为 943 r/min，电动机的功率为630kW，测点③轴承型号为SKF22230，滚动体个数为21。

计算特征频率：

转频 $f_r = 943/60 = 15.72\text{Hz}$。

内圈故障频率 $f_i = 0.6 \times z \times f_r = 198.10\text{Hz}$。

外圈故障频率 $f_o = 0.4 \times z \times f_r = 132.02\text{Hz}$。

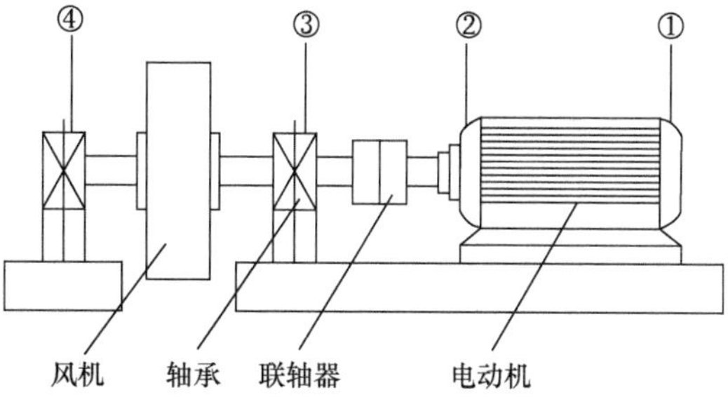

图 4-21　废气风机设备简图及测点布置示意

按照诊断流程进行如下步骤。

1）幅域分析

从表 4-3 中得知，测点 3 轴向 A 的振动强度超过 ISO2372 国际标准中“C”级振动强度等级 7.1mm/s，属于“不满意”状态，可断定在 8 月 21 日，测点 3 所监测轴承出现了不正常的运行状态。

表 4-3　废气风机监测点振动强度

测点	测试日期	垂直 V	水平 H	轴向 A
3	2007.08.10	1.08	1.90	2.79
	2007.08.21	2.25	2.09	7.67

2）频域分析

（1）垂直方向

① 对测点 3V 测得的垂直方向振动信号进行快速傅里叶变换后进行低频段分析，如图 4-22 所示。

② 对测点 3V 测得的垂直方向振动信号进行快速傅里叶变换后进行共振解调分析，容易看出特征频率幅值增大，并被转频调制，如图 4-23 所示。

（2）轴向

① 对测点 3A 测得的轴向振动信号进行快速傅里叶变换后进行低频段分析，可见特征频率幅值增大 4 倍，如图 4-24 所示。

② 对测点 3A 测得的轴向振动信号进行快速傅里叶变换后进行共振解调分析，发现特征频率幅值明显增大，如图 4-25 所示。

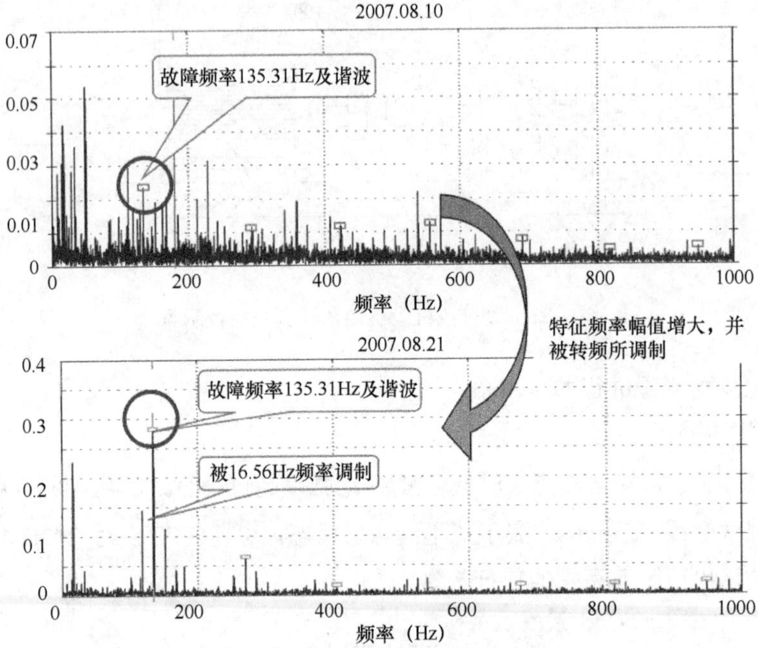

图 4-22　测点 3V 低频分析

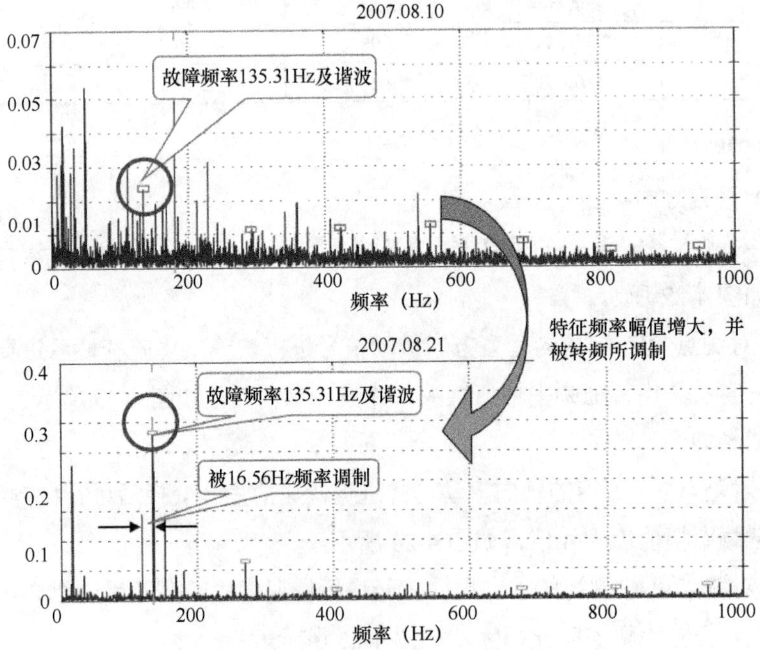

图 4-23　测点 3V 共振解调分析

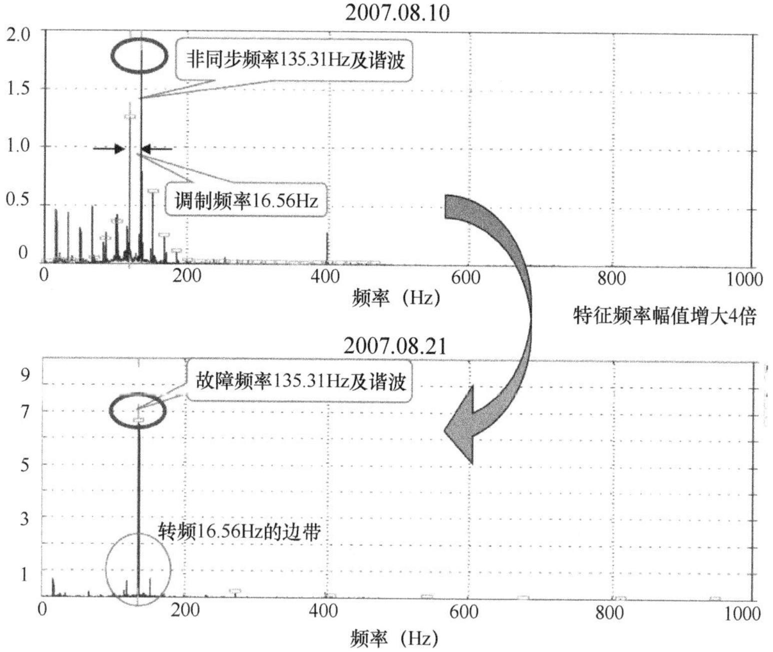

图 4-24　测点 3A 低频分析

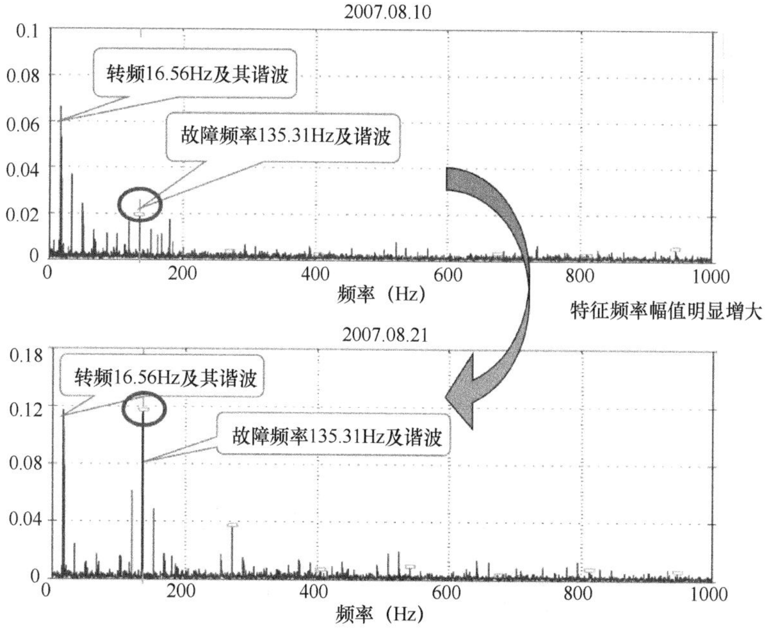

图 4-25　测点 3A 共振解调分析

3）时域分析

测点 3A 时域分析如图 4-26 所示。

诊断结论：轴承故障特征频率在 135.31Hz 附近增长显著。计算得到的故障频率 135.31Hz 是轴承外圈特征频率，因此，可以确定轴承外圈出现故障。

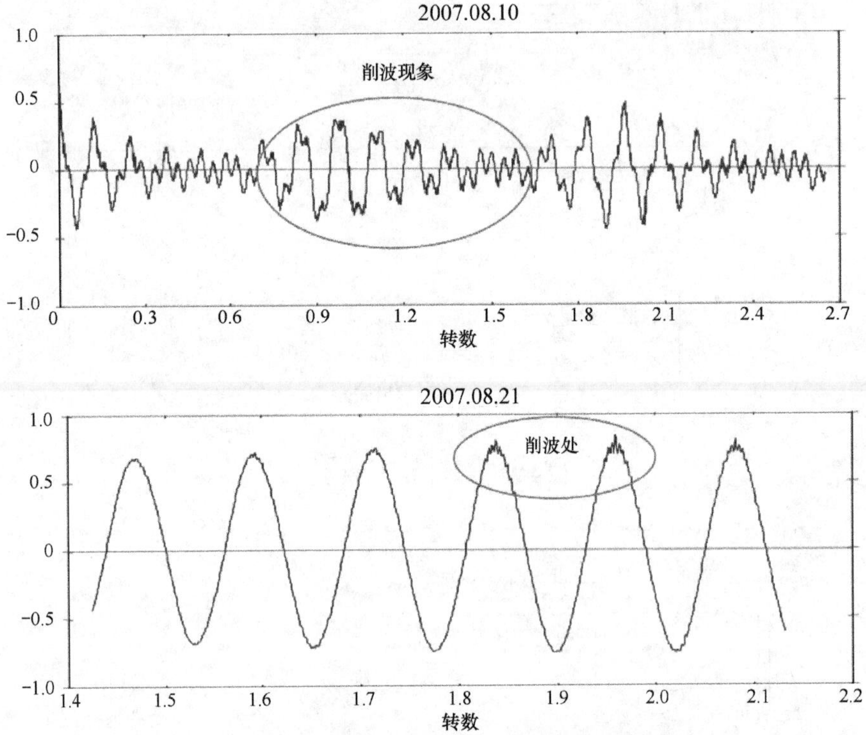

图 4-26　测点 3A 时域分析

滚动体与内圈或外圈局部有碰磨现象，从而造成轴承温度升高。结论得到了生产验证，如图 4-27 所示。

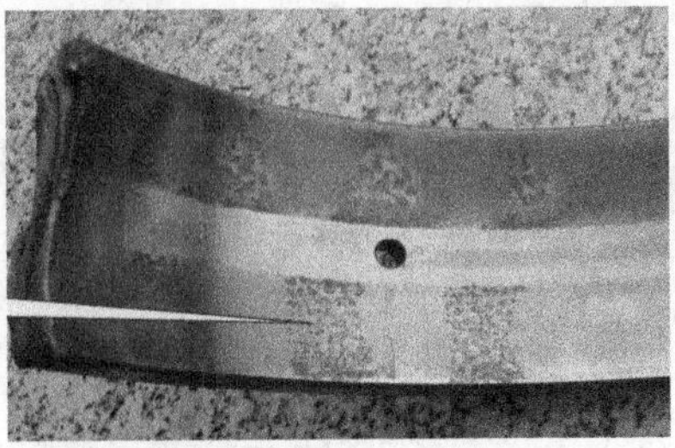

图 4-27　轴承外圈点蚀状况

4.3.4　轴承故障诊断新技术介绍

轴承故障诊断在实际生产环境中具有非常大的应用价值，因此，一直是机械故障诊断领域的研究热点，国内外学者都在这一领域取得了较为瞩目的学术成果。轴承故障诊断的算法目前主要分为基于数字信号处理的算法和基于计算智能的方法。

其中，基于数字信号处理的算法主要根据信号自身的特点，利用快速傅里叶变换、希尔伯特变换、小波变换等方法，将其变换到时域、频域、时频域等，再提取特征进行分析，进而对轴承故障进行诊断。近年来，国内外学者在这一方向上取得了一定的成果。Antoni 等提出了一种新型谱相关计算方法，其可以降低计算时间而不影响效率，利用短时傅里叶变换计算信号的谱相关，再对时频域的相关函数进行修正，从而实现快速计算信号的谱相关。此外，Li 等提出了一种基于相关性分析的独立 VMD 方法，自适应地提取轮对轴承的弱复合故障特征。Chen 等利用非线性调频分量分解方法进行变转速轴承故障诊断，克服了传统时频分析方法分辨率不足的局限性。Wang 等将重采样方法和 VMD 相结合，实现了变转速下的轴承故障诊断。

基于计算智能的算法通过搭建人工神经网络，对从信号中提取的故障特征进行分类。近年来，深度学习成为研究热点，通过搭建恰当的卷积神经网络或循环神经网络等深度神经网络，可以使模型自主学习到信号的特征，从而对原始信号实现故障分类。但是，随着深度学习在故障诊断领域的应用逐渐扩大，国内外学者逐渐意识到深度神经网络在故障特征提取方面的局限性，因此，越来越多的学者开始将深度学习方法同传统的概率论方法、数字信号处理方法、矩阵论方法等进行融合，利用传统的方法精准提取信号的故障特征，再利用深度神经网络强大的分类能力，实现轴承故障的精确诊断。Mao 等将半随机子空间和双向 GRU 网络进行结合，通过融合统计特征和深层表征特征实现轴承故障诊断。Chen 等将轴承信号进行谱相干分析，再利用卷积神经网络进行分类。Gai 等利用混合灰狼优化器改进了变分模态分解，再将提取到的故障特征输入到深度信念网络中进行分类。

深度神经网络的故障诊断算法依赖大量样本对网络进行训练，但是由于实际生产场景中导向安全的原则，通常无法收集到足够多的故障信号进行训练，因此如何将深度神经网络适配到样本不足的实际生产环境中，就成为一个富有挑战性的问题。基于此，迁移学习就成为解决问题的关键。迁移学习即将在大量实验样本中训练完成的神经网络迁移到真实信号上，使其仍具有良好的分类能力。Guo等利用 GAN 网络的思想，融合 MMD 距离和 CNN 网络将在实验数据中训练好的网络应用到另一数据集上，实现了故障诊断方法的迁移。

思考题

1．轴承的故障特征频率主要有哪些？写出其计算公式。

2．表征轴承的时域特征有哪些？如何计算？

3．表征轴承的频域特征有哪些？如何计算？

4．简述包络分析法的主要原理。

5．简述倒频谱分析的主要原理。

参考文献

[1] XIN G. Sparse representations in vibration-based rolling element bearing diagnostics[J]. Université de Lyon, 2017, 6: 22.

[2] XIN H N, Antoni J. Semi-automated diagnosis of bearing faults based on a hidden Markov model of the vibration signals[J]. Measurement, 2018, 127: 141-166.

[3] ANTONI J, XIN G, HAMZAOUI N. Fast computation of the spectral correlation[J]. Mechanical Systems & Signal Processing, 2017: 92.

[4] 辛格，钟械烟，李哲，等. 基于 Ginigram 和 CHMR 的列车轴箱轴承早期故障自主识别方法[J]. 中国铁道科学，2022, 43(2): 104-114.

[5] LI Z, et al. Independence-oriented VMD to identify fault feature for wheel set bearing fault diagnosis of high speed locomotive[J]. Mechanical Systems and Signal Processing, 2017: 85.

[6] CHEN S, et al. High-accuracy fault feature extraction for rolling bearings under time-varying speed conditions using an iterative envelope-tracking filter[J]. Journal of Sound and Vibration, 2019: 448.

[7] YAN X, et al. A hybrid approach to fault diagnosis of roller bearings under variable speed conditions[J]. Measurement Science & Technology, 2017.

[8] XIN Q Y, JIA L M, et al. Low-rank and sparse model: A new perspective for rolling element

bearing diagnosis[C]//IEEE International Conference on Intelligent Rail Transportation (ICIRT), 2018: 1-5.

[9] MAO X T, et al. Semi-random subspace with Bi-GRU: Fusing statistical and deep representation features for bearing fault diagnosis[J]. Measurement, 2020: 108.

[10] XIN L Z, JIA L, et al. Fault Diagnosis of Wheelset Bearings in High-Speed Trains Using Logarithmic Short-time Fourier Transform and Modified Self-calibrated Residual Network[J]. IEEE Transactions on Industrial Informatics, 2021.

[11] CHEN Z, et al. A Deep Learning method for bearing fault diagnosis based on Cyclic Spectral Coherence and Convolutional Neural Networks[J]. Mechanical Systems and Signal Processing, 2020: 140.

[12] GAI J B, SHEN J X, HU Y F, et al. An integrated method based on hybrid grey wolf optimizer improved variational mode decomposition and deep neural network for fault diagnosis of rolling bearing[J]. Measurement, 2020: 162.

[13] GUO L, et al. Deep Convolutional Transfer Learning Network: A New Method for Intelligent Fault Diagnosis of Machines With Unlabeled Data[J]. IEEE Transactions on Industrial Electronics, 2018.

第 5 章 齿轮故障诊断

在机械设备中，机器的动力传递要靠传动部件来实现，传动部件的运行状态直接影响整机的功能。齿轮传动是机械设备中最常见的传动方式，现代机械对齿轮传动的要求日益提高，齿轮能在高速、重载、特殊介质等恶劣环境条件下工作，又要求齿轮装置具有高平稳性、高可靠性和结构紧凑等良好的工作性能，由此使得齿轮发生故障的因素越来越多，而齿轮异常又是诱发机器故障的重要因素。据有关数据统计，齿轮在齿轮箱的各零部件中的故障比例高达 60%以上，在实际工业生产过程中，齿轮运行状态的振动监测和故障诊断对于降低设备维修费用、防止突发性事故具有重要的实际意义。因此，对齿轮运行状态进行监测和故障诊断具有十分重要的意义。本章主要对齿轮装置的故障及诊断方法进行讨论。

5.1 齿轮异常的基本形式

5.1.1 齿轮及啮合过程

齿轮是传动零件，不仅可以用来传递动力，还能改变转速和回转方向。齿轮的结构中只有轮齿部分采用标准结构，因此，它属于标准常用件。齿轮的应用渗透到了各行各业，因此，齿轮的结构与形式也是多种多样。3 种常见的齿轮传动形式如图 5-1 所示。圆柱齿轮通常用于平行两轴之间的传动，锥齿轮用于相交两轴之间的传动，蜗杆与蜗轮用于交叉两轴之间的传动。

以标准渐开线圆柱齿轮为例，如图 5-2 所示，垂直于齿轮轴线的平面称为端平面，包围轮齿顶部的圆柱面与端平面的交线称为齿顶圆，用 d_a 表示；包围轮齿根部的圆柱面与端平面的交线称为齿根圆，用 d_f 表示；在齿顶圆和齿根圆之间取一个设计和制造时作为计算齿轮各部分几何尺寸的基准圆，称为分度圆，用 d 表示。在分度圆上，齿轮单个齿廓凸起部分的弧长称为齿厚，用 s 表示；相邻两个齿廓之间凹下部分在分度圆上的弧长称为槽宽，用 e 表示；相邻两个轮齿同侧齿廓对应点之间在分度圆上的弧长称为齿距，用 p 表示。齿顶圆与齿根圆之间的径向距离称为齿高，用 h 表示；齿顶圆与分度圆之间的径向距离称为齿顶高，用 h_a 表示；分度圆与齿根圆之间的径向距离称为齿根高，用 h_f 表示。齿轮沿着平行轴线方向的长度称为齿宽，用 b 表示。齿轮啮合传动示意如图 5-3 所示，两啮合齿轮轴线之间的距离称为中心距，用 a 表示，齿轮 O_1 的分度圆用 d_1 表示，齿轮 O_2 的分度圆用 d_2 表示，齿轮在不考虑各运动副中的摩擦力及构件重力和惯性力的影响时，机构运动时从动件所受的驱动力的方向线与该力作用点的速度方向线之间的夹角称为压力角，用 α 表示。

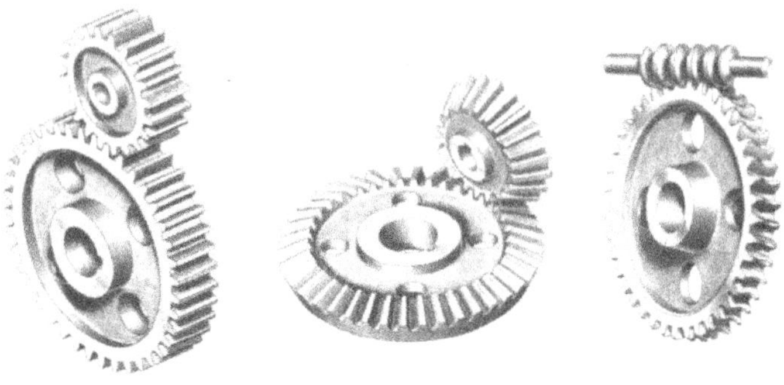

(a) 圆柱齿轮　　(b) 锥齿轮　　(c) 蜗杆与蜗轮

图 5-1　3 种常见的齿轮传动形式

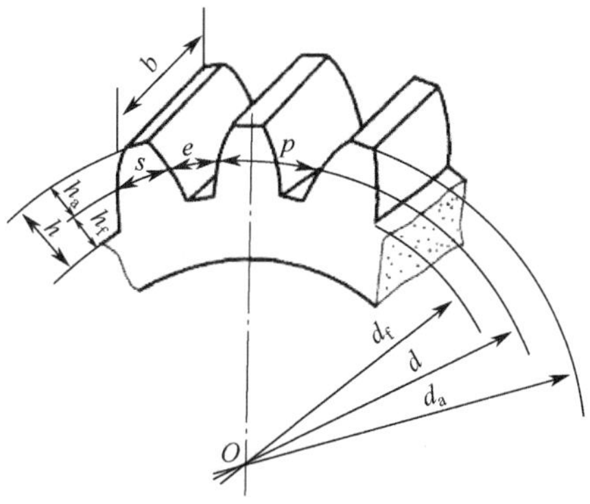

图 5-2　齿轮各部分名称代号

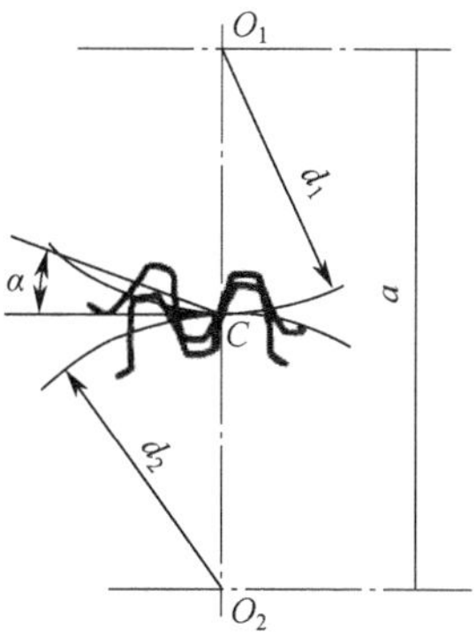

图 5-3　齿轮啮合传动示意

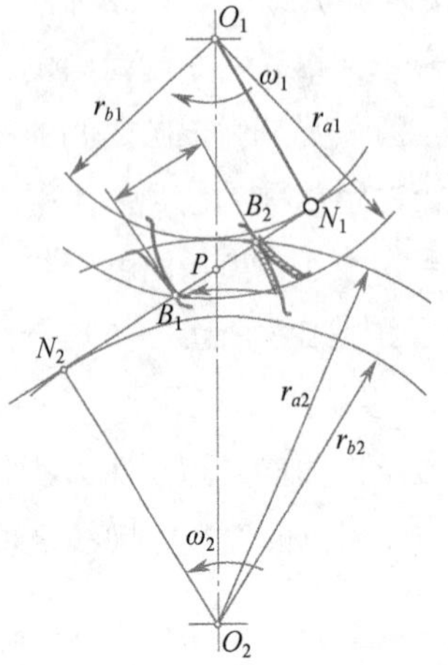

图 5-4　直齿圆柱齿轮的啮合示意

齿轮机构是依靠主动轮轮齿依此推动从动轮轮齿来实现传动回转运动的传递，在同一时间内，主、从动轮转过的齿数相等。图 5-4 所示为直齿圆柱齿轮的啮合示意，r_{b1}、r_{b2} 为基圆，r_{a1}、r_{a2} 为齿顶圆，ω 为转动角速度，B_1B_2 为实际啮合线，因为基圆内无渐开线，所以，理论上可能的最长啮合线段 N_1N_2 为理论啮合线段，N_1、N_2 为啮合极限点，阴影部分为齿廓的实际工作段。在啮合过程中，轮齿在从动轮顶圆与 N_1N_2 线交点 B_2 处进入啮合，主动轮齿根推动从动轮齿顶。一对齿轮转动时，所有啮合点都在啮合线 N_1N_2 上，随着转动的进行，啮合点沿 N_1N_2 线移动，并在主动轮顶圆与 N_1N_2 线交点 B_1 脱离啮合。

5.1.2　齿轮故障的常见形式

既要求齿轮能在高速、重载、特殊介质的恶劣环境条件下工作，又要求齿轮装置具有高平稳性、高可靠性和结构紧凑的良好的工作性能，由此使得齿轮发生故障的因素越来越多。齿轮异常是诱发机械故障的重要因素。齿轮由于结构型式、材料与热处理、操作运行环境与条件等因素不同，发生故障的形式也不同，常见的齿轮故障有以下几类。

1. 齿面耗损

1）磨损

润滑油不足或油质不清洁会造成齿面磨粒磨损，使齿廓显著改变，侧隙加大，进而使得齿轮过度减薄，导致断齿。在一般情况下，只有在润滑油中夹杂尺寸为 30μm 的磨粒时，才会在运行中引起齿面磨粒磨损。并非所有的磨损都定义为损伤，对于大型开式齿轮，齿轮运行初期发生的正常磨损有利于改善设备运行状态和润滑条件。

齿面磨损又可以分为正常磨损、磨料磨损、过度磨损、干涉磨损、中等擦伤、严重擦伤。

（1）正常磨损。正常磨损是指齿轮工作初期，磨损速度缓慢的、不可避免的齿面磨损。这种磨损发生在齿轮运转的早期阶段，粗糙的开式齿轮表面的机加工痕迹逐渐消失，齿面呈光亮状态，也称为跑合磨损。磨光和中等磨损都属于正常磨损类型，其特点是磨损速度慢，磨损后的表面光亮，没有宏观擦痕。在齿轮的预期使用寿命内，正常磨损对啮合性能没有不良影响。

（2）磨料磨损。磨料磨损是指由于混在润滑剂中的坚硬颗粒（如砂粒、锈蚀物、金属杂质等），在齿面啮合时的相对运动中，使齿面材料发生遗失或错位。齿面上嵌入坚硬的颗粒，也会造成磨料磨损。

（3）过度磨损。过度磨损是指由于长期使用性能欠缺的润滑剂，抗磨损性能差，摩擦系数过高，大的滑动摩擦力使轮齿表面快速磨损，从而使齿轮副达不到设计寿命。

（4）干涉磨损。干涉磨损是指轮齿齿顶或与其啮合轮齿齿根的磨损。干涉磨损是由齿顶或另一齿轮齿根的过多材料引起的，其结果是刮去和磨去两齿轮的齿根和齿顶的材料，导致在齿根部挖出沟槽，齿顶部滚圆。

（5）中等擦伤。中等擦伤是指在齿面滑动方向上形成间隔不均匀、长短不一且常常是散布在齿面上的细微沟槽。

（6）严重擦伤。严重擦伤属于磨料磨损的一种形式，其特点为在轮齿滑动方向有直线型沟槽，这些沟槽光滑，类似于“起脊”产生的沟槽，但它是由啮合齿面本身的凹凸不平或其间嵌入的坚硬微粒划伤所致。

2）腐蚀

（1）化学腐蚀。化学腐蚀是由化学浸蚀引起的齿面剥蚀，一般迹象是在整个齿面布满微小凹痕和晶界被氧化，在齿面有效部分有时可看到红棕色锈迹。

（2）微动腐蚀。微动腐蚀是由一个接触面相对于另一个接触面的反复微小运动而引起的齿面损伤。这种微小运动的结果导致产生细微的红棕色氧化微粒。这些微粒滞留在接触区域内，它们的磨损作用加速了齿面的损坏过程。非运转状态的齿轮装置如果受到结构振动的影响，如齿轮装置在运输过程中受到振动，齿轮可能出现微动腐蚀。

（3）鳞蚀。鳞蚀是由于热处理过程中的氧化作用，在齿面上产生一些不规则凸起面。齿轮在载荷下运转，最初是由齿面上这些凸起部分传递动力，很快凸起面就呈现出金属光泽。

3）侵蚀

（1）气蚀。齿轮所有齿面呈现出均匀分布的局部凹痕，即轮齿的整个齿面好像喷砂处理过一样。当有高频振动，或润滑剂混有水、空气或其他气体时，就会出现气蚀这种损伤。

（2）冲蚀。冲蚀是由于喷射液体，或含空气或细小微粒的液体的作用，而在齿面产生的一种侵蚀。

（3）电蚀。电蚀是由于齿轮啮合齿面间放射出的电弧或电火花的作用而在齿轮面上形成的许多边缘光滑的小弧坑。齿面有时出现较大面积灼伤，其边缘呈现出回火色。

4）过热

通常，由于不适当的润滑或过小的齿轮副侧隙，会使齿轮温度过高。在后一种情况下，轮齿工作面和非工作面都有承受过重载的痕迹，齿面出现回火色，也可常看到胶合区和塑性变形。

2. 胶合

对于重载和高速齿轮的传动，齿面工作区温度很高，一旦润滑条件不良，齿面间的油膜便会破裂消失，一个齿面的金属会熔焊在与之啮合的另一个齿面上，在齿面上形成划痕状胶合。新齿轮未经磨合便投入使用时，常在某一局部产生这种现象，使齿轮擦伤。

3. 永久变形

1）塑性变形

塑性变形是指卸去施加的载荷后不能恢复的变形。在重载作用下，齿面因材料屈服而发生塑性流动，造成齿面塑性变形。

（1）滚压塑变。这种变形的特征是主动齿轮面上节圆柱面附近的材料向齿根和齿顶流动，并在齿根和齿顶常看到飞边，而从动齿轮齿面上相应材料向节圆柱面附近流动，因此，在主动齿轮面上产生沟槽，相应在从动齿轮齿面上起脊。

（2）齿轮锤击塑变。这种变形的特征是在齿面上易看到浅沟槽，沟槽与啮合轮齿间的接触线一致。齿面塑性变形是由于在过大的应力作用下，轮齿材料处于屈服状态而产生的齿面或齿体塑性流动所形成的，主要出现在低速重载、频繁启动和过载的场合。

2）起皱

起皱的特征为齿面上垂直于滑动方向的微小皱纹。这些小皱纹本身也是波状的，而不是直的，其形状如同风吹沙土、水冲泥浆一样，只是规模非常小。

3）起脊

在齿轮齿面上由于塑性变形，有时是由于磨损而形成明显的隆起和沟槽。这种损伤形式常见于在轮齿接触方向上有一个显著的滑动分量的低速齿轮齿面上（如蜗杆传动和准双曲面齿轮传动），起脊产生于低硬度面上，若接触应力较高，也会产生于高硬度齿面，如车辆驱动桥上用的表面硬化准双曲面齿轮。

4）飞边

飞边是由于伴有高摩擦的重载荷或由于胶合的作用，在轮齿边缘形成粗糙且常为尖锐的凸出外延部分，有时也会在制造过程中产生。

4. 疲劳失效

疲劳失效是指由于力的反复作用，在表面和次表面产生应力而导致的材料损伤，其特征为齿面金属材料的移失在齿面上形成一些凹坑。

1）点蚀

轮齿受力后，齿面接触处将产生循环变化的接触应力，在接触应力反复作用下，轮齿表层或次表层会出现不规则的细线状疲劳裂纹。疲劳裂纹扩展的结果，使齿面金属脱落而形成麻点状凹坑，成为齿面疲劳点蚀。

（1）初期点蚀。齿面上的小蚀坑很浅，一般起因于凹凸不平接触。通常随着点蚀的作用，凸出部分被消除后，齿面载荷便重新分布，点蚀不再进一步发生（点蚀受到抑制）。轮齿初期点蚀见于齿轮运转的初期阶段，甚至在低于额定载荷下跑合后，早期也会出现。

（2）扩展性点蚀。扩展性点蚀存在于齿轮的整个寿命期间。这种点蚀以一种有加快趋势的速度连续扩展，有时会有一些间断的抑制，但随后点蚀又进一步发展。

（3）微点蚀。微点蚀是在油膜相对于重载很薄的润滑条件下运转的齿轮副工作齿面的损伤。损伤面放大后可见成片的微小点蚀和微小裂纹。

2）片蚀

片蚀的特征是齿面材料有较大面积的碎片脱落，使齿面出现形似倒三角的深度大致相同的浅坑。

3）剥落

剥落用来表示脱落的碎片厚于齿面硬化层，且形状不规则的类似于片蚀的损伤。剥落是一种扩展性微点蚀，当蚀坑聚结并形成覆盖齿面较大面积的不规则凹坑时，就会发生剥落。

4）表层压碎

由于裂纹通常在表层与心部的过渡区延伸，致使大块表层材料碎片逐渐脱落，这是一种严重的剥落形式，即表层压碎。

5. 裂缝和裂纹

由于一个或多个原因，诸如磨削不当、热处理不当、应力过大或材料缺陷等，齿轮上会出现裂缝和裂纹。

1）淬火裂纹

淬火裂纹是指齿轮在热处理过程中由过大内应力引起的裂纹。这种裂纹常在淬火过程中出现，但也可由其他原因引起。由火焰或感应淬火的局部硬化轮齿表面比全齿轮廓硬化的轮齿表面或调质齿轮的轮齿表面更容易出现这种形式的损伤。有时淬火过程中产生的裂纹只有经过一段时间后或在磨齿加工时才逐渐显出。

2）磨削裂纹

磨削裂纹是指在磨齿过程中或磨齿之后，通常以一种多少有些规则的图形显露出的齿轮表面裂纹。这种裂纹短且不是很深，大致相互平行，通常垂直于磨轮轨迹，或呈龟裂图形。磨削裂纹也会伴有磨削烧伤，用硝酸乙醇液浸蚀后易发现。

3）疲劳裂纹

疲劳裂纹是指在明显低于材料抗拉强度的重复交变应力或循环应力作用下扩展的裂纹。有时由于过载而最初产生的裂纹将会像疲劳裂纹一样缓慢扩展。

6. 轮齿折断

轮齿折断可分为过载折断、轮齿剪断、塑性变形后折断和疲劳折断。直齿轮轮齿的折断一般是全齿折断，而斜齿轮和锥齿轮轮齿的折断通常是局部折断。

1）过载折断

过载折断通常只在一次或很少几次严重过载时发生。有时由于过载产生的初始裂纹会像疲劳裂纹一样缓慢发展后而折断，这种初始裂纹区域在裂纹发展中通常还有微动腐蚀的迹象。过载断口面有 3 种类型：脆性断裂、韧性断裂、半脆性断裂。

（1）脆性断裂。脆性断裂是指沿解理面的穿晶断裂或沿晶界的晶间开裂，其特征是没有可见的塑性变形。当发生沿解理面断裂时，断口上常可见光泽的小面。

（2）韧性断裂。韧性断裂的断口面无光泽，呈纤维状，用肉眼可看到塑性变形。有时由于过载或过载和疲劳综合作用引起的裂纹，其剩余的未开裂的材料在裂纹方向可能因剪切作用而最终折断。这种断齿的剪切区通常呈球状或圆形隆起状，该剪切区沿断面最接近于非工作齿面的那一边延伸。过载折断通常使齿轮的几个齿损伤，而由疲劳裂纹引起轮齿折断一般是折断一个轮齿。

（3）半脆性断裂。这种断口上几乎没有塑性变形或没有塑性变形，可见“人”字形图案，这种图案表明存在一系列交变的脆性和或多或少的韧性断裂。通常，当齿轮齿根厚度与齿宽相比显得小时，断口面上就会出现“人”字形。

2）轮齿剪断

轮齿被剪断的断口面类似于机械加工过的表面。这种形式的损伤绝大多数限于啮合齿轮副中材料强度相对较低的齿轮轮齿上，且轮齿剪断几乎都是由于一次严重过载所致。

3）塑性变形后折断

这类断裂先从轮齿整体塑性变形开始，最后折断。通常，所有齿轮都受到损伤，原因是材料不能承受所施加的载荷。

4）疲劳折断

（1）弯曲疲劳折断。弯曲疲劳折断是指经高循环次数载荷的作用，裂纹扩展导致的轮齿折断。断口面分为两个不同的区域——疲劳断口面和最终断口面。在疲劳区内看不到塑性变形痕迹，断口面平滑、无光泽，有时由于被抑制，呈线性分割，可显现出裂纹扩展的各连续阶段的间隔区。最终断口面形貌可与过载折断引起的一种或其他断口面相对应。

（2）齿端折断。齿端折断通常是由于载荷集中在轮齿端部导致的圆柱齿轮或圆锥齿轮轮齿端部的折断。轮齿受过高交变弯曲应力重复作用，而轮齿抗弯曲强度差；轮齿根部严重应力集中；齿轮材料选用不当等会造成轮齿疲劳折断。

齿轮常见失效形式如表 5-1 所示。

表 5-1 齿轮常见失效形式

齿轮常见失效形式			
损伤形式	损伤特征	损伤结果	
齿面磨损	磨损	正常磨损	磨光
			中等磨损
		磨料磨损	
		过度磨损	
		干涉磨损	
		中等擦伤	
		严重擦伤	
	腐蚀	化学腐蚀	
		微动腐蚀	
		鳞蚀	
	侵蚀	气蚀	
		冲蚀	
		电蚀	
	过热	—	
胶合	—	—	
永久变形	塑性变形	滚压变形	
		轮齿锤击塑变	
	压痕	—	
	起皱	—	
	起脊	—	
	飞边	—	
齿面疲劳现象	点蚀	初期点蚀	
		扩展性点蚀	
		微点蚀	
	片蚀	—	
	剥落	—	
	表层压碎	—	
裂纹和裂缝	淬火裂纹	—	
	磨削裂纹	—	
	疲劳裂纹	—	
轮齿折断	过载折断	脆性折断	
		韧性折断	
		半脆性折断	
	轮齿剪断	—	
	随机折断	—	
	疲劳折断	弯曲疲劳	
		齿端折断	

5.1.3 齿轮故障的原因

产生上述齿轮故障的原因较多，但从大量故障的分析统计结果来看，主要原因有存在制造误差、装配不良、润滑不良、超载及操作失误。

1．存在制造误差

齿轮制造误差主要有偏心、齿距偏差、齿形误差、周节误差、基节误差等。偏心是指齿轮（一般为旋转体）的几何中心和旋转中心不重合，如图 5-5 中的小齿轮，O 和 O_2 分别为几何中心和旋转中心。齿距偏差是指齿轮的实际齿距与公称齿距有较大误差，如图 5-5 中的大齿轮 A 与 B、B 与 C 之间的容纳实际齿形的两理论渐开线齿型间的距离不相等。齿形误差是指渐开线齿廓有误差，如图 5-6 所示。

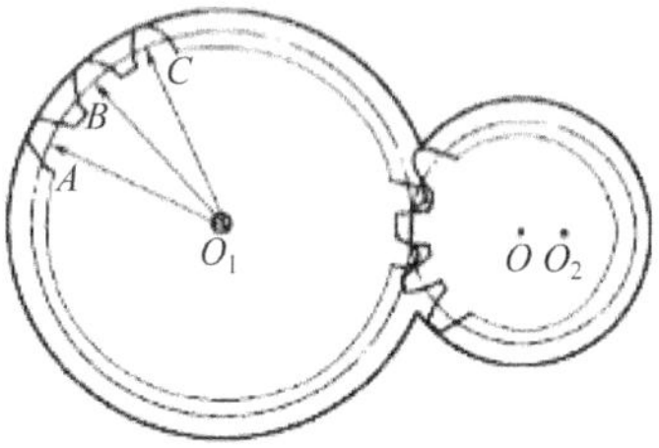

图 5-5 齿轮偏心和齿距误差

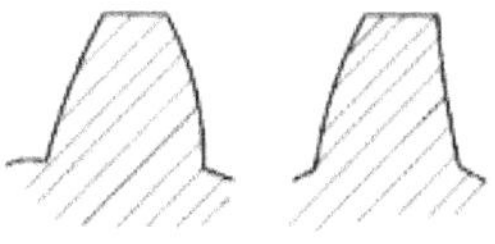

(a) 正常 (b) 异常

图 5-6 齿形误差

2．装配不良

齿轮装配不当会造成工作状态劣化。当一对互相啮合的齿轮轴不平行时，会在齿宽方向只有一端接触，或者出现齿轮的直线性偏差等，使齿轮所承受的载荷在齿宽方向不均匀，不能平稳地传递动扭矩，如图 5-7 所示，这种情况称为“一端接触”，会使齿的局部承受过大的载荷，有可能造成断齿。

3．润滑不良

对于高速重载齿轮，润滑不良会导致齿面局部过热，造成色变、胶合等故障。导致润滑不良的原因是多方面的，除油路堵塞、喷油孔堵塞外，润滑油中进水、润滑油变质、油温过高等都会导致润滑不良。

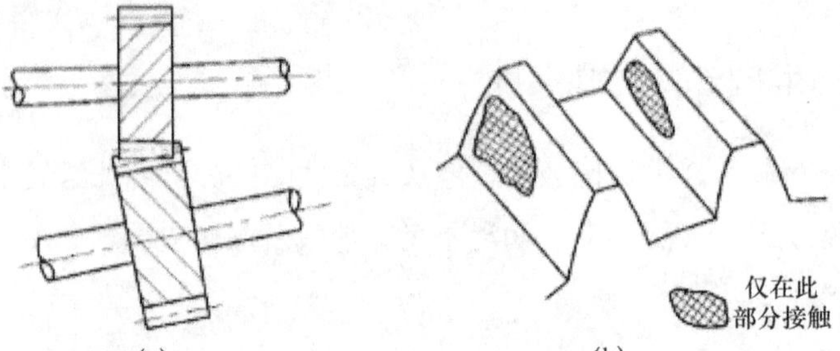

图 5-7 两齿轮轴不平行导致的啮合不良

4. 超载

对于工作负荷不平稳的齿轮驱动装置（如矿石破碎机、采掘机等），经常会出现过载现象，容易造成轮齿过载断裂，或者长期过载导致大量轮齿根部疲劳裂纹、断裂。

5. 操作失误

操作失误通常包括缺油、超载、长期超速等，这些都会造成齿轮损伤、损坏。

5.2 齿轮振动频率及频谱特点

5.2.1 齿轮的振动类型

齿轮在运行过程中产生的振动是比较复杂的，由于齿轮所受的激励不同，因此齿轮产生的振动类型也不同，大致可以分成以下几类，下面分别讨论各类型齿轮振动产生的原因及其频率范围。

（1）齿轮啮合过程中，由于周节误差、齿形误差或者均匀磨损等都会使齿与齿之间发生撞击，撞击的频率就是啮合频率 f_m，还有 f_m 的高次谐波 $n\times f_m$。啮合频率为转速频率与齿轮齿数的乘积：

$$f_m = f_1 z_1 = f_2 z_2$$

式中，f_1、f_2 分别为主动齿轮轴和从动齿轮轴的转速频率（单位为 Hz）；z_1、z_2 分别为主动齿轮和从动齿轮的齿数。

齿轮在此周期撞击力的激励下产生了以啮合频率为振动频率的强迫振动，其振动频率范围一般为几百赫兹到几千赫兹。

（2）由于齿轮啮合过程中齿轮发生弹性变形，使刚刚进入啮合的齿轮发生撞击，因而产生沿着啮合线方向的脉动力，于是也会产生以啮合频率为频率的振动。对于渐开线齿轮，在节点附近为单齿啮合，而在节点两侧为双齿啮合，故其刚度是非简谐的周期函数，所产生的强迫振动与前述第一种情况不同，不仅有以啮合频率为频率的基频振动，还有啮合频率的高次谐波振动。

（3）齿与齿之间的摩擦在一定条件下会诱发自激振动，主要与齿面加工质量及润滑条件有关。自激振动的频率接近齿轮的固有频率。

（4）齿与齿之间撞击是一种瞬态激励，它使齿轮产生衰减自由振动。振动频率就是齿轮的固有频率，通常固有频率为 1Hz～10kHz。

（5）齿轮、轴、轴承等元件由于不同心、不对称、材料不均匀等均会产生偏心、不平衡，其离心惯性力使齿轮轴系统产生强迫振动，振动的频率与在 100Hz 以内转动的轴的转动频率及其谐频相等。

（6）由于齿面的局部损伤而产生的激励，其相应的强迫振动频率等于损伤的齿数乘以轴的转动频率。

综上所述，齿轮的振动频率基本上可归为 3 类：低频的轴的转动频率及其谐频；齿轮的啮合频率及其谐频，以及在啮合频率及其谐波两侧的一簇边频带；高频的齿轮自身的各阶固有振动频率。齿轮的实际振动往往是上述各类振动的某种组合。

齿轮的不同状态如表 5-2 所示，可以看出，其所对应的时域波形和频谱图有明显区别，其中，f_r 为转动频率，f_m 为啮合频率。

表 5-2　齿轮的不同状态

齿轮状态	时域	频域
正常		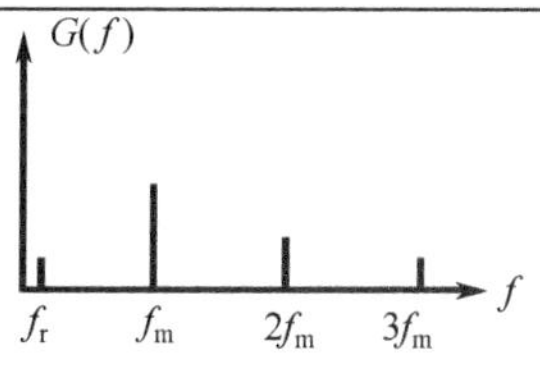
齿轮轴不同轴	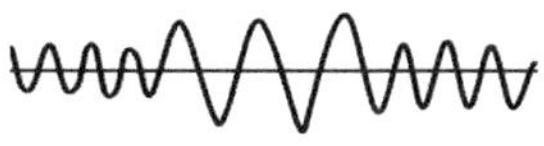	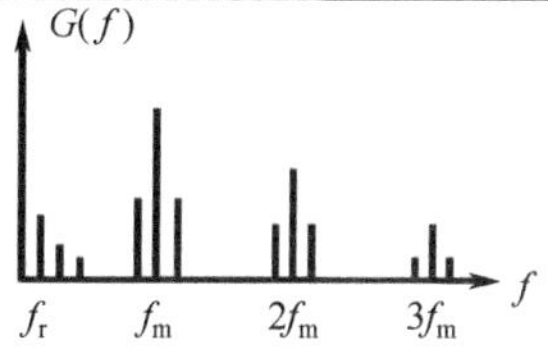

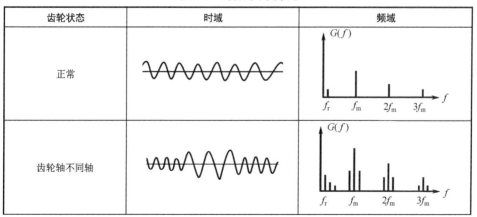

（续表）

齿轮的状态	时域	频域
偏心	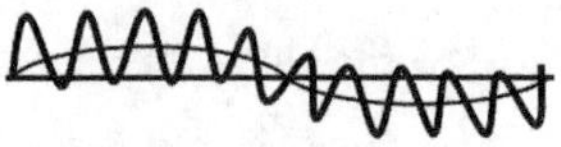	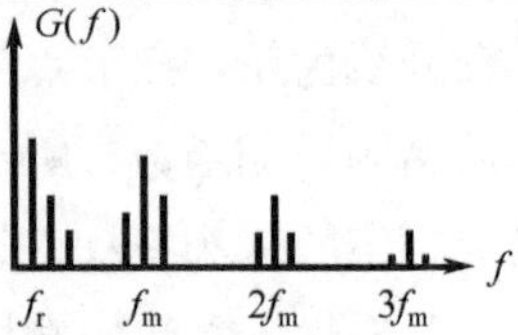
局部异常	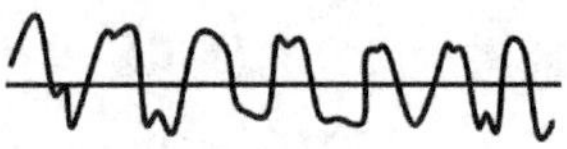	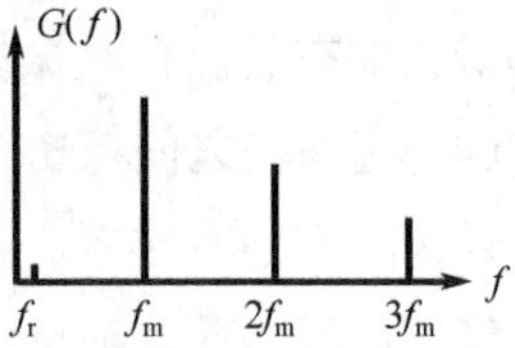
磨损	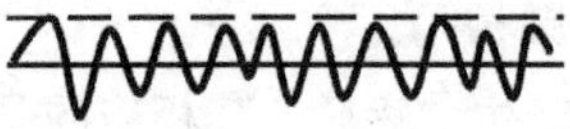	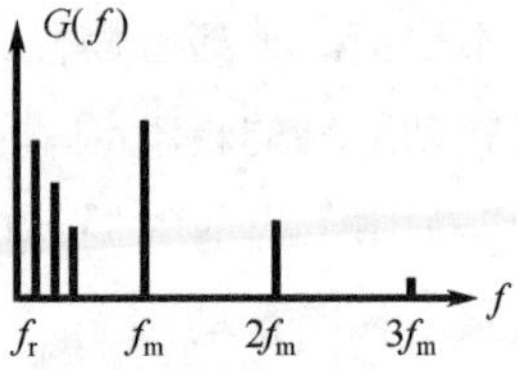
齿距误差	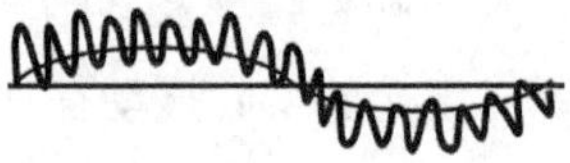	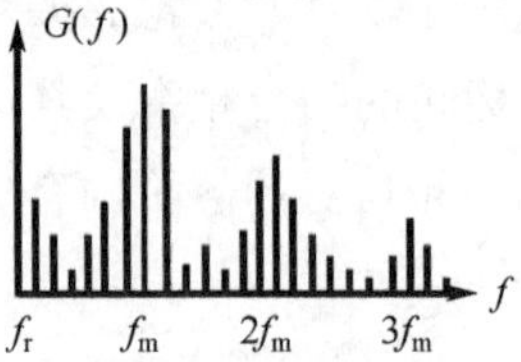

振动曲线都是经过低通滤波后得到的，它只显示出其中频率较低的转动频率和啮合频率及谐频，滤去了高频的自由衰减振动（固有频率）。

实际上，齿轮的自由振动经轴、轴承传到齿轮箱体时，高频冲击振动已衰减，犹如通过一个机械低通滤波器，因此，在轴承座等处测得的振动信号一般只包含转动频率与啮合及其谐频。

5.2.2 齿轮振动频率的计算

1. 齿轮及轴的转动频率

$$f_r = \frac{N}{60}\ (\text{Hz}) \tag{5-1}$$

式中，N 为齿轮及轴的转速（r/min）。

2. 齿轮的啮合频率

（1）对于定轴转动的齿轮，有

$$f_m = Z_i \frac{N_i}{60} \tag{5-2}$$

式中，Z_i 为第 i 个齿轮的齿数，N_i 为第 i 个齿轮的转速。

由式（5-2）可知，一对啮合齿轮的啮合频率是相同的。

（2）对于有固定齿圈的行星轮系，有

$$f_m = \frac{Z_r(N_r \pm N_o)}{60} \tag{5-3}$$

式中，Z_r 为齿轮的齿数；N_r 为该齿轮的转速（r/min）；N_o 为转臂的转速（r/min），当 N_o 与 N_r 转向相反时，N_o 前取正号，否则取负号。

当齿轮以啮合频率振动时，有如下 4 个特点：一是振动频率随齿轮的转速变化而变化；二是由于非线性的影响，往往有啮合频率的高阶谐频振动；三是随着转速升高，振动能量增大，噪声增强；四是当啮合频率接近或等于齿轮的固有频率时，齿轮发生共振而产生强烈的振动。

3. 齿轮的固有频率

1）单个齿轮固有频率的计算及测定方法

单个齿轮的固有频率是指齿轮轴向振动的固有频率。当把齿轮近似地看作周边自由、中间固定的圆板时，其轴向振动的固有频率可近似地用下式计算：

$$f_e = \frac{a_{NS}}{2\pi R^2}\sqrt{\frac{Et^3}{12(1-\mu^2)\rho_A}} \tag{5-4}$$

式中，R 为齿轮的分度圆半径；E 为齿轮材料的弹性模量；t 为齿轮厚度；μ 为齿轮材料的泊松比；ρ_A 为齿轮的单位面积质量；a_{NS} 为齿轮的振型常数（下标 N 为振型的径向节线数，S 为振型的节圆数）。

2）单组齿啮合时齿轮的固有频率

齿轮啮合时的固有频率实际是指齿轮轴系扭转振动的固有频率。振动系统由啮合齿轮和传动轴组成，齿轮轴系的扭振包括轴的扭振和轮齿的弹性振动。轴的刚度系数为（0.5~2）$\times 10^6$ kN/m^2，而齿轮轮齿的刚度系数为（2~10）$\times 10^7$ kN/m^2，两者相差一个数量级。因此，在分析轴的弹性变形引起的齿轮扭转振动时，可以认为轮齿是刚性的，而在分析由于轮齿的弹性变形产生动载荷所引起的齿轮扭振时，就不考虑传动轴及其他零件的惯性载荷，认为转矩是一个常量。

显然，与齿轮损伤信息有关的是轮齿弹性引起的振动，此时振动系统可认为由齿轮体（质量块）与轮齿（弹性体）构成，而齿的刚度周期性变化、齿面损伤及扭矩的变化等为齿轮扭振提供了激励。直齿圆柱齿轮扭振的固有频率可用下式进行近似计算：

$$f_e = \frac{1}{2\pi}\sqrt{\frac{K_e}{m_e}} \tag{5-5}$$

式中，K_e 为齿轮副的等效刚度系数。

$$\frac{1}{K} = \frac{1}{K_G} + \frac{1}{K_P} \tag{5-6}$$

式中，K_G 为大齿轮的刚度系数，K_P 为小齿轮的刚度系数。

5.2.3 齿轮振动频谱的特点

1. 齿轮振动的边频带谱

齿轮处于正常或异常状态下，齿的啮合对会发生冲击啮合振动（两种状态下振动水平是有差异的），其振动波形表现出振幅受到调制的特点，既调幅又调频。齿轮振动的频谱非常复杂，两齿轮轴不平行导致的啮合不良如图 5-8 所示，除有明显啮合频率①和啮合频率的高次谐波②、③、④外，还有许多按一定规律分布的小谱线，这就是齿轮振动中的边频带。它是由几种动载同时作用产生几种振动叠加产生的调制。

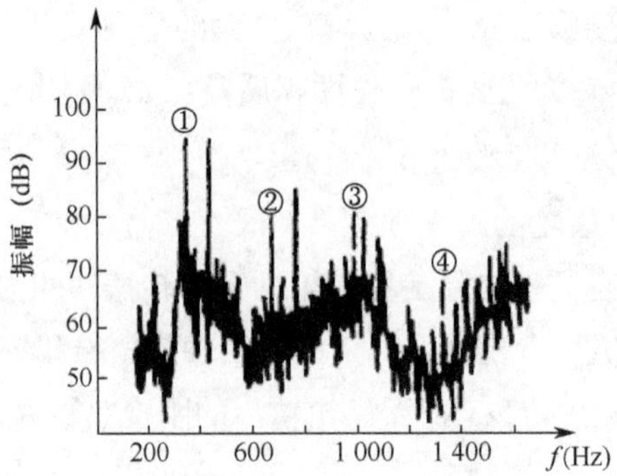

图 5-8　两齿轮轴不平行导致的啮合不良

通常，载频为啮合频率及高次谐波，而轴的转频为调制频率。齿轮振动的边频带体现出载频或调制信号的频率，对于分析齿轮的故障十分有用。

2. 振动信号的调制原理

齿轮振动信号既有调幅又有调频，这两种调制在频谱中均表现为啮合频率及其谐波的两侧有边频带，各边频带的间隔即是调制信号的频率。

幅值调制是载频的时域信号幅值受到调制信号的调制，由于齿面载荷波动对振幅的影响而造成。齿轮的偏心使齿轮啮合时一边紧一边松，从而产生载荷波动，使振幅按此规律周期性变化。齿轮的加工误差（如节距不匀）及齿轮故障使齿轮在啮合中产生短暂的“加载”和“卸载”效应，也会产生幅值调制。

从数学上看，幅值调制相当于两个信号在时域上相乘；而在频域上，相当于两个信号的卷积。这两个信号一个称为载波，其频率相对来说较高；另一个称为调制波，其频率相对于载波频率来说较低。在齿轮信号中，啮合频率成分通常是载波成分，齿轮轴旋转频率成分通常是调制波成分。

齿轮振动中的调制信号一般不是正弦信号或余弦信号，而是以一定周期变化的脉冲信号。从振动分析中得知，脉冲信号可以看作一系列简谐信号的组合。齿轮局部缺陷激发的是窄脉冲，其频谱在较宽的频率范围内具有相等而较小的幅值，若齿轮的缺陷是连续的，则激发的脉冲较宽，频谱的频率周围窄且幅值衰减较快。因此，两个边频带也就有明显的差别——前者的边频带范围宽而幅值小且变化平缓，后者（连续缺陷）的边频带窄，集中于载频谱线附近、幅值较大而衰减较快。因此，这两种故障可根据其时域波形或频域边频带加以区别。

频率调制是指载频信号受到调制信号的调制后，变成变频信号，频率调制信号及其频谱如图 5-9 所示。

齿轮载荷不均匀、齿距不均匀及故障造成的载荷波动，除了对振动幅值产生影响，也必然产生扭矩波动，使齿轮转速产生波动。这种波动表现在振动上即为频率调制（也可以认为是相位调制）。

频率调制波的频谱也是在载频谱线的两侧产生等间隔的边频带，边频带的间隔就是调制信号（往往是与齿轮故障有关的信号）的频率。

对于齿轮传动，任何导致产生幅值调制的因素同时会导致频率调制。两种调制总是同时存在的。对于质量较小的齿轮副，频率调制现象尤为突出。

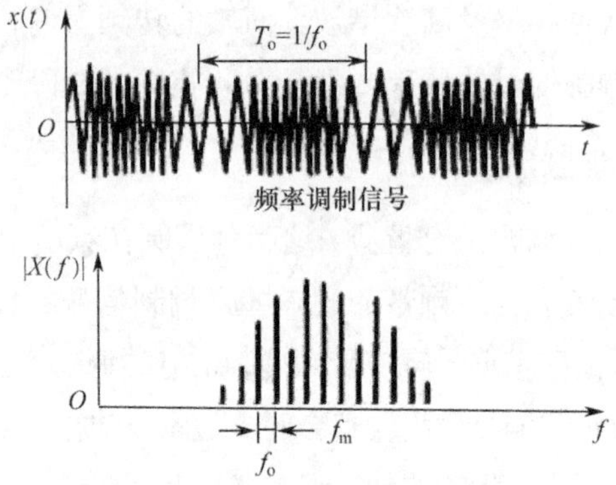

图 5-9　频率调制信号及其频谱

齿轮振动信号的频率调制和幅值调制的共同点如下：载波频率相等，边带频率对应相等，边带对称于载波频率。在实际齿轮系统中，调幅和调频效应总是同时存在的，所以，频谱上的边频成分为两种调制的叠加。虽然这两种调制中的任何一种单独作用时所产生的边频都是对称于载波频率的，但当两者叠加时，由于边频成分具有不同的相位，所以是向量相加。叠加后有的边频幅值增加了（相位相同），有的反而下降了（相位相反），这就破坏了原有的对称性。

在齿轮振动时，由于各种因素的影响，往往既有以啮合频率为基频的振动，又有它的高阶谐频分量；而轴的转动频率也常常有高阶谐频分量。由此可见，齿轮振动的边频带分布非常复杂，如果齿轮箱中同时有几对齿轮啮合，其边频带往往重叠一起，很难直接从频谱图中识别特征频率。

3．齿轮振动频谱的组成成分

（1）齿轮转动频率及其低阶谐频：主要由转轴对中不良、轴变形、零件松动等原因引起，使齿轮在运转过程中产生附加脉冲。由时域曲线很易区分出这种振动成分，有附加脉冲时的振动信号，不对称于零线，因而很容易与被周期信号（轴系失衡产生的振动信号）调幅的现象区分开来，因为后者的振动曲线是对称于零线的。

（2）齿轮的啮合频率及其谐频、边频带：由齿形误差、齿面损伤等引起，齿轮啮合过程中，由于周节误差、齿形误差或者均匀磨损等都会使齿与齿之间发生撞击，撞击的频率就是啮合频率，齿轮在此周期撞击力的激励下产生了以啮合频率为振动频率的强迫振动，频率范围一般为几百到几千赫兹。由于齿轮啮合过程中齿轮发生弹性变形，使刚刚进入啮合的齿轮发生撞击，因而产生沿着啮合线方向的脉动力，于是也会产生以啮合频率为频率的振动，不仅有以啮合频率为频率的基频振动，还有啮合频率的高次谐波振动。变频带是由于在啮合过程中，齿形误差或者齿面损伤所产生的振动频率对啮合频率调制的结果。

（3）齿轮副的各阶固有频率：由于齿轮啮合时齿间撞击（往往由故障所致）而引起的齿轮自由衰减振动。振动表现为衰减曲线，位于高频区，幅值较小，易被噪声信号淹没。

5.3　齿轮故障分析方法

5.3.1　常用方法

1. 时域同步平均法

时域同步平均法是从混杂有噪声干扰的信号中提取周期性分量的有效方法，又称相干检波法。当随机信号中包含确定性周期信号时，如果使截取信号的采样时间与周期信号的周期 T 相等，将所截得的信号进行叠加平均，就能将该特定周期信号从随机信号、非周期信号及与指定周期 T 不一致的其他周期信号中分离出来，从而大大提高指定周期信号的信噪比。

1）时域同步平均的基本原理

设直接测量所得的信号为

$$x(t)=s(t)+n(t) \tag{5-7}$$

式中，$s(t)$ 为希望保留的周期信号，其周期为 T；$n(t)$ 表示希望消除或抑制的噪声信号。可以证明，经几次平均之后，输出噪声能量降低为输入噪声能量的 $1/N$。于是，时域同步平均后的输出信号为

$$y(t)=s(t)+\frac{n(t)}{\sqrt{N}} \tag{5-8}$$

时域同步平均法的要点在于利用与旋转部件的转速同步的参考脉冲来触发振动信号的采样，然后将各次采到的振动信号进行时域平均。则时间上与该参考脉冲同步的成分（基波与其高阶谐波）将进行叠加，而与参考脉冲不同步的（不相关的）噪声成分将随平均次数的增多而逐渐趋近于零，其他与参考脉冲不同步的周期信号也同样逐渐趋近于零。在齿轮的故障诊断中，应用时域同步平均法，

可从复杂的振动信号中分离出与参考脉冲频率相等的最低周期成分，以及它的各阶次谐波成分。

2）时域同步平均的作用

由于当滚动轴承的内环、外环或滚动体有损伤时，其振动信号与轴的转动频率不同步，因此，时域同步平均法的运用也可以将齿轮箱中的齿轮故障引起的振动与轴承故障引起的振动区分开来。如果想要得到另一对啮合齿轮的振动信号，只要使参考脉冲的频率等于其齿轮的转速即可。

同步时域平均需要保证按特定整周期截取信号。对齿轮信号的特定周期，总是取齿轮的旋转周期。通常的做法是，在测取齿轮箱振动加速度的同时，记录一个转速同步脉冲信号。在进行信号的时域平均时，以此脉冲信号来触发 A/D 转换器，从而保证按齿轮轴的旋转周期截取信号，且每段样本的起点对应于转轴的某一特定转角。随着平均次数的增加，齿轮旋转频率及其各阶倍频成分保留，而其他噪声部分相互抵消，趋于消失，由此可以得到仅与被检齿轮振动有关的信号。

经过时域平均后，比较明显的故障可以从时域波形上反映出来，如图 5-10 所示。图 5-10(a)所示为正常齿轮的时域平均信号，信号由均匀的啮合频率分量组成，没有明显的高次谐波。图 5-10(b)所示为齿轮安装对中不良的情形，信号的啮合频率分量受到幅值调制，但调制频率较低，只包含转频及其低阶谐频。图 5-10(c)所示为齿轮的齿面严重磨损的情况，啮合频率分量严重偏离正弦信号的形状，故其频谱上必然出现较大的高次谐波分量，由于是均匀磨损，振动的幅值在一转内没有大的起伏。图 5-10(d)所示为齿轮有局部剥落或断齿时的典型信号，振动的幅值在某一位置有突跳现象。

3）影响时域同步平均的因素

当齿轮的转速存在不均匀波动时，由于破坏了时域采样时的相位锁定，因此，会影响时域同步平均的效果。转速不均匀可分为低频率的转速“飘移”和高频率的转速“颤抖”。前者通常是由于电动机的电压波动或静载荷的变化而引起的，而后者则主要起源于工作载荷的短时跳动和周期变化。转速的低频“飘移”使平均后的时域波形的后半部分幅值明显降低；转速的高频“颤抖”则使信号幅值普遍下降。

从频域上看，转速不均匀将使高频成分衰减较大，而对低频成分影响较小。所以，这种效应使时域同步平均同时具有低通滤波器的作用，这种作用使信号失去了部分高频信息，对确诊故障是不利的。在转速严重不均匀的情况下，为了获得较为理想的时域同步平均结果，可以采用锁相技术实现外触发、外时钟采样。为了消除转速不均匀的影响，得到一个与角位移完全同步的时钟脉冲信号，可以在转轴上安装一个高精度的光电码盘，在一转内按等角度间隔产生一定数量（如 512、1024、2048 等）的脉冲，按照这一脉冲来采样，就可消除转速不均匀的影响。这样采样所得的每一点都与齿轮啮合位置有一一对应的关系。

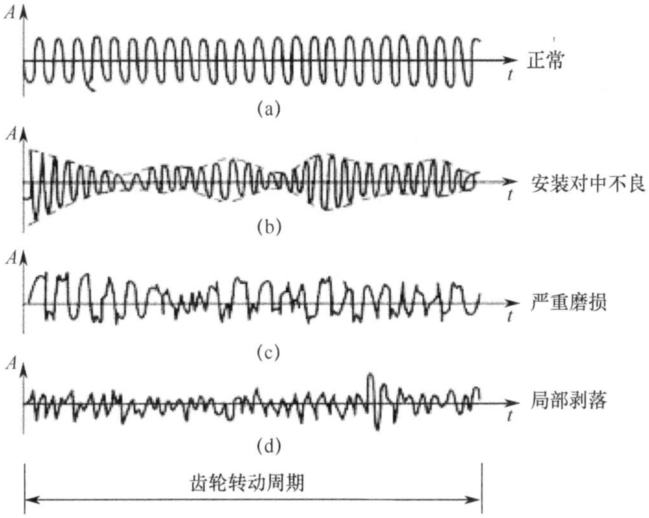

图 5-10　齿轮在各种状态下时域平均信号

2. 频率细化分析技术

频率细化分析（或称局部频谱放大），能使某些感兴趣的重点频谱区域得到较高的分辨率，提高了分析的准确性，是在 20 世纪 70 年代发展起来的一种新技术。频率细化分析的基本思想是利用频移定理，对被分析信号进行复调制，再重新采样，进行傅里叶变换，即可得到更高的频率分辨率，其主要计算步骤如下：假定要在频带（f_1～f_2）范围内进行频率细化，此频带中心频率为 $f_o=(f_1+f_2)/2$，对被分析信号 $x(k)$进行复调制（既可以是模拟的，也可以是数字的），得到频移信号为

$$y(k)=x(k)\mathrm{e}^{-\mathrm{i}2\pi KL/N} \tag{5-9}$$

$$L=\frac{f_o}{\Delta f} \tag{5-10}$$

式中，Δf 是未细化分析前的频率间隔，也可仅为一参考值。

根据频移定理，$Y(n)=X(n+L)$ 相当于把 $X(n)$ 中的第 L 条谱线移到 $Y(n)$ 的零谱线位置了。此时降低采样频率为 $(2N\Delta f / D)$，对频移信号重采样或对已采样数据频移处理后进行选抽，就能提高频率分辨率为原来的 D 倍，然后分析 $Y(n)$ 零谱线附近的频谱，即 $X(n)$ 中第 L 条谱线附近的频谱。D 是一个比例因子，又称选抽比或细化倍数：

$$D=\frac{N\Delta f}{f_2-f_1} \tag{5-11}$$

为了保证选抽后不至于产生频混现象，在选抽前应进行抗混滤波，滤波器的截止频率为采样频率的 1/2。

复调制细化包括幅值细化与相位细化，由于复调制过程中需要通过数字滤波器，产生附加相移，所以，一般要按滤波器的相位特性予以修正，才能得到真实的细化相位谱。

3. 倒频谱分析

在频谱图中，当有几个边频带相互交叉分布在一起时，仍然仅依靠频率细化分析方法是不够的。虽然复杂的时域信号可以利用快速傅里叶变换技术在频域上获得结构清晰的频谱图，然而在有些情况下，如齿轮箱的振动信号，即使被转换到频域，其结构还是过于复杂，难以进行有效分析和识别。于是，根据快速傅里叶变换时域—频域转换的概念，将频谱结果再次利用快速傅里叶变换技术转换到一个新的分析域中，这样就形成了所谓的倒频谱（Cepstrum）分析。

1）倒频谱分析的基本原理

1962 年，Bogert 等人首先提出了倒频谱的概念，他把信号 $x(t)$ 的功率倒频谱定义为“对数功率谱的功率谱”，其数学描述为

$$C_{\mathrm{p}}(q)=\left|F\left[\lg G_{\mathrm{z}}(f)\right]\right|^2=\left|\int_{-\infty}^{+\infty}\lg G_x(f)\mathrm{e}^{-\mathrm{j}2\pi fq}\mathrm{d}f\right|^2 \tag{5-12}$$

式中，$G_x(f)$ 为时域信号 $x(t)$ 的功率谱。

由于 $G_x(f)$ 为偶函数，故在实际使用当中都将倒频谱定义为

$$C_{\mathrm{p}}(q)=\left|F^{-1}\left[\lg G_{\mathrm{z}}(f)\right]\right|^2 \tag{5-13}$$

并且在工程应用中常取其平方根值 $C_{\mathrm{a}}(q)$，称为幅值倒频谱，即

$$C_{\mathrm{a}}(q)=\left|F^{-1}\left[\lg G_{\mathrm{z}}(f)\right]\right| \tag{5-14}$$

倒频谱属于谱函数的一种，其自变量 q 相对于原频谱函数的自变量频率 f 而言，称为倒频率（Quefrency），它具有与自相关函数 $Rx(t)$的自变量 τ 相同的量纲——时间，一般以毫秒（ms）计量。倒频谱实质上是频域函数取对数后的傅里叶逆变换。

通常在功率谱上无法直接对边频成分的总体水平给出定量估计，而倒频谱则对边频的成分具有“概括”能力，它能够检测出功率谱上的周期成分，并将功率谱上成簇的边频谱线简化为倒频谱上的单根谱线，从而使功率谱中的复杂周期成分变得清晰易辨。

2）倒频谱分析的作用

倒频谱能较好地检测出功率谱上的周期成分，将原来谱上成簇的边频带谱线简化为单根谱线，便于观察。

齿轮发生故障时的振动频谱具有的边频带一般都具有等间隔（故障频率）的结构，利用倒频谱的这个优点，可以检测出功率谱中难以辨识的周期性信号。

由以上分析可以看出，倒频谱分析对于齿轮故障诊断是一种有效的方法。当频率分辨率不够时，将频率细化分析与倒频谱分析结合起来，可得到令人满意的结果。

5.3.2　齿轮的精密诊断

齿轮故障比较复杂，齿轮箱故障的精密诊断，不仅要判断其运行状态是否异常及发生异常的部位，还要求判断异常的类型和异常的程度。齿轮的精密诊断是以频率分析为基础，结合其他方法来进行的。5.3.1 节所述的几种信号分析处理方法针对齿轮故障诊断是非常有效的，但在实际工作中，通常是先利用常规的时域分析、频谱方法对齿轮故障做出诊断，这种诊断结果有时就是精密诊断结果，有时还需要进一步对故障进行甄别和确认，最终得出精密的诊断结果。

齿轮振动的频率范围很宽（从几赫兹到几万赫兹），用同一频谱图来表示所有频率分量是非常困难的，因为频率范围和频率分辨率是相互矛盾的。考虑到各种齿轮失效类型的特征频率分布，一般可分为 3 个阶段：0～100Hz 反映了各轴的转动频率，100～1000Hz 反映了齿轮的啮合频率，1000～10000Hz 体现了齿轮的固有频率，所以，在进行齿轮的精密诊断时，可以根据需要选择分析的频段。

5.3.3 齿轮故障诊断案例

案例 1：高线精轧机传动系统

图 5-11 所示为高线精轧机传动系统示意，其中，Z1、Z2、Z3、Z4、Z5、Z6 为对应编号的齿轮。

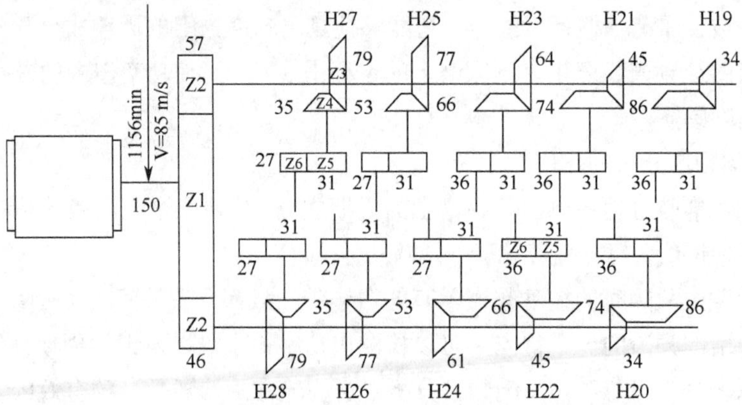

图 5-11 高线精轧机传动系统示意

调出这一期间的在线监测与故障诊断系统的趋势图和频谱图，如图 5-12 所示，并查表 5-3 得到 Z5/Z6 的啮合频率。其中，Z5/Z6 的位置在图 5-11 中展示。在图 5-12 中能看到 Z5/Z6 的啮合频率谱线。

表 5-3 特征频率（一）

序号	故障信号频率（Hz）	计算特征频率（Hz）	振幅（m/s^2）	绝对误差（Hz）	相对误差（%）	可信度（%）	故障部位及性质分析
1	1037.598	1037.593	1.281	0.005	0	100	Z5/Z6 啮合频率减去锥箱 II 轴转频
2	1072.693	1071.773	1.711	0.91	0.085	100	Z5/Z6 啮合频率
3	1105.957	1105.953	0.946	0.004	0	100	Z5/Z6 啮合频率加上锥箱 II 轴转频
4	2143.555	2143.546	1.962	0.009	0	100	Z5/Z6 啮合频率 2 倍频

由表 5-3 可知，22#辊箱的 Z5/Z6 啮合频率为 34.603Hz×31（齿）=1072.693Hz，振幅在 9 月 14 日为 1.71m/s^2，如图 5-12 所示。其两侧有较宽的边频带，间隔为 35.085Hz，与锥箱 II 轴的转频（34.603Hz）基本一致。

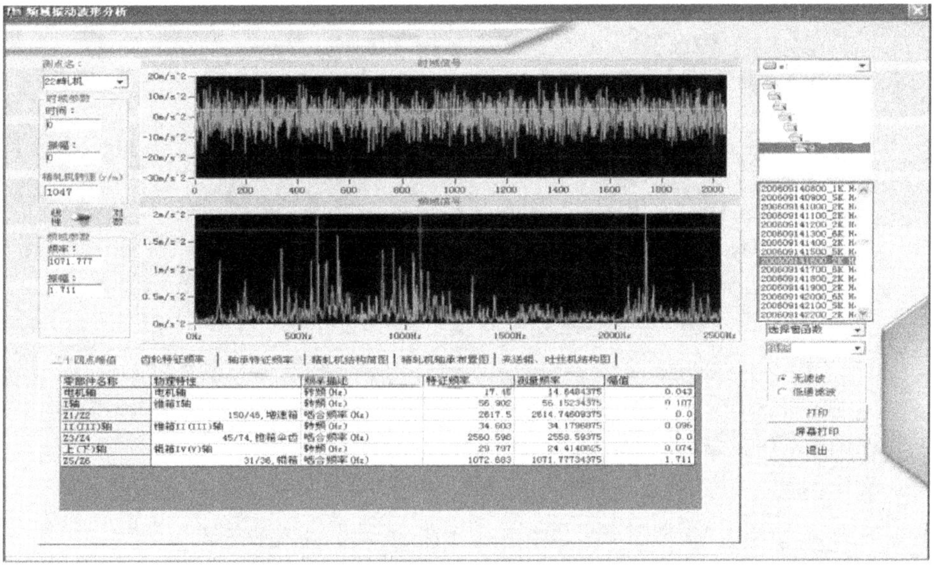

注：彩插页有对应彩色图片。

图 5-12　频域振动波形分析图

诊断结论：

（1）从图 5-12 所示的频谱图中可以看出，22#辊箱 Z5/Z6 啮合频率幅值比较突出且有上升趋势，在其两侧有边频出现，边频间隔为 35.085Hz，与锥箱 II 轴的转频（34.603Hz）基本一致，说明 22#辊箱 II 轴上的齿轮存在故障隐患。

（2）从图 5-12 所示的时域波形中可以看出有轻微的周期性冲击信号，冲击周期为 0.028s，相应频率为 1/0.028=35.71Hz，正好与 22#锥箱 II 轴的转频一致，这表明问题就出在 22#锥箱 II 轴的齿轮上。

（3）建议厂方立即对 22#锥箱 II 轴上的齿轮 Z5（31 齿）进行检查。

事后复核：

厂方于 2006 年 11 月对拆卸下的精轧 22 架进行检查，发现辊箱 II 轴上 Z5（31 齿）齿轮的轮齿已破损（见图 5-13 和图 5-14），与诊断分析结论相符。

当时厂方曾进一步问过：估计是什么性质的故障？能否继续生产？因为除了初期（9 月 14 日及以后几天）边频带较宽，后期边频带有所收窄，加上振幅并不很高，所以，判定为出现较严重的斑剥。在工程上，齿轮出现点蚀、斑剥，厂方都会选择继续使用。10 月，振幅缓慢上升，直到 11 月，换轧钢品种，才停产检查。因为是斜齿轮的缘故，所以，振幅没有像直齿轮那样大。

图 5-13　齿轮破损图（一）

图 5-14　齿轮破损图（二）

案例 2：10#轧机齿轮箱

宣化钢铁公司棒材厂 10#轧机齿轮箱的振动有点异常。查看在线监测故障诊断系统 4 月 23 日的频谱图（见图 5-15）和特征频率（见表 5-4）。

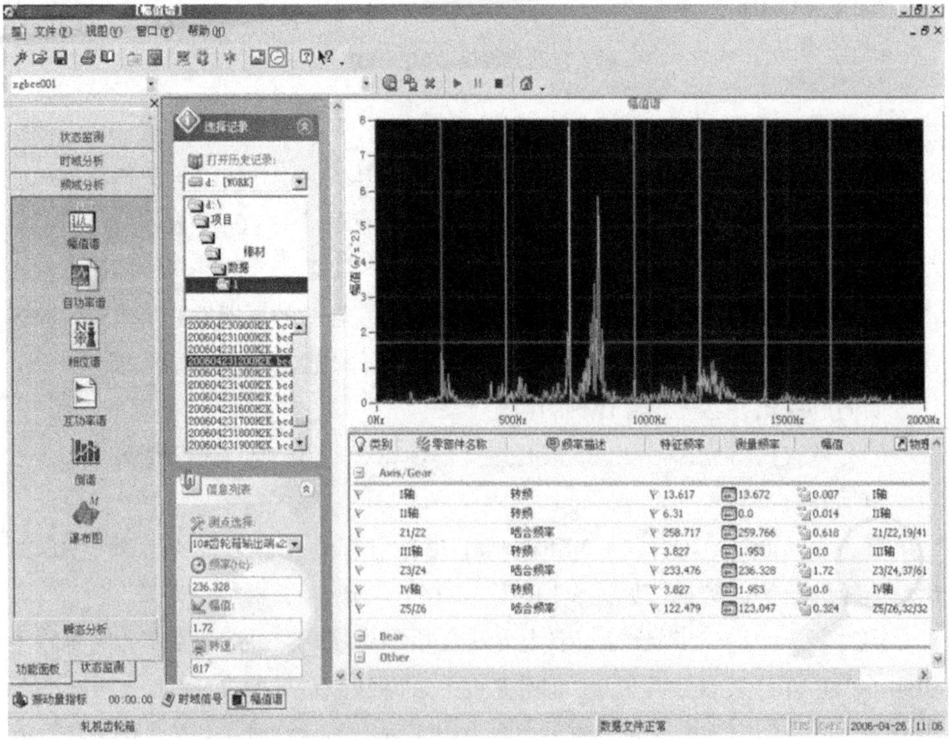

注：彩插页有对应彩色图片。

图 5-15　10#轧机 200604231200 输出端频域图

表 5-4　特征频率（二）

序号	故障信号频率(Hz)	计算特征频率（Hz）	振幅(m/s^2)	绝对误差（Hz）	相对误差（%）	可信度（%）	故障部位及性质分析
1	236.3	233.5	1.72	2.8	1.20	90	Z3/Z4 啮合频率
2	472.7	467	0.46	5.7	1.22	90	Z3/Z4 啮合频率 2 倍频
3	707.0	700.5	7.80	6.5	0.93	100	Z3/Z4 啮合频率 3 倍频
4	943.4	934	0.66	9.4	1.00	90	Z3/Z4 啮合频率 4 倍频
5	1179.7	1167.5	1.15	12.2	1.04	90	Z3/Z4 啮合频率 5 倍频
6	1416.0	1401	0.40	15	1.07	90	Z3/Z4 啮合频率 6 倍频

诊断结论：

时域图形有冲击现象，但是图 5-15 中轴频并不高，Z3/Z4 齿轮的啮合频率出现了多次谐波，其 3 倍频达到了 $7.80m/s^2$。边频窄，判断为齿轮点蚀。

案例 3：16#轧机齿轮箱

2006 年 4 月，宣化钢铁公司棒材厂 16#轧机齿轮箱的振动出现异常。查看在线监测故障诊断系统的频谱图（见图 5-16）和特征频率（见表 5-5 和表 5-6）。

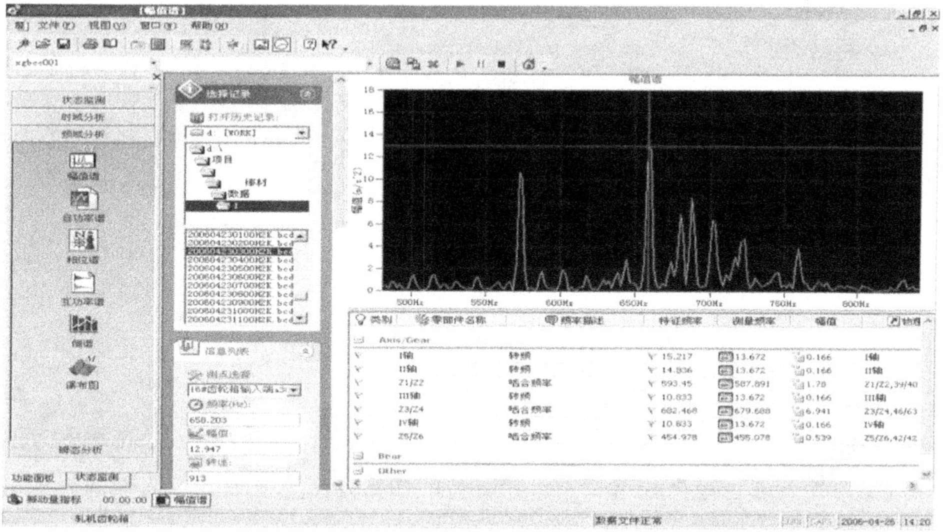

注：彩插页有对应彩色图片。

图 5-16　16#轧机 2006004230300 细化后的频域图

表 5-5　特征频率（三）

序号	故障信号频率（Hz）	计算特征频率（Hz）	振幅（m/s^2）	绝对误差（Hz）	相对误差（%）	可信度（%）	故障部位及性质分析
1	658.2	657.8	12.95	0.4	0.06	100	Z3/Z4 啮合频率
2	1318.4	1315.6	10.55	2.8	0.21	100	Z3/Z4 啮合频率 2 倍频
3	1976.6	1973.4	3.74	3.2	0.16	100	Z3/Z4 啮合频率 3 倍频

表 5-6　特征频率（四）

中心频率（Hz）	边频（Hz）	差值（Hz）	特征频率（Hz）	性质分析
658.2	644.5	13.7	14.3（II 轴轴频）	一次边频
658.2	673.8	15.6	14.3（II 轴轴频）	一次边频
658.2	628.9	29.3	14.3（II 轴轴频）	二次边频
658.2	687.5	29.3	14.3（II 轴轴频）	二次边频
658.2	617.2	41	14.3（II 轴轴频）	三次边频
658.2	701.2	43	14.3（II 轴轴频）	三次边频

由图 5-16 可以看到 Z3/Z4 齿轮的啮合频率出现了 3 倍频，并有多次谐波，最大振幅达到了 12.95m/s^2，基频边上出现了许多边频，这些边频为 II 轴轴承频率（14.3Hz，振动幅值为 0.24m/s^2）。在齿轮啮合频率（基频和倍频）边上出现边频（II 轴轴频），这意味着齿轮有隐患。

诊断结论：

当齿轮啮合频率处及两边边频的振幅突现升高时，有两种可能的故障：齿轮故障、轴承故障。要区别这两种故障，需看轴转频的振幅是否升高，轴转频的振幅升高，意味着轴承故障。齿轮轴转频的振幅升高是由于轴承出现故障，轴芯空间位置不稳定所造成当轴转频的振幅先升后降，降低时意味着轴承可能已经出现解体。16#的 II 轴 Z3/Z4 齿轮可能存在严重磨损。

5.3.4　齿轮故障诊断新方法展望

近年来，由于现代传感器技术及计算机技术的飞速发展，人工智能诊断方法在故障诊断方面也越来越普及了。人工智能诊断方法主要是模拟人类的思维方式，通过算法的自我学习来解决机械设备的故障诊断问题。人工智能在机械故障诊断的运用中常用的方法有遗传诊断算法、专家系统分析方法、决策管理算法、人工神经网络算法、逻辑学、深度学习等，这些先进的技术都在故障诊断方面发挥着积极的作用。也有越来越多的学者将各类智能诊断方法运用到了齿轮箱的故障诊断方面。例如，最初有学者通过神经网络对齿轮箱的振动信号数据直接进行故障分类，实现故障诊断。也有学者运用小波包变换对原始振动信号进行去噪，然后把提取出的故障特征输入 BP 神经网络中进行识别。还有部分学者将粒子群优化和 BP 神经网络相结合对齿轮箱进行故障诊断并有效地提高了预测的精度。

随着计算机智能技术不断取得发展，深度学习方面的研究也吸引了许多学者，深度学习方法包含许多各有特点的神经网络。在旋转机械故障诊断领域，众多学者在传统模式识别的基础上纷纷利用深度学习理论对故障诊断的模式识别技术进行改进。例如，通过使用齿轮传动系统振动信号频谱样本完成对深度神经网络的训练，可以摆脱对信号处理专业知识和故障诊断专家经验的依赖。

然而，在实际工业场景中，要获取所有工况下的运行数据，特别是各故障状态下的有标签数据是极为困难的。而且随着工况的变化，齿轮箱中的故障齿轮的啮合所带来信号的调制现象会带来极为复杂的边频带模式变化，这就使得未知工况下的信号数据会与已知的训练工况下的信号数据存在一定的分布差异。这种差异对模型性能的影响明显。迁移学习能把某范畴内领会掌握的知识带入其他范畴灵活运用，应对参数调整进程中训练数据匮乏问题，其主要目标是解决小样本问题和样本分布差异问题。当面临小样本问题时，可以从源域中进行知识的迁移来完成目标域的训练任务。当面临样本分布差异化问题时，需要解决的是对于某个特定的目标域，能够从源域中掌握的预训练模型迁移至目标域以实现对特定目标完成分类任务。在机械故障诊断新方法中，卷积神经网络和迁移学习正扮演着越来越重要的角色。

思考题

1. 齿轮故障的主要形式有哪些？
2. 什么是幅值调制？什么是频率调制？
3. 什么是频率细化分析技术？简述其原理。
4. 齿轮故障诊断有哪些主要技术和方法？

参考文献

[1] 钟秉林，黄仁. 机械故障诊断学[M]. 北京：高等教育出版社，2002.

[2] 韩东霞. 机械识图[M]. 北京：北京大学出版社，2005.

[3] 王江萍. 机械设备故障诊断技术及应用[M]. 西安：西北工业大学出版社，2001.

[4] 杨国安. 齿轮故障诊断实用技术[M]. 北京：中国石化出版社，2012.

[5] 中国化工机械动力技术协会组. 化工维修钳工（上册）[M]. 北京：化学工业出版社，2009.

[6] 严新平. 机械系统工况监测与故障诊断[M]. 武汉：武汉理工大学出版社，2009.

[7] 邝朴生. 现代机器故障诊断学[M]. 北京：农业出版社，1991.

[8] 张辉. 现代造纸机械状态监测与故障诊断[M]. 北京：中国轻工业出版社，2004.

[9] 丰田利夫. 设备现场诊断的开展方法[M]. 李敏，译. 北京：机械工业出版社，1985.

[10] XIN G, HAMZAOUI N, ANTONI J. Extraction of second-order cyclostationary sources by matching instantaneous power spectrum with stochastic model–application to wind turbine gearbox[J]. Renewable Energy, 2020, 147: 739-1758.

[11] 孙芳. 基于模式识别的机械设备故障智能诊断方法研究[D]. 北京：华北电力大学，2007.

[12] 王皓, 周峰. 基于小波包和 BP 神经网络的风机齿轮箱故障诊断[J]. 噪声与振动控制，2015，35(2): 154-159.

[13] 胡小龙，周庆. 基于粒子群优化小波神经网络齿轮箱故障诊断方法研究[J]. 化学工程与装备，2016(12): 18-21.

[14] 雷亚国，贾峰，周昕，等. 基于深度学习理论的机械装备大数据健康监测方法[J]. 机械工程学报，2015，51(21): 49-56.

[15] 刘鑫鹏，栾悉道，谢毓湘，等. 迁移学习研究和算法综述[J]. 长沙大学学报，2018，32(5): 33-36+41.

第 6 章 系统的状态空间描述

6.1 系统数学描述

系统是指由一些相互制约的部分构成的整体，它可能是一个反馈闭合的整体，也可能是某一控制装置或被控对象。本章所研究的系统均假定具有若干的输入端和输出端，如图 6-1 所示。

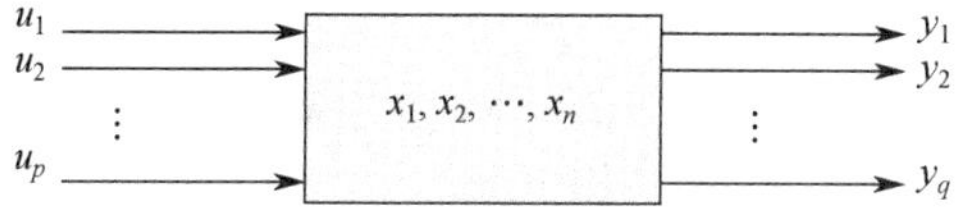

图 6-1　系统输入输出

在图 6-1 中，方框以外的部分为系统环境，环境对系统的作用为系统输入，系统对环境的作用为系统输出，二者分别用 $\boldsymbol{u}=[u_1,u_2,\cdots,u_p]^{\mathrm{T}}$ 和 $\boldsymbol{y}=[y_1,y_2,\cdots,y_q]^{\mathrm{T}}$ 表示，它们均为系统的外部变量。

描述系统内部每个时刻所处状况的变量为系统的内部变量，以向量 $\boldsymbol{x}=[x_1,x_2,\cdots,x_n]^{\mathrm{T}}$ 表示。

系统的数学描述是反映系统变量间因果关系和变换关系的一种数学模型。系统的数学描述有如下两种基本类型。

（1）外部描述：输入–输出描述。把系统看成一个“黑箱”，只是反映系统外部变量间即输入–输出间的因果关系。

（2）内部描述：状态空间描述。这种描述是基于系统内部结构分析的一类数学模型，通常由两个数学方程组成。一个是反映系统内部变量 $\boldsymbol{x}=[x_1,x_2,\cdots,x_n]^{\mathrm{T}}$ 及输入变量 $\boldsymbol{u}=[u_1,u_2,\cdots,u_p]^{\mathrm{T}}$ 之间因果关系的数学表达式，称为状态方程；另一个是表征系统内部变量 $\boldsymbol{x}=[x_1,x_2,\cdots,x_n]^{\mathrm{T}}$ 及输入变量 $\boldsymbol{u}=[u_1,u_2,\cdots,u_p]^{\mathrm{T}}$ 和输出变量 $\boldsymbol{y}=[y_1,y_2,\cdots,y_q]^{\mathrm{T}}$ 之间转换关系的数学表达式，具有代数方程的形式，称为输出方程。

外部描述只描述系统的外部特征，不能反映系统的内部结构特性，而具有完全不同内部结构的两个系统也可能具有相同的外部特征，因而外部描述通常只是对系统的一种不完全的描述。内部描述则是对系统的一种完全描述，它能完全表征系统的所有动力学特征。

仅当系统具有一定属性的条件时，两种描述才具有等价关系。

6.2 状态空间的基本概念

1. 状态

系统的状态是指系统的过去、现在和将来的状况。

2. 状态变量

状态变量是能完全表征系统运行状态的最小数量的一组变量。

状态变量的选取不具有唯一性，同一个系统可能有多种不同的状态变量选取方法。状态变量也不一定在物理上可量测，有时只具有数学意义，而无任何物理意义。但在工程实践中，应尽可能选取容易测量的量作为状态变量，以便实现状态的前馈和反馈等设计要求。

3. 状态向量

设一个系统有 n 个状态变量，即 $x_1(t), x_2(t), \cdots, x_n(t)$，用这 n 个状态变量作为分量构成的向量 $\boldsymbol{x}(t)$ 称为该系统的状态向量，记为

$$\boldsymbol{x}(t) = [x_1(t), x_2(t), \cdots, x_n(t)]^{\mathrm{T}} \tag{6-1}$$

4. 状态空间和状态轨线（状态轨迹）

1）状态空间

由 n 个状态变量作为坐标轴所构成的 n 维空间，称为状态空间。

2）状态轨线（状态轨迹）

系统在任一时刻的状态，在状态空间中用一点来表示。随着时间的推移，系统状态在变化，便在状态空间中描绘出一条轨迹，即为状态轨线（状态轨迹）。

引入状态和状态空间的概念之后，就可以建立动力学系统的状态空间描述了。从结构的角度讲，一个动力学系统可用方框图来表示，如图 6-2 所示。其中，$\boldsymbol{x}(t)$ 表征系统的状态变量，$\boldsymbol{u}(t)$ 为系统控制量（输入变量），$\boldsymbol{y}(t)$ 为系统的输出变量。

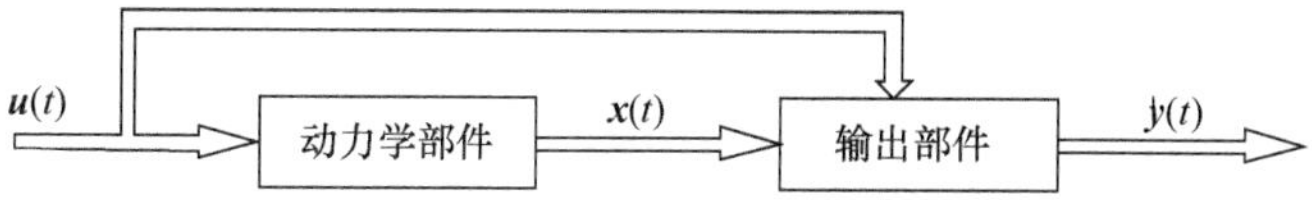

图 6-2　动力学系统结构示意

与输入–输出描述不同，状态空间描述把系统动态过程的描述考虑为一个更细致的过程：输入变量引起系统状态的变化，而状态变量和输入变量则决定了输出变量的变化。

5．状态方程

状态变量的一阶导数与状态变量、输入变量的关系，称为系统的状态方程。

例 6.2.1：设单输入线性定常系统（Linear Time Invariant，LTI）的状态变量为 $x_1(t), x_2(t), \cdots, x_n(t)$，输入为 $u(t)$，则一般形式的状态方程为

$$\begin{aligned}
x_1'(t) &= a_{11}x_1(t) + a_{12}(t)x_2(t) + \cdots + a_{1n}(t)x_n(t) + b_1u(t)\\
x_2'(t) &= a_{21}x_1(t) + a_{22}(t)x_2(t) + \cdots + a_{2n}(t)x_n(t) + b_2u(t)\\
&\vdots\\
x_n'(t) &= a_{n1}x_1(t) + a_{n2}(t)x_2(t) + \cdots + a_{nn}(t)x_n(t) + b_nu(t)
\end{aligned}$$

上式可写成向量–矩阵形式：

$$\boldsymbol{x}'(t) = \boldsymbol{A}\boldsymbol{x}(t) + \boldsymbol{b}\boldsymbol{u}(t)$$

或

$$\boldsymbol{x}' = \boldsymbol{A}\boldsymbol{x} + \boldsymbol{b}\boldsymbol{u} \tag{6-2}$$

式中，

$$\boldsymbol{x}' = \begin{bmatrix} x_1' \\ x_2' \\ \vdots \\ x_n' \end{bmatrix}, \boldsymbol{x} = \begin{bmatrix} x_1 \\ x_2 \\ \vdots \\ x_n \end{bmatrix}, \boldsymbol{A} = \begin{bmatrix} a_{11} & a_{12} & \dots & a_{1n} \\ a_{21} & a_{22} & \cdots & a_{2n} \\ \vdots & \vdots & & \vdots \\ a_{n1} & a_{n2} & \dots & a_{nn} \end{bmatrix}, \boldsymbol{b} = \begin{bmatrix} b_1 \\ b_2 \\ \vdots \\ b_n \end{bmatrix}$$

6．输出方程

在指定系统输出的情况下，该输出与状态变量、输入变量之间的函数关系式，称为系统的输出方程。

例 6.2.2：单输出线性定常系统

$$y(t) = c_1x_1(t) + c_2x_2(t) + \cdots + c_nx_n(t) + du(t)$$

其向量–矩阵形式为

$$\boldsymbol{y}(t) = \boldsymbol{c}\boldsymbol{x}(t) + \boldsymbol{d}\boldsymbol{u}(t) \tag{6-3}$$

7．状态空间表达式

状态方程与输出方程的组合称为状态空间表达式，又称为动态方程。动态方程是对系统的一种完全描述。

例 6.2.3：SISO（单输入单输出）系统状态空间表达式为

$$\begin{cases} \boldsymbol{x}' = \boldsymbol{Ax} + \boldsymbol{b}u \\ y = \boldsymbol{cx} + du \end{cases} \tag{6-4}$$

MIMO（多输入多输出）系统状态空间表达式为

$$\begin{cases} \boldsymbol{x}' = \boldsymbol{Ax} + \boldsymbol{Bu} \\ \boldsymbol{y} = \boldsymbol{Cx} + \boldsymbol{Du} \end{cases} \tag{6-5}$$

注意：由于 $\boldsymbol{A}$、$\boldsymbol{B}$、$\boldsymbol{C}$、$\boldsymbol{D}$ 矩阵完整地表征了系统的动态特性，所以，有时把一个确定的系统简称为系统 $(\boldsymbol{A},\boldsymbol{B},\boldsymbol{C},\boldsymbol{D})$。系统矩阵 $\boldsymbol{A}$：表示系统内部各状态变量之间的关联情况。输入矩阵（或控制矩阵）$\boldsymbol{B}$：表示输入对每个状态变量的作用情况。输出矩阵 $\boldsymbol{C}$：表示输出与每个状态变量之间的组成关系。前馈矩阵 $\boldsymbol{D}$：表示输入对输出的直接传递关系。在一般控制系统中，通常 $\boldsymbol{D}=\boldsymbol{0}$。

8．状态空间分析法

在状态空间中以状态向量或状态变量描述系统的方法，称为状态空间分析法或状态变量法。

由式（6-5），状态空间表达式的方框图结构如图 6-3 所示。

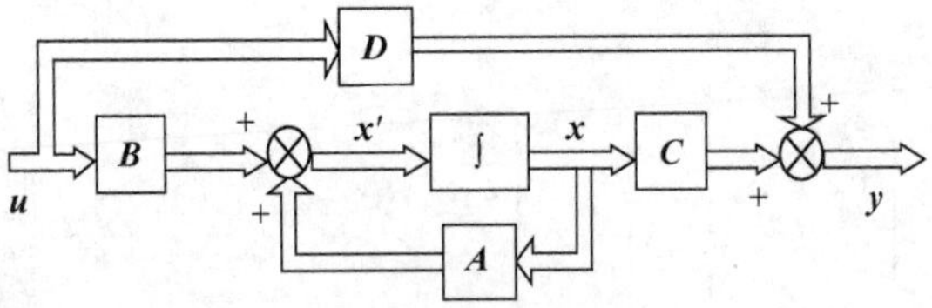

图 6-3　状态空间表达式的方框图结构

6.3　线性系统状态空间表达式的建立

6.3.1　根据物理定律建立实际系统的动态方程

一般控制系统可分为电气、机械、机电、液压、热力等。要研究它们，一般先要建立其运动的数学模型（微分方程/微分方程组、传递函数、动态方程等）。

根据具体系统结构及其研究目的，选择一定的物理量作为系统的状态变量和输出变量，并利用各种物理定律，如牛顿定律、基尔霍夫电压电流定律、能量守恒定律等，即可建立系统的动态方程模型。

例 6.3.1：RLC 电路如图 6-4 所示。系统的控制输入变量为 $u(t)$，系统输出变量为 $u_c(t)$，建立系统的动态方程。

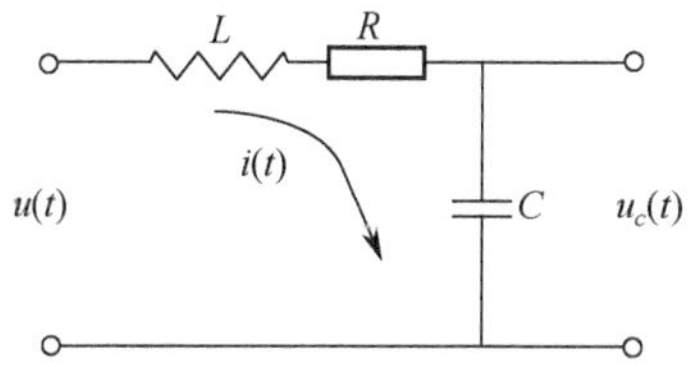

图 6-4 RLC 电路

解：该 RLC 电路有两个独立的储能元件——电感（L）和电容（C），设回路电流为 $i(t)$，根据基尔霍夫电压定律和电阻（R）、电感、电容元件的电压电流关系，可得到下列方程：

$$\begin{cases} L\dfrac{\mathrm{d}i(t)}{\mathrm{d}t}+\dfrac{1}{C}\displaystyle\int i(t)\mathrm{d}t+Ri(t)=u(t) \\ u_c(t)=\dfrac{1}{C}\displaystyle\int i(t)\mathrm{d}t \text{或 } i(t)=C\dfrac{\mathrm{d}u_c(t)}{\mathrm{d}t} \end{cases}$$

（1）可以取流过电感的电流 $i(t)$ 和电容两端的电压 $u_c(t)$ 作为系统的两个状态变量，分别记作 $x_1=i(t)$ 和 $x_2=u_c$。

$$\begin{cases} L\dfrac{\mathrm{d}x_1}{\mathrm{d}t}+x_2+Rx_1=u \\ \dfrac{\mathrm{d}x_2}{\mathrm{d}t}=\dfrac{1}{C}x_1 \end{cases}$$

整理有

$$\begin{cases} x_1'=-\dfrac{R}{L}x_1-\dfrac{1}{L}x_2+\dfrac{1}{L}u \\ x_2'=\dfrac{1}{C}x_1 \end{cases}$$

$$y=x_2$$

写成向量矩阵形式为

$$\begin{cases}\begin{bmatrix}x_1'\\x_2'\end{bmatrix}=\begin{bmatrix}-\dfrac{R}{L} & -\dfrac{1}{L}\\ \dfrac{1}{C} & 0\end{bmatrix}\begin{bmatrix}x_1\\x_2\end{bmatrix}+\begin{bmatrix}\dfrac{1}{L}\\0\end{bmatrix}\boldsymbol{u}\\ y=\begin{bmatrix}0 & 1\end{bmatrix}\begin{bmatrix}x_1\\x_2\end{bmatrix}\end{cases}$$

（2）设状态变量 $x_1=i(t)$， $x_2=\int i(t)\mathrm{d}t$

$$\begin{cases}L\dfrac{\mathrm{d}x_1}{\mathrm{d}t}+\dfrac{1}{C}x_2+Rx_1=u\\ \dfrac{\mathrm{d}x_2}{\mathrm{d}t}=x_1\end{cases}$$

整理有

$$\begin{cases}x_1'=-\dfrac{R}{L}x_1-\dfrac{1}{LC}x_2+\dfrac{1}{L}u\\ x_2'=x_1\end{cases}$$

$$y=u_c=\frac{1}{C}x_2$$

写成向量矩阵形式为

$$\begin{cases}\begin{bmatrix}x_1'\\x_2'\end{bmatrix}=\begin{bmatrix}-\dfrac{R}{L} & -\dfrac{1}{LC}\\ 1 & 0\end{bmatrix}\begin{bmatrix}x_1\\x_2\end{bmatrix}+\begin{bmatrix}\dfrac{1}{L}\\0\end{bmatrix}\boldsymbol{u}\\ y=\begin{bmatrix}0 & \dfrac{1}{C}\end{bmatrix}\begin{bmatrix}x_1\\x_2\end{bmatrix}\end{cases}$$

（3）设状态变量 $x_1=\dfrac{1}{C}\int i(t)\mathrm{d}t+Ri(t)$， $x_2=\dfrac{1}{C}\int i(t)\mathrm{d}t=u_c$

$$\begin{cases}L\dfrac{\mathrm{d}i(t)}{\mathrm{d}t}+x_1=u(t)\\ x_2=u_c\end{cases}$$

整理有

$$\begin{cases} x_2' = \dfrac{1}{C}i = \dfrac{1}{C}\cdot\dfrac{1}{R}(x_1 - x_2) = \dfrac{1}{RC}x_1 - \dfrac{1}{RC}x_2 \\ x_1' = x_2' + R\dfrac{\mathrm{d}i}{\mathrm{d}t} = \dfrac{1}{RC}x_1 - \dfrac{1}{RC}x_2 + R\dfrac{1}{L}(u - u_c - Ri) \\ \qquad = \dfrac{1}{RC}x_1 - \dfrac{1}{RC}x_2 + \dfrac{R}{L}(u - x_1) = \left(\dfrac{1}{RC} - \dfrac{R}{L}\right)x_1 - \dfrac{1}{RC}x_2 + \dfrac{R}{L}u \end{cases}$$

$$y = x_2$$

写成向量矩阵形式为

$$\begin{cases} \begin{bmatrix} x_1' \\ x_2' \end{bmatrix} = \begin{bmatrix} \dfrac{1}{RC} - \dfrac{R}{L} & -\dfrac{1}{RC} \\ \dfrac{1}{RC} & -\dfrac{1}{RC} \end{bmatrix} \begin{bmatrix} x_1 \\ x_2 \end{bmatrix} + \begin{bmatrix} \dfrac{R}{L} \\ 0 \end{bmatrix} \boldsymbol{u} \\ \boldsymbol{y} = \begin{bmatrix} 0 & 1 \end{bmatrix} \begin{bmatrix} x_1 \\ x_2 \end{bmatrix} \end{cases}$$

6.3.2　由系统的微分方程建立状态空间表达式

从描述系统输入输出动态关系的高阶微分方程或传递函数出发建立与之等效的状态空间表达式的问题，称为“实现问题”。关于实现问题的详细内容，将在后面的章节中讨论。

注意：实现是非唯一的。

1．输入变量中不含导数项

SISO 线性定常连续系统微分方程的一般形式为

$$y^{(n)} + a_{n-1}y^{(n-1)} + \cdots + a_1 y' + a_0 y = \beta_0 u \tag{6-6}$$

（或$y^{(n)} + a_1 y^{(n-1)} + \cdots + a_{n-1}y' + a_n y = \beta_0 u \rightarrow$ 适用于编程）

第一步，选择状态变量（选择 n 个状态变量 $x_1, x_2, \cdots, x_n$），令

$$\begin{aligned} x_1 &= y \\ x_2 &= y' \\ x_3 &= y'' \\ &\vdots \\ x_n &= y^{(n-1)} \end{aligned}$$

第二步，化高阶微分方程为 $x_1, x_2, \cdots, x_n$ 的一阶微分方程组。

$$\begin{cases} x_1' = x_2 \\ x_2' = x_3 \\ \quad\vdots \\ x_{n-1}' = x_n \\ x_n' = -a_0x_1 - a_1x_2 - \cdots - a_{n-1}x_n + \beta_0 u \end{cases}$$

$$y = x_1$$

第三步，将方程组表示为向量-矩阵形式：$\begin{cases} \boldsymbol{x}' = \boldsymbol{A}\boldsymbol{x} + \boldsymbol{b}u \\ \boldsymbol{y} = \boldsymbol{c}\boldsymbol{x} \end{cases}$

式中，

$$\boldsymbol{A} = \begin{bmatrix} 0 & 1 & 0 & \cdots & 0 \\ 0 & 0 & 1 & \cdots & 0 \\ \vdots & \vdots & \vdots & & \vdots \\ 0 & 0 & 0 & \cdots & 1 \\ -a_0 & -a_1 & -a_2 & \cdots & -a_{n-1} \end{bmatrix}, \boldsymbol{b} = \begin{bmatrix} 0 \\ 0 \\ \vdots \\ 0 \\ \beta_0 \end{bmatrix}, \boldsymbol{c} = \begin{bmatrix} 1 & 0 & 0 & \cdots & 0 \end{bmatrix}$$

例 6.3.2：已知 $y''' + 6y'' + 41y' + 7y = 6u$，试列写动态方程。

解：选择状态变量　$x_1 = y$，$x_2 = y'$，$x_3 = y''$

状态方程：$\begin{cases} x_1' = x_2 \\ x_2' = x_3 \\ x_3' = -7x_1 - 41x_2 - 6x_3 + 6u \end{cases}$

输出方程：$y = x_1$

状态空间表达式为

$$\begin{cases} \boldsymbol{x}' = \boldsymbol{A}\boldsymbol{x} + \boldsymbol{b}u \\ \boldsymbol{y} = \boldsymbol{c}\boldsymbol{x} \end{cases}$$

式中，$\boldsymbol{A} = \begin{bmatrix} 0 & 1 & 0 \\ 0 & 0 & 1 \\ -7 & -41 & -6 \end{bmatrix}, \boldsymbol{b} = \begin{bmatrix} 0 \\ 0 \\ 6 \end{bmatrix}, \boldsymbol{c} = \begin{bmatrix} 1 & 0 & 0 \end{bmatrix}$

2. 输入变量中含导数项

SISO 线性定常连续系统的一般形式为

$$y^{(n)} + a_{n-1}y^{(n-1)} + \cdots + a_1y' + a_0y = b_n{}^{(n)} + b_{n-1}u^{(n-1)} + \cdots + b_1u' + b_0u \qquad (6\text{-}7)$$

取

$$\begin{cases} x_1 = y - h_0 u \\ x_i = x'_{i-1} - h_{i-1} u \end{cases} \quad (i = 2,3,\cdots,n)$$

状态空间表达式为

$$\begin{cases} \boldsymbol{x}' = \boldsymbol{A}\boldsymbol{x} + \boldsymbol{b}\boldsymbol{u} \\ \boldsymbol{y} = \boldsymbol{c}\boldsymbol{x} + \boldsymbol{d}\boldsymbol{u} \end{cases}$$

式中，

$$\boldsymbol{A} = \left[\begin{array}{c|cccc} 0 & 1 & 0 & \cdots & 0 \\ 0 & 0 & 1 & \cdots & 0 \\ \vdots & \vdots & \vdots & & \vdots \\ 0 & 0 & 0 & \cdots & 1 \\ \hline -a_0 & -a_1 & -a_2 & \cdots & -a_{n-1} \end{array}\right], \boldsymbol{b} = \begin{bmatrix} h_1 \\ h_2 \\ \vdots \\ h_n \end{bmatrix}$$

$$\boldsymbol{c} = \begin{bmatrix} 1 & 0 & 0 & \cdots & 0 \end{bmatrix}, \boldsymbol{d} = h_0 = b_n$$

这里 $h_1, h_2, \cdots, h_n$ 可用待定系数法确定，即

$$\begin{cases} h_0 = b_n \\ h_1 = b_{n-1} - a_{n-1} h_0 \\ h_2 = b_{n-2} - a_{n-1} h_1 - a_{n-2} h_0 \\ h_3 = b_{n-3} - a_{n-1} h_2 - a_{n-2} h_1 - a_{n-3} h_0 \\ h_4 = b_{n-4} - a_{n-1} h_3 - a_{n-2} h_2 - a_{n-3} h_1 - a_{n-4} h_0 \\ \quad \vdots \end{cases}$$

6.3.3　由传递函数建立状态空间表达式

SISO 系统传递函数为

$$G(s) = \frac{Y(s)}{u(s)} = \frac{b_n s^n + b_{n-1} s^{n-1} + \cdots + b_1 s + b_0}{s^n + a_{n-1} s^{n-1} + \cdots + a_1 s + a_0} \tag{6-8}$$

应用综合除法有

$$G(s) = b_n + \frac{\beta_{n-1} s^{n-1} + \cdots + \beta_1 s + \beta_0}{s^n + a_{n-1} s^{n-1} + \cdots + a_1 s + a_0} \cong b_n + \frac{N(s)}{D(s)} \tag{6-9}$$

以 $\dfrac{N(s)}{D(s)}$ 串联分解的情况为例，如图 6-5 所示。

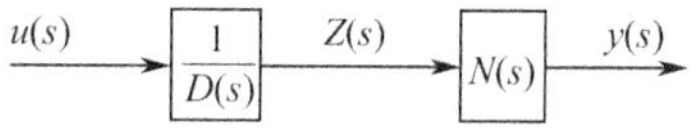

图 6-5　串联分解

式中，

$$D(s)=s^n+a_{n-1}s^{n-1}+\cdots+a_1s+a_0$$
$$N(s)=\beta_{n-1}s^{n-1}+\cdots+\beta_1s+\beta_0$$

将$\dfrac{N(s)}{D(s)}$分解为两部分串联，z为中间变量，z和y应满足

$$z^{(n)}+a_{n-1}z^{(n-1)}+\cdots+a_1z'+a_0z=u$$
$$y=\beta_{n-1}z^{(n-1)}+\cdots+\beta_1z'+\beta_0z$$

选取状态变量：$x_1=z, x_2=z', x_3=z'', \cdots, x_n=z^{(n-1)}$

$$\begin{cases}x_1'=x_2\\ x_2'=x_3\\ \quad\vdots\\ x_{n-1}'=x_n\\ x_n'=-a_0z-a_1z'-\cdots-a_{n-1}z^{(n-1)}+u\\ \quad=-a_0x_1-a_1x_2-\cdots-a_{n-1}x_n+u\end{cases}$$

输出方程为

$$y=\beta_{n-1}z^{(n-1)}+\cdots+\beta_1z'+\beta_0z=\beta_0x_1+\cdots+\beta_{n-2}x_{n-1}+\beta_{n-1}x_n$$

向量-矩阵形式的状态空间表达式为

$$\begin{cases}\boldsymbol{x}'=\boldsymbol{A}\boldsymbol{x}+\boldsymbol{b}u\\ \boldsymbol{y}=\boldsymbol{c}\boldsymbol{x}\end{cases}$$

式中，

$$\boldsymbol{A}=\left[\begin{array}{c|cccc}0 & 1 & 0 & \cdots & 0\\ 0 & 0 & 1 & \cdots & 0\\ \vdots & \vdots & \vdots & & \vdots\\ 0 & 0 & 0 & \cdots & 1\\ \hline -a_0 & -a_1 & -a_2 & \cdots & -a_{n-1}\end{array}\right],\boldsymbol{b}=\begin{bmatrix}0\\0\\ \vdots\\0\\1\end{bmatrix},\boldsymbol{c}=[\beta_0\quad \beta_1\quad \beta_2\quad \cdots\quad \beta_{n-1}]$$

上述状态空间表达式称为可控标准型。

另外，$\dfrac{N(s)}{D(s)}=\dfrac{\beta_{n-1}s^{n-1}+\cdots+\beta_1s+\beta_0}{s^n+a_{n-1}s^{n-1}+\cdots+a_1s+a_0}$还可以选另一组状态变量。设

$$\begin{cases}x_n=y\\ x_i=x_{i+1}+a_iy-\beta_iu\end{cases}$$

经整理有如下状态方程：

$$\begin{cases} x_n' = x_{n-1} - a_{n-1}x_n + \beta_{n-1}u \\ x_{n-1}' = x_{n-2} - a_{n-2}x_n + \beta_{n-2}u \\ \quad\vdots \\ x_3' = x_2 - a_{n-1}x_n + \beta_2 u \\ x_2' = x_1 - a_1 x_n + \beta_1 u \\ x_1' = -a_0 x_n + \beta_0 u \end{cases}$$

输出方程为

$$y = x_n$$

向量–矩阵形式为

$$\begin{cases} \boldsymbol{x}' = \boldsymbol{A}\boldsymbol{x} + \boldsymbol{b}u \\ \boldsymbol{y} = \boldsymbol{c}\boldsymbol{x} + \boldsymbol{d}u \end{cases}$$

$$\boldsymbol{A} = \left[\begin{array}{cccc|c} 0 & 0 & \cdots & 0 & -a_0 \\ \hline 1 & 0 & \cdots & 0 & -a_1 \\ \vdots & \vdots & \vdots & & \vdots \\ 0 & 0 & \cdots & 0 & -a_{n-2} \\ 0 & 0 & \cdots & 1 & -a_{n-1} \end{array}\right], \boldsymbol{b} = \begin{bmatrix} \beta_0 \\ \beta_1 \\ \vdots \\ \beta_{n-2} \\ \beta_{n-1} \end{bmatrix}, \boldsymbol{c} = \begin{bmatrix} 0 & 0 & 0 & \cdots & 1 \end{bmatrix}, \boldsymbol{d} = \boldsymbol{0}$$

例 6.3.3：已知系统传递函数为$G(s) = \dfrac{s^2 + 8s + 15}{s^3 + 7s^2 + 14s + 8}$，试求状态空间表达式。

解：采用传递函数串联分解法：

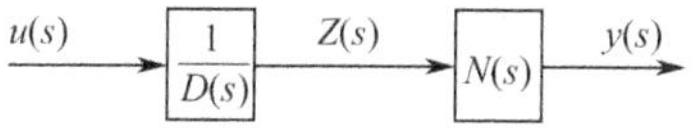

$$\frac{Y(s)}{Z(s)} = s^2 + 8s + 15\text{，整理有 } y = z'' + 8z' + 15z$$

$$\frac{Z(s)}{U(s)} = \frac{1}{s^3 + 7s^2 + 14s + 8}\text{，整理有 } z''' + 7z'' + 14z' + 8z = u$$

令 $x_1 = z$， $x_2 = z'$， $x_3 = z''$

$$\begin{cases} x_1' = x_2 \\ x_2' = x_3 \\ x_3' = -8x_1 - 14x_2 - 7x_3 + u \end{cases}$$

$$y = 15x_1 + 8x_2 + x_3$$

状态空间表达式为

$$\begin{cases} \boldsymbol{x}' = \boldsymbol{Ax} + \boldsymbol{bu} \\ \boldsymbol{y} = \boldsymbol{cx} + \boldsymbol{du} \end{cases}$$

式中，

$$\boldsymbol{A} = \begin{bmatrix} 0 & 1 & 0 \\ 0 & 0 & 1 \\ -8 & -14 & -7 \end{bmatrix}, \boldsymbol{b} = \begin{bmatrix} 0 \\ 0 \\ 1 \end{bmatrix}, \boldsymbol{c} = \begin{bmatrix} 15 & 8 & 1 \end{bmatrix}, \boldsymbol{d} = \boldsymbol{0}$$

6.4 线性系统的可控性和可观性

6.4.1 问题的提出

状态方程描述输入 $u(t)$ 引起状态 $x(t)$ 的变化过程；输出方程描述由状态变化所引起的输出 $y(t)$ 的变化。可控性和可观性定性地描述输入 $u(t)$ 对状态 $x(t)$ 的控制能力以及输出 $y(t)$ 对状态 $x(t)$ 的反映能力。它们分别回答如下问题：

（1）“输入能否控制状态的变化”——可控性。

（2）“状态的变化能否由输出反映出来”——可观性。

可控性和可观性是卡尔曼（Kalman）在 1960 年首先提出来的。可控性和可观性的概念在现代控制理论中无论是理论上还是实践上都是非常重要的。例如，在最优控制问题中，其任务是寻找输入 $u(t)$，使状态达到预期的轨线。就定常系统而言，如果系统的状态不受控于输入 $u(t)$，当然就无法实现最优控制。另外，为了改善系统的品质，在工程上常用状态变量作为反馈信息。可是状态 $x(t)$ 的值通常是难以测取的，往往需要从测量到的 $y(t)$ 中估计出状态 $x(t)$；如果输出 $y(t)$ 不能完全反映系统的状态 $x(t)$，那么就无法实现对状态的估计。

6.4.2 线性定常连续系统的可控性

1. 线性定常连续系统状态可控性的定义

定义 6.1（状态可控性定义）：

对于线性定常系统 $\dot{\boldsymbol{x}} = \boldsymbol{Ax} + \boldsymbol{Bu}$，如果存在一个分段连续的输入 $u(t)$，能在 $[t_0, t_f]$ 有限时间间隔内，使得系统从某一初始状态 $x(t_0)$ 转移到指定的任一终端状态 $x(t_f)$，则称此状态是可控的。若系统的所有状态都是可控的，则称此系统是状态完全可控的，简称系统是可控的。

关于可控性定义的说明如下。

（1）上述定义可以在二阶系统的相平面上来说明。如图 6-6 所示，假如相平面中的 P 点能在输入的作用下转移到任一指定状态 $P_1,P_2,\cdots,P_n$，那么相平面上的 P 点是可控状态。假如可控状态“充满”整个状态空间，即对于任意初始状态都能找到相应的控制输入 $u(t)$，使得在有限时间间隔内，将此状态转移到状态空间中的任一指定状态，则称该系统为状态完全可控。

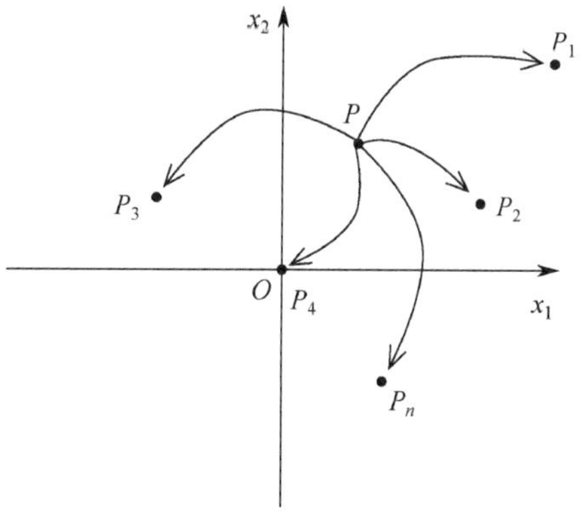

图 6-6　可控状态的图形说明

（2）在可控性定义中，把系统的初始状态取为状态空间中的任意有限点 $x(t_0)$，而终端状态也规定为状态空间中的任意点 $x(t_f)$，这种定义方式不便于写成解析形式。为了便于数学处理，而又不失一般性，把上面的可控性定义分两种情况叙述。

① 把系统的初始状态规定为状态空间中的任意非零点，而终端目标规定为状态空间中的原点。于是可控性定义可表述如下：

对于给定的线性定常系统 $\dot{\boldsymbol{x}}=\boldsymbol{A}\boldsymbol{x}+\boldsymbol{B}\boldsymbol{u}$，如果存在一个分段连续的输入 $u(t)$，能在 $[t_0,t_f]$ 有限时间间隔内，将系统由任意非零初始状态 $x(t_0)$ 转移到零状态 $x(t_f)$，则称此系统是状态完全可控的，简称系统是可控的。

② 把系统的初始状态规定为状态空间的原点，即 $x(t_0)=0$，终端状态规定为任意非零有限点，则可达定义表述如下。

对于给定的线性定常系统 $\dot{\boldsymbol{x}}=\boldsymbol{A}\boldsymbol{x}+\boldsymbol{B}\boldsymbol{u}$，如果存在一个分段连续的输入 $u(t)$，能在 $[t_0,t_f]$ 有限时间间隔内，将系统由零初始状态 $x(t_0)$ 转移到任一指定

的非零终端状态 $x(t_f)$，则称此系统是状态完全可达的，简称系统是可达的（能达的）。

2．可控性的判别准则

定理 6.1：（可控性秩判据）

对于 n 阶线性定常系统 $\dot{\boldsymbol{x}}=\boldsymbol{A}\boldsymbol{x}+\boldsymbol{B}\boldsymbol{u}$，其系统状态完全可控的充分必要条件是由 $\boldsymbol{A}$、$\boldsymbol{B}$ 构成的可控性判别矩阵

$$\boldsymbol{Q}_c=[\boldsymbol{B}\quad \boldsymbol{A}\boldsymbol{B}\quad \boldsymbol{A}^2\boldsymbol{B}\quad \cdots\quad \boldsymbol{A}^{n-1}\boldsymbol{B}] \tag{6-10}$$

满秩，即

$$\mathrm{rank}\boldsymbol{Q}_c=n$$

式中，n 为该系统的维数。

例 6.4.1：判别下列状态方程的可控性。

（1）$\dot{\boldsymbol{x}}=\begin{bmatrix}-2 & 1\\ 0 & -1\end{bmatrix}\boldsymbol{x}+\begin{bmatrix}1\\ 0\end{bmatrix}\boldsymbol{u}$　　（2）$\dot{\boldsymbol{x}}=\begin{bmatrix}1 & 0\\ 0 & 1\end{bmatrix}\boldsymbol{x}+\begin{bmatrix}1\\ 1\end{bmatrix}\boldsymbol{u}$

（3）$\dot{\boldsymbol{x}}=\begin{bmatrix}0 & 1\\ -1 & 0\end{bmatrix}\boldsymbol{x}+\begin{bmatrix}0\\ 1\end{bmatrix}\boldsymbol{u}$　　（4）$\dot{\boldsymbol{x}}=\begin{bmatrix}1 & 1 & 0\\ 0 & 1 & 0\\ 0 & 1 & 1\end{bmatrix}\boldsymbol{x}+\begin{bmatrix}0 & 1\\ 1 & 0\\ 0 & 1\end{bmatrix}\boldsymbol{u}$

解：

（1）$\boldsymbol{Q}_c=[\boldsymbol{B}\quad \boldsymbol{A}\boldsymbol{B}]=\begin{bmatrix}1 & -2\\ 0 & 0\end{bmatrix}$，$\mathrm{rank}\boldsymbol{Q}_c=1<n$，所以系统不可控。

（2）$\boldsymbol{Q}_c=[\boldsymbol{B}\quad \boldsymbol{A}\boldsymbol{B}]=\begin{bmatrix}1 & 1\\ 1 & 1\end{bmatrix}$，$\mathrm{rank}\boldsymbol{Q}_c=1<n$，所以系统不可控。

（3）$\boldsymbol{Q}_c=[\boldsymbol{B}\quad \boldsymbol{A}\boldsymbol{B}]=\begin{bmatrix}0 & 1\\ 1 & 0\end{bmatrix}$，$\mathrm{rank}\boldsymbol{Q}_c=2=n$，所以系统可控。

（4）$\boldsymbol{Q}_c=[\boldsymbol{B}\quad \boldsymbol{A}\boldsymbol{B}\quad \boldsymbol{A}^2\boldsymbol{B}]=\begin{bmatrix}0 & 1 & 1 & 1 & 2 & 1\\ 1 & 0 & 1 & 0 & 1 & 0\\ 0 & 1 & 1 & 1 & 2 & 1\end{bmatrix}$，$\mathrm{rank}\boldsymbol{Q}_c=2<n$，所以系统不可控。

定理 6.2：

设线性定常系统 $\dot{\boldsymbol{x}}=\boldsymbol{A}\boldsymbol{x}+\boldsymbol{B}\boldsymbol{u}$ 具有互不相同的实特征值，则其状态完全可控

的充分必要条件是系统经非奇异变换后的对角标准型

$$\dot{\bar{x}}=\begin{bmatrix}\lambda_1 & & 0\\ & \ddots & \\ 0 & & \lambda_n\end{bmatrix}\bar{x}+\bar{B}u \tag{6-11}$$

中，$\bar{B}$ 阵不存在全零行。

例 6.4.2：判别下列系统的状态可控性。

$$\dot{x}=\begin{bmatrix}2 & 0 & 0\\ 0 & 2 & 0\\ 0 & 0 & 2\end{bmatrix}x+\begin{bmatrix}1\\ 1\\ 1\end{bmatrix}u$$

解：在应用定理 6.2 这个判别准则时，应注意到“特征值互不相同”这个条件，如果特征值不是互不相同的，即对角阵 $\bar{A}$ 中含有相同元素时，上述判据不适用。应根据定理 6.1 的秩判据来判断。对于本题：

$$Q_c=[B\quad AB\quad A^2B]=\begin{bmatrix}1 & 2 & 4\\ 1 & 2 & 4\\ 1 & 2 & 4\end{bmatrix},\ \mathrm{rank}Q_c=1<3$$

即系统是不可控的。

定理 6.3：

若线性定常系统 $\dot{x}=Ax+Bu$ 具有重实特征值，并且每个重特征值只对应一个独立特征向量，则系统状态完全可控的充分必要条件是系统经非奇异变换后的约当标准型

$$\dot{\bar{x}}=\begin{bmatrix}J_1 & & 0\\ & \ddots & \\ 0 & & J_k\end{bmatrix}\bar{x}+\bar{B}u \tag{6-12}$$

中，每个约当小块 J_i（$i=1,2,\cdots,k$）最后一行所对应的 $\bar{B}$ 阵中的各行元素不全为零。

6.4.3　可控标准型及输出可控性

式（6-13）称为 SISO 系统或 MIMO 系统的状态方程的可控标准型。

$$\dot{\boldsymbol{x}}=\begin{bmatrix}0 & 1 & 0 & \cdots & 0\\0 & 0 & 1 & \cdots & 0\\\vdots & \vdots & \vdots & & \vdots\\0 & 0 & 0 & \cdots & 1\\-a_0 & -a_1 & -a_2 & \cdots & -a_{n-1}\end{bmatrix}\boldsymbol{x}+\begin{bmatrix}0\\0\\\vdots\\0\\1\end{bmatrix}\boldsymbol{u} \tag{6-13}$$

因为与此状态方程相对应的可控性判别矩阵 $\boldsymbol{Q}_c$ 的 $\text{rank}\boldsymbol{Q}_c=n$，所以系统是可控的。

$$\boldsymbol{Q}_c=\begin{bmatrix}\boldsymbol{b} & \boldsymbol{Ab} & \boldsymbol{A}^2\boldsymbol{b} & \cdots & \boldsymbol{A}^{n-1}\boldsymbol{b}\end{bmatrix}=\begin{bmatrix}0 & 0 & 0 & \cdots & 0 & 1\\0 & 0 & 0 & \cdots & 1 & -a_{n-1}\\\vdots & \vdots & \vdots & & \vdots & \vdots\\0 & 0 & 1 & \cdots & \times & \times\\0 & 1 & -a_{n-1} & \cdots & \times & \times\\1 & -a_{n-1} & \times & \cdots & \times & \times\end{bmatrix}$$

下面给出一个简单的 MATLAB 实现程序。

```
A=sym('[0,1,0,0;0,0,1,0;0,0,0,1;-a0,-a1,-a2,-a3]');
b=sym('[0;0;0;1]');
Qc=simplify([b,A*b,A^2*b,A^3*b])
```

运行结果如下。

```
[0,   0,        0,                  1]
[0,   0,        1,                -a3]
[0,   1,      -a3,          -a2+a3^2]
[1,  -a3,  -a2+a3^2, -a1+2*a3*a2-a3^3]
```

一个可控系统，当 $\boldsymbol{A}$、$\boldsymbol{b}$ 不具有可控标准型时，可以选择适当的变换化为可控标准型。设系统状态方程为

$$\dot{\boldsymbol{x}}=\boldsymbol{Ax}+\boldsymbol{bu}$$

对其进行非奇异变换：$\boldsymbol{x}=\boldsymbol{P}\overline{\boldsymbol{x}}$，变换为

$$\dot{\overline{\boldsymbol{x}}}=\overline{\boldsymbol{A}}\overline{\boldsymbol{x}}+\overline{\boldsymbol{b}}\boldsymbol{u}$$

式中，

$$\overline{\boldsymbol{A}}=\boldsymbol{P}^{-1}\boldsymbol{AP}=\begin{bmatrix}0 & 1 & 0 & \cdots & 0\\0 & 0 & 1 & \cdots & 0\\\vdots & \vdots & \vdots & & \vdots\\0 & 0 & 0 & \cdots & 1\\-a_0 & -a_1 & -a_2 & \cdots & -a_{n-1}\end{bmatrix},\ \overline{\boldsymbol{b}}=\boldsymbol{P}^{-1}\boldsymbol{b}=\begin{bmatrix}0\\0\\\vdots\\0\\1\end{bmatrix}$$

$$P^{-1}=\begin{bmatrix}P_1^{-1}\\P_1^{-1}A\end{bmatrix}=\begin{bmatrix}-1&1\\-1&2\end{bmatrix},P=(P^{-1})^{-1}=\begin{bmatrix}-2&1\\-1&1\end{bmatrix}$$

$$\bar{A}=P^{-1}AP=\begin{bmatrix}-1&1\\-1&2\end{bmatrix}\begin{bmatrix}1&0\\0&2\end{bmatrix}\begin{bmatrix}-2&1\\-1&1\end{bmatrix}=\begin{bmatrix}0&1\\-2&3\end{bmatrix}$$

$$\bar{b}=P^{-1}b=\begin{bmatrix}-1&1\\-1&2\end{bmatrix}\begin{bmatrix}1\\1\end{bmatrix}=\begin{bmatrix}0\\1\end{bmatrix}$$

即有可控标准型

$$\dot{\bar{x}}=\begin{bmatrix}0&1\\-2&3\end{bmatrix}\bar{x}+\begin{bmatrix}0\\1\end{bmatrix}u$$

下面给出一个简单的 MATLAB 实现程序。

```
A=[1,0;0,2];
b=[1;1];
Qc=[b,A*b]
x=rank(Qc);
if x==2
    '该系统状态完全可控'
    invQc=inv(Qc);
    invp1=invQc(length(Qc),:);
    invp=[invp1;invp1*A];
    p=inv(invp)
    AA=invp*A*p
    bb=invp*b
else
    '该系统状态不可控'
end
```

6.5　状态空间表达式的标准形式

考虑由式（6-14）定义的系统：

$$y^{(n)}+a_1 y^{(n-1)}+\cdots+a_{n-1}\dot{y}+a_n y=b_0 u^{(n)}+b_1 u^{(n-1)}+\cdots+b_{n-1}\dot{u}+b_n u \quad (6\text{-}14)$$

式中，u 为输入变量，y 为输出变量。该式也可写为

$$\frac{Y(s)}{U(s)}=\frac{b_0s^n+b_1s^{n-1}+\cdots+b_{n-1}s+b_n}{s^n+a_1s^{n-1}+\cdots+a_{n-1}s+a_n} \tag{6-15}$$

下面给出由式（6-14）或式（6-15）定义的系统状态空间表达式的能控标准型、能观测标准型、对角线标准型、Jordan 标准型。

6.5.1 能控标准型

下列状态空间表达式为能控标准型。

$$\begin{bmatrix}\dot{x}_1\\ \dot{x}_2\\ \vdots\\ \dot{x}_{n-1}\\ \dot{x}_n\end{bmatrix}=\begin{bmatrix}0 & 1 & 0 & 0 & 0\\ 0 & 0 & 1 & \cdots & 0\\ \vdots & \vdots & \vdots & & \vdots\\ 0 & 0 & 0 & \cdots & 1\\ -a_n & -a_{n-1} & -a_{n-2} & \cdots & -a_1\end{bmatrix}\begin{bmatrix}x_1\\ x_2\\ \vdots\\ x_{n-1}\\ x_n\end{bmatrix}+\begin{bmatrix}0\\ 0\\ \vdots\\ 0\\ 1\end{bmatrix}\boldsymbol{u}$$

$$\boldsymbol{y}=[\,b_n-a_nb_0\ \ldots\ b_{n-1}-a_{n-1}b_0\ \cdots\ b_1-a_1b_0\,]\begin{bmatrix}x_1\\ x_2\\ \vdots\\ x_n\end{bmatrix}+b_0\boldsymbol{u}$$

6.5.2 能观测标准型

下列状态空间表达式为能观测标准型。

$$\begin{bmatrix}\dot{x}_1\\ \dot{x}_2\\ \vdots\\ \dot{x}_{n-1}\\ \dot{x}_n\end{bmatrix}=\begin{bmatrix}0 & 0 & \cdots & 0 & -a_n\\ 1 & 0 & \cdots & 0 & -a_{n-1}\\ \vdots & \vdots & & \vdots & \vdots\\ 0 & 0 & \cdots & 0 & -a_2\\ 0 & 0 & \cdots & 1 & -a_1\end{bmatrix}\begin{bmatrix}x_1\\ x_2\\ \vdots\\ x_{n-1}\\ x_n\end{bmatrix}+\begin{bmatrix}b_n-a_nb_0\\ b_{n-1}-a_{n-1}b_0\\ \cdots\\ b_1-a_1b_0\end{bmatrix}\boldsymbol{u}$$

$$\boldsymbol{y}=[0\quad 0\quad \cdots\quad 0\quad 1]\begin{bmatrix}x_1\\ x_2\\ \vdots\\ x_{n-1}\\ x_n\end{bmatrix}+b_0\boldsymbol{u}$$

6.5.3 对角线标准型

考虑分母多项式中只含相异根的情况。

$$\frac{Y(s)}{U(s)}=\frac{b_0s^n+b_1s^{n-1}+\cdots+b_{n-1}s+b_n}{(s+p_1)(s+p_2)\cdots(s+p_n)}$$

$$=b_0+\frac{c_1}{s+p_1}+\frac{c_2}{s+p_2}+\cdots+\frac{c_n}{s+p_n}$$

该系统的状态空间表达式的对角线标准型由式（6-16）和式（6-17）确定。

$$\begin{bmatrix}\dot{x}_1\\ \dot{x}_2\\ \vdots\\ \dot{x}_n\end{bmatrix}=\begin{bmatrix}-p_1 & & & 0\\ & -p_2 & & \\ & & \ddots & \\ 0 & & & -p_n\end{bmatrix}\begin{bmatrix}x_1\\ x_2\\ \vdots\\ x_n\end{bmatrix}+\begin{bmatrix}1\\ 1\\ \vdots\\ 1\end{bmatrix}\boldsymbol{u} \tag{6-16}$$

$$\boldsymbol{y}=[c_1\ c_2\ \cdots\ c_n]\begin{bmatrix}x_1\\ x_2\\ \vdots\\ x_n\end{bmatrix}+b_0\boldsymbol{u} \tag{6-17}$$

6.5.4 Jordan 标准型

下面考虑分母多项其中含有重根的情况。对此，必须将前面的对角线标准型修改为 Jordan 标准型。假设除前 3 个相等外，其余极点相异，于是 $Y(s)/U(s)$ 因式分解后为

$$\frac{Y(s)}{U(s)}=\frac{b_0s^n+b_1s^{n-1}+\cdots+b_{n-1}s+b_n}{(s+p_1)^3(s+p_4)(s+p_5)\cdots(s+p_n)}$$

该式的部分分式展开式为

$$\frac{Y(s)}{U(s)}=b_0+\frac{c_1}{(s+p_1)^3}+\frac{c_2}{(s+p_1)^2}+\frac{c_3}{(s+p_1)}+\frac{c_4}{s+p_4}+\cdots+\frac{c_n}{s+p_n}$$

该系统状态空间表达式的 Jordan 标准型由式（6-18）确定。

$$\begin{bmatrix}\dot{x}_1\\ \dot{x}_2\\ \dot{x}_3\\ \dot{x}_4\\ \vdots\\ \dot{x}_n\end{bmatrix}=\begin{bmatrix}-p_1 & 1 & 0 & 0 & \cdots & 0\\ 0 & -p_1 & 1 & \vdots & & \vdots\\ 0 & 0 & -p_1 & 0 & \cdots & 0\\ 0 & \cdots & 0 & -p_4 & & 0\\ \vdots & & \vdots & & \ddots & \\ 0 & \cdots & 0 & 0 & & -p_n\end{bmatrix}\begin{bmatrix}x_1\\ x_2\\ x_3\\ x_4\\ \vdots\\ x_n\end{bmatrix}+\begin{bmatrix}0\\ 0\\ 1\\ 1\\ \vdots\\ 1\end{bmatrix} \tag{6-18}$$

$$\boldsymbol{y}=[c_1\ c_2\ \cdots\ c_n]\begin{bmatrix}x_1\\x_2\\\vdots\\x_n\end{bmatrix}+b_0\boldsymbol{u} \tag{6-19}$$

例 6.5.1： 考虑由下式确定的系统：

$$\frac{Y(s)}{U(s)}=\frac{s+3}{s^2+3s+2}$$

试求其状态空间表达式的能控标准型、能观测标准型和对角线标准型。

解： 能控标准型为

$$\begin{bmatrix}\dot{x}_1(t)\\\dot{x}_2(t)\end{bmatrix}=\begin{bmatrix}0 & 1\\-2 & -3\end{bmatrix}\begin{bmatrix}x_1(t)\\x_2(t)\end{bmatrix}+\begin{bmatrix}0\\1\end{bmatrix}\boldsymbol{u}(t)$$

$$\boldsymbol{y}(t)=[3\quad 1]\begin{bmatrix}x_1(t)\\x_2(t)\end{bmatrix}$$

能观测标准型为

$$\begin{bmatrix}\dot{x}_1(t)\\\dot{x}_2(t)\end{bmatrix}=\begin{bmatrix}0 & -2\\1 & -3\end{bmatrix}\begin{bmatrix}x_1(t)\\x_2(t)\end{bmatrix}+\begin{bmatrix}3\\1\end{bmatrix}\boldsymbol{u}(t)$$

$$\boldsymbol{y}(t)=[0\quad 1]\begin{bmatrix}x_1(t)\\x_2(t)\end{bmatrix}$$

对角线标准型为

$$\begin{bmatrix}\dot{x}_1(t)\\\dot{x}_2(t)\end{bmatrix}=\begin{bmatrix}-1 & 0\\0 & -2\end{bmatrix}\begin{bmatrix}x_1(t)\\x_2(t)\end{bmatrix}+\begin{bmatrix}1\\1\end{bmatrix}\boldsymbol{u}(t)$$

$$\boldsymbol{y}(t)=[2\quad -1]\begin{bmatrix}x_1(t)\\x_2(t)\end{bmatrix}$$

6.6 利用 MATLAB 进行系统模型之间的相互转换

本节将讨论系统模型由传递函数变换为状态方程，反之亦然。在此过程中，MATLAB 是相当有用的，首先讨论从传递函数向状态方程的变换。

将闭环传递函数写为

$$\frac{Y(s)}{U(s)}=\frac{\text{含}s\text{的分子多项式}}{\text{含}s\text{的分母多项式}}=\frac{\text{num}}{\text{den}}$$

当有了这一传递函数表达式后，使用如下 MATLAB 命令：

```
[A,B,C,D]=tf2ss(num,den)
```

将会给出状态空间表达式。应着重强调，任何系统的状态空间表达式都不是唯一的。对于同一系统，可有许多个（无穷多个）状态空间表达式。上述 MATLAB 命令仅给出了一种可能的状态空间表达式。

6.6.1　传递函数系统的状态空间表达式

考虑以下传递函数：

$$\begin{aligned}\frac{Y(s)}{U(s)}&=\frac{s}{(s+10)(s^2+4s+16)}\\&=\frac{s}{s^3+14s^2+56s+160}\end{aligned}\tag{6-20}$$

对于该系统，有多个（无穷多个）可能的状态空间表达式，其中一种可能的状态空间表达式为

$$\begin{bmatrix}\dot{x}_1\\ \dot{x}_2\\ \dot{x}_3\end{bmatrix}=\begin{bmatrix}0 & 1 & 0\\ 0 & 0 & 1\\ -160 & -56 & -14\end{bmatrix}\begin{bmatrix}x_1\\ x_2\\ x_3\end{bmatrix}+\begin{bmatrix}0\\ 1\\ -14\end{bmatrix}\boldsymbol{u}$$

$$\boldsymbol{y}=\begin{bmatrix}1 & 0 & 0\end{bmatrix}\begin{bmatrix}x_1\\ x_2\\ x_3\end{bmatrix}+[0]\boldsymbol{u}$$

另外一种可能的状态空间表达式（在无穷个中）为

$$\begin{bmatrix}\dot{x}_1\\ \dot{x}_2\\ \dot{x}_3\end{bmatrix}=\begin{bmatrix}-14 & -56 & -160\\ 1 & 0 & 0\\ 0 & 1 & 0\end{bmatrix}\begin{bmatrix}x_1\\ x_2\\ x_3\end{bmatrix}+\begin{bmatrix}1\\ 0\\ 0\end{bmatrix}\boldsymbol{u}\tag{6-21}$$

$$\boldsymbol{y}=\begin{bmatrix}0 & 1 & 0\end{bmatrix}\begin{bmatrix}x_1\\ x_2\\ x_3\end{bmatrix}+[0]\boldsymbol{u}\tag{6-22}$$

MATLAB 将式（6-18）给出的传递函数变换为由式（6-21）和式（6-22）给出的状态空间表达式。对于此处考虑的系统，MATLAB Program 1-1 将产生矩阵 ***A***、***B***、***C*** 和 ***D***。

```
MATLAB Program  1-1
num=[0    0  1  0];
den=[1   14  56  160];
[A,B,C,D] = tf2ss(num,den)

A=

  -14 -56   -160
    1  0       0
    0  1       0

B=

   1
   0
   0

C=

   0  1    0

D=

   0
```

6.6.2 由状态空间表达式到传递函数的变换

为了从状态空间表达式得到传递函数，采用以下命令：

```
[num,den]=ss2tf(A,B,C,D,iu)
```

对多输入的系统，必须具体化 iu。例如，如果系统有 3 个输入(u_1,u_2,u_3)，则 iu 必须为 1、2 或 3 中的一个，其中 1 表示 u_1，2 表示 u_2，3 表示 u_3。

如果系统只有一个输入，则可采用

```
[num,den]=ss2tf(A,B,C,D)
```

或

```
[num,den]=ss2tf(A,B,C,D,1)
```

例 6.6.1：试求下列状态方程所定义的系统的传递函数。

$$\begin{bmatrix} \dot{x}_1 \\ \dot{x}_2 \\ \dot{x}_3 \end{bmatrix} = \begin{bmatrix} 0 & 1 & 0 \\ 0 & 0 & 1 \\ -5 & -25 & -5 \end{bmatrix} \begin{bmatrix} x_1 \\ x_2 \\ x_3 \end{bmatrix} + \begin{bmatrix} 0 \\ 25 \\ -120 \end{bmatrix} \boldsymbol{u}$$

$$\boldsymbol{y} = [1 \quad 0 \quad 0] \begin{bmatrix} x_1 \\ x_2 \\ x_3 \end{bmatrix}$$

MATLAB Program 1-2 将产生给定系统的传递函数，所得传递函数为

$$\frac{Y(s)}{U(s)} = \frac{25s+5}{s^3+5s^2+25s+5}$$

```
MATLAB Program 1-2
A=[0  1  0;  0    0  1;  -5  -25  -5];
B=[0;  25;  -120];
C=[1  0  0];
D=[0];
[num,den]=ss2tf(A,B,C,D)

num=

        0    -0.0000   25.0000   5.0000

den=

        1.0000      5.0000  25.0000   5.0000

%*****The same result can be obtained by entering the following
command*****

[num,den]=ss2tf(A,B,C,D,1)

num=

      0     -0.0000   25.0000   5.0000
den=

      1.0000    5.0000    25.0000    5.0000
```

例 6.6.2：考虑一个多输入–多输出系统。当系统输出多于一个时，MATLAB 命令为

```
[num, den] = ss2tf (A,B,C,D,iu)
```

对每个输入产生所有输出的传递函数（分子系数转变为具有与输出相同行的矩阵 num）。

考虑由下式定义的系统：

$$\begin{bmatrix} \dot{x}_1 \\ \dot{x}_2 \end{bmatrix} = \begin{bmatrix} 0 & 1 \\ -25 & -4 \end{bmatrix} \begin{bmatrix} x_1 \\ x_2 \end{bmatrix} + \begin{bmatrix} 1 & 1 \\ 0 & 1 \end{bmatrix} \begin{bmatrix} u_1 \\ u_2 \end{bmatrix}$$

$$\begin{bmatrix} y_1 \\ y_2 \end{bmatrix} = \begin{bmatrix} 1 & 0 \\ 0 & 1 \end{bmatrix} \begin{bmatrix} x_1 \\ x_2 \end{bmatrix} + \begin{bmatrix} 0 & 0 \\ 0 & 0 \end{bmatrix} \begin{bmatrix} u_1 \\ u_2 \end{bmatrix}$$

该系统有两个输入和两个输出，包括 4 个传递函数：$Y_1(s)/U_1(s)$、$Y_2(s)/U_1(s)$、$Y_1(s)/U_2(s)$ 和 $Y_2(s)/U_2(s)$（当考虑输入 u_1 时，可设 u_2 为零；反之亦然）。

解：MATLAB Program 1-3 将会产生出 4 个传递函数。

```
MATLAB Program 1-3

A=[0   1;  -25    -4];
B=[1   1;      0   1];
C=[1   0;  0     1];
D=[0   0;  0   0]
[num,den]=ss2tf(A,B,C,D,1)

num=

    0     1  4
 0     0  -25

den=

 1    4  25

[num,den]=ss2tf(A,B,C,D,2)

num=

     0    1.0000  5.0000
     0    1.0000  -25.000

den=

     1    4   25
```

以下就是 4 个传递函数的 MATLAB 表达式。

$$\frac{Y_1(s)}{U_1(s)}=\frac{s+4}{s^2+4s+25},\qquad \frac{Y_2(s)}{U_1(s)}=\frac{-25}{s^2+4s+25},$$

$$\frac{Y_1(s)}{U_2(s)}=\frac{s+5}{s^2+4s+25},\qquad \frac{Y_2(s)}{U_2(s)}=\frac{s-25}{s2+4s+25}$$

思考题

1．考虑以下系统的传递函数：

$$\frac{Y(s)}{U(s)}=\frac{s+6}{s^2+5s+6}$$

试求该系统状态空间表达式的能控标准型和能观测标准型。

2．考虑由下式定义的系统：

$$\dot{\boldsymbol{x}}=\boldsymbol{Ax}+\boldsymbol{Bu}$$
$$\boldsymbol{y}=\boldsymbol{Cx}$$

式中，

$$\boldsymbol{A}=\begin{bmatrix}1 & 2\\ -4 & -3\end{bmatrix},\boldsymbol{B}=\begin{bmatrix}1\\ 2\end{bmatrix},\boldsymbol{C}=\begin{bmatrix}1 & 1\end{bmatrix}$$

试将该系统的状态空间表达式变换为能控标准型。

3．考虑由下式定义的系统：

$$\begin{cases}\dot{\boldsymbol{x}}=\boldsymbol{Ax}+\boldsymbol{Bu}\\ \boldsymbol{y}=\boldsymbol{Cx}\end{cases}$$

式中，

$$\boldsymbol{A}=\begin{bmatrix}-1 & 0 & 1\\ 1 & -2 & 0\\ 0 & 0 & -3\end{bmatrix},\boldsymbol{B}=\begin{bmatrix}0\\ 0\\ 1\end{bmatrix},\boldsymbol{C}=\begin{bmatrix}1 & 1 & 0\end{bmatrix}$$

试求其传递函数。

4．考虑下列矩阵：

$$\boldsymbol{A}=\begin{bmatrix}0 & 1 & 0 & 0\\ 0 & 0 & 1 & 0\\ 0 & 0 & 0 & 1\\ 1 & 0 & 0 & 0\end{bmatrix}$$

试求矩阵 $\boldsymbol{A}$ 的特征值 λ_1、λ_2、λ_3 和 λ_4。再求变换矩阵 $\boldsymbol{P}$，使得

$$\boldsymbol{P}^{-1}\boldsymbol{AP} = \mathrm{diag}(\lambda_1, \lambda_2, \lambda_3, \lambda_4)$$

参考文献

[1] OGATA K. State Space Analysis of Control Systems[M]. State of New Jersey: Prentice Hall, 1967.

[2] 续方胜彦. 现代控制工程[M]. 卢伯英，等译. 北京：科学出版社，1976.

[3] 尤昌德. 线性系统理论基础[M]. 北京：电子工业出版社，1985.

[4] 常春馨. 现代控制理论基础[M]. 北京：机械工业出版社，1988.

[5] 陈哲. 现代控制理论基础[M]. 北京：冶金工业出版社，1987.

[6] T. E. 佛特曼，K.L. 海兹. 线性控制系统引论[M]. 吕林，等译. 北京：机械工业出版社，1975.

[7] 关肇直，陈翰馥. 线性控制系统的能控性和能观测性[M]. 北京：科学出版社，1975.

[8] KAIMAN R E, HO Y C, NARENDRA K S. Controllability of Linear Dynamic Systems[J]. Contributions to Differential Equations, 1963, 1.

[9] EVERLING W, LION M L. On the Evaluation of e^{AT} by Power Series[J]. Proceeding of the IEEE, 2005, 55(3): 413.

第 7 章 状态反馈和状态观测器设计

闭环系统性能与闭环极点（特征值）密切相关，经典控制理论用输出反馈或引入校正装置的方法来配置极点，以改善系统性能。现代控制理论由于采用了状态空间来描述系统，除利用输出反馈外，主要利用状态反馈来配置极点。采用状态反馈不但可以实现闭环系统极点的任意配置，还可以实现系统解耦合，形成最优控制规律。然而，系统的状态变量在工程实际中并不都是可测量的，于是 D.G.吕恩伯格、R.W.巴斯和 J.E.贝特朗等人提出了根据已知的输入和输出来估计系统状态的问题，即状态观测器的设计。

7.1 状态反馈与闭环系统极点的配置

7.1.1 状态反馈

1. 状态反馈的概念

状态反馈就是将系统的每个状态变量乘以相应的反馈系数，反馈到输入端，与参考输入相加，其和作为受控系统的输入。

设 SISO 系统的状态空间表达式为

$$\dot{\boldsymbol{x}} = \boldsymbol{A}\boldsymbol{x} + \boldsymbol{b}u$$
$$y = \boldsymbol{c}\boldsymbol{x}$$

状态反馈矩阵为$\boldsymbol{k}$，则状态反馈系统动态方程为

$$\dot{\boldsymbol{x}} = \boldsymbol{A}\boldsymbol{x} + \boldsymbol{b}(v - \boldsymbol{k}\boldsymbol{x}) = (\boldsymbol{A} - \boldsymbol{b}\boldsymbol{k})\boldsymbol{x} + \boldsymbol{b}v$$
$$y = \boldsymbol{c}\boldsymbol{x}$$

式中，$\boldsymbol{k}$ 为$1\times n$ 维矩阵，即 $\boldsymbol{k} = \begin{bmatrix} k_0 & k_1 & \cdots & k_{n-1} \end{bmatrix}$，称为状态反馈增益矩阵；$(\boldsymbol{A} - \boldsymbol{b}\boldsymbol{k})$ 称为闭环系统矩阵。

闭环特征多项式为$|\lambda \boldsymbol{I} - (\boldsymbol{A} - \boldsymbol{b}\boldsymbol{k})|$。

可见，引入状态反馈后，只改变了系统矩阵及其特征值，**b**、**c** 均无变化。

状态反馈系统结构图如图 7-1 所示。

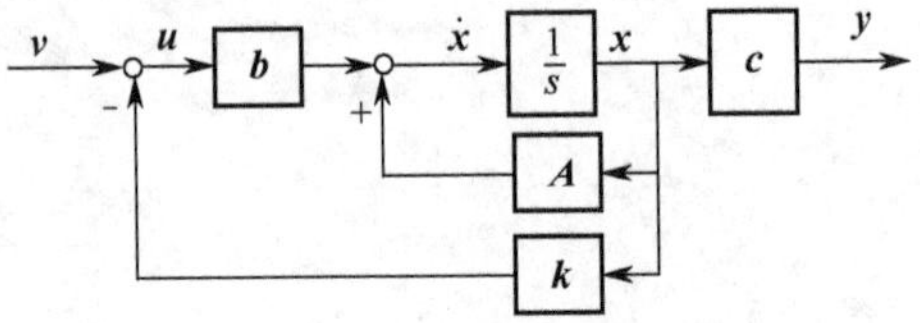

图 7-1　状态反馈系统结构图（一）

例 7.1.1：已知系统如下：

$$\dot{\boldsymbol{x}}=\begin{bmatrix}0 & 1 & 0\\ 0 & -1 & 1\\ 0 & 0 & -2\end{bmatrix}\boldsymbol{x}+\begin{bmatrix}0\\ 0\\ 1\end{bmatrix}\boldsymbol{u}$$

$$\boldsymbol{y}=\begin{bmatrix}4 & 0 & 0\end{bmatrix}\boldsymbol{x}$$

试画出状态反馈系统结构图。

解：$\boldsymbol{u}=\boldsymbol{v}-\boldsymbol{k}\boldsymbol{x}=\boldsymbol{v}-\begin{bmatrix}k_0 & k_1 & k_2\end{bmatrix}\boldsymbol{x}$

式中，$\boldsymbol{k}=\begin{bmatrix}k_0 & k_1 & k_2\end{bmatrix}$ 称为状态反馈系数矩阵或状态反馈增益矩阵。该系统的状态反馈系统结构图如图 7-2 所示。

$$\begin{cases}\dot{x}_1=x_2\\ \dot{x}_2=-x_2+x_3\\ \dot{x}_3=-2x_3+u\\ y=4x_1\end{cases}$$

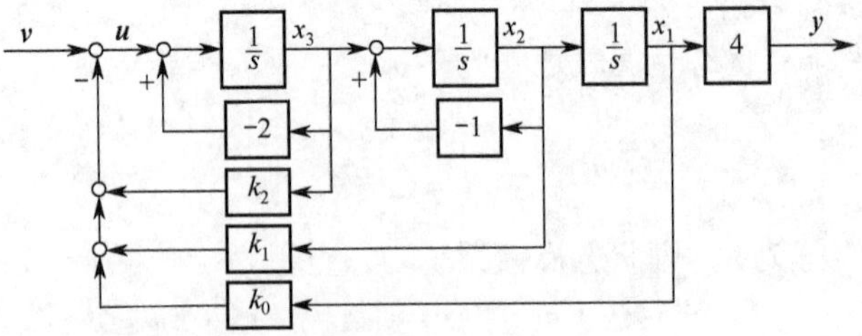

图 7-2　状态反馈系统结构图（二）

说明：如果系统为 r 维输入、m 维输出的 MIMO 系统，则反馈增益矩阵 $\boldsymbol{k}$ 是一个 $r\times m$ 维矩阵，即

$$\boldsymbol{k}=\begin{bmatrix} k_{11} & k_{12} & \cdots & k_{1m} \\ k_{21} & k_{22} & \cdots & k_{2m} \\ \vdots & \vdots & & \vdots \\ k_{r1} & k_{r2} & \cdots & k_{rm} \end{bmatrix}_{r\times m}$$

2. 状态反馈增益矩阵的计算

控制系统的品质很大程度上取决于该系统的极点在 s 平面上的位置。因此，对系统进行综合设计时，往往是给出一组期望的极点，或者根据时域指标提出一组期望的极点。所谓极点配置问题，就是通过对反馈增益矩阵 $\boldsymbol{k}$ 的设计，使闭环系统的极点恰好处于 s 平面上所期望的位置，以便获得期望的动态特性。

本节只讨论 SISO 系统的极点配置问题，因为 SISO 系统根据指定极点所设计的状态反馈增益矩阵是唯一的。

定理 7.1：

用状态反馈任意配置极点的充要条件是受控系统可控。

证明：

1）充分性

设受控系统可控，则一定可通过线性变换（即 $\boldsymbol{x}=\boldsymbol{P}\bar{\boldsymbol{x}}$）将 $\boldsymbol{A}$、$\boldsymbol{b}$ 转换为可控标准型。

$$\bar{\boldsymbol{A}}=\boldsymbol{P}^{-1}\boldsymbol{A}\boldsymbol{P}=\begin{bmatrix} 0 & 1 & 0 & \cdots & 0 \\ 0 & 0 & 1 & \cdots & 0 \\ \vdots & \vdots & \vdots & & \vdots \\ 0 & 0 & 0 & \cdots & 1 \\ -a_0 & -a_1 & -a_2 & \cdots & -a_{n-1} \end{bmatrix}$$

$$\bar{\boldsymbol{b}}=\boldsymbol{P}^{-1}\boldsymbol{b}=\begin{bmatrix} 0 \\ 0 \\ \vdots \\ 0 \\ 1 \end{bmatrix}$$

$$\bar{\boldsymbol{C}}=\boldsymbol{C}\boldsymbol{P}=\begin{bmatrix} \beta_0 & \beta_1 & \cdots & \beta_{n-1} \end{bmatrix}$$

在变换后引入状态反馈增益矩阵 $\bar{\boldsymbol{k}}$：

$$\bar{\boldsymbol{k}}=\begin{bmatrix} \bar{k}_0 & \bar{k}_1 & \cdots & \bar{k}_{n-1} \end{bmatrix}$$

$$\boldsymbol{u}=\boldsymbol{v}-\bar{\boldsymbol{k}}\bar{\boldsymbol{x}}$$

故变换后的状态反馈系统的动态方程为

$$\dot{\bar{x}} = (\bar{A} - \bar{b}\bar{k})\bar{x} + \bar{b}v$$
$$y = \bar{c}\bar{x}$$

式中，

$$\bar{A} - \bar{b}\bar{k} = \begin{bmatrix} 0 & 1 & 0 & \cdots & 0 \\ 0 & 0 & 1 & \cdots & 0 \\ \vdots & \vdots & \vdots & & \vdots \\ 0 & 0 & 0 & \cdots & 1 \\ -a_0 - \bar{k}_0 & -a_1 - \bar{k}_1 & -a_2 - \bar{k}_2 & \cdots & -a_{n-1} - \bar{k}_{n-1} \end{bmatrix}$$

闭环特征多项式为

$$f(\lambda) = \left|\lambda \boldsymbol{I} - (\bar{A} - \bar{b}\bar{k})\right| = \lambda^n + (a_{n-1} + \bar{k}_{n-1})\lambda^{n-1} + \cdots + (a_1 + \bar{k}_1)\lambda + (a_0 + \bar{k}_0)$$

设闭环系统的期望极点为$\lambda_1, \lambda_2, \cdots, \lambda_n$，则系统的期望特征多项式为

$$\begin{aligned} f^*(\lambda) &= (\lambda - \lambda_1)(\lambda - \lambda_2)\cdots(\lambda - \lambda_n) \\ &= \lambda^n + a_{n-1}^*\lambda^{n-1} + \cdots + a_1^*\lambda + a_0^* \end{aligned}$$

欲使闭环系统的极点取期望值，只需令

$$f(\lambda) = f^*(\lambda)$$

即

$$\begin{cases} a_{n-1} + \bar{k}_{n-1} = a_{n-1}^* \\ \quad\vdots \\ a_1 + \bar{k}_1 = a_1^* \\ a_0 + \bar{k}_0 = a_0^* \end{cases}$$

只要适当选择$\bar{k}_0, \bar{k}_1, \cdots, \bar{k}_{n-1}$，就可以任意配置闭环极点。

2）必要性

若受控系统不可控，必有状态变量与$\boldsymbol{u}$无关，则$\bar{\boldsymbol{k}} = \begin{bmatrix} \bar{k}_0 & \bar{k}_1 & \cdots & \bar{k}_{n-1} \end{bmatrix}$，$\boldsymbol{u} = \boldsymbol{v} - \bar{\boldsymbol{k}}\bar{\boldsymbol{x}}$中一定有元素不存在，所以，不可控子系统的特征值不可能重新配置。

按指定极点配置设计状态反馈增益矩阵$\boldsymbol{k}$的一般步骤如下。

（1）对给定可控系统$\sum(\boldsymbol{A},\boldsymbol{b},\boldsymbol{c})$进行$\boldsymbol{P}$变换，即$\boldsymbol{x} = \boldsymbol{P}\bar{\boldsymbol{x}}$，化成可控标准型：

$$\dot{\bar{x}} = \bar{A}\bar{x} + \bar{b}u$$
$$y = \bar{c}\bar{x}$$

式中，$\bar{\boldsymbol{A}} = \boldsymbol{P}^{-1}\boldsymbol{A}\boldsymbol{P}$，$\bar{\boldsymbol{b}} = \boldsymbol{P}^{-1}\boldsymbol{b}$，$\bar{\boldsymbol{c}} = \boldsymbol{c}\boldsymbol{P}$。

（2）导出在可控标准型下的闭环系统的特征多项式：

$$f(\lambda)=\lambda^n+(a_{n-1}+\bar{k}_{n-1})\lambda^{n-1}+\cdots+(a_1+\bar{k}_1)\lambda+(a_0+\bar{k}_0)$$

（3）根据闭环系统极点的期望值，导出闭环系统的期望特征多项式：

$$f^*(\lambda)=\lambda^n+a_{n-1}^*\lambda^{n-1}+\cdots+a_1^*\lambda+a_0^*$$

（4）确定对于可控标准型下的状态变量 $\bar{\boldsymbol{x}}$ 的反馈增益矩阵 $\bar{\boldsymbol{k}}$ ：

$$f(\lambda)=f^*(\lambda)$$

$$\bar{\boldsymbol{k}}=\begin{bmatrix}(a_0^*-a_0) & (a_1^*-a_1) & \cdots & (a_{n-1}^*-a_{n-1})\end{bmatrix}$$

（5）把 $\bar{\boldsymbol{k}}$ 转化成给定状态变量 $\boldsymbol{x}$ 对应的 $\boldsymbol{k}$ ：

$$\boldsymbol{k}=\bar{\boldsymbol{k}}\boldsymbol{P}^{-1}$$

例 7.1.2：已知 SISO 系统的传递函数为

$$G(s)=\frac{10}{s(s+1)(s+2)}$$

其状态反馈系统结构图如图 7-3 所示，设闭环系统的期望极点为−2、$-1\pm \mathrm{j}$，试设计状态反馈增益矩阵 $\boldsymbol{k}$ 。

解：由于 SISO 系统的 $G(s)$ 无零极点对消，故系统可控。可直接写出可控标准型如下：

$$\dot{\boldsymbol{x}}=\begin{bmatrix}0 & 1 & 0\\ 0 & 0 & 1\\ 0 & -2 & -3\end{bmatrix}\boldsymbol{x}+\begin{bmatrix}0\\ 0\\ 1\end{bmatrix}\boldsymbol{u}$$

$$\boldsymbol{y}=\begin{bmatrix}10 & 0 & 0\end{bmatrix}\boldsymbol{x}$$

设状态反馈增益矩阵 $\boldsymbol{k}$ 为

$$\boldsymbol{k}=\begin{bmatrix}k_0 & k_1 & k_2\end{bmatrix}$$

状态反馈系统的特征方程为

$$f(\lambda)=\left|\lambda\boldsymbol{I}-(\boldsymbol{A}-\boldsymbol{bk})\right|=\lambda^3+(3+k_2)\lambda^2+(2+k_1)\lambda+k_0=0$$

期望闭环极点对应的闭环系统期望特征方程为

$$f^*(\lambda)=(\lambda+2)(\lambda+1-\mathrm{j})(\lambda+1+\mathrm{j})=\lambda^3+4\lambda^2+6\lambda+4=0$$

令 $f(\lambda)=f^*(\lambda)$，可得

$$\begin{cases} k_0 = 4 \\ 2 + k_1 = 6 \\ 3 + k_2 = 4 \end{cases} \Rightarrow \begin{cases} k_0 = 4 \\ k_1 = 4 \\ k_2 = 1 \end{cases}$$

故 $\boldsymbol{k} = \begin{bmatrix} 4 & 4 & 1 \end{bmatrix}$。

结论：

求解实际问题的状态反馈增益矩阵 $\boldsymbol{k}$ 时，没必要像定理 7.1 证明那样去进行可控标准型的变换，只要先验证受控系统可控，并计算 $f(\lambda) = |\lambda \boldsymbol{I} - (\boldsymbol{A} - \boldsymbol{bk})|$ 及期望特征多项式 $f^*(\lambda)$，由 $f(\lambda) = f^*(\lambda)$，便可确定状态反馈增益矩阵 $\boldsymbol{k} = \begin{bmatrix} k_0 & k_1 & \cdots & k_{n-1} \end{bmatrix}$。

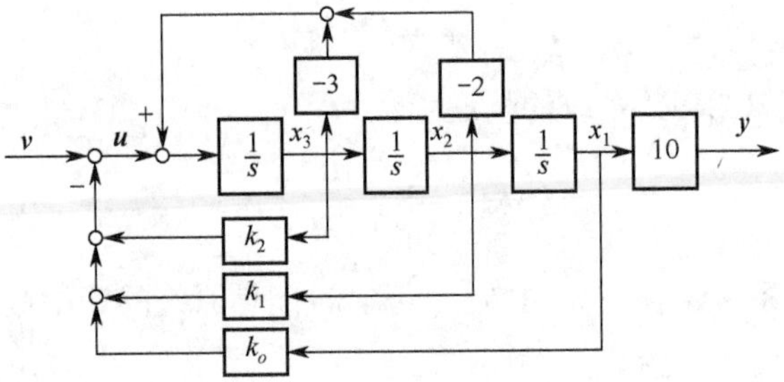

图 7-3　状态反馈系统结构图（三）

7.1.2　闭环系统期望极点的选取

总体来说，系统的性能主要取决于闭环主导极点，而远极点只有微小的影响。也就是说，可以把系统看作一个其极点就是主导极点对的二阶系统。

可根据动态指标 $\sigma\%$ 和 t_s 来确定期望主导极点的位置。

$$\sigma\% = \mathrm{e}^{-\pi\xi / \sqrt{1-\xi^2}} \times 100\% \qquad (0 < \xi < 1)$$

$$t_s = \frac{4.5}{\xi w_n} \qquad (\pm 2\%)$$

$$\lambda_{1,2} = -\xi w_n \pm \mathrm{j} w_n \sqrt{1-\xi^2} \qquad (\lambda_{1,2} \text{为期望的主导极点})$$

例 7.1.3：试设计图 7-4 所示的状态反馈增益矩阵 $\boldsymbol{k}$，使闭环系统满足下列动态指标：

（1）输出超调量 $\sigma\% \leqslant 4.32\%$。

（2）调节时间 $t_s \leqslant 0.5$ s。

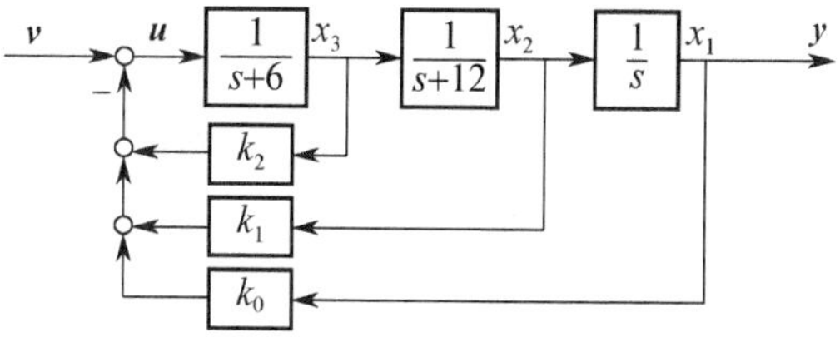

图 7-4　状态反馈系统结构图（四）

解：确定闭环系统的期望主导极点 λ_1 和 λ_2，由

$$\sigma\% = \mathrm{e}^{-\pi\xi/\sqrt{1-\xi^2}} \times 100\% \leqslant 4.32\%$$

$$t_s = \frac{4.5}{\xi w_n} \leqslant 0.5 \ \ (\mathrm{s})$$

解出 $\xi \geqslant 0.707$，$\xi w_n \geqslant 9.0$，则

$$\lambda_{1,2} = -\xi w_n \pm \mathrm{j} w_n \sqrt{1-\xi^2} = -9 \pm \mathrm{j}9$$

令第三个极点 $\lambda_3 = 10\,\mathrm{Re}[\lambda_1] = -90$，

故

$$f^*(\lambda) = (\lambda+90)(\lambda+9-\mathrm{j}9)(\lambda+9+\mathrm{j}9) = \lambda^3 + 108\lambda^2 + 1782\lambda + 14580$$

$$f(\lambda) = |\lambda \boldsymbol{I} - (\boldsymbol{A} - \boldsymbol{bk})| = \left\| \begin{bmatrix} \lambda & 0 & 0 \\ 0 & \lambda & 0 \\ 0 & 0 & \lambda \end{bmatrix} - \begin{bmatrix} 0 & 1 & 0 \\ 0 & -12 & 1 \\ 0 & 0 & -6 \end{bmatrix} + \begin{bmatrix} 0 & 0 & 0 \\ 0 & 0 & 0 \\ k_0 & k_1 & k_2 \end{bmatrix} \right\|$$

$$= \lambda^3 + (18+k_2)\lambda^2 + (72+k_1+12k_2)\lambda + k_0$$

由 $f(\lambda) = f^*(\lambda)$，有

$$\begin{cases} k_0 = 14580 \\ 72 + k_1 + 12k_2 = 1782 \\ 18 + k_2 = 108 \end{cases} \Rightarrow \begin{cases} k_0 = 14580 \\ k_1 = 430 \\ k_2 = 90 \end{cases}$$

故 $\boldsymbol{k} = [k_0 \quad k_1 \quad k_2] = [14580 \quad 430 \quad 90]$。

7.2　状态观测器的设计

状态观测器又称状态估计器、状态重构器。本节只讨论系统在无噪声干扰条件下的状态观测器设计问题。

当利用状态反馈配置系统极点时，需要用传感器测量状态变量以便实现反馈。但在许多情况下，通常只有被控对象的输入变量和输出变量可以用传感器测量，而多数状态变量不易测得或不可能测得，于是提出了利用输入变量和输出变量建立状态观测器而重构状态的问题。

7.2.1 全维状态观测器

全维状态观测器：重构状态向量的维数等于受控系统状态向量的维数。

全维状态观测器原理结构图如图 7-5 所示。

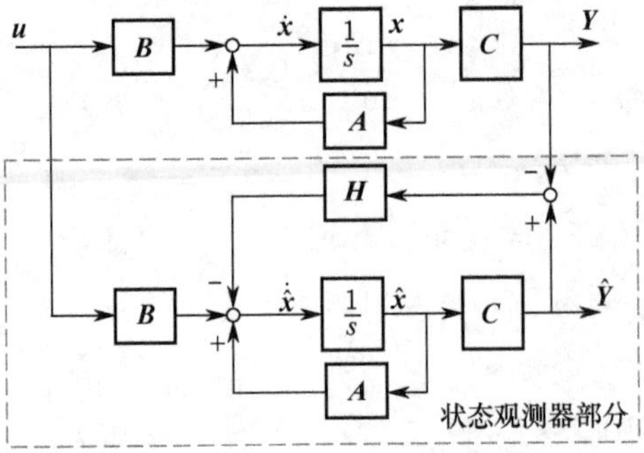

图 7-5 全维状态观测器原理结构图

原受控系统动态方程为

$$\dot{x} = Ax + Bu$$

$$y = Cx$$

全维状态观测器的动态方程为

$$\dot{\hat{x}} = A\hat{x} + Bu - H(\hat{Y} - Y)$$

也可写成

$$\begin{aligned}\dot{\hat{x}} &= A\hat{x} + Bu - HC(\hat{x} - x)\\ &= (A - HC)\hat{x} + Bu + HY\end{aligned}$$

式中，$(A-HC)$ 为全维状态观测器系统矩阵；$H_{n\times q}$ 为 $n\times q$ 维矩阵；n 为受控系统的特征多项式最高次幂；q 为输出向量维数。

然后，分析在任意初始条件下，当 $\hat{x}(t_0)$ 与 $x(t_0)$ 不同时，仍能满足

$$\lim_{t\to\infty}(\hat{x}-x)=0$$

分析：由于

$$\begin{cases}\dot{\boldsymbol{x}}=\boldsymbol{A}\boldsymbol{x}+\boldsymbol{B}\boldsymbol{u}\\ \dot{\hat{\boldsymbol{x}}}=(\boldsymbol{A}-\boldsymbol{H}\boldsymbol{C})\hat{\boldsymbol{x}}+\boldsymbol{B}\boldsymbol{u}+\boldsymbol{H}\boldsymbol{C}\boldsymbol{x}\end{cases}$$

故

$$(\dot{\hat{\boldsymbol{x}}}-\dot{\boldsymbol{x}})=(\boldsymbol{A}-\boldsymbol{H}\boldsymbol{C})\hat{\boldsymbol{x}}-(\boldsymbol{A}-\boldsymbol{H}\boldsymbol{C})\boldsymbol{x}=(\boldsymbol{A}-\boldsymbol{H}\boldsymbol{C})(\hat{\boldsymbol{x}}-\boldsymbol{x})$$

上述方程的解为

$$\hat{\boldsymbol{x}}-\boldsymbol{x}=\mathrm{e}^{(\boldsymbol{A}-\boldsymbol{H}\boldsymbol{C})(t-t_0)}[\hat{\boldsymbol{x}}(t_0)-\boldsymbol{x}(t_0)]$$

当 $\hat{x}(t_0)=x(t_0)$ 时，恒有 $\hat{x}(t)=x(t)$，所引入的输出反馈并不起作用；当 $\hat{x}(t_0)\neq x(t_0)$ 时，为使 $\hat{x}(t)=x(t)$，输出反馈起作用。这时只要 $(\boldsymbol{A}-\boldsymbol{H}\boldsymbol{C})$ 的特征值具有负实部，当 $t\to\infty$ 时，总有

$$\lim_{t\to\infty}(\hat{x}-x)=0$$

成立。

定理 7.2：

若受控系统 $\sum_0(\boldsymbol{A},\boldsymbol{B},\boldsymbol{C})$ 可观测，则其状态可用形如

$$\dot{\hat{\boldsymbol{x}}}=\boldsymbol{A}\hat{\boldsymbol{x}}+\boldsymbol{B}\boldsymbol{u}-\boldsymbol{H}\boldsymbol{C}(\hat{\boldsymbol{x}}-\boldsymbol{x})=(\boldsymbol{A}-\boldsymbol{H}\boldsymbol{C})\hat{\boldsymbol{x}}+\boldsymbol{B}\boldsymbol{u}+\boldsymbol{H}\boldsymbol{Y}$$

的全维状态观测器给出估值。矩阵 $\boldsymbol{H}$ 可按任意配置极点的需要来选择。

例 7.2.1： 已知受控系统传递函数为

$$G(s)=\frac{2}{(s+1)(s+2)}$$

若其状态不能直接测量，试设计一个状态观测器，使 $(\boldsymbol{A}-\boldsymbol{H}\boldsymbol{C})$ 的极点配置在 $\lambda_1=\lambda_2=-10$，并画出该状态观测器结构图。

解：

（1）列出受控系统的状态空间表达式 $\sum_0(\boldsymbol{A},\boldsymbol{B},\boldsymbol{C})$。因 $G(s)$ 不存在零极点对消，故系统可控可观测（注意：设计状态观测器的前提是系统完全可观测）。可控标准型为

$$\dot{\boldsymbol{x}}=\begin{bmatrix}0 & 1\\ -2 & -3\end{bmatrix}\boldsymbol{x}+\begin{bmatrix}0\\ 1\end{bmatrix}\boldsymbol{u}$$

$$\boldsymbol{y}=\begin{bmatrix}2 & 0\end{bmatrix}\boldsymbol{x}$$

（2）由于 $n=2$，$q=1$，故

$$\boldsymbol{H}=\begin{bmatrix}h_0\\ h_1\end{bmatrix}_{2\times 1}$$

（3）全维状态观测器系统矩阵为

$$\boldsymbol{A}-\boldsymbol{HC}=\begin{bmatrix}0 & 1\\ -2 & -3\end{bmatrix}-\begin{bmatrix}h_0\\ h_1\end{bmatrix}\begin{bmatrix}2 & 0\end{bmatrix}=\begin{bmatrix}-2h_0 & 1\\ -2-2h_1 & -3\end{bmatrix}$$

（4）全维状态观测器特征多项式为

$$f(\lambda)=\left|\lambda\boldsymbol{I}-(\boldsymbol{A}-\boldsymbol{HC})\right|=\lambda^2+(2h_0+3)\lambda+(6h_0+2h_1+2)$$

（5）期望特征多项式为

$$f^*(\lambda)=(\lambda+10)^2=\lambda^2+20\lambda+100$$

（6）令 $f(\lambda)=f^*(\lambda)$，有

$$\begin{cases}6h_0+2h_1+2=100\\ 2h_0+3=20\end{cases}\Rightarrow\begin{cases}h_0=8.5\\ h_1=23.5\end{cases}$$

故

$$\boldsymbol{H}=\begin{bmatrix}h_0\\ h_1\end{bmatrix}=\begin{bmatrix}8.5\\ 23.5\end{bmatrix}$$

则该状态观测器结构图如图 7-6 所示。

例 7.2.2：已知 SISO 系统的动态方程为

$$\dot{\boldsymbol{x}}=\begin{bmatrix}1 & 0 & 0\\ 3 & -1 & 1\\ 0 & 2 & 0\end{bmatrix}\boldsymbol{x}+\begin{bmatrix}2\\ 1\\ 1\end{bmatrix}\boldsymbol{u}$$

$$\boldsymbol{y}=\begin{bmatrix}0 & 0 & 1\end{bmatrix}\boldsymbol{x}$$

试设计一个状态观测器，使 $(\boldsymbol{A}-\boldsymbol{HC})$ 的极点配置在 $-3,-4,-5$，并画出该状态观测器结构图。

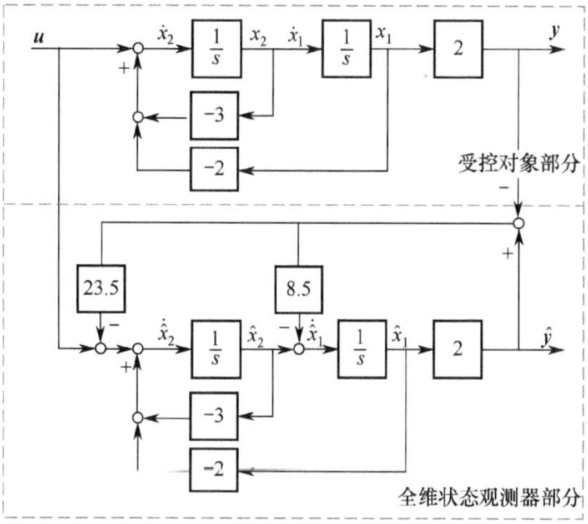

图 7-6　状态观测器结构图（一）

解：

（1）判别可观测性：

$$\boldsymbol{Q}=\begin{bmatrix}\boldsymbol{c}\\ \boldsymbol{cA}\\ \boldsymbol{cA}^2\end{bmatrix}=\begin{bmatrix}0&0&1\\0&2&0\\6&-2&2\end{bmatrix}$$，$\text{rank}\boldsymbol{Q}=3$，故系统状态完全可观测。

（2）由于 $n=3$，$q=1$，故

$$\boldsymbol{H}=\begin{bmatrix}h_0\\h_1\\h_2\end{bmatrix}$$

（3）全维状态观测器的特征多项式为

$$f(\lambda)=\left|\lambda\boldsymbol{I}-(\boldsymbol{A}-\boldsymbol{HC})\right|=\lambda^3+h_2\lambda^2+(2h_1-3)\lambda+(6h_0-2h_1-h_2+2)$$

（4）期望特征多项式为

$$f^*(\lambda)=(\lambda+3)(\lambda+4)(\lambda+5)=\lambda^3+12\lambda^2+47\lambda+60$$

（5）令 $f(\lambda)=f^*(\lambda)$，有 $h_0=20$，$h_1=25$，$h_2=12$，所以

$$\boldsymbol{H}=\begin{bmatrix}h_0\\h_1\\h_2\end{bmatrix}=\begin{bmatrix}20\\25\\12\end{bmatrix}$$

则该状态观测器结构图如图 7-7 所示。

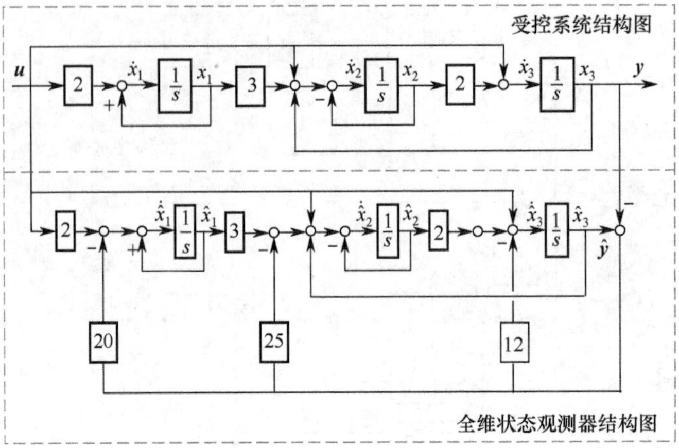

图 7-7　状态观测器结构图（二）

7.2.2　极点配置的 MATLAB 实现

基于状态反馈的极点配置法，就是通过状态反馈将系统的闭环极点配置到期望的极点位置上，从而使系统特性满足要求。

1. 极点配置原理

假设原系统的状态空间模型为

$$\begin{cases}\dot{\boldsymbol{x}} = \boldsymbol{Ax} + \boldsymbol{Bu} \\ \boldsymbol{y} = \boldsymbol{Cx}\end{cases}$$

若系统是完全可控的，则可引入状态反馈调节器，且

$$\text{input} = \boldsymbol{u} - \boldsymbol{Kx}$$

这时，闭环系统的状态空间模型为

$$\begin{cases}\dot{\boldsymbol{x}} = (\boldsymbol{A} - \boldsymbol{BK})\boldsymbol{x} + \boldsymbol{Bu} \\ \boldsymbol{y} = \boldsymbol{Cx}\end{cases}$$

2. 极点配置的 MATLAB 函数

在 MATLAB 控制工具箱中，直接用于系统极点配置的函数有 acker( )和 place( )，调用格式为

```
K=acker(A,C,P)
```

用于单输入单输出系统。其中，$\boldsymbol{A}$、$\boldsymbol{C}$ 为系统矩阵，$\boldsymbol{P}$ 为期望极点向量，$\boldsymbol{K}$ 为反馈增益向量。

```
K=place(A,B,P)
(K,prec,message)=place(A,B,P)
```

place( )用于单输入或多输入系统。prec 为实际极点偏离期望极点位置的误差；message 是当系统某一非零极点偏离期望位置大于 10%时给出的警告信息。

3. 极点配置步骤

（1）获得系统闭环的状态空间方程。

（2）根据系统性能要求，确定系统期望极点向量 $\boldsymbol{P}$。

（3）利用 MATLAB 极点配置设计函数求取系统反馈增益矩阵 $\boldsymbol{K}$。

（4）检验系统性能。

定理 7.3： 系统可以任意配置观测器极点的充分必要条件是（$\boldsymbol{C},\boldsymbol{A}$）能观。

观测器的增益矩阵可以按照极点配置方法来设计，求解 $(\boldsymbol{A}^{\mathrm{T}}, \boldsymbol{C}^{\mathrm{T}})$ 的极点配置问题，得到增益矩阵 $\boldsymbol{K}$；观测器增益矩阵 $\boldsymbol{L}=\boldsymbol{K}^{\mathrm{T}}$ 。

例 7.2.3： 考虑由以下系数矩阵给定的系统

$$\boldsymbol{A}=\begin{bmatrix}0 & 1\\ -1 & 0\end{bmatrix},\boldsymbol{B}=\begin{bmatrix}1\\ 0\end{bmatrix},\boldsymbol{C}=\begin{bmatrix}1 & 0\end{bmatrix}$$

设计一个观测器，使观测器两个极点都是−2。

解： 检验系统的能观性：

$$\Gamma_0\begin{bmatrix}\boldsymbol{A} & \boldsymbol{C}\end{bmatrix}=\begin{bmatrix}\boldsymbol{C}\\ \boldsymbol{CA}\end{bmatrix}=\begin{bmatrix}1 & 0\\ 0 & 1\end{bmatrix}$$

系统是能观的，因此问题可解。

要求确定观测器增益矩阵：

$$\boldsymbol{L}=\begin{bmatrix}l_1\\ l_2\end{bmatrix}$$

使得矩阵 $\boldsymbol{A}-\boldsymbol{LC}$ 具有两个相同的特征值−2。由于

$$\begin{aligned}\det\left[\lambda\boldsymbol{I}-(\boldsymbol{A}-\boldsymbol{LC})\right]&=\det\left(\begin{bmatrix}\lambda & 0\\ 0 & \lambda\end{bmatrix}-\begin{bmatrix}0 & 1\\ -1 & 0\end{bmatrix}+\begin{bmatrix}l_1\\ l_2\end{bmatrix}\begin{bmatrix}1 & 0\end{bmatrix}\right)\\ &=\det\left(\begin{bmatrix}\lambda+l_1 & -1\\ 1+l_2 & \lambda\end{bmatrix}\right)\\ &=\lambda^2+l_1\lambda+1+l_2\end{aligned}$$

期望的特征值多项式为

$$(\lambda+2)(\lambda+2)=\lambda^2+4\lambda+4$$

比较两个多项式，可以得到

$$l_1=4, l_2=3 \Rightarrow \boldsymbol{L}=\begin{bmatrix}4\\3\end{bmatrix}$$

所求的观测器为

$$\begin{aligned}\dot{\hat{\boldsymbol{x}}}&=(\boldsymbol{A}-\boldsymbol{LC})\hat{\boldsymbol{x}}+\boldsymbol{Bu}+\boldsymbol{Ly}\\&=\left(\begin{bmatrix}0&1\\-1&0\end{bmatrix}-\begin{bmatrix}4\\3\end{bmatrix}\begin{bmatrix}1&0\end{bmatrix}\right)\hat{\boldsymbol{x}}+\begin{bmatrix}1\\0\end{bmatrix}\boldsymbol{u}+\begin{bmatrix}4\\3\end{bmatrix}\boldsymbol{y}\\&=\begin{bmatrix}-4&1\\-4&0\end{bmatrix}\hat{\boldsymbol{x}}+\begin{bmatrix}1\\0\end{bmatrix}\boldsymbol{u}+\begin{bmatrix}4\\3\end{bmatrix}\boldsymbol{y}\end{aligned}$$

也可利用 MATLAB 命令来计算观测器增益矩阵：

```
L=(acker(A',C',V))'
L=(place(A',C',V))'
```

观测器设计时注意的问题如下。

（1）观测器极点比系统极点快 2～7 倍。

（2）并非越快越好。

例 7.2.4： 某系统

$$\dot{\boldsymbol{x}}=\begin{bmatrix}-1&-2&-2\\0&-1&1\\1&0&-1\end{bmatrix}\boldsymbol{x}+\begin{bmatrix}2\\0\\1\end{bmatrix}\boldsymbol{u}$$

$$\boldsymbol{y}=\begin{bmatrix}1&0&0\end{bmatrix}\boldsymbol{x}$$

解： 首先对系统的能控性进行判断，以编程方式实现：

```
a=[-1 -2 -2;0 -1 1;1 0 -1];
b=[2;0;1];
q=[b a*b a^2*b]
rank(q)
```

计算结果为

$$\boldsymbol{q}=\begin{bmatrix}2&-4&0\\0&1&0\\1&1&-5\end{bmatrix}$$

矩阵 $\boldsymbol{q}$ 的秩为 3，因此该系统为完全能控型系统，在满足系统要求的前提下，理论上能任意配置期望极点。

观测器的设计如下。

首先检验系统是否完全能观。

```
a=[-1 -2 -2;0 -1 1;1 0 -1];
c=[1 0 0];
q=[c;c*a;c*a*a]
rank(q)
```

$$\boldsymbol{q}=\begin{bmatrix}1 & 0 & 0\\ -1 & -2 & -2\\ -1 & 4 & 2\end{bmatrix}$$

```
rank(q)=3
```

说明系统是完全能观的。

下面是观测器期望极点选择，观测器的响应速度要比闭环系统快，加上干扰抑制，一般极点为闭环极点的 2～7 倍。

根据主导二阶极点方法所配置的极点为 s_1=−4，$s_{2,3}$=−1±0.88i

选择观测器极点为 s_1=−12，$s_{2,3}$=−3±0.88i

由此可进一步求出观测器增益矩阵 $\boldsymbol{L}$。

```
a=[-1 -2 -2;0 -1 1;1 0 -1];
c=[1 0 0];
pe=[-12;-3+0.88*i;-3-0.88*i];
lt=acker(a',c',pe);
l=lt'
```

求得 $\boldsymbol{L}$=[17　1.872　−27.2792]。

下面构建 Simulink 图，如图 7-8 所示，据此观察观测器的跟踪能力。

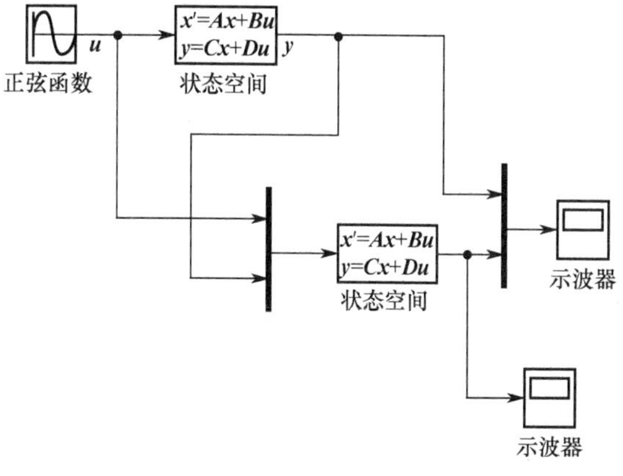

图 7-8　Simulink 图

跟踪效果图如图 7-9 所示。

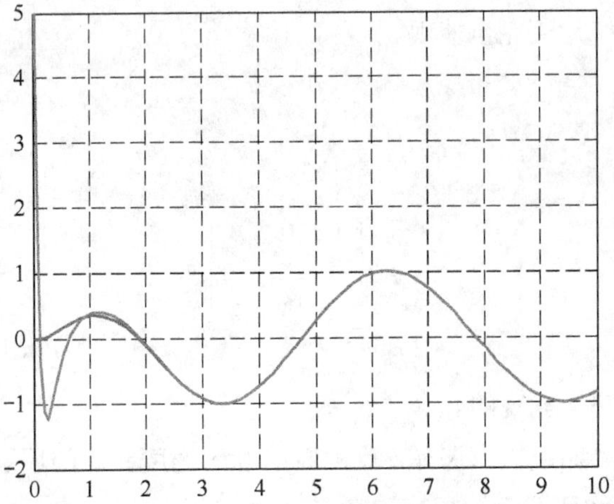

图 7-9　跟踪效果图

可见，单路跟踪效果较好。

利用状态空间，可以方便地设计全维状态观测器，其设计图如图 7-10 所示。

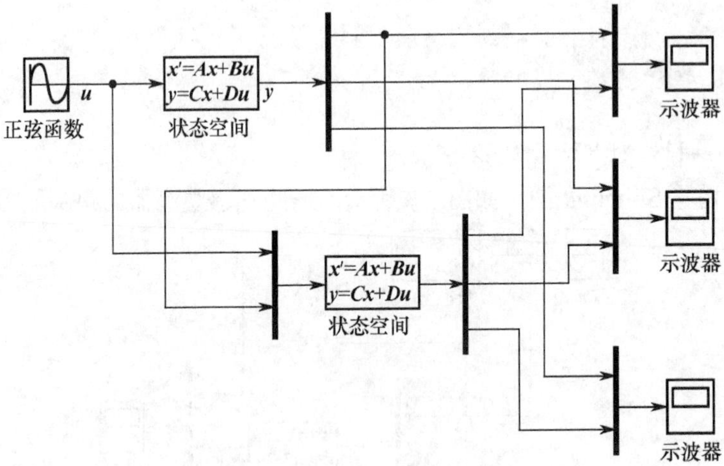

图 7-10　全维状态观测器设计图

各路跟踪效果如图 7-11～图 7-13 所示。

据此发现观测器跟踪效果较好。

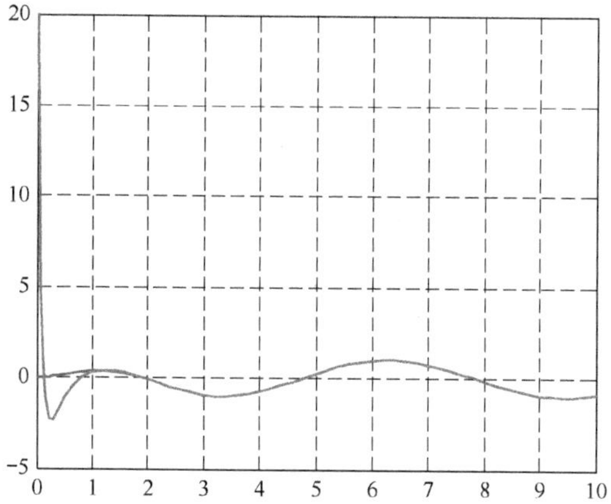

图 7-11　跟踪效果图（一）

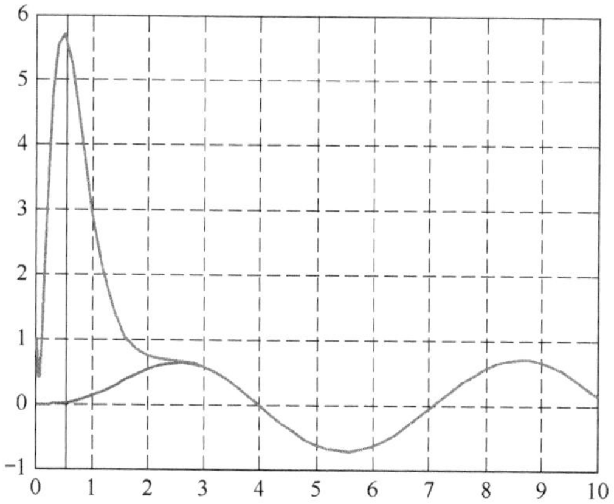

图 7-12　跟踪效果图（二）

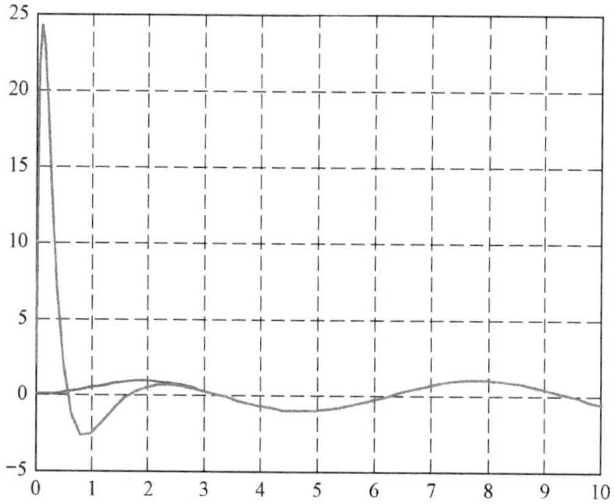

图 7-13　跟踪效果图（三）

利用状态估计值的反馈控制器为

$$\dot{\hat{\boldsymbol{x}}}=(\boldsymbol{A}-\boldsymbol{LC}-\boldsymbol{BK})\hat{\boldsymbol{x}}+\boldsymbol{Ly}$$

$$\boldsymbol{u}=-\boldsymbol{K}\hat{\boldsymbol{x}}$$

基于观测器的输出反馈控制系统结构图如图 7-14 所示。

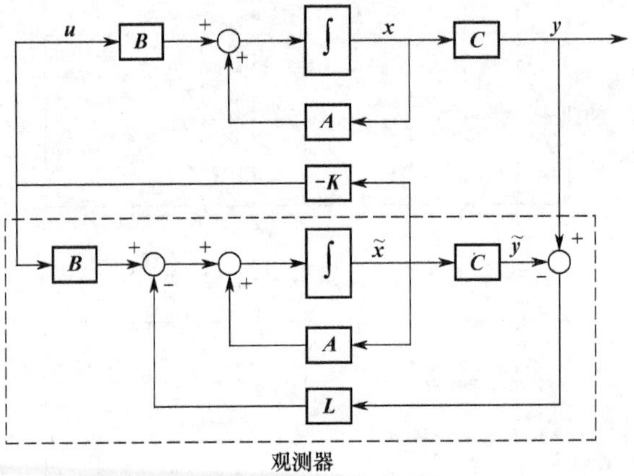

图 7-14　基于观测器的输出反馈控制系统结构图

例 7.2.5： 系统状态空间模型的系数矩阵为

$$\boldsymbol{A}=\begin{bmatrix}0 & 1\\ -1 & 0\end{bmatrix},\boldsymbol{B}=\begin{bmatrix}1\\ 0\end{bmatrix},\boldsymbol{C}=\begin{bmatrix}1 & 0\end{bmatrix}$$

系统能控、能观。

状态反馈控制器为

$$\boldsymbol{u}=-\begin{bmatrix}k_1 & k_2\end{bmatrix}\boldsymbol{x}$$

闭环矩阵为

$$\begin{bmatrix}0 & 1\\ -1 & 0\end{bmatrix}-\begin{bmatrix}1\\ 0\end{bmatrix}\begin{bmatrix}k_1 & k_2\end{bmatrix}=\begin{bmatrix}-k_1 & 1-k_2\\ -1 & 0\end{bmatrix}$$

特征多项式为

$$\lambda^2+k_1\lambda+1-k_2$$

选取

$$\boldsymbol{K}=\begin{bmatrix}k_1 & k_2\end{bmatrix}=\begin{bmatrix}1 & -1\end{bmatrix}$$

则闭环极点状态不可测，设计状态观测器。

选取观测器极点：

$$\mu_1=-2,\ \mu_2=-2$$

应用极点配置方法，可得观测器增益矩阵为

$$L=\begin{bmatrix}4 & 3\end{bmatrix}^{\mathrm{T}}$$

观测器模型为

$$\dot{\hat{x}}=\begin{bmatrix}-4 & 1\\ -4 & 0\end{bmatrix}\hat{x}+\begin{bmatrix}1\\ 0\end{bmatrix}u+\begin{bmatrix}4\\ 3\end{bmatrix}y$$

根据分离性原理，由以上分别得到的状态反馈和观测器增益矩阵可构造基于观测器的输出反馈控制器：

$$\dot{\hat{x}}=\begin{bmatrix}-5 & 2\\ -4 & 0\end{bmatrix}\hat{x}+\begin{bmatrix}4\\ 3\end{bmatrix}y$$

$$u=-\begin{bmatrix}1 & -1\end{bmatrix}\hat{x}$$

系统的动态特性为

$$\begin{bmatrix}\dot{x}\\ \dot{e}\end{bmatrix}=\begin{bmatrix}A-BK & BK\\ 0 & A-LC\end{bmatrix}\begin{bmatrix}x\\ e\end{bmatrix}=\begin{bmatrix}-1 & 2 & 1 & -1\\ -1 & 0 & 0 & 0\\ 0 & 0 & -4 & 1\\ 0 & 0 & -4 & 0\end{bmatrix}\begin{bmatrix}x\\ e\end{bmatrix}$$

对象和误差的初始条件为

$$x(0)=\begin{bmatrix}1\\ 0\end{bmatrix},e(0)=\begin{bmatrix}0.5\\ 0\end{bmatrix}$$

系统曲线图如图 7-15 所示。

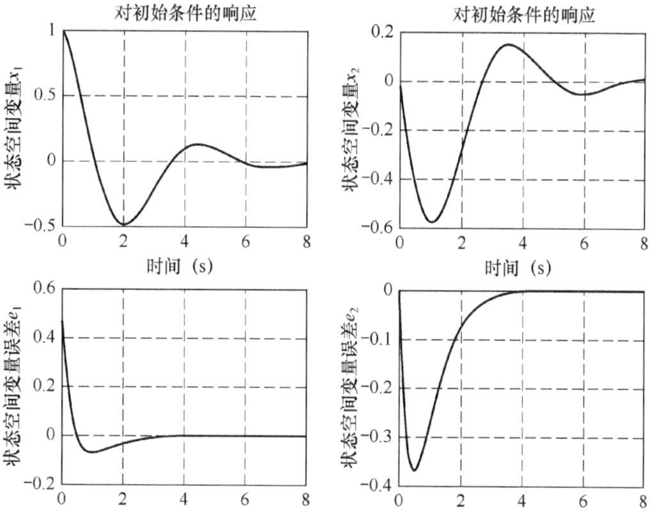

图 7-15　系统曲线图

思考题

1．设系统的传递函数为

$$G(s)=\frac{10}{s(s+1)(s+2)}$$

试设计状态反馈控制器，使闭环系统的极点为$-2,-1\pm\mathrm{j}$。

2．设系统的状态方程为

$$\begin{bmatrix}\dot{x}_1\\\dot{x}_2\\\dot{x}_3\end{bmatrix}=\begin{bmatrix}0&1&0\\0&-1&1\\0&0&-2\end{bmatrix}\begin{bmatrix}x_1\\x_2\\x_3\end{bmatrix}+\begin{bmatrix}0\\0\\1\end{bmatrix}\boldsymbol{u}$$

若使闭环极点位于$-2,-1\pm\mathrm{j}$，求状态反馈阵$\boldsymbol{K}$；画出状态变量图。

参考文献

[1] OGATA K. State Space Analysis of Control Systems[M]. State of New Jersey: Prentice Hall, 1967.

[2] 续方胜彦. 现代控制工程[M]. 卢伯英，等译. 北京：科学出版社，1976.

[3] 尤昌德. 线性系统理论基础[M]. 北京：电子工业出版社，1985.

[4] 常春馨. 现代控制理论基础[M]. 北京：机械工业出版社，1988.

[5] 陈哲. 现代控制理论基础[M]. 北京：冶金工业出版社，1987.

[6] T. E. 佛特曼，K.L. 海兹. 线性控制系统引论[M]. 吕林，等译. 北京：机械工业出版社，1975.

[7] 关肇直，陈翰馥. 线性控制系统的能控性和能观测性[M]. 北京：科学出版社，1975.

[8] KAIMAN R E, HO Y C, NARENDRA K S. Controllability of Linear Dynamic Systems[J]. Contributions to Differential Equations, 1963, 1.

第 8 章 基于观测器的故障诊断理论基础

8.1 故障诊断观测器

"解析冗余"是一个相对于硬件冗余的概念，一般代表着用一个已知的物理系统的解析表达式（如数学模型）来对系统的某个输出进行预测或对系统的某个输出量进行重构，从而达到冗余的目的。解析冗余不会发生变化，只有系统内部会产生故障。对系统的真实测量值和其解析冗余进行比较，检测这个差值来进行系统的故障诊断。

如下系统模型用来描述被监测系统：

$$y(s)=G_{yu}(s)u(s)+G_{yd}(s)d(s) \tag{8-1}$$

式中，$y(s)$为系统的输出量，$u(s)$为系统的输入量，$d(s)$为系统的外部扰动量。

对这样一个系统，可以用如下模型对系统的输出进行预测：

$$\hat{y}(s)=\hat{G}_{yu}(s)u(s) \tag{8-2}$$

式中，$\hat{y}(s)$ 为 $y(s)$ 的估计量，称为解析冗余或软件冗余，虽然这类冗余可以实现，在线实施看起来也容易理解，但是这种方法是无法直接应用的，至少在理论上和许多实际案例中是这样，其原因包括如下 3 个方面：

（1）初始状态对系统输出的影响。

（2）系统模型的不确定性。

（3）如果系统不稳定，这个预测无法实现。

实际上，式（8-2）对系统的输出的预测是开环的。只要对系统的输出进行闭环预测，这些问题就可以得到解决。

系统的闭环预测可以用如下形式给出：

$$\hat{y}(s)=G_{yu}(s)u(s)+\bar{L}(s)(y(s)-\hat{y}(s)) \tag{8-3}$$

与开环结构系统式（8-2）相比，式（8-3）新增了 $\bar{L}(s)(y(s)-\hat{y}(s))$ 这一项，它作为 $\hat{y}(s)$ 的修正项，能确保 $\hat{y}(s)$ 对 $y(s)$ 的预测不受初始状态的影响，即使系统不稳定也没有关系。同时，对于系统有模型不确定性时，也可以达到一定的预测精度。当然，合理设计反馈矩阵是十分必要的。

闭环观测器的状态空间表达式如下：

$$\dot{\hat{\boldsymbol{x}}} = \boldsymbol{A}\hat{\boldsymbol{x}} + \boldsymbol{B}\boldsymbol{u} + \boldsymbol{L}(\boldsymbol{y} - \boldsymbol{C}\hat{\boldsymbol{x}} - \boldsymbol{D}\boldsymbol{u}) \tag{8-4}$$

$$\hat{\boldsymbol{y}} = \boldsymbol{C}\hat{\boldsymbol{x}} + \boldsymbol{D}\boldsymbol{u} \tag{8-5}$$

$\hat{y}(s)$ 作为 $y(s)$ 的估计量，相关算法也称为软或虚拟传感器。利用系统的真实输出与观测器预测输出产生残差输出，进而来检测系统内部是否有故障发生。这是基于观测器的故障检测技术的主要出发点。

根据式（8-4）和式（8-5），残差可以简单定义为

$$\boldsymbol{r} = \boldsymbol{y} - \hat{\boldsymbol{y}} = \boldsymbol{y} - \boldsymbol{C}\hat{\boldsymbol{x}} - \boldsymbol{D}\boldsymbol{u} \tag{8-6}$$

引入变量$\boldsymbol{e} = \boldsymbol{x} - \hat{\boldsymbol{x}}$，得到

$$\dot{\boldsymbol{e}} = (\boldsymbol{A} - \boldsymbol{L}\boldsymbol{C})\boldsymbol{e},\ \boldsymbol{r} = \boldsymbol{C}\boldsymbol{e} \tag{8-7}$$

很明显，当选择观测矩阵时，$\boldsymbol{A} - \boldsymbol{L}\boldsymbol{C}$ 是稳定的。在这种情况下，$\hat{\boldsymbol{x}}$ 同样也为 $\boldsymbol{x}$ 提供一个无估偏差，即

$$\lim_{t\to\infty}(\boldsymbol{x}(t) - \hat{\boldsymbol{x}}(t)) = 0 \tag{8-8}$$

一个故障诊断观测器的设计，实际上是观测器矩阵 $\boldsymbol{L}$ 的选择。为了提高设计自由度，可以在输出估计误差之前增加一个矩阵 $\boldsymbol{V}$，即

$$\boldsymbol{r} = \boldsymbol{V}(\boldsymbol{y} - \hat{\boldsymbol{y}}) \tag{8-9}$$

以增强系统故障诊断的性能，提高设计的灵活性。

8.2 故障检测系统的鲁棒性及灵活性

从本节开始，将在对干扰的鲁棒性和对故障的敏感性的权衡背景下研究故障诊断观测器设计的有关问题。为此，首先要找到一种方法评价鲁棒性和敏感性，然后确定性能指标，这样才能给予鲁棒性与敏感性之间的权衡关系一个公正的评价。

为了简化符号，用以下公式来表示残差产生器：

$$r = H_d(S)d + H_f(S)f \tag{8-10}$$

系统的残差输出主要由系统的外部干扰 d 和系统的故障 f 确定，因此，一

个好的故障检测器应该对系统的干扰(包括系统的外部干扰和模型不确定性干扰)具有很强的鲁棒性，表现在系统的残差输出上，从系统的外部干扰到系统的残差输出之间的广义的能量增益要尽可能小，这可以用诱导范数来衡量，定义为

$$R_d : \|H_d(S)\| = \sup_{d \neq 0} \frac{\|H_d(S)d\|}{\|d\|} \tag{8-11}$$

这是对外部干扰、残差输出的可能影响的一种最坏情况的估计，表示从外部干扰到系统的残差输出广义增益的上界。为了使系统具有很好的鲁棒性，这个上界应尽可能小，从而使得外部干扰对残差输出的影响得到最大的抑制。

同样，一个好的故障检测器应该对系统的故障非常敏感，我们的目标是检测出所有的甚至是幅值很小的故障。因此，我们希望故障检测器对于各种故障的广义能量增益要尽可能大。与对外部干扰的鲁棒性相比，故障诊断系统对故障的敏感性评价是存在争议的。过去，采用和鲁棒性相似的诱导范数标准来定义系统的敏感性，如式（8-12）所示，其表示故障到系统的残差输出广义增益的上界。

$$S_{f,+} = \|H_f(S)\|_{-} = \sup_{f \neq 0} \frac{\|H_f(S)f\|}{\|f\|} \tag{8-12}$$

仔细考察一番就会发现，为检测出系统中的“最小故障”，我们希望的是故障到系统的残差输出广义增益的下界要尽可能大。因此，一种新的对敏感性评价的指标定义如下：

$$S_{f,-} = \|H_f(S)\|_{-} = \inf_{f \neq 0} \frac{\|H_f(S)f\|}{\|f\|} \tag{8-13}$$

注意，$S_{f,-}$不是一个范数，因为可能存在$f \neq 0$，但$H_f(S)f = 0$的情况。

解决这样一个多目标最优问题要比解决一个单目标最优问题更加棘手。正因为如此，设计一个最优的故障诊断观测器，就应在鲁棒性和敏感性之间折中。

一种性能指标为

$$J_{S-R} = \sup(\alpha_f S_f - \alpha_d R_d),\ \alpha_f, \alpha_d > 0 \tag{8-14}$$

式中，α_f和α_d是给定的权常数。另一种性能指标为

$$J_{S/R} = \sup_P \frac{S_f}{R_d} \tag{8-15}$$

这个性能指标与敏感性理论有密切联系，已被广泛采用。目前，该指标的另外一种形式也被普遍使用：

$$R_d < \gamma, S_f > \beta \tag{8-16}$$

式中，γ 和 β 是定常数。可以证明，以上提到的 3 种（形式的）指标在某种程度上是等价的。

8.3 故障检测残差评估及阈值的确定

在实际中，由于简洁性，所谓的限制监视和趋势分析已广泛用于故障检测。对于一个给定的信号 y，限制监视的主要形式为

$$y < y_{\min} \text{或} y > y_{\max} \Rightarrow \text{报警，检测到故障；}$$

$$y_{\min} \leqslant y \leqslant y_{\max} \Rightarrow \text{不报警，没有检测到故障。}$$

式中，$y_{\min}$和$y_{\max}$ 分别表示 y 在设置故障的情况下的最小值和最大值，也称为阈值。

信号 $\dot{y}$ 的趋势分析实际上也可以理解为同 y 的限制监视一样，可以表示为

$$\dot{y} < \dot{y}_{\min} \text{或} \dot{y} > \dot{y}_{\max} \Rightarrow \text{报警，检测到故障；}$$

$$\dot{y}_{\min} \leqslant \dot{y} \leqslant \dot{y}_{\max} \Rightarrow \text{不报警，没有检测到故障。}$$

事实上，目前均方根（RMS）已被广泛认可，它由$\|\cdot\|_{\text{RMS}}$ 表示，能测量时间间隔（$0,T$）内信号的平均能量。用如下形式表示故障检测问题：

$$\|y\|_{\text{RMS}} < \|y\|_{\text{RMS,min}} \text{或} \|y\|_{\text{RMS}} > \|y\|_{\text{RMS,max}} \Rightarrow \text{报警，检测到故障；}$$

$$\|y\|_{\text{RMS,min}} \leqslant \|y\|_{\text{RMS}} \leqslant \|y\|_{\text{RMS,max}} \Rightarrow \text{不报警，没有检测到故障。}$$

式中，$\|y\|_{\text{RMS,min}}, \|y\|_{\text{RMS,max}}$ 分别表示$\|y\|_{\text{RMS}}$的最小值与最大值。

为了克服噪声的问题，常常在故障检测时用一段时间$[t, t+T]$内的一个信号的平均值，而不是最大值/最小值或 RMS 表示，来检测系统的故障。在此情况下，限制监视表示为

$$\overline{y}(t) = \frac{1}{T}\int_t^{t+T} \overline{r}(\tau)\mathrm{d}\tau < \overline{y}_{\min}$$

或

$$\overline{y}(t)=\frac{1}{T}\int_t^{t+T}\overline{r}(\tau)\mathrm{d}\tau>\overline{y}_{\max}\Rightarrow \text{报警，检测到故障；}$$

$$\overline{y}_{\min}\leqslant\overline{y}(t)\leqslant\overline{y}_{\max}\Rightarrow \text{不报警，没有检测到故障。}$$

式中，$\overline{y}_{\min}$和$\overline{y}_{\max}$分别表示$\overline{y}(t)$的最小值和最大值。

在实际应用中，首先应定义评价函数，以此为基础，建立故障诊断的阈值。

考虑一个受输入信号 u 驱动的动态过程，其输出量 y 或许会变大，因此，往往是对系统的残差信号 r 而不是对 y 进行分析。假设残差向量 $\boldsymbol{r}\in\boldsymbol{R}^{k_r}$ 是有效的，接下来分析一些标准评价函数，这些函数实际上是上述评价函数 y 的总体概况。

1. 峰值

残差信号 r 的峰值是由下述函数表示和定义的，对于连续时间 $r(t)$，有

$$J_{\text{peak}}=\|r\|_{\text{peak}}:=\sup_{t\geqslant0}\|r(t)\|,\ \|r(t)\|=\left(\sum_{i=1}^{k_r}r_i^2(t)\right)^{\frac{1}{2}} \tag{8-17}$$

而对于离散时间 $r(k)$，有

$$J_{\text{peak}}=\|r\|_{\text{peak}}:=\sup_{t\geqslant0}\|r(k)\|,\ \|r(k)\|=\left(\sum_{i=1}^{k_r}r_i^2(k)\right)^{\frac{1}{2}} \tag{8-18}$$

r 的峰值即 r 的峰值范数。运用 r 的峰值，限制监视问题能被重新定义为

$$J_{\text{peak}}>J_{\text{th,peak}}\Rightarrow \text{报警，检测到故障；}$$

$$J_{\text{peak}}\leqslant J_{\text{th,peak}}\Rightarrow \text{不报警，没有检测到故障。}$$

式中，$J_{\text{th,peak}}$ 是峰值的阈值，可定义为

$$J_{\text{th,peak}}=\sup_{\text{fault-free}}\|r(t)\|_{\text{peak}} \tag{8-19}$$

或

$$J_{\text{th,peak}}=\sup_{\text{fault-free}}\|r(k)\|_{\text{peak}} \tag{8-20}$$

同样，可以运用 $\dot{r}$ 的峰值或 $\Delta r(k)=r(k+1)-r(k)$ 重新阐述趋势分析法，对于连续函数 $r(t)$，有

$$J_{\text{trend}}=\|\dot{r}\|_{\text{peak}}=\sup_{t\geqslant0}\|\dot{r}(t)\| \tag{8-21}$$

对于离散函数 $r(k)$，有

$$J_{\text{trend}} = \|\Delta r(k)\|_{\text{peak}} = \sup_{t \geqslant 0} \|\Delta r(k)\| \tag{8-22}$$

式中，

$$J_{\text{th,trend}} = \sup_{\text{fault-free}} \|\dot{r}(t)\|_{\text{peak}} \tag{8-23}$$

或

$$J_{\text{th,peak}} = \sup_{\text{fault-free}} \|\Delta r(k)\|_{\text{peak}} \tag{8-24}$$

得出

$J_{\text{trend}} > J_{\text{th,trend}} \Rightarrow$ 报警，检测到故障；

$J_{\text{trend}} \leqslant J_{\text{th,trend}} \Rightarrow$ 不报警，没有检测到故障。

2. RMS

定义 r 的 RMS 值，对于连续时间 $r(t)$，有

$$J_{\text{RMS}} = \|r(t)\|_{\text{RMS}} = \left(\frac{1}{T} \int_t^{t+T} \|r(\tau)\|^2 \, \mathrm{d}\tau \right)^{\frac{1}{2}} \tag{8-25}$$

对于离散时间 $r(k)$，有

$$J_{\text{RMS}} = \|r(k)\|_{\text{RMS}} = \left(\frac{1}{N} \sum_{j=1}^{N} \|r(k+j)\|^2 \right)^{\frac{1}{2}} \tag{8-26}$$

在时间间隔$(t,t+T)$或$(k,k+T)$内，J_{RMS} 得出的是 r 的平均能量。事实上

$$\|r(t)\|_{\text{RMS}}^2 \leqslant \frac{1}{T} \|r(t)\|_2^2 \tag{8-27}$$

$$\|r(k)\|_{\text{RMS}}^2 \leqslant \frac{1}{N} \|r(k)\|_2^2 \tag{8-28}$$

令

$$J_{\text{th,RMS}} = \sup_{\text{fault-free}} \|r\|_{\text{RMS}} \tag{8-29}$$

作为阈值，决策逻辑变成

$J_{\text{RMS}} > J_{\text{th,RMS}} \Rightarrow$ 报警，检测到故障；

$J_{\text{RMS}} \leqslant J_{\text{th,RMS}} \Rightarrow$ 不报警，没有检测到故障。

8.4　故障分离

8.4.1　完全故障分离

本节探讨典型的完全故障分离问题，假设系统的模型描述为

$$\boldsymbol{y}(s)=\boldsymbol{G}_{yu}(s)\boldsymbol{u}(s)+\boldsymbol{G}_{yf}(s)\boldsymbol{f}(s) \tag{8-30}$$

对于故障向量 $\boldsymbol{f}(s)\in\boldsymbol{R}^{k_f}$，寻找一个残差生成器，使得残差向量 $\boldsymbol{r}(s)\in\boldsymbol{R}^{k_f}$ 中的各项完全取决于故障向量 $\boldsymbol{f}(s)$中的某个特定的故障。

1. 完全故障分离的存在性条件

为了研究完全故障分离的存在性条件，引入残差生成器动力学方程的一般形式：

$$\boldsymbol{r}(s)=\begin{bmatrix} r_1(s) \\ \vdots \\ r_{k_f}(s) \end{bmatrix}=\boldsymbol{R}(s)\hat{\boldsymbol{M}}_u(s)\boldsymbol{G}_{yf}(s)\boldsymbol{f}(s)=\boldsymbol{R}(s)\hat{\boldsymbol{M}}_u(s)\boldsymbol{G}_{yf}(s)\begin{bmatrix} f_1(s) \\ \vdots \\ f_{k_f}(s) \end{bmatrix} \tag{8-31}$$

于是完全故障分离的设计就可以用数学的方式表达为寻找一个 $\boldsymbol{R}(s)$，使其满足

$$\boldsymbol{R}(s)\hat{\boldsymbol{M}}_u(s)\boldsymbol{G}_{yf}(s)\boldsymbol{f}(s)=\operatorname{diag}(t_1(s),\cdots,t_{kf}(s)) \tag{8-32}$$

从而得到

$$\begin{bmatrix} r_1(s) \\ \vdots \\ r_{k_f}(s) \end{bmatrix}=\begin{bmatrix} t_1(s)f_1(s) \\ \vdots \\ t_{k_f}(s)f_{k_f}(s) \end{bmatrix} \tag{8-33}$$

式中，$t_i(s), i=1,\cdots,k_f$为RH_∞域内的传递函数。于是完全故障分离问题实际上就成为一个典型的解耦问题。本节仅考虑完全故障分离问题的存在性条件。

显然，当且仅当式（8-34）成立时，完全故障分离问题有解。

$$\operatorname{rank}(\hat{\boldsymbol{M}}_u(s)\boldsymbol{G}_{yf}(s))=k_f \tag{8-34}$$

同时，$\hat{\boldsymbol{M}}_u(s)\in\boldsymbol{R}^{m\times m}$ 满秩，就可以简单得到如下定理。

定理 8.1：

当且仅当式（8-35）成立时，完全故障分离问题有解。

$$\mathrm{rank}(\boldsymbol{G}_{yf}(s)) = k_f \tag{8-35}$$

因此，可得出这样的结论：当且仅当故障结构化可分离时，完全故障分离问题有解。

$$\mathrm{rank}(\hat{\boldsymbol{M}}_u(s)\boldsymbol{G}_{yf}(s)) \leqslant \min\{\mathrm{rank}(\hat{\boldsymbol{M}}_u(s)), \mathrm{rank}(\boldsymbol{G}_{yf}(s))\} = \min\{m, k_f\} \tag{8-36}$$

由 $\hat{\boldsymbol{M}}_u(s) \in \boldsymbol{R}^{m\times m}, \boldsymbol{G}_{yf} \in \boldsymbol{R}^{m\times k_f}$ 及式（8-36）可得如下推理。

推理 8.1：

当且仅当 $m \geqslant k_f$ 时，完全故障分离问题有解。

定理 8.1 与推理 8.1 不仅给出了完全故障分离问题的充分必要条件，而且为今后的故障分离研究工作揭示了一条内在规则：假定我们所考虑的故障检测与分离系统仅由一个残差生成器构成，没有任何对于故障的假设，要成功地实现故障分离，故障数就必须小于传感器的数量（也就是输出信号的维数）。换句话说，系统中有几个传感器，就最多能分离几个故障。诚然，对于基于模型的故障检测与分离系统来说这是一个糟糕的限制，但是这个严格的约束也源于我们做出的苛刻的假设条件。忽略这些假设，例如，采用一个在处理残差信号时能够考虑可能的故障信息的残差计算单元，或者认为不存在同时发生两个以上故障的情况存在，那么即使在定理 8.1 与推理 8.1 条件不满足的情况下，也能够实现故障分离。

2. 完全故障分离问题域未知输入解耦

观察式（8-28）可以发现，残差 $r_1(s)$ 已从故障 $f_1(s),\cdots,f_{k_f}(s)$ 中解耦出来，因而仅依赖 $f_1(s)$。总之，残差信号的第 i 项 $r_i(s)$ 仅对故障信号 $f_i(s)$ 敏感，而完全从其余故障信号 $f_1(s),\cdots,f_{i-1}(s),f_{i+1}(s),\cdots,f_{k_f}(s)$ 中解耦出来。对传递函数 $\boldsymbol{R}(s)$的 i 行的选择，事实上等价于未知输入解耦的残差生成器设计。意识到这一点，式（8-28）中描述的残差生成器就可以被认为是一系列的动力学系统，而其中每个系统都是完全未知输入解耦的残差生成器。换句话说就是，我们可以通过完全未知输入解耦残差生成器的方式来解决残差分离问题，如式（8-37）所示：

$$\boldsymbol{y}(s) = \boldsymbol{G}_{yu}(s)\boldsymbol{u}(s) + \boldsymbol{g}_{if}(s)\boldsymbol{f}_i(s) + \bar{\boldsymbol{G}}_{if}(s)\bar{\boldsymbol{f}}_i(s),\ i = 1,\cdots,k_f \tag{8-37}$$

$$\bar{\boldsymbol{f}}_i(s)=\begin{bmatrix} f_1(s) \\ \vdots \\ f_{i-1}(s) \\ f_{i+1}(s) \\ f_{k_f}(s) \end{bmatrix} \tag{8-38}$$

$$\boldsymbol{G}_{yf}(s)=\left[g_{1f}(s)\cdots g_{k_f}(s)\right] \tag{8-39}$$

$$\bar{\boldsymbol{G}}_{if}(s)=\left[g_{1f}(s),\cdots,g_{i-1}(s),g_{i+1}(s),\cdots,g_{k_f}(s)\right] \tag{8-40}$$

找到这样的 $R_i(s)\in \mathrm{RH}_\infty, i=1,\cdots,k_f$，使其满足

$$\begin{aligned}\boldsymbol{r}_i(s)&=\boldsymbol{R}_i(s)\hat{\boldsymbol{M}}_u(s)(\boldsymbol{g}_{if}(s)\boldsymbol{f}_i(s)+\bar{\boldsymbol{G}}_{if}(s)\bar{\boldsymbol{f}}_i(s))\\ &=\boldsymbol{R}_i(s)\hat{\boldsymbol{M}}_u(s)(\boldsymbol{g}_{if}(s)\boldsymbol{f}_i(s)),\ i=1,\cdots,k_f\end{aligned} \tag{8-41}$$

这就允许我们运用已经十分成熟的算法设计完全未知输入解耦的残差生成器，从而分离故障，事实上这也是解决完全故障分离问题最常用的方法。

当完全故障分离不能实现时，首先缩小故障分离问题规模，然后利用完全未知输入解耦方法设计残差生成器这一思路，这是实际应用中最常见的一种情况。假设 $k_f>m$，对于一个 m 维输出，包含 $m-1$ 个未知输入的系统，存在完全未知输入解耦的残差生成器。首先定义一组子集，每个子集包含 $k_f-(m-1)$ 个故障。对于一个 m 维输出包含 k_f 个故障的系统，存在这样的子集满足

$$\begin{pmatrix} k_f \\ m-1 \end{pmatrix}=\begin{pmatrix} k_f \\ k_f-m+1 \end{pmatrix}=\frac{k_f!}{(m-1)!(k_f-m+1)!}:=K$$

现在设计 K 个残差生成器，使得每个残差生成器都能实现 $m-1$ 个故障的完全解耦。通过残差信号与故障信号之间的关系，建立故障分离逻辑表，并依据故障分离逻辑表获得故障分离结果。当然，在这种情况下，故障分离通常只是确定故障所属的子集，而不是明确地找出发生了哪个故障。为了使大家明白这一策略是怎样工作的，给出下面这个例子。

例 8.1：假设

$$\begin{aligned}\boldsymbol{G}_{yf}(s)&=\boldsymbol{C}(p\boldsymbol{I}-\boldsymbol{A})^{-1}\boldsymbol{E}_f+\boldsymbol{F}_f,\boldsymbol{C}\in\boldsymbol{R}^{3\times n}\\ \boldsymbol{E}_f&=\left[e_{f1}\ \ e_{f2}\ \ e_{f3}\ \ e_{f4}\ \ e_{f5}\right]\in\boldsymbol{R}^{5\times n}\\ \boldsymbol{F}_f&=\left[f_{f1}\ f_{f2}\ f_{f3}\ f_{f4}\ f_{f5}\right]\in\boldsymbol{R}^{5\times n}\end{aligned}$$

也就是系统包含 3 个输出，以及 5 个需要被检测与分离的故障。由于 $m=3<5=k_f$，完全故障分离并不能实现，因此，运用上述策略进行故障分离。

首先，

$$k=\binom{5}{2}=10$$

定义 10 个故障子集：

$$S_1=\{f_1,f_2,f_3\},S_2=\{f_1,f_2,f_4\},S_3=\{f_1,f_3,f_4\},S_4=\{f_2,f_3,f_4\}$$
$$S_5=\{f_1,f_2,f_5\},S_6=\{f_1,f_3,f_5\},S_7=\{f_2,f_3,f_5\},S_8=\{f_1,f_4,f_5\}$$
$$S_9=\{f_2,f_4,f_3\},S_{10}=\{f_3,f_4,f_5\}$$

然后，在以下 10 个未知输入模型的基础上建立 10 个相对应的残差生成器：

$$(\boldsymbol{A},[e_{f4},e_{f5}],\boldsymbol{C},[f_{f4},f_{f5}]),(\boldsymbol{A},[e_{f3},e_{f5}],\boldsymbol{C},[f_{f3},f_{f5}])$$
$$(\boldsymbol{A},[e_{f2},e_{f5}],\boldsymbol{C},[f_{f2},f_{f5}]),(\boldsymbol{A},[e_{f1},e_{f5}],\boldsymbol{C},[f_{f1},f_{f5}])$$
$$(\boldsymbol{A},[e_{f3},e_{f4}],\boldsymbol{C},[f_{f3},f_{f4}]),(\boldsymbol{A},[e_{f2},e_{f4}],\boldsymbol{C},[f_{f2},f_{f4}])$$
$$(\boldsymbol{A},[e_{f1},e_{f4}],\boldsymbol{C},[f_{f1},f_{f4}]),(\boldsymbol{A},[e_{f2},e_{f3}],\boldsymbol{C},[f_{f2},f_{f3}])$$
$$(\boldsymbol{A},[e_{f1},e_{f3}],\boldsymbol{C},[f_{f1},f_{f3}]),(\boldsymbol{A},[e_{f1},e_{f2}],\boldsymbol{C},[f_{f1},f_{f2}])$$

于是就有了如下 10 个残差信号：

$$r_1(s)=F_1(f_1(s),f_2(s),f_3(s)),r_2(s)=F_2(f_1(s),f_2(s),f_4(s))$$
$$r_3(s)=F_3(f_1(s),f_3(s),f_4(s)),r_4(s)=F_4(f_2(s),f_3(s),f_4(s))$$
$$r_5(s)=F_5(f_1(s),f_2(s),f_5(s)),r_6(s)=F_6(f_1(s),f_3(s),f_5(s))$$
$$r_7(s)=F_7(f_2(s),f_3(s),f_5(s)),r_8(s)=F_8(f_1(s),f_4(s),f_5(s))$$
$$r_9(s)=F_9(f_2(s),f_4(s),f_5(s)),r_{10}(s)=F_{10}(f_3(s),f_4(s),f_5(s))$$

式中，$r_i(s)=F_i(f_{i1}(s),f_{i2}(s),f_{i3}(s))$ 表示第 i 项残差是关于故障 $f_{i1}(s)$、$f_{i2}(s)$ 与 $f_{i3}(s)$ 的一个函数。最后，采用逻辑“如果 $r_i(t)\neq 0$，那么故障必存在子集 S_i 中，$i=1,2,\cdots,10$”就可以建立一个故障分离逻辑表。我们能够确定系统中的故障属于哪个子集，而且实际上一个故障会影响多项残差，所以，这就给出了更多的关于分离故障的信息。

最后给出一个故障分离逻辑表，如表 8-1 所示。表中第 i 列第 j 行的 1 表示残差 r_i 是关于故障 f_j 的一个函数，而 0 则表示残差 r_i 与故障 f_j 无关。从表 8-1 中可以看出，不是所有的故障都能够被分离出来。例如，当任意 3 个故障同时发生时，所有残差信号都将不会是 0。尽管如此，如果不存在故障同时发生的情况，那么 5 个故障都是可以被分离的。在这种情况下，只需要 r_1、r_2、r_3、r_4、r_5 5 个残差生成器就可以实现完全故障分离。

表 8-1 故障分离逻辑表

—	r_1	r_2	r_3	r_4	r_5	r_6	r_7	r_8	r_9	r_{10}
f_1	1	1	1	0	1	1	0	1	0	0
f_2	1	1	0	1	1	0	1	0	1	0
f_3	1	0	1	1	0	1	1	0	0	1
f_4	0	1	1	1	0	0	0	1	1	1
f_5	0	0	0	0	1	1	1	1	1	1

3. 基于未知输入解耦的完全故障分离

现在将讨论的范围扩展到包含未知输入向量的动力学过程：

$$\boldsymbol{y}(s)=\boldsymbol{G}_{yu}(s)\boldsymbol{u}(s)+\boldsymbol{G}_{yf}(s)\boldsymbol{f}(s)+\boldsymbol{G}_{yd}(s)\boldsymbol{d}(s) \tag{8-42}$$

在这种情况下，存在后置滤波器 $\boldsymbol{R}(s)\in \mathrm{RH}_\infty$ 满足

$$\boldsymbol{R}(s)\hat{\boldsymbol{M}}_u(s)\boldsymbol{G}_{yd}(s)=0,\ \boldsymbol{R}(s)\hat{\boldsymbol{M}}_u(s)\boldsymbol{G}_{yf}(s)=\mathrm{diag}(t_1(s),\cdots,t_{k_f}(s)) \tag{8-43}$$

这就意味着

$$\boldsymbol{R}(s)=\begin{bmatrix} r_1(s)\\ \vdots \\ r_{k_f}(s)\end{bmatrix}=\boldsymbol{R}(s)\hat{\boldsymbol{M}}_u(s)\boldsymbol{G}_{yf}(s)\boldsymbol{f}(s)=\begin{bmatrix} t_1(s)f_1(s)\\ \vdots \\ t_{k_f}(s)f_{k_f}(s)\end{bmatrix} \tag{8-44}$$

定理 8.2：

当且仅当

$$\begin{aligned}\mathrm{rank}(\boldsymbol{G}_{yf}(s)\quad \boldsymbol{G}_{yd}(s))&=\mathrm{rank}(\boldsymbol{G}_{yf}(s))+\mathrm{rank}(\boldsymbol{G}_{yd}(s))\\ &=k_f+\mathrm{rank}(\boldsymbol{G}_{yd}(s))\end{aligned} \tag{8-45}$$

成立时，式（8-44）有解。

证明 8.1 充分性：从代数理论中可以知道上述公式成立意味着存在 $R_1(s)\in \mathrm{RH}_\infty$ 满足

$$R_1(s)\hat{\boldsymbol{M}}_u(s)\left(\boldsymbol{G}_{yf}(s)\quad \boldsymbol{G}_d(s)\right)=\begin{pmatrix}\bar{\boldsymbol{G}}_f(s) & 0\\ 0 & \bar{\boldsymbol{G}}_d(s)\end{pmatrix} \tag{8-46}$$

$$\mathrm{rank}(\bar{\boldsymbol{G}}_{yf}(s))=k_f,\ \mathrm{rank}(\bar{\boldsymbol{G}}_d(s))=\mathrm{rank}(\boldsymbol{G}_{yd}(s)) \tag{8-47}$$

式中，$\mathrm{rank}(\boldsymbol{R}_1(s))=m$。

令 $\boldsymbol{R}(s)=\left[\boldsymbol{R}_2(s)\quad 0\right]\boldsymbol{R}_2(s)$且$\boldsymbol{R}_2(s)\bar{\boldsymbol{G}}_f(s)=\mathrm{diag}(t_1(s),\cdots,t_{k_f}(s))$，这样就能得到

$$R(s)\hat{M}_u(s)G_{yf}(s)=\mathrm{diag}(t_1(s),\cdots,t_{k_f}(s)),R(s)\hat{M}_u(s)G_{yd}(s)=0 \tag{8-48}$$

必要性：假设等式不成立，那么对所有使得

$$R(s)\hat{M}_u(s)G_{yd}(s)=0 \tag{8-49}$$

成立的 $R(s)$，都有

$$\mathrm{rank}(R(s)\hat{M}_u(s)G_{yf}(s))<\mathrm{rank}(G_{yf}(s)) \tag{8-50}$$

因而是它有解的必要条件。

根据定理 8.2，基于未知输入解耦的完全故障分离问题是否有解，取决于 $G_{yd}(s)$ 的秩与系统输出的个数。实际上，当且仅当 $f(s)$、$d(s)$ 都完全从输出信号 $y(s)$ 中解耦，这样的问题才会有解。但从实际应用的角度出发，这是无法实现的。

8.4.2 故障分离滤波器

本节给出了3种实现完全故障分离的故障检测滤波器的设计方法。为了简便，仅考虑连续系统。在假设条件下，大家都熟悉的系统模型为

$$\mathrm{dot}x(t)=Ax(t)+Bu(t)+E_f f(t),y(t)=Cx(t) \tag{8-51}$$

构造如下形式的故障检测滤波器：

$$\dot{\hat{x}}(t)=A\hat{x}(t)+Bu(t)+L(y(t)-\hat{y}(t)),\ \hat{y}(t)=C\hat{x}(t) \tag{8-52}$$

$$r(t)=V(y(t)-\hat{y}(t)) \tag{8-53}$$

其动力学特性由

$$\dot{e}(t)=(A-LC)e(t)+E_f f(t),\ e(t)=x(t)-\hat{x}(t),\ r(t)=VCe(t) \tag{8-54}$$

给出。结合设计目标与完全故障分离条件，做出如下假设

$$\dim(y)=\mathrm{rank}(C)=m\geqslant k_f=\mathrm{rank}(E_f)=\dim(f),\ V\in R^{k_f\times m} \tag{8-55}$$

于是故障检测滤波器的设计过程就可以描述如下：给出系统模型式（8-51）与故障检测滤波器式（8-52）～式（8-53），寻找矩阵 L 和 V 使得故障检测滤波器是稳定的，而且 $VC(pI-A+LC)^{-1}E_f$ 为对角矩阵。

定义 8.1 能够解决上述完全故障分离问题的故障检测滤波器即为故障分离滤波器。

8.4.3　基于多个（一组）残差产生器的故障分离

如本章开始所提到的那样，故障分离问题实际上等价于如下控制解耦问题：

$$\begin{bmatrix} r_1(s) \\ \vdots \\ r_{k_f}(s) \end{bmatrix} = \boldsymbol{R}(s)\hat{\boldsymbol{M}}_u(s)\boldsymbol{G}_{yf}(s)\boldsymbol{f}(s) = \begin{bmatrix} t_1(s)f_1(s) \\ \vdots \\ t_{k_f}(s)f_{k_f}(s) \end{bmatrix}$$

用 $\hat{t}_i(s), i=1,\cdots,k_f$ 表示 $\boldsymbol{R}(s)\hat{\boldsymbol{M}}_u(s)$ 的各行，于是故障分离问题就可以理解为寻找一组残差生成器 $\hat{t}_i(s), i=1,\cdots,k_f$。在故障检测分离技术发展的较早阶段，利用一组故障检测传感器进行故障分离的策略被认为是一种特殊的想法。在 19 世纪 70 年代末 80 年代初分别由 Clark、Frank 及其同事提出并逐步发展起来的专用观测器策略（DOS）与广义观测器策略（GOS），就是最知名的两种基于一组残差生成器的故障分离方法。

1. 专用观测器策略（DOS）

由 Clark 提出的 DOS 最初是为了解决传感器故障的分离问题。DOS 的思想其实十分简单：假设有 k_f 个传感器故障需要被检测与分离，就需要构造 k_f 个残差生成器，每个残差生成器只受到一项输出的影响，也就是

$$\begin{bmatrix} r_1(s) \\ \vdots \\ r_{k_f}(s) \end{bmatrix} = \begin{bmatrix} F_1(u(s), y_1(s)) \\ \vdots \\ F_{k_f}(u(s), y_{k_f}(s)) \end{bmatrix} \tag{8-56}$$

式中，$F_i(u(s), y_i(s)), i=1,\cdots,k_f$ 代表一个关于输入与第 i 项输出 $y_i(t)$ 的函数。显然，第 i 项残差 $r_i(t)$ 仅受第 i 个传感器故障 f_i 的影响，这就保证了传感器故障分离是可以实现的。下面对 DOS 在传感器故障分离上的应用进行简要介绍。

假设系统模型为如下形式：

$$\boldsymbol{y}(s)\begin{bmatrix} y_1(s) \\ \vdots \\ y_m(s) \end{bmatrix} = \boldsymbol{G}_{yu}(s)\boldsymbol{u}(s) + \boldsymbol{f}(s) = \begin{bmatrix} G_1u(s) + f_1(s) \\ \vdots \\ G_mu(s) + f_m(s) \end{bmatrix} \tag{8-57}$$

$\boldsymbol{f}(s)$ 代表传感器故障。现在构造 m 个残差生成器：

$$\boldsymbol{r}(s) = \begin{bmatrix} r_1(s) \\ \vdots \\ r_m(s) \end{bmatrix} = \begin{bmatrix} R_1(s)(\hat{M}_{u1}(s)y_1(s), \hat{N}_{u1}(s)u(s)) \\ \vdots \\ R_m(s)(\hat{M}_{um}(s)y_m(s), \hat{N}_{um}(s)u(s)) \end{bmatrix} \tag{8-58}$$

式中，$\hat{\boldsymbol{M}}_{ui}(s)$、$\hat{\boldsymbol{N}}_{ui}(s)$ 为传递函数 $G_i(s), i=1,\cdots,m$ 的左互质组。$\boldsymbol{R}_i(s), i=1,\cdots,m$ 为参数化向量，从而有

$$\boldsymbol{r}_i(s)=\boldsymbol{R}_i(s)\hat{\boldsymbol{M}}_{ui}(s)\boldsymbol{f}_i(s),\ i=1,\cdots,m \tag{8-59}$$

这就实现了传感器故障的完全分离。

注 8.1 DOS 方法最初是以空间状态的形式给出的。假设

$$\boldsymbol{G}_{yu}(s)=(\boldsymbol{A},\boldsymbol{B},\boldsymbol{C},\boldsymbol{D}),\ \boldsymbol{C}=\begin{bmatrix}C_1\\ \vdots\\ C_m\end{bmatrix},\ \boldsymbol{D}=\begin{bmatrix}D_1\\ \vdots\\ D_m\end{bmatrix}$$

第 i 项残差生成器构造如下：

$$\begin{aligned}\dot{\hat{\boldsymbol{x}}}(t)&=\boldsymbol{A}\hat{\boldsymbol{x}}(t)+\boldsymbol{B}\boldsymbol{u}(t)+\boldsymbol{L}_i(\boldsymbol{y}_i(t)-\boldsymbol{C}_i\hat{\boldsymbol{x}}(t)-\boldsymbol{D}_i\boldsymbol{u}(t))\\ r_i(t)&=\boldsymbol{y}_i(t)-\boldsymbol{C}_i\hat{\boldsymbol{x}}(t)-\boldsymbol{D}_i\boldsymbol{u}(t)\end{aligned}$$

其动力学特性取决于

$$\dot{\boldsymbol{e}}(t)=(\boldsymbol{A}-\boldsymbol{L}_i\boldsymbol{C}_i)\boldsymbol{e}(t)-\boldsymbol{L}_i\boldsymbol{f}_i(s),\ \boldsymbol{r}_i(s)=\boldsymbol{C}_i\boldsymbol{e}(t)+\boldsymbol{f}_i(t)$$

很明显，残差信号 r_i 仅决定于第 i 项故障 f_i。

之前已经提到，所有的残差生成器都可以用如下形式给出：

$$\boldsymbol{r}(s)=\boldsymbol{R}(s)(\hat{\boldsymbol{M}}_u(s)\boldsymbol{y}(s)+\hat{\boldsymbol{n}}_u(s)\boldsymbol{u}(s)) \tag{8-60}$$

式（8-58）表示的残差生成器组实际上就是多维残差生成器。这样，8.3 节中得到的所有结论对于残差生成器组都是适用的。为了说明这一点，首先将式（8-58）写成如下形式：

$$\begin{bmatrix}r_1(s)\\ \vdots\\ r_m(s)\end{bmatrix}=\begin{bmatrix}R_1(s)(\hat{M}_{u1}(s)y_1(s),\hat{N}_{u1}(s)u(s)\\ \vdots\\ R_m(s)(\hat{M}_{um}(s)y_m(s),\hat{N}_{um}(s)u(s))\end{bmatrix}=$$

$$\begin{bmatrix}R_1(s) & & 0\\ & \ddots & \\ 0 & & R_m(s)\end{bmatrix}\left(\begin{bmatrix}\hat{M}_{u1}(s) & & 0\\ & \ddots & \\ 0 & & \hat{M}_{u1}(s)\end{bmatrix}\begin{bmatrix}y_1(s)\\ \vdots\\ y_m(s)\end{bmatrix}-\begin{bmatrix}\hat{N}_{u1}(s)\\ \vdots\\ \hat{N}_{um}(s)\end{bmatrix}u(s)\right)$$

引入符号

$$\hat{\boldsymbol{M}}_{ui}(s)=(\boldsymbol{A}-\boldsymbol{L}_i\boldsymbol{C}_i,-\boldsymbol{L}_i,\boldsymbol{C}_i,1),\ \hat{\boldsymbol{N}}_{ui}(s)=(\boldsymbol{A}-\boldsymbol{L}_i\boldsymbol{C}_i,\boldsymbol{B}-\boldsymbol{L}_i\boldsymbol{C}_i,\boldsymbol{C}_i,\boldsymbol{D}_i)$$

以及单位向量 $\boldsymbol{e}_i$（向量的第 i 项为 1，其余各项均为 0），有

$$\hat{\boldsymbol{M}}_{ui}(s)=\boldsymbol{e}_i(\boldsymbol{I}-\boldsymbol{C}(p\boldsymbol{I}-\boldsymbol{A}+\boldsymbol{L}_i\boldsymbol{e}_i\boldsymbol{C}_i)^{-1}\boldsymbol{L}_i)$$
$$\hat{\boldsymbol{N}}_{ui}(s)=\boldsymbol{e}_i(\boldsymbol{D}+\boldsymbol{C}(p\boldsymbol{I}-\boldsymbol{A}+\boldsymbol{L}_i\boldsymbol{e}_i\boldsymbol{C})^{-1}(\boldsymbol{B}-\boldsymbol{L}_i\boldsymbol{e}_i\boldsymbol{C}))$$

注意到

$$\begin{bmatrix}0 & \cdots & 0 & \hat{\boldsymbol{M}}_{ui}(s) & 0 & \cdots & 0\end{bmatrix}=\boldsymbol{e}_i(\boldsymbol{I}-\boldsymbol{C}(p\boldsymbol{I}-\boldsymbol{A}+\boldsymbol{L}_i\boldsymbol{e}_i\boldsymbol{C})^{-1}\boldsymbol{L}_i\boldsymbol{e}_i):=\hat{\boldsymbol{M}}_{ui}(s)$$

所以设

$$\boldsymbol{L}_i=\boldsymbol{L}_i\boldsymbol{e}_i$$

可以得到

$$\begin{bmatrix}r_i(s)\\ \vdots \\ r_m(s)\end{bmatrix}=\begin{bmatrix}R_1(s) & & 0\\ & \ddots & \\ 0 & & R_m(s)\end{bmatrix}\left(\begin{bmatrix}\bar{M}_{u1}(s)\\ \vdots \\ \bar{M}_{u1}(s)\end{bmatrix}\begin{bmatrix}y_1(s)\\ \vdots \\ y_m(s)\end{bmatrix}-\begin{bmatrix}\hat{N}_{u1}(s)\\ \vdots \\ \hat{N}_{um}(s)\end{bmatrix}u(s)\right)$$

式中，

$$\bar{\boldsymbol{M}}_{ui}(s)=\boldsymbol{e}_i(\boldsymbol{I}-\boldsymbol{C}(p\boldsymbol{I}-\boldsymbol{A}+\bar{\boldsymbol{L}}_i\boldsymbol{C})^{-1}\bar{\boldsymbol{L}}_i)$$
$$\hat{\boldsymbol{N}}_{ui}(s)=\boldsymbol{e}_i(\boldsymbol{D}+\boldsymbol{C}(p\boldsymbol{I}-\boldsymbol{A}+\bar{\boldsymbol{L}}_i\boldsymbol{C})^{-1}(\boldsymbol{B}-\bar{\boldsymbol{L}}_i\boldsymbol{C}))$$

应用传递矩阵的互质分解，$\hat{\boldsymbol{N}}_{ui}(s)$ 与 $\bar{\boldsymbol{M}}_{ui}(s)$ 就可以表达为

$$\bar{\boldsymbol{M}}_{ui}(s)=\boldsymbol{e}_i\boldsymbol{Q}_{io}\hat{\boldsymbol{M}}_o(s),\ \hat{\boldsymbol{N}}_{ui}(s)=\boldsymbol{e}_i\boldsymbol{Q}_{io}(s)\hat{\boldsymbol{N}}_o(s)$$

式中，

$$\hat{\boldsymbol{M}}_o(s)=\boldsymbol{I}-\boldsymbol{C}(p\boldsymbol{I}-\boldsymbol{A}+\boldsymbol{L}_o\boldsymbol{C})^{-1}\bar{\boldsymbol{L}}_o$$
$$\hat{\boldsymbol{N}}_o(s)=\boldsymbol{D}+\boldsymbol{C}(p\boldsymbol{I}-\boldsymbol{A}+\boldsymbol{L}_o\boldsymbol{C})^{-1}(\boldsymbol{B}-\bar{\boldsymbol{L}}_o\boldsymbol{D})$$
$$\hat{\boldsymbol{Q}}_{io}(s)=\boldsymbol{I}+\boldsymbol{C}(p\boldsymbol{I}-\boldsymbol{A}+\bar{\boldsymbol{L}}_i\boldsymbol{C})^{-1}(\boldsymbol{L}_o-\bar{\boldsymbol{L}}_i)$$

矩阵 $\boldsymbol{L}_o$ 可选，并保证 $\boldsymbol{A}-\boldsymbol{L}_o\boldsymbol{C}$ 稳定性。最后可得

$$\begin{bmatrix}r_1(s)\\ \vdots \\ r_m(s)\end{bmatrix}=\begin{bmatrix}R_1(s) & & 0\\ & \ddots & \\ 0 & & R_m(s)\end{bmatrix}\begin{bmatrix}e_1Q_{1o}(s)\\ \vdots \\ e_mQ_{mo}(s)\end{bmatrix}(\hat{M}_o(s)y(s)-\hat{N}_o(s)u(s))$$
$$=\begin{bmatrix}R_1(s)e_1Q_{1o}(s)\\ \vdots \\ R_m(s)e_mQ_{mo}(s)\end{bmatrix}\left(\hat{M}_o(s)y(s)-\hat{N}_o(s)u(s)\right)$$

设

$$\boldsymbol{R}(s)=\begin{bmatrix}R_1(s)e_1Q_{1o}(s)\\ \vdots \\ R_m(s)e_mQ_{mo}(s)\end{bmatrix}$$

就得到了残差生成器的一般形式。这就说明了残差生成器组实际上是上述一般形式的一种特殊形式。

DOS 方法已经被用于解决执行器故障的故障分离，设系统的输入信号为

$$u_i(t)=u_{oi}(t)+f_i(t),i=1,\cdots,k_f$$

式中，f_i 为第 i 项输入的故障信号。模拟式（8-39）就可以运用残差生成器组

$$\begin{bmatrix} r_1(s) \\ \vdots \\ r_{k_f}(s) \end{bmatrix}=\begin{bmatrix} F_1(u_1(s),y(s)) \\ \vdots \\ F_{k_f}(u_{k_f}(s),y(s)) \end{bmatrix}$$

进行执行器故障的故障分离。由于 $y(s)$ 可能依赖每一项输入信号 $u_i(s)$，设计的第 i 项残差生成器 F_i 就应该从 $u_j(s)$ 中解耦出来，其中 $j\neq i$。在以前的讨论中，只要系统的输出数量大于或等于输入数量（也就是故障数量），以上解耦就是可以实现的。

注 8.2： 鲁棒性较差是 DOS 方法最大的缺点，也就是：对于一个残差生成器来说，仅使用了相对应的一项输出信号。在这种情况下，设计的灵活性就受到很大的限制。同时，我们认为每个传感器（也就是每个输出）都有可能发生故障，因此，DOS 方法仅能够分离传感器故障，在鲁棒性方面毫无设计自由可言。这样，对于 DOS 方法的所有讨论，虽然看上去合理，但是并不正确。当然，在只有一部分传感器发生故障的情况下，例如，$y_1,\cdots,y_{k_f}$ 为故障传感器而 $y_{k_f+1},\cdots,y_m$ 则从不发生故障，可以将 DOS 方法修改为

$$\begin{bmatrix} r_1(s) \\ \vdots \\ r_{k_f}(s) \end{bmatrix}=\begin{bmatrix} F_1(u_1(s),y_1(s),y_{k_f+1}(s),\cdots,y_m(s)) \\ \vdots \\ F_{k_f}(u_1(s),y_{k_f}(s),y_{k_f+1}(s),\cdots,y_m(s)) \end{bmatrix}$$

显然，由 $y_{k_f+1}(s),\cdots,y_m(s)$ 提供的自由度可以用来加强故障检测分离系统的鲁棒性。

2．广义观测器策略（GOS）

GOS 方法由 Frank 与其同事提出，其工作原理与 DOS 方法大不相同。其假设存在 $k_f\leqslant m$ 个故障需要被分离，运用 GOS 方法进行故障分离的第一步就是构造一组残差生成器满足如下关系：

$$\begin{bmatrix} r_1(s) \\ \vdots \\ r_{k_f}(s) \end{bmatrix} = \begin{bmatrix} Q_1\left(f_2(s),\cdots,f_{k_f}(s)\right) \\ \vdots \\ Q_{k_f}\left(f_1(s),\cdots,f_{k_f-1}(s)\right) \end{bmatrix} \tag{8-61}$$

于是单个故障的分离逻辑如下：如果除了 r_j 之外其余 $r_i \neq 0$ ，则故障信号 $f_j \neq 0, i, j = 1,2,\cdots,f_f$ 。尽管这一概念与通常使用的故障分离逻辑差别较大，即

$$\begin{bmatrix} r_1(s) \\ \vdots \\ r_{k_f}(s) \end{bmatrix} = \begin{bmatrix} Q_1(f_1(s)) \\ \vdots \\ Q_{k_f}(f_{k_f}(s)) \end{bmatrix}$$

若 $r_i \neq 0$ ，则

$$f_i \neq 0, i = 1,\cdots,k_f \tag{8-62}$$

但是完全故障分离实现的条件是一样的。只要注意到上述两种故障分离逻辑是对称互补的，也就是说，如果根据式（8-61）及分离逻辑可分离一个故障，那么使用逻辑式（8-62）同样可以实现这一故障的分离，这样就可以很简单地理解为什么两种故障分离逻辑完全故障分离条件是相同的了。为了与 DOS 方法做比较，将演示如何运用 GOS 方法进行传感器故障的分离。考虑的过程模型仍是式（8-57），有 $k_f = m$ 个传感器故障需要被检测与分离。

使用符号有

$$\bar{\boldsymbol{G}}_i(s) = \begin{bmatrix} G_1(s) \\ \vdots \\ G_{i-1}(s) \\ G_{i+1}(s) \\ \vdots \\ G_m(S) \end{bmatrix}, \bar{\boldsymbol{y}}_i(s) = \begin{bmatrix} y_1(s) \\ \vdots \\ y_{i-1}(s) \\ y_{i+1}(s) \\ \vdots \\ y_m(s) \end{bmatrix}, \bar{\boldsymbol{f}}_i(s) = \begin{bmatrix} f_1(s) \\ \vdots \\ f_{i-1}(s) \\ f_{i+1}(s) \\ \vdots \\ f_m(s) \end{bmatrix}$$

于是系统模型可以写成

$$\bar{\boldsymbol{y}}_i(s) = \bar{\boldsymbol{G}}_i(s)\boldsymbol{u} + \bar{\boldsymbol{f}}_i(s),\ i = 1,\cdots,m$$

相应的 GOS 方法的残差生成器构造为如下形式：

$$\boldsymbol{r}_i(s) = \boldsymbol{R}_i(s)(\bar{\boldsymbol{M}}_i(s)\bar{\boldsymbol{y}}_i(s) - \bar{\boldsymbol{N}}_i\boldsymbol{u}_i(s)),\ i = 1,\cdots,m \tag{8-63}$$

动力学特性为

$$\boldsymbol{r}_i(s)=\boldsymbol{R}_i(s)\bar{\boldsymbol{M}}_i(s)\bar{\boldsymbol{f}}_i(s),\ i=1,\cdots,m \tag{8-64}$$

式中，$\bar{\boldsymbol{M}}_i(s)$和$\bar{\boldsymbol{N}}_i(s)$是传递矩阵的左互质因子。显然，式(8-64)能够满足式(8-61)。

GOS 方法最初是以空间状态方程的形式给出的：

$$\begin{aligned}&\dot{\hat{\boldsymbol{x}}}(t)=\boldsymbol{A}\hat{\boldsymbol{x}}(t)+\boldsymbol{B}\boldsymbol{u}(t)=\boldsymbol{L}_i(\bar{\boldsymbol{y}}_i(t)-\bar{\boldsymbol{C}}_i\hat{\boldsymbol{x}}(t)-\bar{\boldsymbol{D}}_i(\boldsymbol{u}(t))\\&\boldsymbol{r}_i(t)=\bar{\boldsymbol{y}}_i(t)-\bar{\boldsymbol{C}}_i\hat{\boldsymbol{x}}(t)-\bar{\boldsymbol{D}}_i(\boldsymbol{u}(t))\end{aligned}$$

其动力学特性为

$$\dot{\boldsymbol{e}}(t)=(\boldsymbol{A}-\boldsymbol{L}_i\bar{\boldsymbol{C}}_i)\boldsymbol{e}(t)-\boldsymbol{L}_i\bar{\boldsymbol{f}}_i(t),\boldsymbol{r}_i(t)=\bar{\boldsymbol{C}}_i\boldsymbol{e}(t)+\bar{\boldsymbol{f}}_i(t)$$

式中，

$$\boldsymbol{C}=\begin{bmatrix}C_1\\ \vdots\\ C_m\end{bmatrix} \tag{8-65}$$

$$\bar{\boldsymbol{C}}_i=\begin{bmatrix}C_1\\ \vdots\\ C_{i-1}\\ C_{i+1}\\ \vdots\\ C_m\end{bmatrix} \tag{8-66}$$

$$\bar{\boldsymbol{D}}_i=\begin{bmatrix}D_1\\ \vdots\\ D_{i-1}\\ D_{i+1}\\ \vdots\\ D_m\end{bmatrix} \tag{8-67}$$

与对 DOS 方法的讨论类似，可以说明式（8-63）等价于式（8-61），也就是残差生成器的一般形式。

设

$$\bar{\boldsymbol{M}}_i(s)=(\boldsymbol{A}-\boldsymbol{L}_i\bar{\boldsymbol{C}}_i,-\boldsymbol{L}_i,\bar{\boldsymbol{C}}_i,\boldsymbol{I}) \tag{8-68}$$

$$\bar{\boldsymbol{N}}_i(s)=(\boldsymbol{A}-\boldsymbol{L}_i\bar{\boldsymbol{C}}_i,\boldsymbol{B}-\boldsymbol{L}_i\bar{\boldsymbol{C}}_i,\bar{\boldsymbol{C}}_i,\bar{\boldsymbol{D}}_i) \tag{8-69}$$

引入矩阵

$$\bar{\boldsymbol{I}}_i = \left[e_1 \ \cdots \ e_{i-1} \ 0 \ e_{i+1} \ \cdots \ e_m\right] \tag{8-70}$$

式中，e_i 的 $i-th$ 项为 1，其余各项为 0，于是式（8-63）就可以写成

$$\begin{aligned}\boldsymbol{r}_i(s) &= \boldsymbol{R}_i(s)(\bar{\boldsymbol{M}}_i(s)\bar{\boldsymbol{I}}_i\boldsymbol{y}(s) - \bar{\boldsymbol{N}}_i(s)\boldsymbol{u}(s)) \\ &= \boldsymbol{R}_i(s)\bar{\boldsymbol{I}}_i(\bar{\boldsymbol{M}}_i(s)\boldsymbol{y}(s) - \bar{\boldsymbol{N}}_i(s)\boldsymbol{u}(s))\end{aligned} \tag{8-71}$$

式中，

$$\bar{\boldsymbol{M}}_o(s) = \boldsymbol{I} - \boldsymbol{C}(p\boldsymbol{I} - \boldsymbol{A} + \bar{\boldsymbol{L}}_i\boldsymbol{C})^{-1}\bar{\boldsymbol{L}}_i \tag{8-72}$$

$$\bar{\boldsymbol{N}}_o(s) = \boldsymbol{D} + \boldsymbol{C}(p\boldsymbol{I} - \boldsymbol{A} + \bar{\boldsymbol{L}}_i\boldsymbol{C})^{-1}(\boldsymbol{B} - \bar{\boldsymbol{L}}_i\boldsymbol{D}) \tag{8-73}$$

而 $\bar{\boldsymbol{L}}_i = \boldsymbol{L}_i\bar{\boldsymbol{I}}_i$。引入

$$\hat{\boldsymbol{M}}_o(s) = \boldsymbol{I} - \boldsymbol{C}(p\boldsymbol{I} - \boldsymbol{A} + \boldsymbol{L}_o\boldsymbol{C})^{-1}\bar{\boldsymbol{L}}_o \tag{8-74}$$

$$\hat{\boldsymbol{N}}_o(s) = \boldsymbol{D} + \boldsymbol{C}(p\boldsymbol{I} - \boldsymbol{A} + \boldsymbol{L}_o\boldsymbol{C})^{-1}(\boldsymbol{B} - \boldsymbol{L}_o\boldsymbol{D}) \tag{8-75}$$

$$\hat{\boldsymbol{Q}}_{io}(s) = \boldsymbol{I} + \boldsymbol{C}(p\boldsymbol{I} - \boldsymbol{A} + \bar{\boldsymbol{L}}_i\boldsymbol{C})^{-1}(\boldsymbol{L}_o - \bar{\boldsymbol{L}}_i) \tag{8-76}$$

就可以得出

$$\boldsymbol{r}_i(s) = \boldsymbol{R}_i(s)\boldsymbol{I}_i\hat{\boldsymbol{Q}}_{io}(s)(\hat{\boldsymbol{M}}_o(s)\boldsymbol{y}(s) - \hat{\boldsymbol{N}}_o(s)\boldsymbol{u}(s)) \tag{8-77}$$

并最终得到

$$\begin{aligned}\boldsymbol{r}(s) &= \begin{bmatrix} r_i(s) \\ \vdots \\ r_m(s) \end{bmatrix} = \boldsymbol{R}(s)(\hat{\boldsymbol{M}}_o(s)\boldsymbol{y}(s) - \hat{\boldsymbol{N}}_o(s)\boldsymbol{u}(s)) \\ &= \begin{bmatrix} R_1(s)\bar{I}_1 Q_{1o}(s) \\ \vdots \\ R_m(s)\bar{I}_m Q_{mo}(s) \end{bmatrix}(\hat{\boldsymbol{M}}_o(s)\boldsymbol{y}(s) - \hat{\boldsymbol{N}}_o(s)\boldsymbol{u}(s))\end{aligned} \tag{8-78}$$

这样，就说明了 GOS 方法也是式（8-63）得到的一种特殊形式。

8.5 故障辨识

在故障诊断体系中，故障辨识往往被认为是最后一步设计任务，事实上，成功的故障辨识同时也就意味着成功的故障检测与故障分离。这就是在基于模型的故障辨识领域存在大量研究工作的重要原因。

总体来说，当前已有 4 种类型的基于模型的故障辨识策略。

（1）基于参数辨识的故障辨识技术。在这种技术中，故障以系统参数的形式建立为模型，并应用已经十分成熟的参数辨识技术实现故障辨识。

（2）扩展的观测器策略。在这种方法中故障被作为系统状态对待，构造扩展的观测器对状态变量与故障同时进行估计。

（3）自适应观测器策略。这种方法在某种程度上可以认为是前两种方法的结合。

（4）基于估测器的故障辨识滤波器策略。

为了满足参数辨识技术中的标准模型形式，第一种故障辨识方法大多用来辨识乘性故障，而第二、第四种方法则是加性故障辨识专用的。4 种故障辨识策略最主要的区别在于是否要求有所辨识的故障的先验知识。在第一种方法的框架中，成功可靠的故障辨识依赖对故障的明确假设，如故障是一个近似的定值或者是一个缓变的变量，再或者故障由一个动态系统产生。相反，运用故障辨识滤波器方法则不需要对故障做任何假设。本节主要探讨最后一种故障辨识方法，如图 8-1 所示。仅对第四种方法进行探讨的主要原因是，一方面，故障辨识滤波器方法与之前所介绍的故障检测与分离体系有着紧密的联系；另一方面，当前对于故障辨识滤波器方面的系统研究很少，而前 3 种方法已有大量成熟的研究。对于前 3 种故障辨识方法，有兴趣的读者可以参阅相关的文献著作。

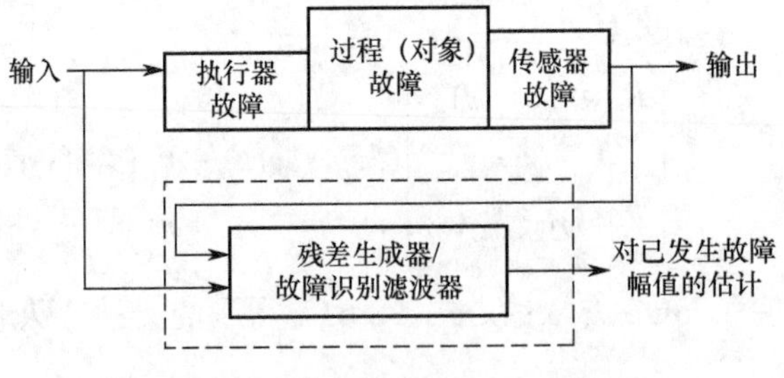

图 8-1　基于故障辨识滤波器的故障辨识方法

8.5.1　故障辨识滤波器与完全故障辨识

为了清晰地表达相关思想及故障辨识滤波器方法的核心内容，首先考虑线性常定系统：

$$\boldsymbol{y}(s)=\boldsymbol{G}_{yu}(s)\boldsymbol{u}(s)+\boldsymbol{G}_{yf}(s)\boldsymbol{f}(s) \tag{8-79}$$

$$\boldsymbol{G}_{yu}(s)=(\boldsymbol{A},\boldsymbol{B},\boldsymbol{C},\boldsymbol{D}),\boldsymbol{G}_{yf}(s)=(\boldsymbol{A},\boldsymbol{E}_f,\boldsymbol{C},\boldsymbol{F}_f) \tag{8-80}$$

这里暂不考虑未知输入的影响。

故障辨识滤波器可被看作一个线性常定系统，输入为系统的输入 u 与输出 y，输出为故障 f 的估计量。为了确保对 f 的估计不受 u 与系统初始状态的影响，残差生成器就成了故障辨识滤波器结构的最佳选择。对式（8-46）～式（8-47）运用残差生成器：

$$\boldsymbol{r}(s)=\boldsymbol{R}(s)(\hat{\boldsymbol{M}}_u(s)\boldsymbol{y}(s)-\hat{\boldsymbol{N}}_u(s)\boldsymbol{u}(s)) \tag{8-81}$$

就可以得到

$$\boldsymbol{r}(s)=\boldsymbol{R}(s)\bar{\boldsymbol{G}}_f(s)\boldsymbol{f}(s)=\hat{\boldsymbol{f}}(s) \tag{8-82}$$

$$\bar{\boldsymbol{G}}_f(p\boldsymbol{f}(s))=\hat{\boldsymbol{M}}_u(s)\boldsymbol{G}_{yf}(s) \tag{8-83}$$

式中，$\hat{\boldsymbol{f}}(s)$ 是对故障向量 $\boldsymbol{f}$ 的估计，式（8-81）则称为故障辨识滤波器。

设计故障辨识滤波器的主要目的是使获得的故障估计尽可能地与实际故障向量相近，这一思想就是所谓的完全故障辨识。

定义 8.2：

给出系统式（8-79）～式（8-80）及故障辨识滤波器式（8-81），完全故障辨识就是使得 $\hat{f}(s)=f(s)$。接下来，研究完全故障辨识的实现条件。

根据式（8-82），要使式（8-83）成立，当且仅当

$$\boldsymbol{R}(s)\bar{\boldsymbol{G}}_f(s)=\boldsymbol{I}\Leftrightarrow\boldsymbol{R}(s)\hat{\boldsymbol{N}}_f(s)=\boldsymbol{I},\boldsymbol{G}_{yf}(s)=\hat{\boldsymbol{M}}_u^{-1}(s)\hat{\boldsymbol{N}}_f(s) \tag{8-84}$$

该条件也等价于在 RH_∞ 上 $\boldsymbol{G}_{yf}(s)$ 左可逆。定理 8.2 是对上述结论的组织与复述。

定理 8.2：

给出系统式（8-79）～式（8-80）及故障辨识滤波器式（8-81），以下 3 个结论是等价的。

结论一：完全故障辨识可以实现。

结论二：$\boldsymbol{G}_{yf}(s)$ 在 RH_∞ 上左可逆。

结论三：$\boldsymbol{G}_{yf}(s)$ 的秩与 $\boldsymbol{G}_{yf}(s)$ 的列数相等；同时，对于连续系统，$\boldsymbol{G}_{yf}(s)$ 在 $\bar{C}_+$ 上没有传递零点，对于离散系统，在 $\bar{C}_-$ 上没有传递零点。

这一定理的证明相当简单，这里不再深入讲解。如果 $\boldsymbol{G}_{yf}(s)$ 是以空间状态

的形式给出，即 $G_{yf}=(A,E_f,C,F_f)$，于是定理 8.2 中的结论三就与如下形式陈述等价。

推论 8.2：

给出系统式（8-79）～式（8-80）及故障辨识滤波器式（8-81），完全故障分离实现的充分必要条件如下：

对于连续系统

$$\forall\lambda\in\bar{C}_+,\text{rank}\begin{bmatrix}A-\lambda_i & E_f\\ C & F_f\end{bmatrix}=n+k_f$$

对于离散系统

$$\forall\lambda\in\bar{C}_-,\text{rank}\begin{bmatrix}A-\lambda_i & E_f\\ C & F_f\end{bmatrix}=n+k_f \tag{8-85}$$

假设推论 8.2 中的条件成立，根据算法 8.1 就可以完成故障辨识滤波器的设计。

算法示例： 完全故障辨识故障滤波器的设计

步骤一：寻找这样的一个矩阵 L，使其满足

$$\dot{\hat{x}}=A\hat{x}+Bu+L(y-\hat{y}),\ \hat{y}=C\hat{x}+Du \tag{8-86}$$

是稳定的。

步骤二：通过

$$F_f^- F_f=I \tag{8-87}$$

求解 F_f，并设

$$R(s)=\begin{pmatrix}I-F_f^-C(pI-A+LC-LF_fF_f^-C+E_fF_f^-C)^{-1}\\ (E_f-F_f)\end{pmatrix}F_f^-$$

步骤三：构造故障辨识滤波器

$$\hat{f}(s)=R(s)(y(s)-\hat{y}(s))$$

8.5.2 最优故障辨识问题

本节给出 H_∞OFIP 方法的关键结论，并仅考虑连续系统。首先做如下假设。

假设一：

$$\text{rank}(\bar{G}_f(s))=k_f$$

假设二：$\bar{\boldsymbol{G}}_f(s)\in \mathrm{RH}_\infty^{m\times k_f}$ 在复平面的右半平面（包括虚轴）和无穷远处至少有一个零点，也就是说，$\bar{\boldsymbol{G}}_f(s)$ 在通常意义上是一个非最小相位系统。

在这两个假设条件下研究下面这个优化问题：

$$\min_{R(s)\in \mathrm{RH}_\infty}\left\|\boldsymbol{I}-\boldsymbol{R}(s)\bar{\boldsymbol{G}}_f(s)\right\|_\infty$$

定理 8.3：

给出非最小相位系统 $\bar{\boldsymbol{G}}_f(s)\in \mathrm{RH}_\infty^{m\times k_f}$，有

$$\min_R\left\|\boldsymbol{I}-\boldsymbol{R}(s)\bar{\boldsymbol{G}}_f(s)\right\|_\infty=1 \tag{8-88}$$

证明 8.2：

首先进行 co-inner-outer 分解

$$\bar{\boldsymbol{G}}_f(s)=\boldsymbol{G}_{\mathrm{co}}(s)\boldsymbol{G}_{\mathrm{ci}}(s)$$

式中，$\boldsymbol{G}_{\mathrm{co}}(s)$ 代表 $\bar{\boldsymbol{G}}_f(s)$ 的 co-outer，$\boldsymbol{G}_{\mathrm{ci}}(s)$ 代表 $\bar{\boldsymbol{G}}_f(s)$ 的 co-inner，

$$\left\|\boldsymbol{I}-\boldsymbol{R}(s)\bar{\boldsymbol{G}}_f(s)\right\|_\infty=\left\|\boldsymbol{I}-\boldsymbol{R}(s)\boldsymbol{G}_{\mathrm{co}}(s)\boldsymbol{G}_{\mathrm{ci}}(s)\right\|_\infty$$

并进一步推得

$$\min_R\left\|\boldsymbol{I}-\boldsymbol{R}(s)\bar{\boldsymbol{G}}_f(s)\right\|_\infty=\left\|\boldsymbol{U}(s)-\boldsymbol{R}(s)\boldsymbol{G}_{\mathrm{co}}(s)\right\|_\infty \tag{8-89}$$

式中，$\boldsymbol{U}(s)=\boldsymbol{G}_{\mathrm{ci}}^*(s)$。可以发现

$$\min_R\left\|\boldsymbol{U}(s)-\boldsymbol{R}(s)\boldsymbol{G}_{\mathrm{co}}(s)\right\|_\infty\leqslant\left\|\boldsymbol{U}(s)\right\|_\infty=1 \tag{8-90}$$

另外，

$$\min_R\left\|\boldsymbol{U}(s)-\boldsymbol{R}(s)\boldsymbol{G}_{\mathrm{co}}(s)\right\|_\infty\geqslant\min_{\boldsymbol{Q}\in \mathrm{RH}_\infty}\left\|\boldsymbol{U}(s)-\boldsymbol{Q}(s)\right\|_\infty\geqslant\left\|\boldsymbol{\Gamma}_U\right\|_H$$

式中，$\boldsymbol{\Gamma}_U$ 与 $\left\|\boldsymbol{\Gamma}_U\right\|$ 分别代表 $\boldsymbol{U}(s)$ 的 Henkel 运算与 Henkel 范数由于 $\boldsymbol{G}_{\mathrm{ci}}(s)\in \mathrm{RH}_\infty$，因而 $\boldsymbol{U}(s)=\boldsymbol{G}_{\mathrm{ci}}^*(s)$ 就是一个反稳定的传递函数。这样，设 $\boldsymbol{U}(s)$ 的最小空间实现为 $(\boldsymbol{A}_U,\boldsymbol{B}_U,\boldsymbol{C}_U,\boldsymbol{D}_U)$，推知 $\boldsymbol{\Gamma}_U=(\boldsymbol{A}_U,\boldsymbol{B}_U,\boldsymbol{C}_U,0)$，得到

$$\left\|\boldsymbol{\Gamma}_U\right\|_H=(\lambda_{\max})^{1/2} \tag{8-91}$$

式中，$\lambda_{\max}$ 为矩阵 $\boldsymbol{PQ}$ 的最大特征值，$\boldsymbol{P}$、$\boldsymbol{Q}$ 可通过解

$$\boldsymbol{A}_U\boldsymbol{P}+\boldsymbol{P}\boldsymbol{A}_U^{\mathrm{T}}=\boldsymbol{B}_U\boldsymbol{B}_U^{\mathrm{T}},\boldsymbol{A}_U^{\mathrm{T}}\boldsymbol{Q}+\boldsymbol{Q}\boldsymbol{A}_U=\boldsymbol{C}_U^{\mathrm{T}}\boldsymbol{C}_U$$

得到。而且有

$$U(s)=G_{\mathrm{ci}}^{*}(s), PQ=I \tag{8-92}$$

成立。因此$\|\Gamma_U\|_H=1$，且

$$\min_{R}\|U(s)-R(s)G_{\mathrm{co}}(s)\|_{\infty}\geqslant 1 \tag{8-93}$$

总结式（8-90）～式（8-93），最终可得

$$\min_{R}\|I-R(s)G_{\mathrm{co}}(s)\|_{\infty}=\min_{R}\|U(s)-R(s)G_{\mathrm{co}}(s)\|_{\infty}=\|\Gamma_U\|_H=1$$

注 8.3：在H_∞优化框架中式（8-91）与式（8-92）是十分常见的，在相关的著作中都可以找到。

这里希望读者注意式（8-88），它意味着

$$R(s)=0=\arg\min_{R}\|I-R(s)\bar{G}_f(s)\|_{\infty} \tag{8-94}$$

这个或多或少有些令人惊讶的结论的真正原因可能是，由于所给的从f到y的传递函数矩阵是一个非最小相位系统，在全频域空间内不可能实现令人满意的故障辨识结果。如果这样的理解是正确的，那么引入一个合适的权重矩阵 $W(s)$，用来限制故障辨识滤波器的工作频率范围，使其落在我们感兴趣的区间内，就可以提高故障辨识滤波器的性能。后边章节会对此进行介绍。

思考题

1．简述基于观测器的故障检测器的基本原理。

2．简述故障分离滤波器的设计原理、完全故障分离存在的条件。

3．什么是故障辨识？故障辨识有哪些策略？如何设计故障辨识滤波器？

4．简述基于 Kalman 滤波器的 GLRT 故障检测算法。

参考文献

[1] 魏秀琨，秦勇，贾利民. 鲁棒故障检测与故障估计理论及应用[M]. 北京：科学出版社，2012.

[2] DING S X, DING E L, JEINSCH T. An approach to analysis and design of observer and parity relation based FDI systems[C]//Proceedings 14th IFAC World Congress, 1999: 37-42.

[3] DING X , FRANK P M. Fault detection via optimally robust detection filters[C]//Proceedings of the 28th IEEE CDC, 1980: 1767-1772.

[4] CHEN J, PATTON R J. Robust Model-based Fault Diagnosis for Dynamic Systems[M]. Boston: Kluwer Academic Publishers, 1999.

[5] DING X, FRANK P M. Frequency domain approach and threshold selector for robust model-based fault detection and isolation[C]//Proceedings of the 1st IFAC Symp. SAFEPROCESS, 1991.

[6] FRANK P M. Fault diagnosis in dynamic systems using analytical and knowledge-based redundancy-A survey[J]. Automatica, 1990, 26: 459-474.

第 9 章 数据驱动的悬挂系统故障诊断方法

由于基于模型的故障诊断方法存在建模误差、过程复杂、计算负担较大等诸多限制因素，数据驱动的故障诊断方法近年来得到了广泛的重视与研究，取得了长足的发展。基于多元统计分析的故障诊断方法就是其中最为重要的一种。本章以动态主元分析（Dynamic Principal Component Analysis，DPCA）方法与全结构分解的偏最小二乘（T-PLS）方法为例，介绍了这两种数据驱动故障检测算法原理与步骤，实现了城轨车辆悬挂系统的在线故障检测，并结合贡献图技术讨论了城轨车辆悬挂系统的故障分离策略。

9.1 基于 PCA 的故障检测方法

基于 PCA（Principal Component Analysis）的故障检诊断方法的原理是将多变量样本空间分解成由主元变量张成的较低维的投影子空间和一个相应的残差子空间，并分别在这两个空间中构造能够反映空间变化的统计量，然后将观测向量分别向两个子空间进行投影，并计算相应的统计量指标用于过程监控。Qin 等对基于 PCA 的故障检诊断方法做了大量且卓有成效的工作，详细内容可参见文献[1]～文献[3]。基于标准 PCA 的故障检测算法一般包括以下 3 个步骤。

1. 数据的获取与前处理

无故障状态下，m 维传感器经过 N 次采样之后获得数据矩阵 $\boldsymbol{X} \in \boldsymbol{R}^{N\times m}$。对 $\boldsymbol{X}$ 进行标准化处理，化为均值为 0、方差为 1 的数据多元数据序列，标准化处理的方式为

$$y_i = \frac{x_i - x_{\text{mean}}}{x_{\text{std}}} \tag{9-1}$$

式中，x_i 为原始数据的第 i 次采样值，x_{mean} 为原始数据的均值，x_{std} 为原始数据的方差，y_i 为标准化后的数据。

标准化处理后的数据矩阵表示为

$$\boldsymbol{Y}=\begin{bmatrix}\boldsymbol{y}_1^{\mathrm{T}}\\ \vdots \\ \boldsymbol{y}_N^{\mathrm{T}}\end{bmatrix}\in \boldsymbol{R}^{N\times m}$$

2．协方差矩阵的分解

协方差矩阵为

$$\Sigma_0 \approx \frac{1}{N}\boldsymbol{Y}^{\mathrm{T}}\boldsymbol{Y} \tag{9-2}$$

采用 SVD（奇异值分解）或者 EVD（特征值分解），协方差矩阵 Σ_0 被分解为如下形式：

$$\frac{1}{N}\boldsymbol{Y}^{\mathrm{T}}\boldsymbol{Y}=\boldsymbol{P}\boldsymbol{\Lambda}\boldsymbol{P}^{\mathrm{T}},\boldsymbol{\Lambda}=\begin{bmatrix}\Lambda_{\mathrm{pc}} & 0\\ 0 & \Lambda_{\mathrm{res}}\end{bmatrix} \tag{9-3}$$

用 $\sigma_i^2(i=1,2,\cdots,m)$ 表示协方差矩阵的第 i 个奇异值，故有

$$\Lambda_{\mathrm{pc}}=\mathrm{diag}(\sigma_1^2 \quad \cdots \quad \sigma_l^2)$$

$$\Lambda_{\mathrm{res}}=\mathrm{diag}(\sigma_{l+1}^2 \quad \cdots \quad \sigma_m^2)$$

$$\sigma_1^2 \geqslant \cdots \geqslant \sigma_l^2 >> \sigma_{l+1}^2 \cdots \geqslant \sigma_m^2,\quad \boldsymbol{P}\boldsymbol{P}^{\mathrm{T}}=\boldsymbol{I}_{m\times m}$$

$$\begin{bmatrix}\boldsymbol{P}_{\mathrm{pc}}^{\mathrm{T}}\\ \boldsymbol{P}_{\mathrm{res}}^{\mathrm{T}}\end{bmatrix}\begin{bmatrix}\boldsymbol{P}_{\mathrm{pc}} & \boldsymbol{P}_{\mathrm{res}}\end{bmatrix}=\begin{bmatrix}\boldsymbol{I}_{l\times l} & 0\\ 0 & \boldsymbol{I}_{(m-l)\times(m-l)}\end{bmatrix} \tag{9-4}$$

3．故障检测

在获得新的传感器采集数据 $\boldsymbol{x}\in\boldsymbol{R}^m$ 之后，首先将其标准化，得到数据 $\boldsymbol{y}\in\boldsymbol{R}^m$。这样，故障检测指标SPE与 T^2 就可以通过如下公式计算得到：

$$\mathrm{SPE}=\boldsymbol{y}^{\mathrm{T}}\boldsymbol{P}_{\mathrm{res}}\boldsymbol{P}_{\mathrm{res}}^{\mathrm{T}}\boldsymbol{y} \tag{9-5}$$

$$T^2=\boldsymbol{y}^{\mathrm{T}}\boldsymbol{P}_{\mathrm{pc}}\boldsymbol{\Lambda}\boldsymbol{P}_{\mathrm{pc}}^{\mathrm{T}}\boldsymbol{y} \tag{9-6}$$

检测指标SPE与 T^2 都有与之相对应的报警阈值，分别为 $J_{\mathrm{th,SPE}}$ 与 J_{th,T^2}，一般可由历史数据计算获得。于是故障报警逻辑为

$$\begin{cases}\mathrm{SPE}\leqslant J_{\mathrm{th,SPE}}\text{且}T^2\leqslant J_{\mathrm{th},T^2}\rightarrow\text{不报警}\\ \text{否则}\rightarrow\text{故障报警}\end{cases}$$

考虑到数据序列之间的关联关系，可将标准 PCA 算法扩展成为DPCA 算法。其实现很简单，只要将原始观测数据矩阵扩展成如下形式，然后按照 PCA 算法

的 3 个步骤依次计算即可。扩展后的观测数据矩阵为

$$X(l)=\begin{bmatrix} x_t^{\mathrm{T}} & x_{t-1}^{\mathrm{T}} & \cdots & x_{t-l}^{\mathrm{T}} \\ x_{t-1}^{\mathrm{T}} & x_{t-2}^{\mathrm{T}} & \cdots & x_{t-l-1}^{\mathrm{T}} \\ \vdots & \vdots & & \vdots \\ x_{t+l-n}^{\mathrm{T}} & x_{t+l-n-1}^{\mathrm{T}} & \cdots & x_{t-n}^{\mathrm{T}} \end{bmatrix} \tag{9-7}$$

式中，x_t^{T} 为 m 个传感器在时刻 t 采集的数据。

9.2 基于 DPCA 的城轨车辆悬挂系统故障检测

在利用 DPCA 算法进行城轨车辆悬挂系统故障检测时，首先需要采集悬挂系统健康状态下的 12 路传感器的历史数据，如图 9-1 所示，经高通滤波、二次积分等预处理以后，构造成如式（9-1）所示的形式，依次进行预处理与协方差矩阵分解构造投影空间。在获得新的传感器采集样本数据之后，计算相应的检测指标，用于健康状态评估与故障检测。

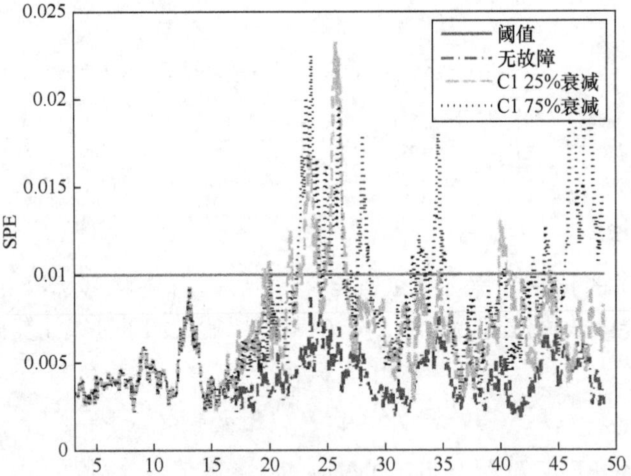

注：彩插页有对应彩色图片。

图 9-1　基于 DPCA 的一系阻尼故障检测结果

在实际应用中，检测指标 SPE 相对于 T^2 具有更好的故障敏感性，因此，这里仅采用 SPE 指标作为是否发出故障报警的依据。基于 DPCA 方法的城轨车辆悬挂系故障检测结果如图 9-2～图 9-4 所示。图中，红色实线表示设置的报警阈

值，蓝色点段线表示悬挂系统无故障工况下的检测指标 SPE 序列，绿色间断线代表相应悬挂系部件性能 25%衰减工况下的检测指标 SPE 序列，褐色虚线则表示相应悬挂系部件性能 75%衰减工况下的检测指标 SPE 序列。

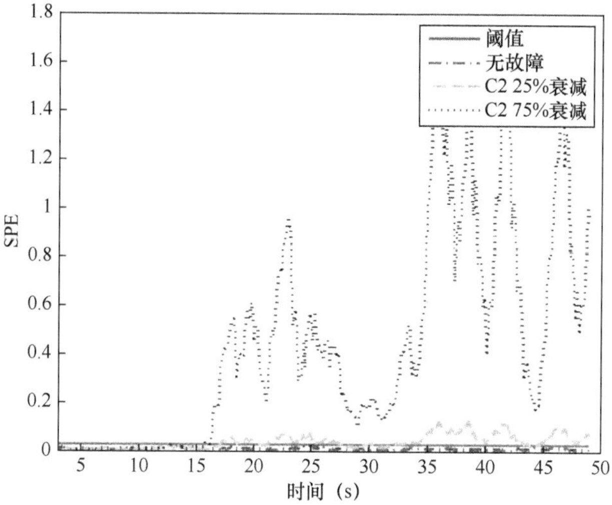

注：彩插页有对应彩色图片。

图 9-2　基于 DPCA 的二系阻尼故障检测结果

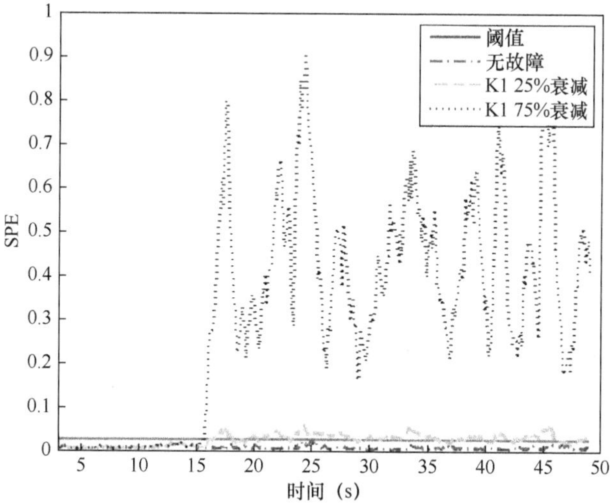

注：彩插页有对应彩色图片。

图 9-3　基于 DPCA 的一系弹簧故障检测结果

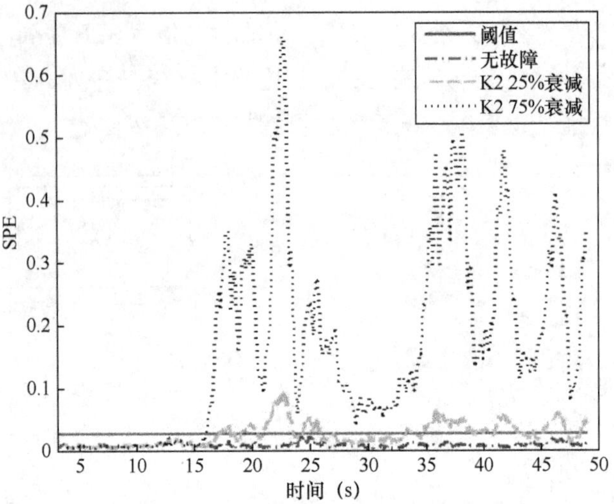

注：彩插页有对应彩色图片。

图 9-4　基于 DPCA 的二次空簧故障检测结果

从以上检测结果中可以看到，基于 DPCA 的城轨车辆悬挂系统故障检测方法在悬挂系部件发生故障后迅速检测到故障，系统故障检测方法在检测效果上优于基于模型的故障检测方法。

9.3　T-PLS 的算法思想与步骤

PLS 的基本概念及算法在化学计量方面的文献中讨论得比较全面，如文献[4]和文献[5]。该方法在过程运行性能监控上的应用也得到了比较广泛的研究，如文献[6]。国内也有对这方面工作进行详细论述、系统总结的工作，如文献[7]。这里对 PLS 的基本思想与算法步骤进行简要叙述。

PLS 的基本思想如下：系统（或过程）是被少量的潜变量所驱动的。这些潜变量无法直接测量，但是可以通过数据进行估计，是过程观测变量、质量变量等的线性组合，如式（9-8）和式（9-9）所示。

$$\boldsymbol{X}=\hat{\boldsymbol{X}}+\boldsymbol{E}=\sum_{a=1}^{A}\boldsymbol{t}_a\boldsymbol{p}_a^{\mathrm{T}}+\boldsymbol{E}=\boldsymbol{T}_a\boldsymbol{P}_a^{\mathrm{T}}+\boldsymbol{E} \tag{9-8}$$

$$\boldsymbol{Y}=\hat{\boldsymbol{Y}}+\boldsymbol{F}=\sum_{a=1}^{A}\boldsymbol{t}_a\boldsymbol{q}_a^{\mathrm{T}}+\boldsymbol{F}=\boldsymbol{T}_a\boldsymbol{Q}_a^{\mathrm{T}}+\boldsymbol{F} \tag{9-9}$$

式中，$\hat{\boldsymbol{X}}$ 与 $\hat{\boldsymbol{Y}}$ 分别代表数据矩阵 $\boldsymbol{X}$ 与 $\boldsymbol{Y}$ 的拟合矩阵，$\boldsymbol{E}$ 与 $\boldsymbol{F}$ 表示拟合后的残差

矩阵，$\boldsymbol{t}_a$ 是由相应位数的数据中顺序提取出来的潜向量，$\boldsymbol{p}_a$ 和 $\boldsymbol{q}_a$ 是相应的负载向量。

PLS 算法将过程变量 $\boldsymbol{X} \in \boldsymbol{R}^{m \times n}$ 与质量变量 $\boldsymbol{Y} \in \boldsymbol{R}^{m \times p}$ 看成具有线性关系的数据矩阵。它没有逐个对变量进行判断取舍，而是利用信息分解，将这些显变量中的信息重新组合、综合筛选，提取出能最大程度解释过程变量的信息，又能最大程度反映过程变量与质量变量线性关系的相互正交的潜变量，从而摒除了重叠信息或无意义的干扰信息，得到一个更为准确可靠的分析结果。PLS 算法的几何意义与迭代过程示意如图 9-5 所示。

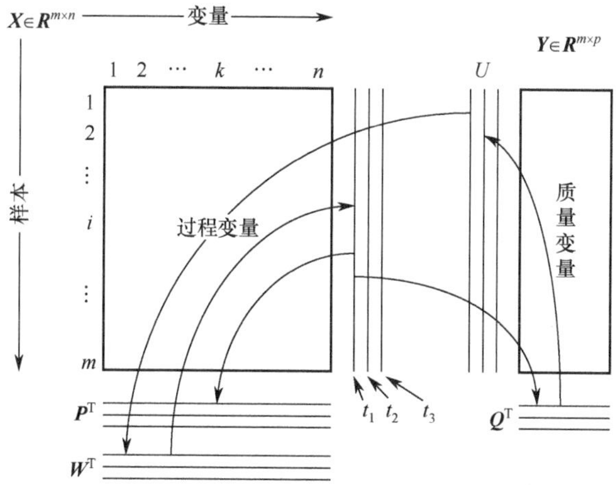

图 9-5　PLS 算法的几何意义与迭代过程示意

在提取潜向量 $\boldsymbol{t}_a$ 时遵循过程变量线性组合与质量变量线性组合协方差最大的原则，即

$$\begin{cases} \max \boldsymbol{t}_a^{\mathrm{T}} \boldsymbol{u}_a \\ \text{s.t. } \boldsymbol{t}_a = \boldsymbol{X}_a \boldsymbol{w}_a \\ \quad \boldsymbol{u}_a = \boldsymbol{Y}_a \boldsymbol{c}_a \\ \quad \|\boldsymbol{w}_a\| = \|\boldsymbol{c}_a\| = 1 \end{cases} \tag{9-10}$$

$$\begin{cases} \max \boldsymbol{t}_a^{\mathrm{T}} \boldsymbol{u}_a \\ \text{s.t. } \boldsymbol{t}_a = \boldsymbol{X}_a \boldsymbol{w}_a \\ \quad \boldsymbol{u}_a = \boldsymbol{Y}_a \boldsymbol{c}_a \\ \quad \|\boldsymbol{w}_a\| = \|\boldsymbol{c}_a\| = 1 \end{cases}$$

式中，$\boldsymbol{X}_a$、$\boldsymbol{Y}_a$表示提取了$a-1$个主元后的过程与质量数据矩阵。

PLS 可以被视为有偏的回归方法，式（9-9）的最终模型可以表达为对 $\boldsymbol{X}$ 的回归模型：

$$\boldsymbol{Y} = \boldsymbol{X}\boldsymbol{\beta} + \boldsymbol{F} \tag{9-11}$$

式中，

$$\boldsymbol{\beta} = \boldsymbol{W}(\boldsymbol{P}^{\mathrm{T}}\boldsymbol{W})^{-1}\boldsymbol{Q}^{\mathrm{T}}$$

$\boldsymbol{W}$、$\boldsymbol{P}$、$\boldsymbol{Q}$的各列分别由w_a、p_a、q_a组成，其中$a=1,2,\cdots,A$。

PLS 的算法步骤如下。

（1）开始：令$\boldsymbol{u}$等于矩阵的第一列。

（2）$\boldsymbol{X}$中的各列在$\boldsymbol{u}$上进行回归得到负载向量：$\boldsymbol{w}^{\mathrm{T}} = \boldsymbol{u}^{\mathrm{T}}\boldsymbol{X} / \boldsymbol{u}^{\mathrm{T}}\boldsymbol{u}$。

（3）将$\boldsymbol{w}$归一化。

（4）计算得分向量：$\boldsymbol{t} = \boldsymbol{X}\boldsymbol{w} / \boldsymbol{w}^{\mathrm{T}}\boldsymbol{w}$。

（5）$\boldsymbol{Y}$中各列在$\boldsymbol{t}$上进行回归：$\boldsymbol{q}^{\mathrm{T}}=\boldsymbol{t}^{\mathrm{T}}\boldsymbol{Y} / \boldsymbol{t}^{\mathrm{T}}\boldsymbol{t}$。

（6）计算$\boldsymbol{Y}$的新等分：$\boldsymbol{u} = \boldsymbol{Y}\boldsymbol{q} / \boldsymbol{q}^{\mathrm{T}}\boldsymbol{q}$。

（7）判断$\boldsymbol{u}$是否收敛，如果是，则进行第（8）步；如果不是，则返回第（2）步。

（8）计算$\boldsymbol{X}$的负载矩阵：$\boldsymbol{p}^{\mathrm{T}} = \boldsymbol{t}^{\mathrm{T}}\boldsymbol{X} / \boldsymbol{t}^{\mathrm{T}}\boldsymbol{t}$。

（9）计算残差矩阵：$\boldsymbol{E} = \boldsymbol{X} - \boldsymbol{t}\boldsymbol{p}^{\mathrm{T}}$，$\boldsymbol{F} = \boldsymbol{X} - \boldsymbol{t}\boldsymbol{q}^{\mathrm{T}}$。

（10）利用$\boldsymbol{E}$、$\boldsymbol{F}$代替$\boldsymbol{X}$、$\boldsymbol{Y}$计算下一个潜变量，重复上述步骤，直到每个潜变量均提取得到。

PLS 使用两个子空间来反映过程变化。一个是主元子空间，反映了和$\boldsymbol{Y}$相关的变化。另一个是残差子空间，反映了和$\boldsymbol{Y}$无关的变化。然而，样本的主元部分包含的成分过多，其中就有和$\boldsymbol{Y}$正交的成分。另外，由于 PLS 的主要目的是为了最大化$\boldsymbol{X}$和$\boldsymbol{Y}$之间的协方差，因此，PLS 并不会按照$\boldsymbol{X}$的方差大小依次提取主元。所以，在数据按照 PLS 算法进行分解之后$\boldsymbol{X}$的残差$\boldsymbol{E}$可能仍然非常大，因此，有必要对$\boldsymbol{E}$做进一步的分解。

在使用 T-PLS 对数据进行建模时，数据$\boldsymbol{X}$、$\boldsymbol{Y}$可以被分解为如下几部分，如图 9-6 所示。

$$\begin{cases} \boldsymbol{X} = \boldsymbol{T}_y\boldsymbol{P}_y^{\mathrm{T}} + \boldsymbol{T}_o\boldsymbol{P}_o^{\mathrm{T}} + \boldsymbol{T}_r\boldsymbol{P}_r^{\mathrm{T}} \\ \boldsymbol{Y} = \boldsymbol{T}_y\boldsymbol{Q}_y^{\mathrm{T}} + \boldsymbol{F} \end{cases} \tag{9-12}$$

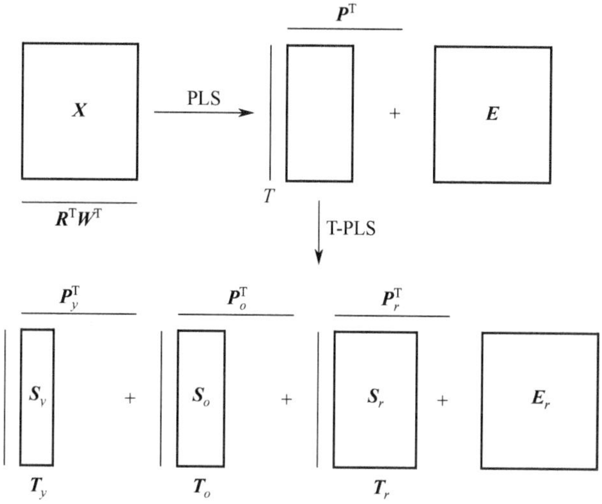

图 9-6　T-PLS 模型对数据的分解

T-PLS 模型并没有改变 PLS 的预测能力，而是进一步分解了其测量空间。由于 T-PLS 模型对数据的分解更加全面细致，因而监控效果更好，且监控结果更容易解释。可以这样认为，S_y 中的变化是与 $\boldsymbol{Y}$ 最相关的变化，而 S_o 和 S_r 中的变化是与 $\boldsymbol{Y}$ 不相关的，而 $\boldsymbol{E}_r$ 则被认为是几乎与 $\boldsymbol{Y}$ 无关的。

T-PLS 算法步骤如下。

（1）对($\boldsymbol{X}$、$\boldsymbol{Y}$)运用 PLS 算法，得到 PLS 的得分矩阵 $\boldsymbol{T}$，以及相应的结构矩阵 $\boldsymbol{Q}$、$\boldsymbol{P}$、$\boldsymbol{R}$。

（2）对 $\overset{\wedge}{\boldsymbol{Y}}$ 进行 PCA 分解：$\overset{\wedge}{\boldsymbol{Y}} = \boldsymbol{TQ}^{\mathrm{T}} = \boldsymbol{T}_y\boldsymbol{Q}_y^{\mathrm{T}}$，主元个数 A_y=rank($\boldsymbol{Q}$)。

（3）$\hat{\boldsymbol{X}} = \boldsymbol{TP}^{\mathrm{T}}, \boldsymbol{P}_y^{\mathrm{T}} = (\boldsymbol{T}_y^{\mathrm{T}}\boldsymbol{T}_y)^{-1}\boldsymbol{T}_y^{\mathrm{T}}\hat{\boldsymbol{X}}$。

（4）对 $\hat{\boldsymbol{X}}_o$ 进行 PCA 分解，$\hat{\boldsymbol{X}}_o = \hat{\boldsymbol{X}} - \boldsymbol{T}_y\boldsymbol{P}_y^{\mathrm{T}} = \boldsymbol{T}_o\boldsymbol{P}_o^{\mathrm{T}}$，主元个数为 $A - A_y$。

（5）对残差 $\boldsymbol{E}$ 进行 PCA 分解，$\boldsymbol{E} = \boldsymbol{T}_r\boldsymbol{P}_r^{\mathrm{T}} + \boldsymbol{E}_r$。

在多变量统计过程监控中，有两类统计量被广泛用于过程检测。其中一种是衡量过程主要变化的 D 统计量，另一种是衡量过程残差部分的 Q 统计量，在 PLS 中分别称为 T^2 与 SPE 统计量。在 T-PLS 中，$\hat{x}_y$、$\hat{x}_o$、$\hat{x}_r$ 衡量了过程中的主要变化，因此，采用 D 统计量来监测比较适合。而 $\tilde{x}_r$ 代表了过程中的残差部分，因此，用 Q 统计量来监测比较合适。对一个新的检测样本 x_{new}，相应的得分与残差部分可计算如下：

$$\begin{cases} t_{y,\text{new}} = \boldsymbol{Q}\boldsymbol{R}^{\text{T}}x_{\text{new}} \\ t_{o,\text{new}} = \boldsymbol{P}_o^{\text{T}}(\boldsymbol{P} - \boldsymbol{P}_y\boldsymbol{Q})\boldsymbol{R}^{\text{T}}x_{\text{new}} \\ t_{r,\text{new}} = \boldsymbol{P}_r^{\text{T}}(\boldsymbol{I} - \boldsymbol{P}\boldsymbol{R}^{\text{T}})x_{\text{new}} \\ \tilde{x}_{r,\text{new}} = (\boldsymbol{I} - \boldsymbol{P}_r\boldsymbol{P}_r^{\text{T}})(\boldsymbol{I} - \boldsymbol{P}\boldsymbol{R}^{\text{T}})x_{\text{new}} \end{cases} \tag{9-13}$$

表 9-1 给出了相应的故障检测指标及其计算方法。

表 9-1　故障检测指标及其计算方法

统计量	计算	统计量	计算
T_y^2	$\boldsymbol{t}_{y,\text{new}}^{\text{T}}\boldsymbol{\Lambda}_{y,\text{new}}^{-1}$	T_r^2	$\boldsymbol{t}_{r,\text{new}}^{\text{T}}\boldsymbol{\Lambda}_{r,\text{new}}^{-1}$
T_o^2	$\boldsymbol{t}_{o,\text{new}}^{\text{T}}\boldsymbol{\Lambda}_{o,\text{new}}^{-1}$	Q_r	$\left\|\tilde{x}_{r,\text{new}}\right\|^2$

对于 D 统计量：

$$\boldsymbol{\Lambda}_y = \frac{1}{m-1}\boldsymbol{t}_y^{\text{T}}\boldsymbol{t}_y$$

表示通过训练数据估计的$\boldsymbol{t}_y$的协方差。$\boldsymbol{\Lambda}_o$、$\boldsymbol{\Lambda}_r$是$\boldsymbol{t}_o$、$\boldsymbol{t}_r$的协方差矩阵。在 T-PLS 中，用T_y^2来检测和 Y 相关的故障，用T_o^2、T_r^2与Q_r来检测与 Y 关系不大的故障。由于在正常情况下，Q_r中的方差要远远小于 PLS 中 Q 中的方差，所以，T-PLS 可以检测到更小的故障。

一旦检测到故障，可采用贡献图方法对故障进行分离或者定位。贡献图描述了所有过程变量对检测统计量的贡献大小，认为对检测量贡献较大的过程变量与故障之间的关系最为紧密。第 j 个过程变量对某个检测量的贡献图可以被描述为如下形式：

$$\text{cont}_j^{\text{Index}} = (\gamma_j x)^2 = (\xi_j^{\text{T}}\boldsymbol{\Gamma}x)^2 \tag{9-14}$$

式中，γ_j是$\boldsymbol{\Gamma}$的第 j 行，ξ_j是$\boldsymbol{\Gamma}$的第 j 列。

不同的检测统计量对应的$\boldsymbol{\Gamma}^2$矩阵如表 9-2 所示。

表 9-2　不同的检测统计量对应的 $\boldsymbol{\Gamma}^2$ 矩阵

检测统计量	$\boldsymbol{\Gamma}^2$
T_y^2	$\boldsymbol{R}\boldsymbol{\Lambda}_y^{-1}\boldsymbol{R}^{\text{T}}$
T_o^2	$(\boldsymbol{R}\boldsymbol{P}^{\text{T}} - \boldsymbol{R}\boldsymbol{P}_y^{\text{T}})\boldsymbol{P}_o\boldsymbol{\Lambda}_o^{-1}\boldsymbol{P}_o^{\text{T}}(\boldsymbol{P}\boldsymbol{R}^{\text{T}} - \boldsymbol{P}_y\boldsymbol{R}^{\text{T}})$
T_r^2	$(\boldsymbol{I} - \boldsymbol{R}\boldsymbol{P}^{\text{T}})\boldsymbol{P}_r\boldsymbol{\Lambda}_r^{-1}\boldsymbol{P}_r^{\text{T}}(\boldsymbol{I} - \boldsymbol{P}\boldsymbol{R}^{\text{T}})$
Q_r	$(\boldsymbol{I} - \boldsymbol{R}\boldsymbol{P}^{\text{T}})(\boldsymbol{I} - \boldsymbol{P}_r\boldsymbol{R}_r^{\text{T}})(\boldsymbol{I} - \boldsymbol{P}\boldsymbol{R}^{\text{T}})$

9.4　基于 T-PLS 的悬挂系统故障检测与诊断

在利用 T-PLS 算法进行城轨车辆悬挂系统故障诊断之前，首先需要确定算法中过程变量 X 与质量变量 Y 分别对应车辆系统中的哪些值。与传统的化学工业过程监控不同，本书从过程变量数据到质量变量数据之间并不存在逻辑上的因果关系，因此，在监控效果与检测结果分析上都存在一定程度的差异，但这并不影响 PLS 模型在悬挂系统状态监控与故障诊断上的应用。城轨车辆悬挂系统故障仿真实验平台数据被用于算法验证。

基于检测指标 T_y^2、T_o^2、T_r^2 与 Q_r 二系空簧故障检测结果分别如图 9-7～图 9-10 所示。

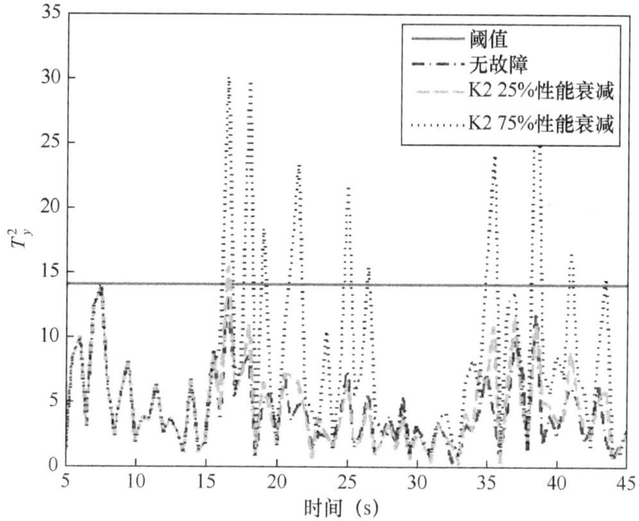

注：彩插页有对应彩色图片。

图 9-7　基于 T_y^2 的二系空簧故障检测结果

由图 9-7～图 9-10 可知，当空簧故障幅值较大时（出现 75%的性能衰减），T_y^2 与 T_o^2 迅速检测到了故障，T_r^2 没能检测到故障，而 Q_r 检测效果不好。相反，当空簧故障幅值较小时（出现 25%的性能衰减），T_y^2 的检测效果也不理想，而故障在 Q_r 指标下却表现得十分显著，尽管存在一定的延时。可以这样理解：当二系悬挂系统器件的故障幅值较大时，对多数传感器的输出都有较大的影响，被 T-PLS 模型理解为一种与质量变量 Y 相关性较强的故障，因而在 T_y^2 指标中表现显著，而在 Q_r 指标下检测效果不理想。另外，当其故障幅值较小时，对传感器的输出影响较小，被 T-PLS 模型理解为一种残差噪声，因而在 Q_r 指标下被显著检测到。二系阻尼器故障检测结果与二系空簧检测结果类似，在此不再赘述。

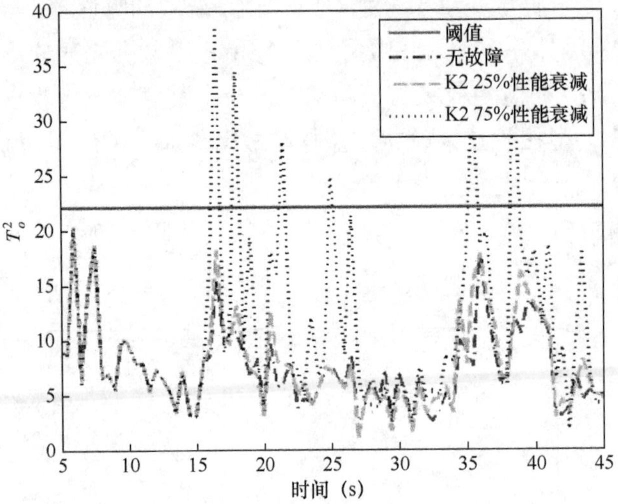

注：彩插页有对应彩色图片。

图 9-8　基于 T_o^2 的二系空簧故障检测结果

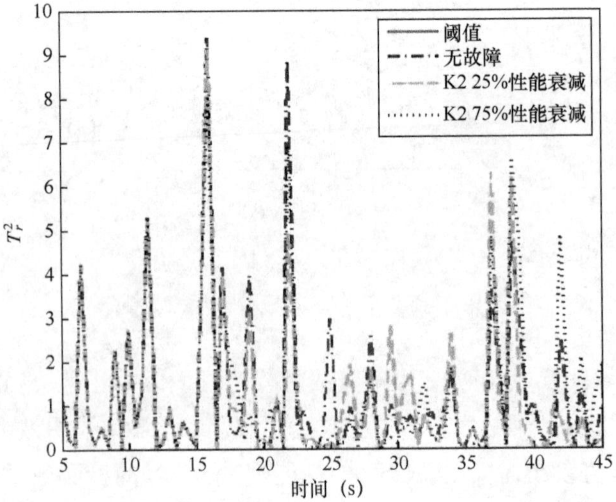

注：彩插页有对应彩色图片。

图 9-9　基于 T_r^2 的二系空簧故障检测结果

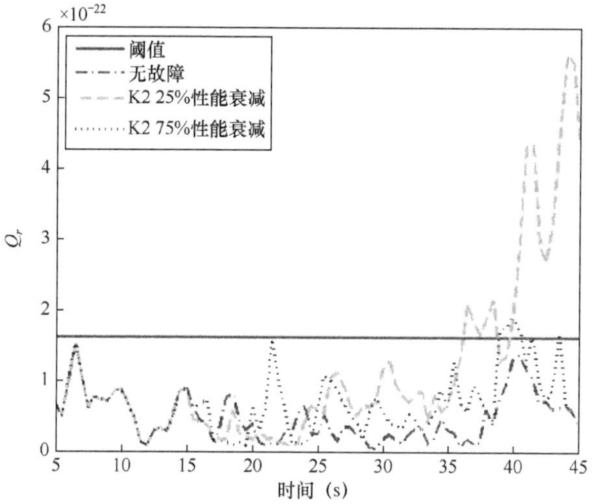

注：彩插页有对应彩色图片。

图 9-10　基于 Q_r 的二系空簧故障检测结果

由图 9-11～图 9-14 可知，一系阻尼器故障无论幅值大小，在 T_y^2、T_o^2 与 T_r^2 指标中均难以检测，而在 Q_r 指标下被显著检测到。因此，一系故障很可能也被 T-PLS 模型理解为一种残差噪声。同时，由于 T-PLS 模型对数据的分解十分细致，从而使 Q_r 指标对较小的噪声也十分敏感，所以，一系故障在 Q_r 指标下均被显著检测获得。同样，在此略过一系弹簧故障的检测结果。

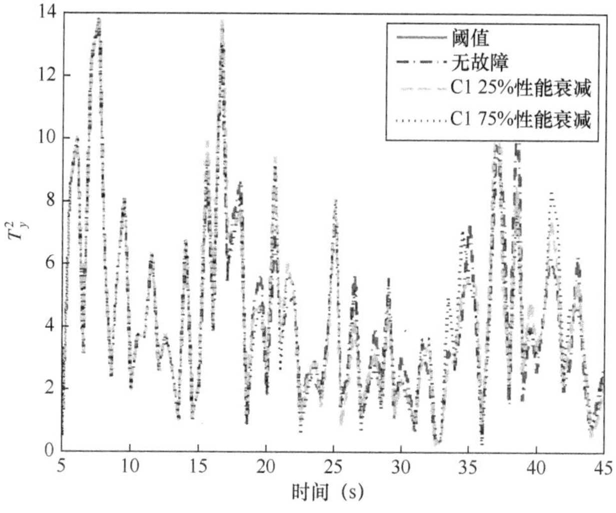

注：彩插页有对应彩色图片。

图 9-11　基于 T_y^2 的一系阻尼故障检测结果

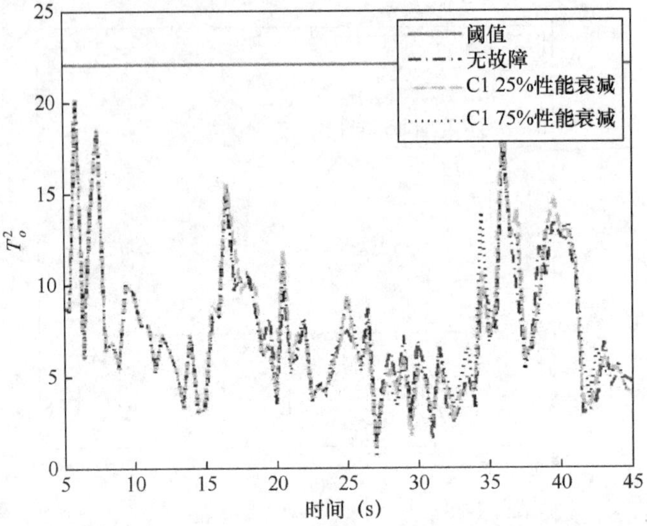

注：彩插页有对应彩色图片。

图 9-12 基于 T_o^2 的一系阻尼故障检测结果

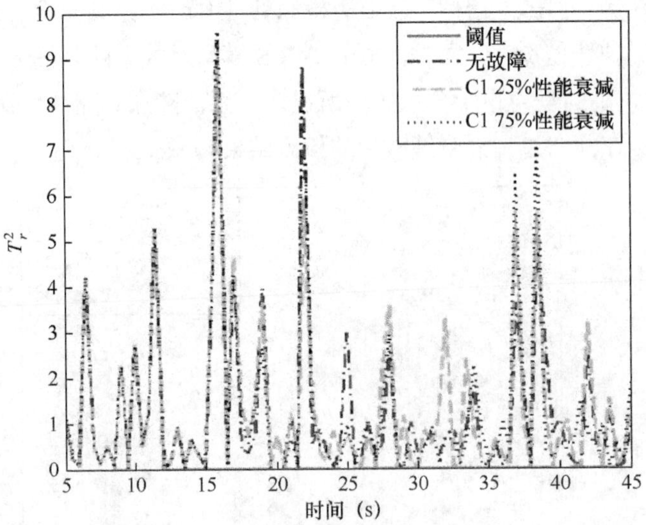

注：彩插页有对应彩色图片。

图 9-13 基于 T_r^2 的一系阻尼故障检测结果

在分析故障检测结果的同时，已对故障定位给出了初步的分析结果，即二系故障在幅值较大的情况下可以被 T_y^2 与 T_o^2 指标迅速检测到，而在 Q_r 指标下表现微弱；幅值较小的二系故障被 Q_r 指标显著检测获得；一系故障无论幅值大小，在一般情况下，只能由 Q_r 指标检测获得，且存在一定的时延，但故障表现十分显著。

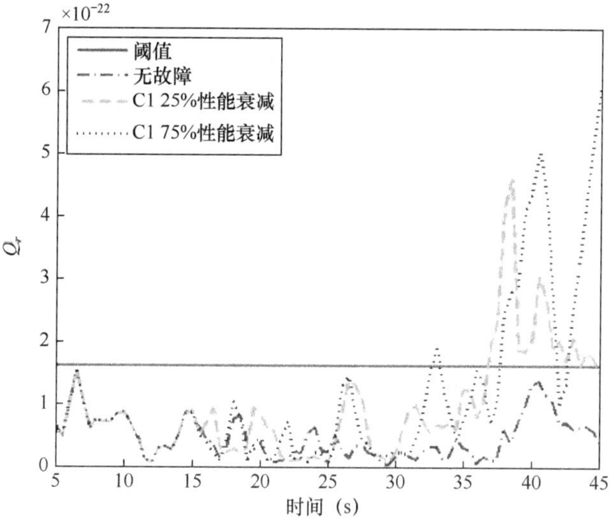

注：彩插页有对应彩色图片。

图 9-14　基于 Q_r 的一系阻尼故障检测结果

为了进一步分析发生故障的悬挂系部件位置，这里采用贡献图技术对各传感器输出数据的贡献值进行分析。二系空簧故障中各传感器贡献如图 9-15 所示。注意到图 9-15 中的故障空簧位置与传感器编号，说明与二系空簧故障发生位置相对的车体传感器与转向架传感器上的数据对检测统计量的贡献更大。也就是说，图 9-15 中车体前方右侧空簧发生故障时，编号为 3、4 的车体传感器与编号为 9、10、11、12 的位于后方转向架的传感器对该故障较为敏感。这或许会与我们的直观判断不一致（编号为 1、2、5、6、7、8 的传感器距故障位置较近，应该对故障更敏感），这可能与点头、侧滚、摇头等运动的中心轴发生了变化有关，需要对车体运动状态进行深入的研究。

在二系阻尼发生故障以后，各传感器贡献值分布情况与空簧故障类似，如图 9-16 所示。

综上所述，本章运用 T-PLS 的检测统计量与贡献图可以完成对城轨车辆悬挂系统的故障检测与初步故障定位。

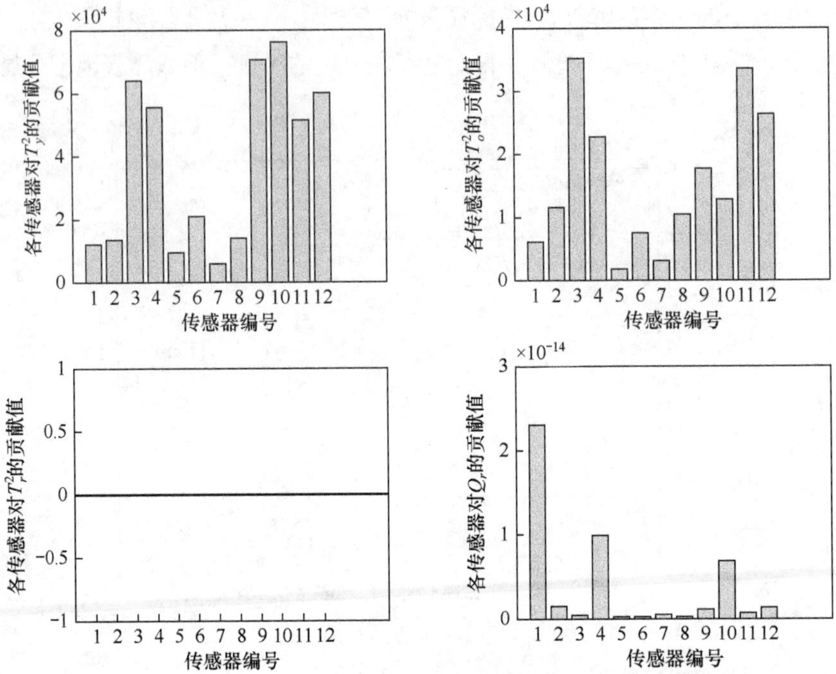

图 9-15　二系空簧故障中各传感器贡献

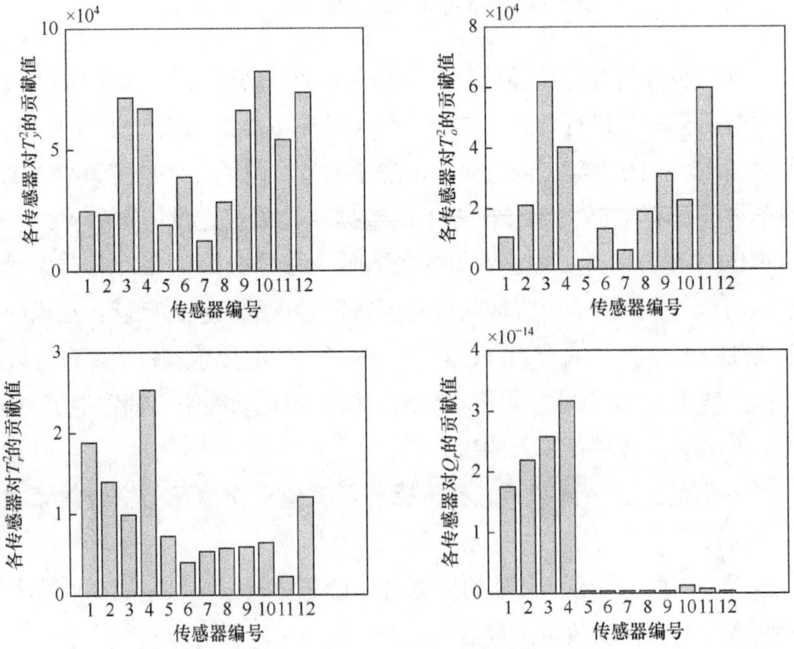

图 9-16　二系阻尼故障各传感器贡献值

9.5 SVM 概述

20 世纪 60 年代，Vapnik 开始了统计学习理论的研究，之后相继提出 VC 维理论、结构风险最小化原则、最优边界分类器等理论，对线性分类器提出了另一种设计最佳准则，其原理也从线性可分扩展到线性不可分的情况，甚至扩展到非线性函数中，这种分类器称为支持向量机（Support Vector Machine，SVM）。

SVM 的主要思想如下。

（1）SVM 针对线性可分情况进行分析，对于线性不可分的情况，通过使用非线性映射算法将低维输入空间线性不可分的样本转换为高维特征空间，使其线性可分，从而使得高维特征空间采用线性算法对样本的非线性特征进行线性分析成为可能。

（2）SVM 基于结构风险最小化原则，在特征空间中建构最优分割超平面，使得学习器得到全局最优化，并且使得在整个样本空间的期望风险以某个概率满足一定上界。

SVM 具有以下特征。

（1）SVM 学习问题可以表示为凸优化问题，因此，可以利用已知的有效算法发现目标函数的全局最小值。而其他分类方法（如基于规则的分类器和人工神经网络）都采用一种基于贪心学习的策略来搜索假设空间，这种方法一般只能获得局部最优解。

（2）SVM 通过最大化决策边界的边缘来控制模型的能力。尽管如此，用户必须提供其他参数，如使用核函数和引入松弛变量等。

（3）通过对数据中每个分类属性引入一个哑变量，SVM 可以应用于分类数据。

对于数据分类问题，传统神经网络方法存在以下不足：在泛化方面，模型不断增大，会覆盖训练数据，这个缺点是由神经网络在选择模型时，参数选择和统计测量的优化算法造成的。由于基于统计学习理论的 SVM 的精确性和显著的泛化性能，其在机器学习、计算机视觉、模式识别等领域得到广泛应用。具体来说，神经网络通过实证风险最小化（Empirical Risk Minimization，ERM）

来最小化训练数据的错误；而 SVM 通过结构风险最小化（Structure Risk Minimization，SRM）规则来最小化期望风险的上限，因此，其泛化性能优于神经网络。

基于 SVM 的故障诊断流程如图 9-17 所示。

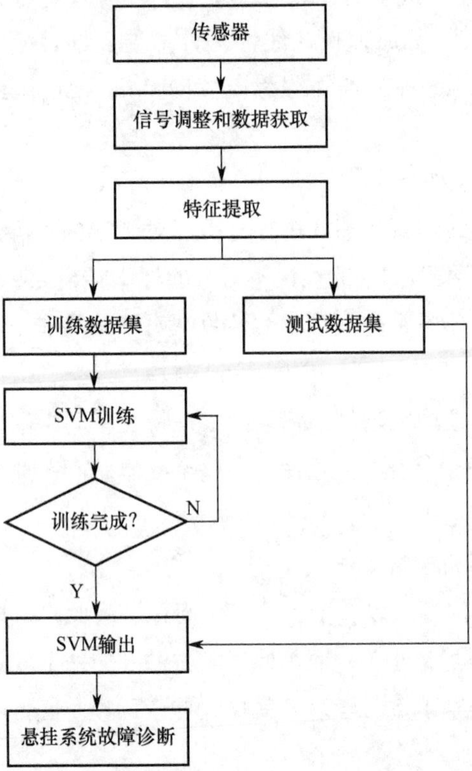

图 9-17　基于 SVM 的故障诊断流程

9.6　SVM 算法研究

9.6.1　二元分类

SVM 在 20 世纪 60 年代由 Vapnik 在统计学习理论的基础上引入，然而在 20 世纪 90 年代，计算能力突飞猛进之后，SVM 才大量应用于实际的分析。原始的 SVM 用于两种分类的问题，数据由一系列支持向量定义的超平面划分。

SVM 可以看成通过在两个数据集中生成一条直线或一个超平面来进行分类。在二元情况下，SVM 很容易解释，如图 9-18 所示。图中，一系列的点采自两个不同分类的数据，其中圆圈表示分类 A，方框表示分类 B。SVM 要在两个分类间生成一条线性边界（图中的实线），使得边缘（图中的虚线）区域最大。最近的数据点用来定义边缘，这些数据点就是支持向量（SV，即图中的灰色圆圈和方框），SV 一旦选定，其他的特征集就可以去掉了，因为 SV 已经包含了分类器必需的所有信息，而其他的特征集是可有可无的。

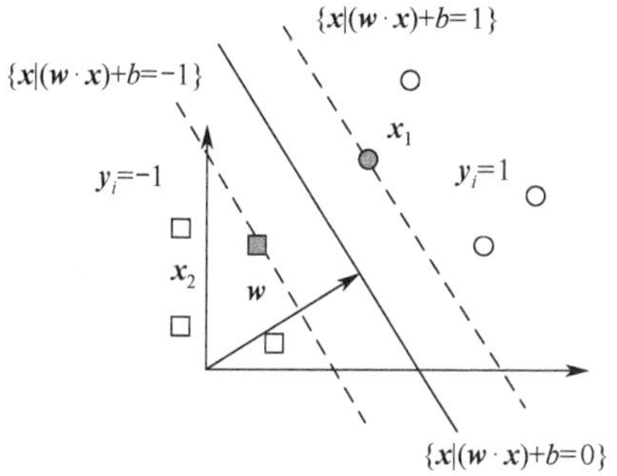

图 9-18　SVM 的数据分类

边界可以表示为

$$(\boldsymbol{w}\cdot\boldsymbol{x})+b=0,\ \boldsymbol{w}\in\boldsymbol{R}^N,\ b\in\mathbf{R} \tag{9-15}$$

式中，$\boldsymbol{w}$ 定义边界，$\boldsymbol{x}$ 为 N 维输入向量，b 为阈值。在边缘上，分类 A 和分类 B 分别为

$$(\boldsymbol{w}\cdot\boldsymbol{x})+b=1 \tag{9-16}$$

$$(\boldsymbol{w}\cdot\boldsymbol{x})+b=-1 \tag{9-17}$$

因为 SV 表示已知分类的数据的极端，以下决策函数用来对分类 A 或分类 B 的任何数据点进行分类：

$$f(x)=\mathrm{sign}((\boldsymbol{w}\cdot\boldsymbol{x})+b) \tag{9-18}$$

最优化平面可由以下最优化问题获得：

$$\min\ \ \tau(\boldsymbol{w})=\frac{1}{2}\|\boldsymbol{w}\|^2 \tag{9-19}$$

$$\text{s.t.}\ \ \boldsymbol{y}_i((\boldsymbol{w}\cdot\boldsymbol{x}_i)+b)\geqslant 1,\ i=1,\cdots,l \tag{9-20}$$

式中，l 为训练集的数量。

约束最优化问题的解决方案可由下式得到：

$$\boldsymbol{w}=\sum v_i \boldsymbol{x}_i \tag{9-21}$$

式中，$\boldsymbol{x}_i$ 为从训练中获得的 SV，将式（9-16）代入式（9-18），可得

$$f(x)=\text{sign}\left(\sum_{i=1}^{l} v_i(\boldsymbol{x}\cdot\boldsymbol{x}_i)+b\right) \tag{9-22}$$

当直线边界不足以实现分类目标时，可以通过生成超平面实现高维中的线性分离。在 SVM 中，用转换函数 $\phi(\boldsymbol{x})$ 把数据从 N 维输入空间转换到 Q 维特征空间：

$$\boldsymbol{s}=\phi(\boldsymbol{x}) \tag{9-23}$$

式中，$\boldsymbol{x}\in\boldsymbol{R}^N$，$\boldsymbol{s}\in\boldsymbol{R}^Q$，如图 9-19 所示。

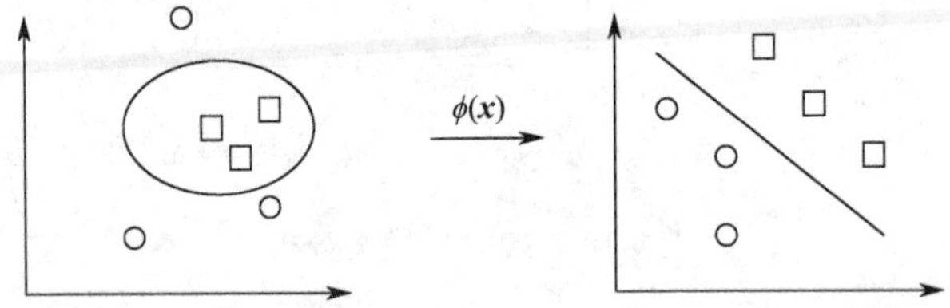

图 9-19　边界为非线性的输入空间转换到边界为线性的特征空间

将式（9-23）代入式（9-22），可得

$$f(x)=\text{sign}\left(\sum_{i=1}^{l} v_i(\phi(\boldsymbol{x})\cdot\phi(\boldsymbol{x}_i))+b\right) \tag{9-24}$$

为了减少计算负担及保持高维转换效率，这里使用 Kernel 函数（核函数）代替转换过程函数，Kernel 函数为

$$\boldsymbol{K}(\boldsymbol{x}\cdot\boldsymbol{y})=\phi(\boldsymbol{x})\cdot\phi(\boldsymbol{y}) \tag{9-25}$$

因此，

$$f(x)=\text{sign}\left(\sum_{i=1}^{l} v_i\boldsymbol{K}(\boldsymbol{x}\cdot\boldsymbol{x}_i)+b\right) \tag{9-26}$$

式中，$v_i(v_i>0)$ 为权重因子，决定输入向量中哪个向量能作为 SV。

Kernel 函数可以是多项式、S 曲线、高斯 RBF（径向基函数），这里取高斯 RBF：

$$\boldsymbol{K}(\boldsymbol{x}\cdot\boldsymbol{y})=\exp(-\|\boldsymbol{x}-\boldsymbol{y}\|^2/2\sigma^2) \tag{9-27}$$

这里的 Kernel 函数中的参数 σ 可大致通过迭代决定，即从全部特征集中选取一个最优值。

由于存在不可分数据造成的分类重叠现象，可限定参数 v_i 的范围，以减少 SV 定义的边界中异常值的影响。对于不可分的情况，$0<v_i<C$；对于可分的情况，C 为无限大，而在不可分的情况下，它是可变的，这取决于训练允许的误差，即当 C 较大时，误差小；当 C 较小时，误差大。

SVM 的计算过程相当于将大的二次算法（QP）问题分解成一系列小的 QP 问题。这里，SVM 用的分解方法和工作集选择策略与文献[1]中的相同。

9.6.2　多元分类

以上讨论的二元分类方法只能把数据分成两类，但在现实生活中，更多的是多元分类的情况。例如，在旋转电动机的故障诊断中，有多种故障分类，如机械不平衡、未对准、轴承故障等。

解决多元分类问题的一种主要的方法是一对一方法，该方法构造 $k(k-1)/2$ 个分类器，每个分类器由来自两种分类的数据进行训练。对于来自第 i 个和第 j 个分类的训练数据，可以解决以下二元分类问题：

$$\text{minimize}\ \frac{1}{2}\|\boldsymbol{w}^{ij}\|^2+C\sum_{i=1}^{M}\xi_j^{ij}(\boldsymbol{w}^{ij})^{\mathrm{T}} \tag{9-28}$$

$$\text{s.t.}\begin{cases}(\boldsymbol{w}^{ij})^{\mathrm{T}}\phi(x_t)+b^{ij}\geqslant 1-\xi_t^{ij},\ y_t=i\\(\boldsymbol{w}^{ij})^{\mathrm{T}}\phi(x_t)+b^{ij}\leqslant -1+\xi_t^{ij},\ y_t\neq j\\\xi_t^{ij}\geqslant 0,\ j=1,\cdots,l\end{cases} \tag{9-29}$$

式中，ξ_i 为松弛变量，表示边界与在错误边界一边的样本 x_i 之间的距离；C 为惩罚系数。构造 $k(k-1)/2$ 个分类器之后，有很多方法可以用来进行特征测试。经过多次测试，选择以下策略进行决策：如果 $\text{sign}((\boldsymbol{w}^{ij})^{\mathrm{T}}\phi(x)+b^{ij})$ 表示 x 在第 i 个分类中，那么给第 i 个分类的票数加 1；否则，给第 j 个分类的票数加 1。最后，x 属于得票最多的那个分类。

9.7 在列车悬挂系统中应用 SVM 技术进行故障分离

SVM 故障分离仿真的数据选用第 8 章介绍的城轨列车悬挂系统中一系弹簧、二系空簧、二系阻尼的中等故障和严重故障特征数据，运用 SVM 算法的分类方法对故障特征数据进行分离实验。取 12 个传感器相应的 12 路位移信号，分别计算包括 4 个时域特征和 3 个频域特征在内的共 7 个故障特征值，再利用独立组元分析（PCA）方法，剔除不相关和无用的特征值，最后用到的是 63 个有用的故障特征值。

这里，总的仿真时间是 50s，各种故障发生在仿真开始 20s 后。转向架和车体上的 12 个加速度信号的采样时间是 0.1s。使用二重积分，获取转向架和车体的位移信号。50s 内记录了 500 个采样点的值，取仿真开始 20s 后即总共 30s 的 300 个采样点的数据。第一个二系阻尼 45%、47%、53%阻尼系数衰减时的位移数据如图 9-20 所示。第一个二系阻尼 70%、72%、78%阻尼系数衰减时的位移数据如图 9-21 所示。第一个一系弹簧 45%、47%、53%刚度系数衰减时的位移数据如图 9-22 所示。第一个一系弹簧 70%、72%、78%刚度系数衰减时的位移数据如图 9-23 所示。

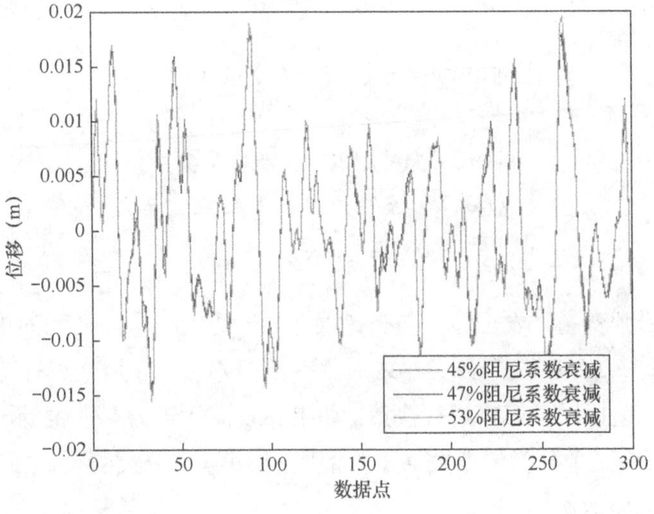

注：彩插页有对应彩色图片。

图 9-20　第一个二系阻尼 45%、47%、53%阻尼系数衰减时的位移数据

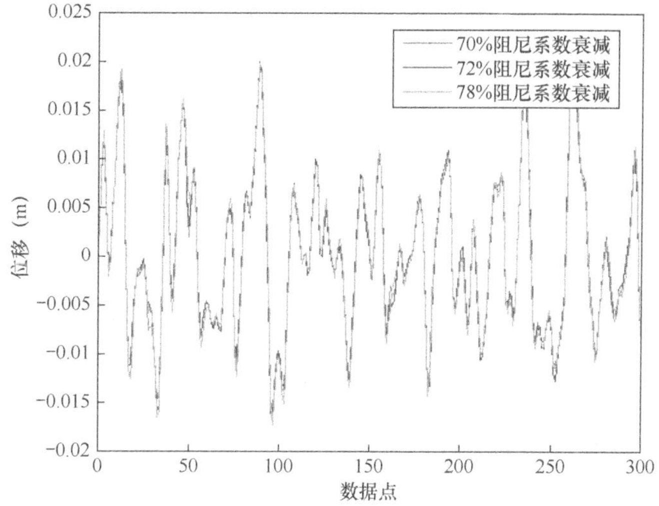

注：彩插页有对应彩色图片。

图 9-21　第一个二系阻尼 70%、72%、78%阻尼系数衰减时的位移数据

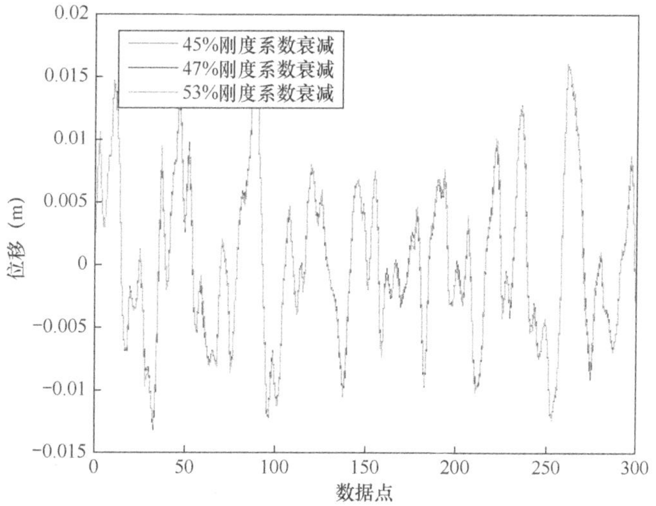

注：彩插页有对应彩色图片。

图 9-22　第一个一系弹簧 45%、47%、53%刚度系数衰减时的位移数据

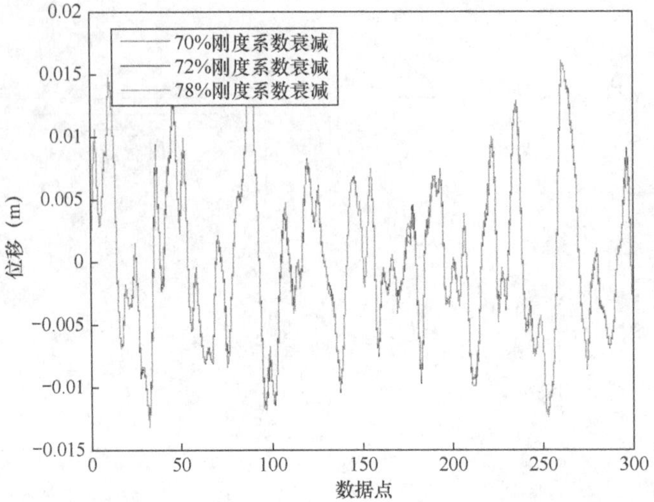

注：彩插页有对应彩色图片。

图 9-23　第一个一系弹簧 70%、72%、78%刚度系数衰减时的位移数据

9.7.1　故障特征值

对于每个记录的值，计算 7 个故障特征值（4 个时域特征、3 个频域特征）。因为有 12 个传感器对应 12 个位移信号，所以，每个组件故障共有 84 个故障特征值。再利用 PCA 方法，剔除不相关和无用的特征值，最后用到的是 63 个有用的故障特征值。第一个二系阻尼 45%阻尼系数衰减时的 63 个故障特征值如表 9-3 所示。

表 9-3　第一个二系阻尼 45%阻尼系数衰减时的 63 个故障特征值

0.19	49.85	11.47	−11.26	431.22	111.81	421.33
−0.07	62.30	2.80	−16.76	437.55	112.63	427.89
0.04	40.90	1.05	4.26	321.16	96.49	299.64
0.02	35.51	−2.07	13.16	328.23	97.55	306.35
−0.12	34.49	−0.62	−3.32	326.60	97.30	303.93
−0.14	39.88	−0.02	−1.95	308.30	94.54	286.24
0.06	322.11	−74.29	−103.14	188.61	73.94	179.56
−0.06	26.45	−0.13	1.98	351.27	100.91	329.55
−0.08	27.48	0.27	−0.35	348.58	100.53	326.67

9.7.2　SVM 故障分离

SVM 故障分离包括两方面的内容：一方面，辨识故障发生的组件，即辨识是一系弹簧发生故障还是二系空簧发生故障，抑或是二系阻尼发生故障；另一方面，辨识发生的故障类型，即辨识是中等故障还是严重故障。对于以上两方面内容，分别用故障组件辨识精度（Fault Component identification Accuracy，FCA）和故障类型预测精度（Faulty Type prediction Accuracy，FTA）表示，其定义如下：

$$FCA = \frac{准确预测的组件故障个数}{总的组件故障个数} \times 100\% \tag{9-30}$$

$$FTA = \frac{准确预测的组件故障类型个数}{总的组件故障类型个数} \times 100\% \tag{9-31}$$

采用基于 SVM 的多元分类方法对悬挂系统的故障进行分离，对于每个组件故障，记录 3 个不同的故障测度（中等故障为 45%、47%和 53%，严重故障为 70%、72%和 78%）。采用 PCA 计算和提取故障特征值。使用 Kernel 函数不同的 SVM 分类器训练这些故障特征值。为了验证故障分离的效果，产生用于故障训练集中的采用不同故障测度的新的组件故障。相应的故障特征描述如表 9-4 所示。

表 9-4　故障特征描述表

序号	行号	故障组件	故障描述
1	1～3	C_{21}	45%、47%、53%阻尼系数衰减
2	4～6	C_{21}	70%、72%、78%阻尼系数衰减
3	7～9	K_{21}	45%、47%、53%刚度系数衰减
4	10～12	K_{21}	70%、72%、78%刚度系数衰减
5	13～15	C_{22}	45%、47%、53%阻尼系数衰减
6	16～18	C_{22}	70%、72%、78%阻尼系数衰减
7	19～21	K_{22}	45%、47%、53%刚度系数衰减
8	22～24	K_{22}	70%、72%、78%刚度系数衰减
9	25～27	K_{11}	45%、47%、53%刚度系数衰减
10	28～30	K_{11}	70%、72%、78%刚度系数衰减
11	31～33	K_{12}	45%、47%、53%刚度系数衰减
12	34～36	K_{12}	70%、72%、78%刚度系数衰减
13	37～39	K_{13}	45%、47%、53%刚度系数衰减
14	40～42	K_{13}	70%、72%、78%刚度系数衰减
15	43～45	K_{14}	45%、47%、53%刚度系数衰减

（续表）

序号	行号	故障组件	故障描述
16	46～48	K_{14}	70%、72%、78%刚度系数衰减
17	49～64	以上所有	50%、75%阻尼系数衰减和刚度系数衰减

在用 MATLAB 进行 SVM 训练和预测时，采用 LIBSVM 工具箱。悬挂系统故障分离结果如表 9-5 和表 9-6 所示。

表 9-5　采用原始特征和 SVM 处理的故障分离结果

Kernel 函数	FCA 训练	FCA 测试	FTA 训练	FTA 测试
线性函数	100%	68.75%	100%	68.75%
多项式（d=1，$\gamma=0.1$）	100%	75%	100%	68.75%
高斯 RBF（C=100，$\gamma=0.0001$）	100%	75%	100%	68.75%

表 9-6　采用 PCA 故障提取和 SVM 处理的故障分离结果

Kernel 函数	FCA 训练	FCA 测试	FTA 训练	FTA 测试
线性函数	100%	68.75%	100%	68.75%
多项式（d=1，γ=0.1）	100%	75%	100%	68.75%
高斯 RBF（C=100，γ=0.0001）	100%	87.5%	100%	75%

由故障分离结果可以看出，使用高斯 RBF 作为 Kernel 函数的 SVM 获得最佳的性能表现，训练数据的精度都达到 100%。然而，使用测试数据时会出现预测错误的情况。

因为悬挂系统的复杂性和非线性，要使组件故障的分离取得 100%的准确率是很难的。然而，可以注意到，训练数据能获得很好的分离结果。因为发生的故障都在故障训练集中，故障组件和故障类型总能被准确预测出来，因此，拥有足够多的不同故障量度的故障训练集在实际应用中是很有用的。

SVM 算法对城市轨道列车悬挂系统的故障进行分离的方法，首先，介绍了 SVM 在故障诊断方面的应用；其次，介绍 SVM 的具体算法，重点介绍其在二元分类上的应用；最后，运用 SVM 算法对悬挂系统的中等故障和严重故障进行分离仿真，并给出故障分离结果。

研究发现，SVM 在故障分离中存在的问题如下：对悬挂系统组件故障的分离不能取 100%的准确率，即 SVM 对于某些故障，并不能实现有效的分离，这主要是系统的非线性造成的，而 SVM 在线性特征上的分离是比较有效的，目前还不能完全解决非线性特征的分离。

思考题

1．简述 PCA 数据降维处理的基本原理，并用 MATLAB 实现这个算法。

2．DPCA 和 PCA 的主要区别是什么？

3．写出基于 DPCA 算法的故障检测的主要步骤，并用 MATLAB 实现这个算法。

4．简述 SVM 分类的基本原理，以及如何用 SVM 实现故障分离功能。

参考文献

[1] WEI H L, HENRY Y, SERGIO V C, et al. Recursive PCA for adaptive process monitoring[J]. Journal of Process Control, 2000, 10(5): 471-486.

[2] QIN S J, RICARDO D. Determining the number of principal components for best reconstruction[J]. Journal of Process Control, 2000, 10: 245-250.

[3] QIN S J. Statistical process monitoring: basics and beyond[J]. Journal of Chemometrics, 2003, 17: 480-502.

[4] WOLD S, RUHE A, WOLD H, et al. The Collinearity problem in linear regression-The partial least squares(PLS) approach to generalized inverses[J]. SIAM Journal on Scientific and Statistical Computing, 1984, 5(3): 735-743.

[5] GELADI P, KOWALSKI B R. Partial least squares regression: A tutorial[J]. Analytica Chimica Acta, 1986, 185: 1-17.

[6] KRESTA J, GREGOR M, MARLIN T E. Multivariate statistical monitoring of process operating performance[J]. The Canadian Journal of Chemical Engineering, 1991, 69(1): 35-47.

[7] 周东华，李刚，李元. 数据驱动的工业过程故障诊断技术[M]. 北京：科学出版社，2011.

附录 A 城轨车辆悬挂系统建模

模型是故障诊断方法的基础，决定了故障诊断算法的性能与表现。另外，数据驱动的故障诊断方法要求所获取的数据能够充分反映系统的动力学性能，并在系统发生故障时承载足够的信息，用于故障诊断，因此，对系统输出的选择十分关键。通过建模可以较为全面地了解与认识对象系统，从而选择最少但足够的变量作为系统输出，达到故障诊断的目的。因此，城轨车辆悬挂系统建模是故障诊断的基础。文献[1]对轨道车辆悬挂系统部件建模进行了细致而全面的论述。本章在分析悬挂系统组成与功能的基础上，建立了城轨车辆垂向悬挂系统模型，并通过时频域的分析验证了所建模型的可靠性。最后，利用 SIMPACK 软件搭建了城轨车辆悬挂系统故障仿真实验平台，为第 8 章与第 9 章故障诊断算法的验证提供了较为可靠的实验数据。

A.1 车辆悬挂系统及车载故障诊断系统构架

A.1.1 车辆悬挂系统组成与功能

车辆悬挂系统位于车体与转向架之间（称为二系），以及转向架与轮对之间（称为一系），由空气弹簧、普通弹簧、阻尼器等大量的弹性元件与阻尼元件构成。悬挂系统支撑着车体与转向架，起到缓冲由轨道不平顺所引起的轮轨作用力、引导车辆行驶、保持运行舒适性等作用。根据对车辆运动状态的影响，又可以将悬挂系统分为垂向悬挂系统与横向悬挂系统。其中，垂向悬挂系统对沉浮、点头与侧滚运动产生作用；横向悬挂系统对横摆、摇头与侧滚运动产生作用。

本书研究中，从城轨车辆悬挂系建模到故障诊断，均以垂向悬挂系统为例，但所有过程与方法同样可以推广到横向悬挂系统。图 A-1 所示的城轨车辆垂向悬挂系统模型包括 4 个二系空气弹簧、4 个二系阻尼器、8 个一系弹簧及 8 个一系阻尼器。

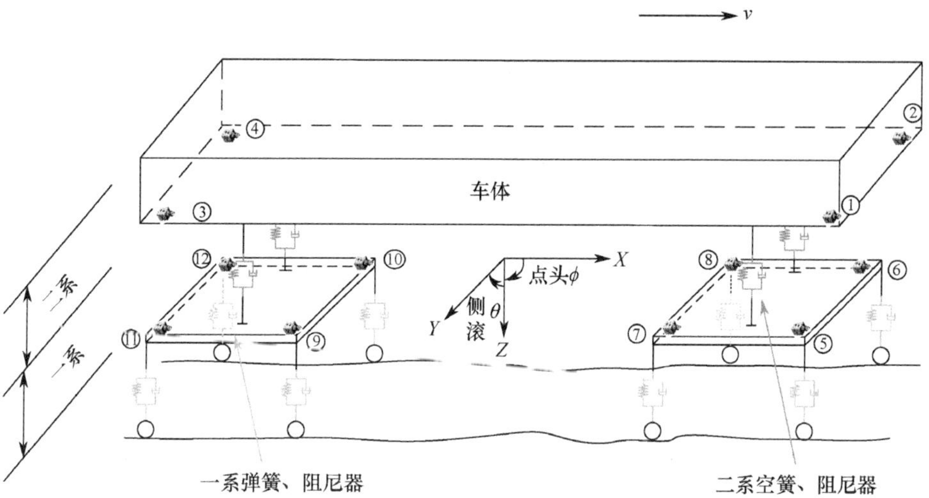

图 A-1 城轨车辆垂向悬挂系统模型

在车辆行驶过程中，由于轨道不平顺，在悬挂系的各部件会产生相应的作用力，进而在车体及前后转向架上表现出沉浮、点头、侧滚等各自由度上的运动。其中，弹簧产生的作用力与弹簧长度的变化量成正比，力的方向与弹簧长度的变化方向相反；阻尼器产生的作用力与阻尼器内活塞运动速度成正比，力的方向与活塞的运动方向相反，如图 A-2 所示。

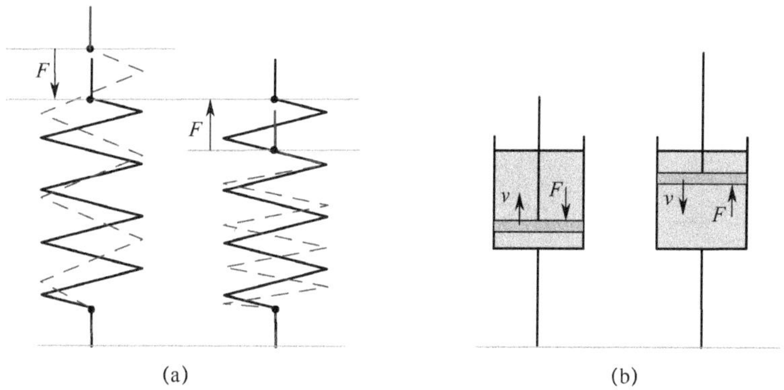

图 A-2 悬挂系部件工作原理

悬挂系统故障具体体现在悬挂系部件的性能衰减甚至是失效，如图 A-3 所示。图 A-3(a)所示为弹簧断裂故障，图 A-3(b)所示为阻尼器因泄露而引起的性能衰减故障。地铁公司的实际维修经验表明，在车辆投入运营 1～2 年，悬挂系弹簧与阻尼器就会出现严重的性能衰减，需要定期检修更换；一些一系弹簧甚至在列车运行过程中发生断裂，危及行车安全。因此，实时的悬挂系统状态监控与故障诊断十分重要。

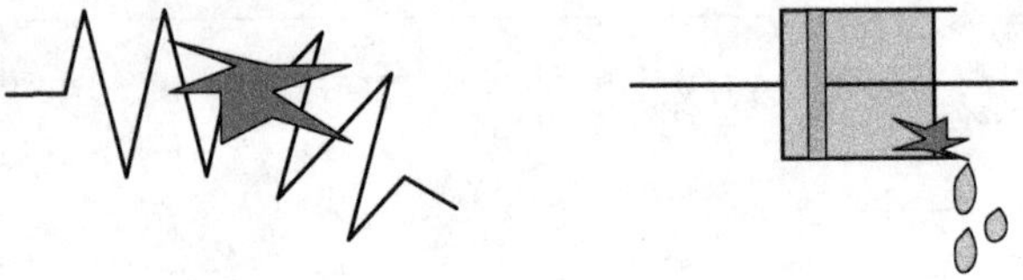

(a)　　(b)

图 A-3　悬挂系部件故障

如图 A-4 所示，12 个加速度传感器被布设于车体与转向架以获取车辆的运动状态信息。车体传感器布设在车底板的 4 个角，与车底板边缘距离均为 400mm。转向架传感器布设在转向架 4 个轴箱的正上方。传感器旁边圈内数字代表传感器编号。研究经验表明，利用位移信号进行悬挂系统的状态监控效果远优于直接运用加速度信号，同时在加速度传感器直接输出的加速度信号中会包含一个低频的直流分量。所以，12 个加速度传感器获取的加速度信号在经过高通滤波与二次积分处理以后，获得的位移信号被作为车辆系统输出，用以车辆悬挂系统状态监控与故障诊断。

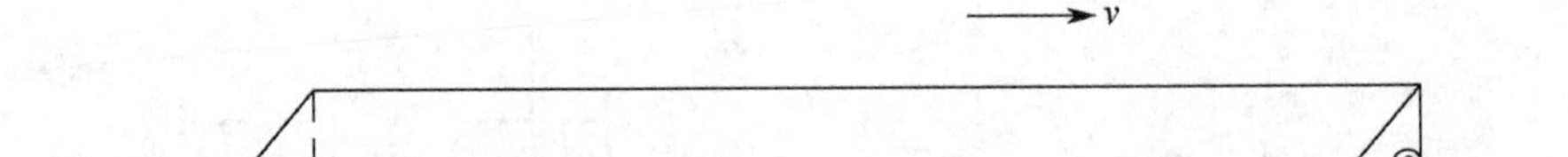

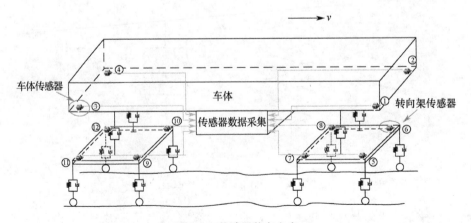

图 A-4　传感器装车方案

图 A-5 所示为车载故障诊断系统构架。所述故障诊断系统包括以下几项。

（1）传感器：用于获取列车各位置的加速度信息。

（2）数据采集单元：负责连接传感器和数据预处理单元，将传感器发送的模拟信号转换为数据预处理单元可以识别的格式，以统一的通信协议发送到数据预处理单元，实现各传感器测量数据的采集和转换。

（3）数据预处理单元：负责各信号采集单元的数据管理及车辆网络管理，且接收数据采集单元送来的数据，对数据进行坐标变换、高通滤波、二次积分运算等工作，然后将预处理结果通过以太网传给故障诊断单元。

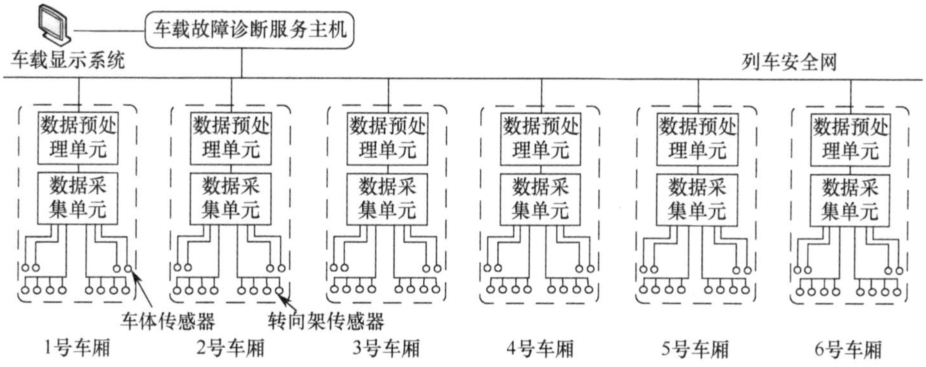

图 A-5　车载故障诊断系统构架

每个车厢上都安装有数据采集单元与预处理单元，而故障诊断主机，即故障诊断单元是一列车配备一台，它通过以太网传输协议（TCP/IP）搜集各车厢上的传感器采集的信息，并利用故障诊断算法对接收到的数据进行处理，判断列车悬挂系统是否发生故障并对故障进行分离。

A.1.2　城轨车辆垂向悬挂系统动力学建模

1．车辆垂向悬挂系统的微分方程描述

城轨车辆悬挂系部件所在位置力的作用情况，以及车体与前后转向架在各自由度上的运动状态如图 A-6 与图 A-7 所示。

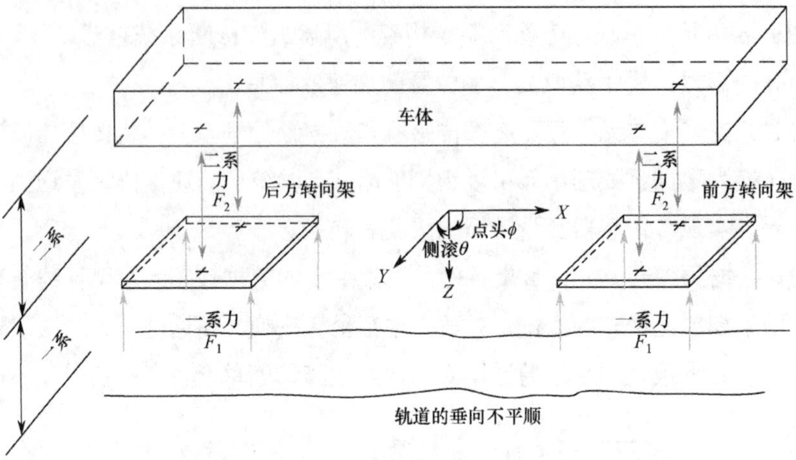

图 A-6　悬挂系作用力

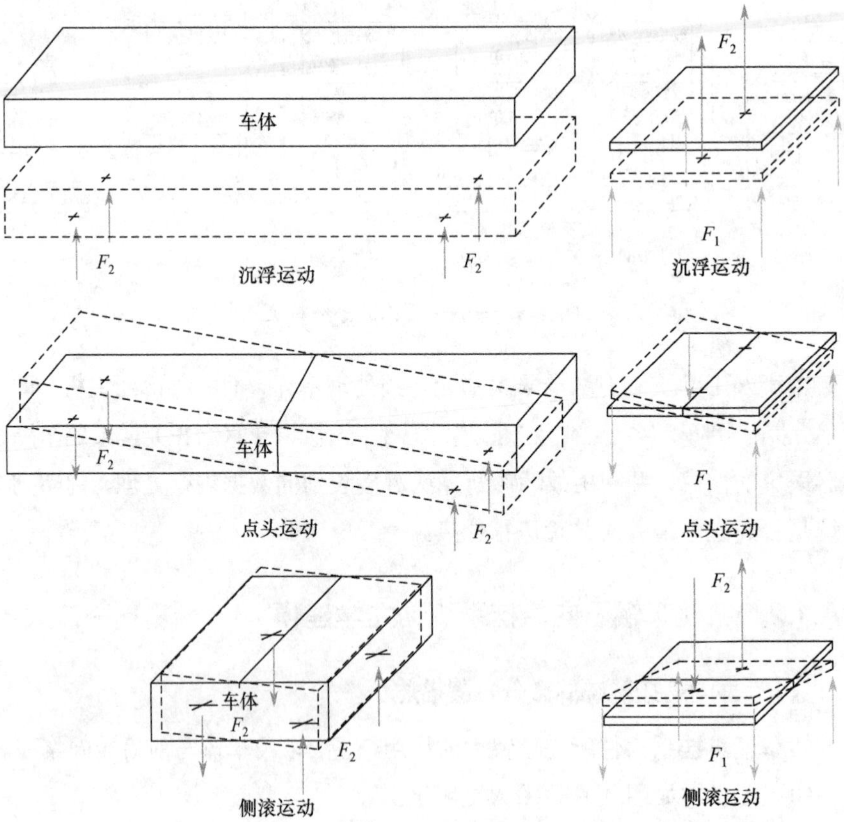

(a)　　(b)

图 A-7　车体及转向架运动方式

依据牛顿定律，可以分别写出车体与前后转向架的沉浮运动微分方程，点头运动微分方程及侧滚运动微分方程如下。

1）车体子系统模型

沉浮运动：

$$M\ddot{z}+4C_{2z}\dot{z}-2C_{2z}\dot{z}_{\mathrm{FB}}-2C_{2z}\dot{z}_{\mathrm{RB}}+4K_{2z}z-2K_{2z}z_{\mathrm{FB}}-2K_{2z}z_{\mathrm{RB}}=0 \quad \text{(A-1)}$$

点头运动：

$$J_{\phi}\ddot{\phi}+4C_{2z}l^2\dot{\phi}-2C_{2z}l\dot{z}_{\mathrm{FB}}+2C_{2z}l\dot{z}_{\mathrm{RB}}+4K_{2z}l^2\phi-2K_{2z}lz_{\mathrm{FB}}+2K_{2z}lz_{\mathrm{RB}}=0 \quad \text{(A-2)}$$

侧滚运动：

$$\begin{aligned}&J_{\theta}\ddot{\theta}+4C_{2z}b^2\dot{\theta}-2C_{2z}b^2\dot{\theta}_{\mathrm{FB}}-2C_{2z}b^2\theta_{\mathrm{RB}}+(4K_{2z}b^2+2K_{\theta})\theta-\\&(2K_{2z}b^2+K_{\theta})\theta_{\mathrm{FB}}-(2K_{2z}b^2+K_{\theta})\theta_{\mathrm{RB}}=0\end{aligned} \quad \text{(A-3)}$$

式中，z、z_{FB} 与 z_{RB} 分别表示车体与前后转向架质心的垂向位移；ϕ 表示每个质量块围绕质心的点头角；θ 则表示侧滚角，它们的脚标与 z 的脚标意义相同。方程中的其余符号为车辆参数，由南车株洲电力机车厂提供，如表 A-1 所示。

表 A-1　车辆参数表

参数	含义	单位	值
M	车体质量	kg	34900
M_{B}	构架质量	kg	1600
J_{ϕ}	车体点头转动惯量	kg·m²	955430
J_{θ}	车体侧滚转动惯量	kg·m²	34790
$J_{\mathrm{B}\phi}$	构架点头转动惯量	kg·m²	3070
$J_{\mathrm{B}\theta}$	构架侧滚转动惯量	kg·m²	1196
l	车辆定距之半	m	7.85
l_1	轴距之半	m	1.25
b	二系空簧横向间距之半	m	0.94
b_1	一系弹簧横向间距之半	m	0.97
l_{e}	车体长度之半	m	11.4
w	车体宽度之半	m	1.5
K_{2z}	二系空簧垂向刚度	kN/m	265
K_{1z}	一系弹簧垂向刚度	kN/m	1200
C_{2z}	二系减震器阻尼系数	kN·s/m	58
C_{1z}	一系减震器阻尼系数	kN·s/m	15
K_{θ}	抗侧滚扭杆刚度	kN/m	3500

2）前转向架子系统模型

沉浮运动：

$$M_{\mathrm{B}}\ddot{z}_{\mathrm{FB}}-2C_{2z}\dot{z}-2C_{2z}l\dot{\phi}+(4C_{1z}+2C_{2z})\dot{z}_{\mathrm{FB}}-C_{1z}\dot{z}_{\mathrm{W1R}}-C_{1z}\dot{z}_{\mathrm{W1L}}-C_{1z}\dot{z}_{\mathrm{W2R}}- \\ C_{1z}\dot{z}_{\mathrm{W2L}}-2K_{2z}z-2K_{2z}l\phi+(4K_{1z}+2K_{2z})z_{\mathrm{FB}}-K_{1z}z_{\mathrm{W1R}}-K_{1z}z_{\mathrm{W1L}}- \\ K_{1z}z_{\mathrm{W2R}}-K_{1z}z_{\mathrm{W2L}}=0 \tag{A-4}$$

点头运动：

$$J_{\mathrm{B}\phi}\ddot{\phi}_{\mathrm{FB}}+4C_{1z}l_1^2\dot{\phi}_{\mathrm{FB}}-C_{1z}l_1\dot{z}_{\mathrm{W1R}}-C_{1z}l_1\dot{z}_{\mathrm{W1L}}+C_{1z}l_1\dot{z}_{\mathrm{W2R}}+C_{1z}l_1\dot{z}_{\mathrm{W2L}}+ \\ 4K_{1z}l_1^2\dot{\phi}_{\mathrm{FB}}-K_{1z}l_1z_{\mathrm{W1R}}-K_{1z}l_1z_{\mathrm{W1L}}+K_{1z}l_1z_{\mathrm{W2R}}+K_{1z}l_1z_{\mathrm{W2L}}=0 \tag{A-5}$$

侧滚运动：

$$J_{\mathrm{B}\theta}\ddot{\theta}_{\mathrm{FB}}-2C_{2z}b^2\dot{\theta}+(2C_{2z}b^2+4C_{1z}b_1^2)\dot{\theta}_{\mathrm{FB}}+C_{1z}b_1\dot{z}_{\mathrm{W1R}}-C_{1z}b_1\dot{z}_{\mathrm{W1L}}+ \\ C_{1z}b_1\dot{z}_{\mathrm{W2R}}-C_{1z}b_1\dot{z}_{\mathrm{W2L}}-(2K_{2z}b^2+K_\theta)\theta+(2K_{2z}b^2+4K_{1z}b_1^2+K_\theta)\theta_{\mathrm{FB}}+ \\ K_{1z}b_1z_{\mathrm{W1R}}-K_{1z}b_1z_{\mathrm{W1L}}+K_{1z}b_1z_{\mathrm{W2R}}-K_{1z}b_1z_{\mathrm{W2L}}=0 \tag{A-6}$$

式中，z_{W1R} 表示前转向架前方轮对右侧车轮的垂向位移；z_{W2L} 表示前转向架后方轮对左侧车轮的垂向位移。依照这个逻辑就可以简单理解公式中其余符号的意义。考虑到轮对是贴着轨道运行的，因此，假设轮对的垂向位移即为轨道的垂向不平顺。

3）转向架子系统模型

沉浮运动：

$$M_{\mathrm{B}}\ddot{z}_{\mathrm{RB}}-2C_{2z}\dot{z}+2C_{2z}l\dot{\phi}+(4C_{1z}+2C_{2z})\dot{z}_{\mathrm{RB}}-C_{1z}\dot{z}_{\mathrm{W3R}}-C_{1z}\dot{z}_{\mathrm{W3L}}-C_{1z}\dot{z}_{\mathrm{W4R}}- \\ C_{1z}\dot{z}_{\mathrm{W4L}}-2K_{2z}z+2K_{2z}l\phi+(4K_{1z}+2K_{2z})z_{\mathrm{RB}}-K_{1z}z_{\mathrm{W3R}}-K_{1z}z_{\mathrm{W3L}}- \\ K_{1z}z_{\mathrm{W4R}}-K_{1z}z_{\mathrm{W4L}}=0 \tag{A-7}$$

点头运动：

$$J_{\mathrm{B}\phi}\ddot{\phi}_{\mathrm{RB}}+4C_{1z}l_1^2\dot{\phi}_{\mathrm{RB}}-C_{1z}l_1\dot{z}_{\mathrm{W3R}}-C_{1z}l_1\dot{z}_{\mathrm{W3L}}+C_{1z}l_1\dot{z}_{\mathrm{W4R}}+C_{1z}l_1\dot{z}_{\mathrm{W4L}}+ \\ 4K_{1z}l_1^2\phi_{\mathrm{RB}}-K_{1z}l_1z_{\mathrm{W3R}}-K_{1z}l_1z_{\mathrm{W3L}}+K_{1z}l_1z_{\mathrm{W4R}}+K_{1z}l_1z_{\mathrm{W4L}}=0 \tag{A-8}$$

侧滚运动：

$$J_{\mathrm{B\theta}}\ddot{\theta}_{\mathrm{RB}}-2C_{2z}b^2\dot{\theta}+(2C_{2z}b^2+4C_{1z})b_1^2\dot{\theta}_{\mathrm{RB}}+C_{1z}b_1\dot{z}_{\mathrm{W3R}}-C_{1z}b_1\dot{z}_{\mathrm{W3L}}+C_{1z}b_1\dot{z}_{\mathrm{W4R}}- \\ C_{1z}b_1\dot{z}_{\mathrm{W4L}}-(2K_{2z}b^2+K_\theta)\theta+(2K_{2z}b^2+4K_{1z}b_1^2+K_\theta)\theta_{\mathrm{RB}}+K_{1z}b_1z_{\mathrm{W3R}}- \\ K_{1z}b_1z_{\mathrm{W3L}}+K_{1z}b_1z_{\mathrm{W4R}}-K_{1z}b_1z_{\mathrm{W4L}}=0 \tag{A-9}$$

2．车辆悬挂系统的状态空间模型与频域响应分析

基于式（A-1）～式（A-9），车辆悬挂系统空间状态方程如下：

$$\dot{\boldsymbol{x}} = \boldsymbol{A}\boldsymbol{x} + \boldsymbol{B}_d \boldsymbol{d} \tag{A-10}$$

$$\boldsymbol{y} = \boldsymbol{C}\boldsymbol{x} + \boldsymbol{D}_d \boldsymbol{d} \tag{A-11}$$

式中，

$$\boldsymbol{x} = \begin{bmatrix} \dot{z} & \dot{\phi} & \dot{\theta} & z & \phi & \theta & \dot{z}_{\mathrm{FB}} & \dot{\phi}_{\mathrm{FB}} & \dot{\theta}_{\mathrm{FB}} & z_{\mathrm{FB}} & \phi_{\mathrm{FB}} & \theta_{\mathrm{FB}} & \dot{z}_{\mathrm{RB}} & \dot{\phi}_{\mathrm{RB}} & \dot{\theta}_{\mathrm{RB}} & z_{\mathrm{RB}} & \phi_{\mathrm{RB}} & \theta_{\mathrm{RB}} \end{bmatrix}^{\mathrm{T}}$$

$$\boldsymbol{d} = [\dot{z}_{\mathrm{W1R}} \quad \dot{z}_{\mathrm{W1L}} \quad \dot{z}_{\mathrm{W2R}} \quad \dot{z}_{\mathrm{W2L}} \quad z_{\mathrm{W1R}} \quad z_{\mathrm{W1L}} \quad z_{\mathrm{W2R}} \quad z_{\mathrm{W2L}} \quad \dot{z}_{\mathrm{W3R}} \quad \dot{z}_{\mathrm{W3L}} \quad \dot{z}_{\mathrm{W4R}}$$
$$\dot{z}_{\mathrm{W4L}} \quad z_{\mathrm{W3R}} \quad z_{\mathrm{W3L}} \quad z_{\mathrm{W4R}} \quad z_{\mathrm{W4L}}]^{\mathrm{T}}$$

$$\boldsymbol{y} = [z \quad \phi \quad \theta \quad z_{\mathrm{FB}} \quad \phi_{\mathrm{FB}} \quad \theta_{\mathrm{FB}} \quad z_{\mathrm{RB}} \quad \phi_{\mathrm{RB}} \quad \theta_{\mathrm{RB}}]^{\mathrm{T}}$$

矩阵 $\boldsymbol{A}$、$\boldsymbol{B}_d$、$\boldsymbol{C}$ 与 $\boldsymbol{D}_d$ 可由上述微分方程推出。$\boldsymbol{d}$ 为系统外部干扰项，即轨道的垂向不平顺，可近似为均值为零的高斯白噪声，仿真时可由轨道功率谱函数计算获得。

注意到此时系统模型输出与实际车载故障诊断系统获得的输出并不一致，系统模型输出为车体与转向架质心位置的垂向位移与角位移量，而实际车载故障诊断系统获得的输出为各传感器所在位置的垂向位移量，因此，需要对车辆垂向悬挂系统模型进行适当的变换。

如图 A-8 所示，假设矩形可做沉浮运动及围绕中心的点头运动、侧滚运动。在矩形上取 4 个标志点，即矩形的中心、右前端点、前边中点与右边中点，且记这 4 个标志点的垂向位移分别为 z 、z_{F}、z_{R} 与 z_{FR} 。根据 4 个标志点之间的几何位置关系易得 4 个标志点的垂向位置偏移量满足如下关系：

$$z + z_{\mathrm{FR}} = z_{\mathrm{F}} + z_{\mathrm{R}} \tag{A-12}$$

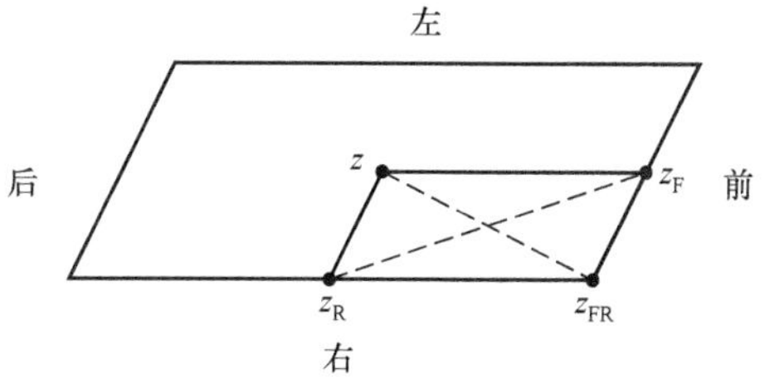

图 A-8　4 个标志点垂向位置关系

如图 A-9 所示，考虑点头运动，有

$$z_{\mathrm{F}} \approx z + l\phi \tag{A-13}$$

如图 A-10 所示，考虑侧滚运动，有

$$z_{\mathrm{R}} \approx z - w\theta \tag{A-14}$$

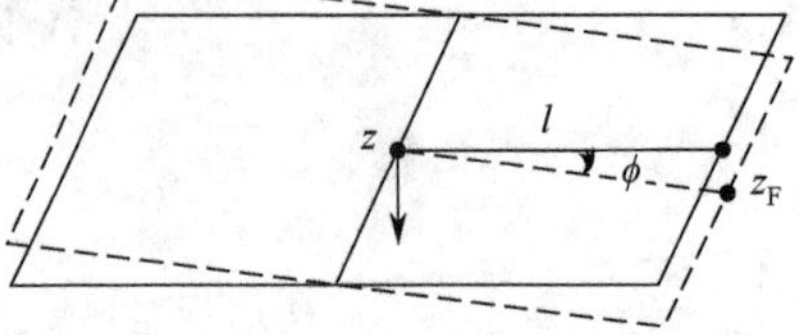

图 A-9　点头运动

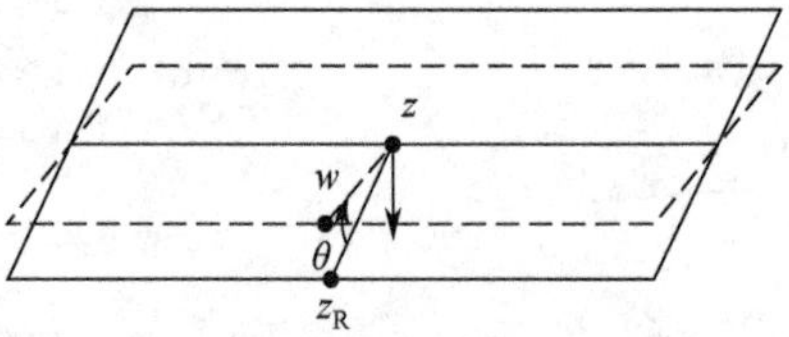

图 A-10　侧滚运动

综合式（A-12）、式（A-13）和式（A-14），可以得到

$$z_{\mathrm{FR}} \approx z + l\phi - w\theta \tag{A-15}$$

同理可得

$$z_{\mathrm{FL}} \approx z + l\phi + w\theta \tag{A-16}$$

$$z_{\mathrm{RR}} \approx z - l\phi - w\theta \tag{A-17}$$

$$z_{\mathrm{RL}} \approx z - l\phi + w\theta \tag{A-18}$$

这样，空间状态方程就可以转换为

$$\dot{\boldsymbol{x}} = \boldsymbol{A}x + \boldsymbol{B}_d\boldsymbol{d} \tag{A-19}$$

$$\boldsymbol{y}_{\mathrm{cor}} = \boldsymbol{TC}x + \boldsymbol{TD}_d\boldsymbol{d} \tag{A-20}$$

式中，转换矩阵为

$$\boldsymbol{T} = \begin{bmatrix} 1 & l_e & -w & 0 & 0 & 0 & 0 & 0 & 0 \\ 1 & l_e & w & 0 & 0 & 0 & 0 & 0 & 0 \\ 1 & -l_e & -w & 0 & 0 & 0 & 0 & 0 & 0 \\ 1 & -l_e & w & 0 & 0 & 0 & 0 & 0 & 0 \\ 0 & 0 & 0 & 1 & l_1 & -b_1 & 0 & 0 & 0 \\ 0 & 0 & 0 & 1 & l_1 & b_1 & 0 & 0 & 0 \\ 0 & 0 & 0 & 1 & -l_1 & -b_1 & 0 & 0 & 0 \\ 0 & 0 & 0 & 1 & -l_1 & b_1 & 0 & 0 & 0 \\ 0 & 0 & 0 & 0 & 0 & 0 & 1 & l_1 & -b_1 \\ 0 & 0 & 0 & 0 & 0 & 0 & 1 & l_1 & b_1 \\ 0 & 0 & 0 & 0 & 0 & 0 & 1 & -l_1 & -b_1 \\ 0 & 0 & 0 & 0 & 0 & 0 & 1 & -l_1 & b_1 \end{bmatrix}$$

系统输出为

$$y_{\mathrm{cor}} = [z_{\mathrm{FR}} \quad z_{\mathrm{FL}} \quad z_{\mathrm{RR}} \quad z_{\mathrm{RL}} \quad z_{\mathrm{FB\_FR}} \quad z_{\mathrm{FB\_FL}} \quad z_{\mathrm{FB\_RR}} \quad z_{\mathrm{FB\_RL}} \quad z_{\mathrm{RB\_FR}} \quad z_{\mathrm{RB\_FL}} \quad z_{\mathrm{RB\_RR}} \quad z_{\mathrm{RB\_RL}}]^{\mathrm{T}}$$

可以从表 A-1 中查阅 l_e、w、l_1 及 b_1 的含义及取值。z_{FR} 与 z_{FL} 分别代表车体右前

角与左前角的垂向位移，z_{FB_FR} 代表前转向架右前角垂向位移，其余符号可以按照相同的逻辑得知其含义。

由于在实际工程应用中需要对数据信号进行采样，因此，需要对上述模型进行离散化，离散化后的模型为

$$\boldsymbol{x}_{k+1} = \boldsymbol{G}x_k + \boldsymbol{H}_d\boldsymbol{d}_k \tag{A-21}$$

$$\overline{\boldsymbol{y}}_k = \boldsymbol{C}x_k + \boldsymbol{D}_d\boldsymbol{d}_k \tag{A-22}$$

式中，$\boldsymbol{G} = \mathrm{e}^{\boldsymbol{A}t}$，$\boldsymbol{H}_d = \boldsymbol{B}_d \cdot \int_0^t \mathrm{e}^{\boldsymbol{A}\tau}\mathrm{d}\tau$，$t$ 为采样时间。

利用 MATLAB 对所建立的城轨车辆垂向悬挂系统模型进行频域响应分析，获得伯德图，如图 A-11 与图 A-12 所示。

图 A-11 显示低频区域输入到输出的对数幅值约为−18dB，即系统输出增益为 0.125，4 轮对共计 8 项垂向位置输入，与车辆运动实际情况相符。当输入频率约为 5rad/s，即 0.80Hz 时，系统输出达到谐振峰值，之后输出开始衰减，相位滞后，系统带宽为 0～1.59Hz。

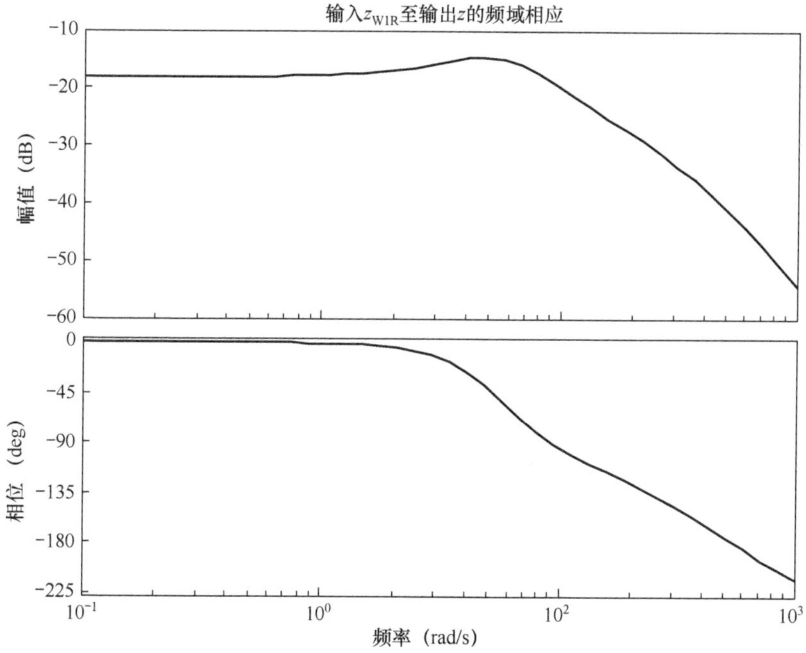

图 A-11　车体重心偏移对各车轮垂向偏移的频域响应

图 A-12 显示低频区域输入到输出的对数幅值约为−12dB，即系统输出增益

为 0.25，对于转向架垂向位置输出，相应轮对每个车轮的系统输出增益皆为 0.25，与车辆运动实际情况相符。当输入频率约为 10rad/s，即 1.59Hz 时，系统输出达到谐振峰值，之后输出开始衰减，相位滞后，系统带宽为 0～6.37Hz。

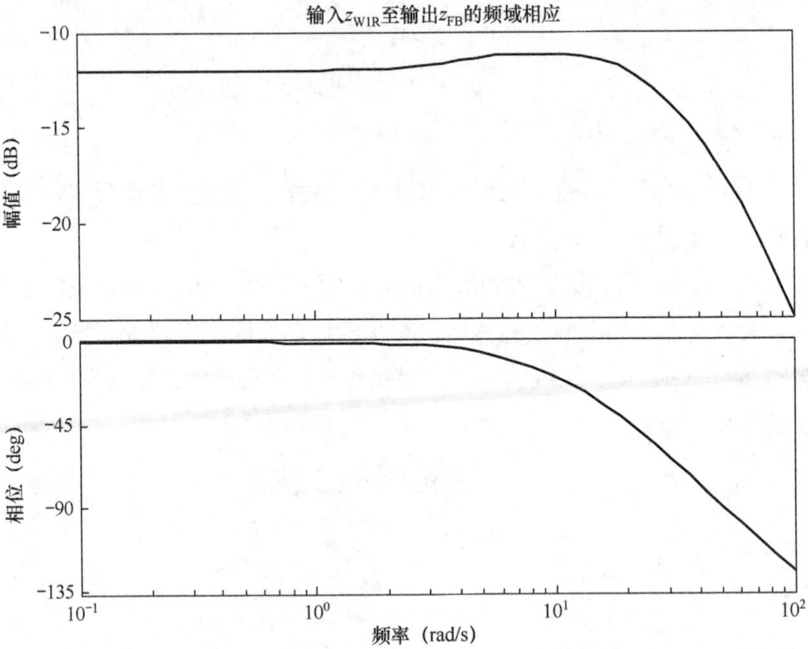

图 A-12　转向架重心偏移对相应车轮垂向偏移的频域响应

3. 基于功率谱函数的轨道模拟及车辆模型时域响应仿真

在进行轨道车辆模型时域响应仿真时，作为系统输入的轨道激励的数值模拟方法得到了广泛的研究。轨道不平顺的幅值特性通常采用均方值、方差或标准差来描述，它们可以反映某段轨道的质量状态。在轨道不平顺中，随机不平顺是使车辆产生响应的最主要输入函数，功率谱密度函数则是表述作为平稳随机过程的轨道不平顺的最重要和最常用的统计函数。

由于仿真实验的需要，文中首先采用美国轨道五级谱模拟轨道的高低不平顺。高低不平顺功率谱密度函数为

$$S_v(\Omega)=\frac{kA_v\Omega_c^2}{\Omega^2(\Omega^2+\Omega_c^2)}\quad \text{cm}^2/(\text{rad/m}) \tag{A-23}$$

式中，$S_v(\Omega)$表示功率谱密度；Ω表示空间频率；A_v表示粗糙度常数；Ω_c代表

截断频率；k 为系数，一般取 0.25。

同时，为模拟轨道的水平不平顺（轨道左右轨之间存在高度差，使车体产生侧滚运动），仿真时从同一轨道功率谱函数生成的轨道垂向不平顺序列中截取了不相同的两段，分别作为左右轨的高低不平顺。在 40～50s 区间叠加了一段水平距离为 200m、垂直距离为 1m 的坡道，在左轨 10～11s 区间及右轨的 60～61s 区间叠加了一段波长为 20m、幅值为 0.1m 的正弦曲线。最终轨道激励与所建立的城轨车辆模型时域响应如图 A-13 所示，仿真实验中车速设定为 20m/s。从图 A-13 中可以看出，传感器位移响应较好地跟踪了轨道输入，可以认为模型合理可靠。

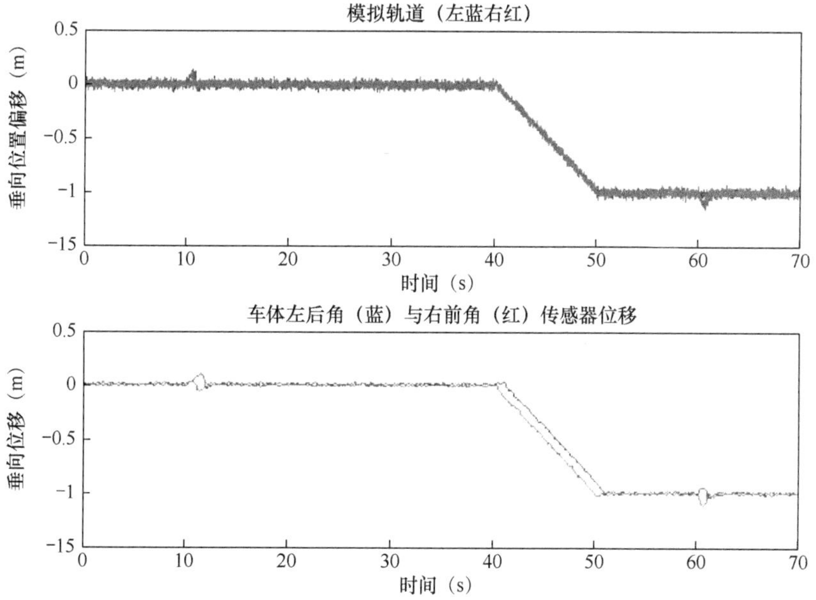

注：彩插页有对应彩色图片。

图 A-13　城轨车辆模型时域响应

4．模型的特点与局限

如图 A-14 所示，文中所建立的城轨车辆垂向悬挂系统模型充分考虑了铁路车辆垂向运动中的各自由度，特别是分析了垂向悬挂元件对车体、转向架侧滚运动的影响，是以往常见车辆动力学建模中回避考虑的问题。同时，模型建模时对一、二系各弹簧阻尼器，以及各轮对两侧车轮都一一区分，使得模型描述更为具体并符合实际，适用性更强。从车辆模型的频域与时域响应结果可以看出，所建立的城轨车辆垂向悬挂系统模型系统合理可靠，可以作为基础，为基于模型的故障诊断方法进行滤波器设计与故障诊断所用。需要注意的是，同以往任何数学模型一样，本书所建立的城轨车辆垂向悬挂系统模型也存在一些局限，主要有以下几点。

（1）模型将侧滚运动视为垂向运动，没有考虑横向运动对侧滚运动的影响。

（2）为了分析方便，模型各部件各自由度的运动都以部件的重心作为运动分析的中心，例如，车体点头运动时以车体重心位置所在轴线为转动轴，这种处理方法可能与实际情况有出入。

（3）模型线性化，将车体、转向架等部件都视为刚体，这些因素对模型的准确性都将产生影响。

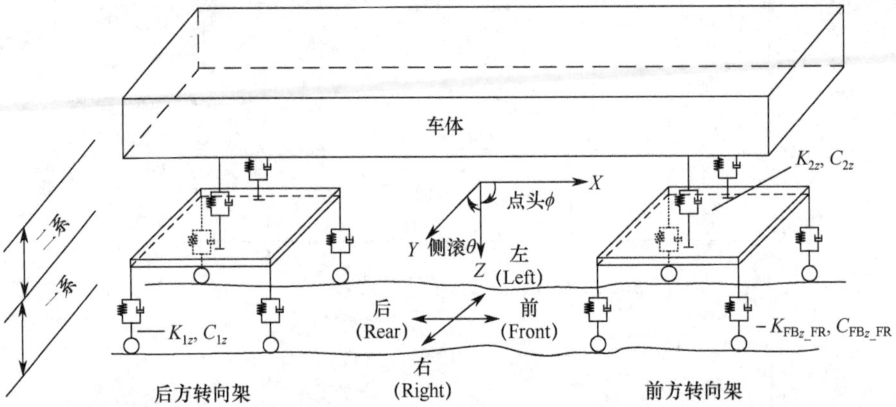

图 A-14　城轨车辆垂向悬挂系统模型

A.1.3　Simpack 车辆建模与悬挂系统故障仿真平台

1. Simpack 车辆建模

Simpack 是用于多体动力学仿真计算的专用软件，由德国的 INTEC Gmbh 公司开发，其轮轨模块在市场上拥有超过 50%的市场份额，受到车辆厂及相关研究所的广泛认可。国内已有介绍 Simpack 车辆建模仿真及动力学分析的著作。

在利用 Simpack 进行城轨车辆建模仿真时，关键在于明确各体（Body）在各自由度上的运动方式，以及各体之间的铰接关系。通过拓扑结构图可以完整清晰地表达这些内容，从而对建模仿真起指导作用。以城轨车辆为例，仿真模型的拓扑关系如图 A-15 所示。车体与两个转向架构架都拥有 6 个自由度，采用 07 号铁路专用铰接铰接于参考坐标系。车体与转向架构架之间通过二系两元相互作用。这里为方便建模，在车体与转向架构架之间设计了虚拟车体，采用 00 号铰接固定于车体底部。转向架构架通过一系力元与轴箱相互作用，轴箱则铰接于轮对，采用 β 铰接。同样，为了方便建模，在轮对与参考坐标系之间设计了虚拟轮对，轮对固定于虚拟轮对之上，虚拟轮对再通过 07 号铁路专用铰接铰接于参考坐标系。同时在虚拟轮对与参考坐标系之间加上适当的约束，就形成了完整一致的车辆拓扑结构图。

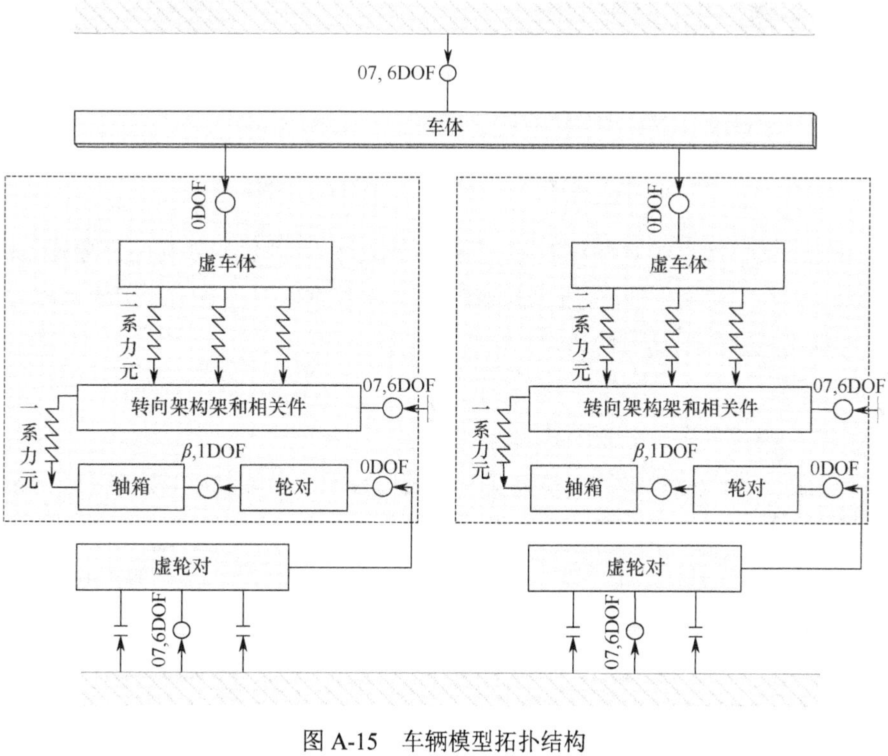

图 A-15　车辆模型拓扑结构

通过在 Simpack 中构造轮对、构架、车体，并设置相应的参数，然后在各位置加上铰接、力元、约束、传感器等元素，生成线路并添加轨道激励，就可以完成 Simpack 车辆建模。

2．城轨车辆悬挂系统故障仿真平台

Simpack 在轨道车辆建模仿真方面受到广泛的认可与应用。然而，在 Simpack

环境中只能模拟车辆在某一工况下运行的情况，无法单独完成城轨车辆悬挂系部件故障的在线故障仿真，即无法实现车辆运行过程中无故障工况与故障工况之间的切换。本书利用 Simpack 软件与 MATLAB 之间的接口，搭建城轨车辆悬挂系统故障仿真实验平台，如图 A-16 所示，可以实现车辆在运行过程中任意时刻悬挂系部件发生任意幅值故障工况的仿真模拟。

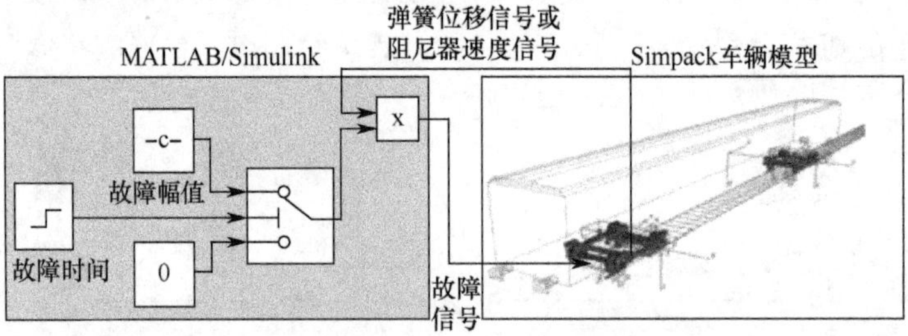

图 A-16　城轨车辆悬挂系统故障仿真实验平台

悬挂系部件故障仿真原理如下：以阻尼器故障为例，活塞在阻尼器中运动时，阻尼器会产生一个力，阻碍活塞的运动，这个力的大小与活塞的运动速度成正比；方向与活塞的运动方向相反，用公式表达为

$$F_C = C \cdot v \tag{A-24}$$

式中，C 为阻尼系数；v 为活塞的运动速度。

当阻尼器发生故障导致性能衰减时，表现为阻尼系数削减。通过在 Simpack 车辆模型中相应的位置设置速度传感器，就可以获得代表活塞运动速度的信号。MATLAB 通过获取这一信号，并乘以阻尼的衰减值产生一个外部力，将这个外部力施加在故障阻尼器所在的位置力元上，方向与阻尼器所产生的力的方向相反，就实现了车辆在运行过程中阻尼器故障在任意时间任意幅值上的模拟仿真。发生故障后阻尼器的有效作用力为

$$F_C = C \cdot v - C_{\mathrm{re}} \cdot v \tag{A-25}$$

式中，C_{re} 表示故障阻尼器的阻尼系数衰减值。

同理，弹簧故障也可以用类似的方法进行仿真，仿真时 MATLAB 需要获取的信号为故障弹簧所在位置作用点之间的位移信号，发生故障后弹簧的有效作用力为

$$F_K = K \cdot s - K_{\mathrm{re}} \cdot s \tag{A-26}$$

式中，K 表示正常情况下的弹簧刚度；K_{re} 表示刚度系数的衰减值。

仿真实验中，本书分别考虑了二系空簧、阻尼器故障与一系弹簧、阻尼器故障。悬挂系统故障发生位置如图 A-17 所示，分别为右前方二系空簧、二系阻尼器，以及后转向架上的左后方一系弹簧与一系阻尼器。对每个发生故障的悬挂系部件又考虑了两种不同程度的性能衰减情况——25%的小幅值性能衰减与75%的较大幅值性能衰减。详细故障信息如表 A-2 所示。

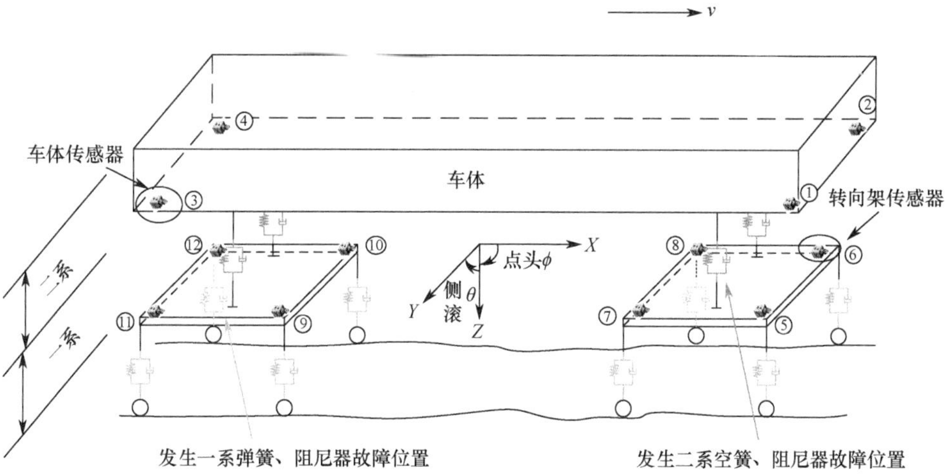

图 A-17 悬挂系统故障发生位置

表 A-2 故障信息表

故障类型	故障位置	发生时间（s）	故障幅值
$K2\_25\%$	二系空簧	15	25%性能衰减
$K2\_75\%$	二系空簧	15	75%性能衰减
$C2\_25\%$	二系阻尼	15	25%性能衰减
$C2\_75\%$	二系阻尼	15	75%性能衰减
$K1\_25\%$	一系弹簧	15	25%性能衰减
$K1\_75\%$	一系弹簧	15	75%性能衰减
$C1\_25\%$	一系阻尼	15	25%性能衰减
$C1\_75\%$	一系阻尼	15	75%性能衰减

A.2 小结

本部分在分析悬挂系统组成与功能的基础上，建立了城轨车辆垂向悬挂系统模型，并通过时频域的分析验证了所建模型的可靠性。最后利用 Simpack 软件搭建了城轨车辆悬挂系统故障仿真实验平台，实现了城轨车辆悬挂系统各种故障工况的在线仿真，为第 8 章与第 9 章故障诊断算法的验证提供了较为可靠的实验数据。

参考文献

[1] EICKHOFF B M, EVANS J R, MINNIS A J. A Review of Modelling Methods for Railway Vehicle Suspension Components[J]. Vehicle System Dynamics, 2010, 24(6): 469-496.

[2] 刘寅华，李带，黄运华. 轨道不平顺数值模拟方法[J]. 交通运输工程学报，2006，6(1): 29-33.

[3] 缪炳荣，等. SIMPACK 动力学分析高级教程[M]. 成都：西南交通大学出版社，2010.

附录 B
思考题答案

第 1 章思考题答案

1．什么是故障、故障检测、故障分离？

故障：指产品不能执行规定功能的状态，通常指功能故障，因预防性维修或其他计划性活动或缺乏外部资源造成不能执行规定功能的情况除外。

故障检测：从可测或不可测的估计变量中，判断运行的系统是否发生故障，一旦系统发生意外变化，就会发出报警。

故障分离：如果系统发生了故障，给出故障源的位置，区别出故障原因是执行器、传感器、被控对象还是特大扰动等。

2．发展设备故障诊断技术的重要意义是什么？

发展设备故障诊断技术的重要意义如下。

（1）提高设备管理水平。“管好、用好、修好”设备，不仅是保证简单再生产必不可少的条件，而且对提高企业经济效益，推动国民经济持续、稳定、协调发展，有着极其重要的意义。

（2）保证产品质量，提高设备的可靠性与维修性。现代高科技产品是一个复杂的技术综合体，要保证产品研制成功并能有效地应用，在研制过程中就必须在可靠性、维修性、安全性、经济性、可生产性和质量控制诸方面加以保证。

（3）避免重大的事故发生，减少事故危害性。现代化工业生产中重大事故的发生，不仅会造成重大损失，而且给人们带来重大的灾难。

（4）可以获得潜在的巨大经济效益和社会效益。设备诊断技术用于研究设备在运行状态下设备是否存在故障、工作是否正常，如果有故障，要求能够给予早期预报，尽最大可能减少非计划性停机时间，以达到实现生产高效率、高经济性的目的。

3．设备故障诊断的任务包括哪些方面？

设备故障诊断的任务包括以下几个方面。

（1）监视设备的状态，判断其是否正常。

（2）预测和诊断设备的故障并消除故障。

（3）指导设备的管理和维修。

4．故障诊断方法主要有哪些类型？各有什么优缺点？

故障诊断方法整体上分为定性分析方法和定量分析方法两大类。其中，定性分析方法包括图论方法、专家系统和定性仿真；定量分析方法包括基于解析模型的方法和数据驱动的方法。

各方法优缺点如下。

（1）定性分析方法对于复杂系统和非线性系统有重要的实际意义。由于该方法充分考虑了人的智能因素，更符合对实际系统的自然推理，是一类很有前途的诊断方法。但该类方法的有些理论自身尚不成熟，真正应用于工业实际过程的不是很多，在许多方面还有待进一步研究。

（2）在定量分析方法中，基于解析模型的诊断方法研究较早，对于线性系统的诊断也较完善，但对于非线性系统的故障诊断，以及故障诊断的鲁棒性和灵敏性的合理折中仍是当前的研究难点问题。基于数据驱动的方法，避开了系统建模的难点，方法实现简单，实时性较好，但对潜在的早期故障的诊断显得不足，多用于故障的检测，对故障的分离和诊断要差一些。

5．什么是健康监测？健康监测系统一般应具备哪些功能？

健康监测的核心是利用先进传感器（如涡流传感器、小功率无线综合微型传感器、无线微机电系统等）的集成，并借助各种算法（如Gabor变换、快速傅里叶变换、离散傅里叶变换）和智能模型（如专家系统、神经网络、模糊逻辑等）来预测、监控和管理装备的健康状态。

健康监测系统一般应具备如下功能：故障检测、故障隔离、故障诊断、故障预测、健康监测和寿命追踪。

第2章思考题答案

1．对以下周期序列进行频谱分析：

$$x_4(n)=\cos\left(\frac{\pi}{4}n\right)$$

$$x_5(n)=\cos\left(\frac{\pi}{4}n\right)+\cos\left(\frac{\pi}{8}n\right)$$

选择快速傅里叶变换的变换区间 N 为 8 和 16 两种情况进行频谱分析。分别打印其幅频特性曲线，并进行对比、分析和讨论。

$x_4(n)=\cos\left(\frac{\pi}{4}n\right)$ 的周期为 8，故 N=8 和 N=16 均是其周期的整数倍，对其进行频谱分析后得到正确的单一频率正弦波的频谱，仅在 0.25π 处有一根单一谱线。幅频特性曲线如图 B-1 所示。

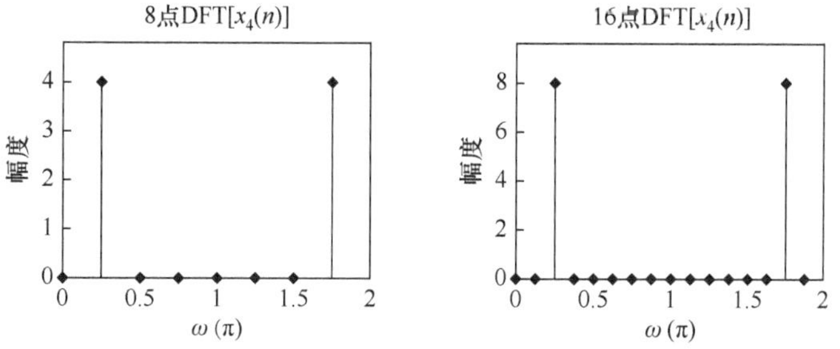

图 B-1　幅频特性曲线（一）

$x_5(n)=\cos\left(\frac{\pi}{4}n\right)+\cos\left(\frac{\pi}{8}n\right)$ 的周期为 16，所以 N=8 不是其周期的整数倍，得到的频谱不正确。N=16 是 $x_5(n)=\cos\left(\frac{\pi}{4}n\right)+\cos\left(\frac{\pi}{8}n\right)$ 的一个周期，得到正确的频谱，仅在 0.25π 和 0.125π 处有两根单一谱线，如图 B-2 所示。

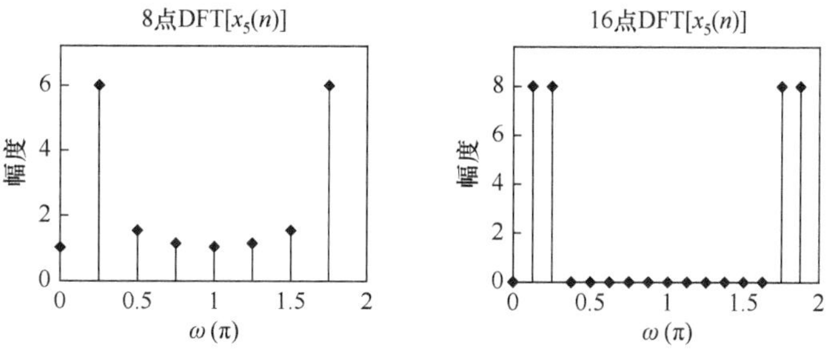

图 B-2　幅频特性曲线（二）

2．对模拟周期信号进行频谱分析：

$$x_6(t)=\cos(8\pi t)+\cos(16\pi t)+\cos(20\pi t)$$

选择采样频率 $f_s = 64\text{Hz}$，对变换区间 N 分别取 16、32、64 三种情况进行频谱分析。分别打印其幅频特性曲线，并进行对比、分析和讨论。

$x_6(t) = \cos(8\pi t) + \cos(16\pi t) + \cos(20\pi t)$ 有 3 个频率成分：$f_1 = 4\text{Hz}$, $f_2 = 8\text{Hz}$, $f_3 = 10\text{Hz}$。所以，$x_6(t)$ 的周期为 0.5s。当采样频率 $f_s = 64\text{Hz} = 16f_1 = 8f_2 = 6.4f_3$，变换区间 N=16 时，观察时间 $T_p = 16T = 0.25\text{s}$，不是 $x_6(t)$ 的整数倍周期，所以所得频谱不正确。当变换区间 N=32,64 时，观察时间 $T_p = 0.5\text{s}, 1\text{s}$，是 $x_6(t)$ 的整数周期，所以所得频谱正确。3 根谱线正好位于 4Hz、8Hz、10Hz 处。当变换区间 N=64 时，频谱幅度是变换区间 N=32 时的 2 倍，这种结果正好验证了用 DFT 对中期序列谱分析的理论。对应幅频特性曲线如图 B-3 所示。

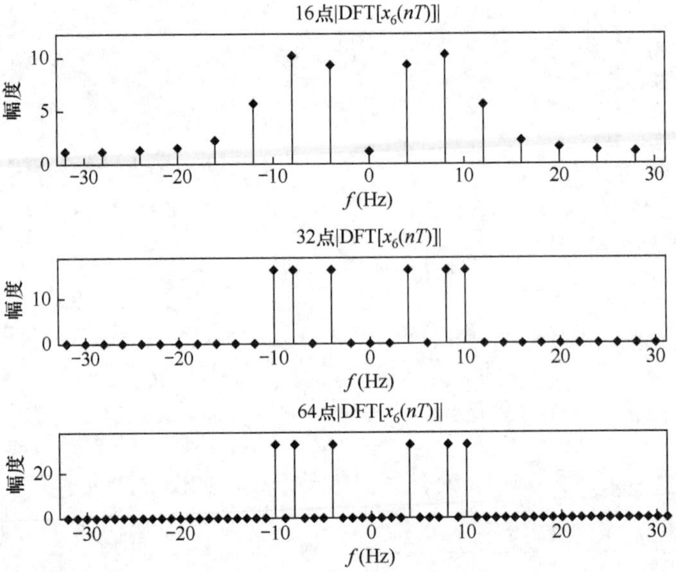

图 B-3　幅频特性曲线（三）

第 3 章思考题答案

1. 傅里叶变换适合处理什么信号？小波分析适合处理什么信号？

因为傅里叶变换只建立了从时域到频域的通道，并没有将时域和频域组合成一个域。其对信号的表征要么完全在时域，要么完全在频域，所以，傅里叶变换适合处理不含有偏移、趋势，突变、事件的起始和终止等非稳态成分的平稳信号。

在日常的故障检测中，小波分析可在时频域局部化，而且时窗和频窗的宽度可调节，所以，小波分析适合检测突变信号。此外，小波分析还可以在低信噪比的信号中检测到故障信号，并且可以滤去噪声，恢复原信号。

2. 简述傅里叶变换、短时傅里叶变换和小波变换之间的异同。

相同点：都是典型的线性时频。

不同点：

（1）傅里叶变换只建立了从时域到频域的通道，从而只适合处理平稳信号，对于突变信号显得无能为力。

（2）短时傅里叶变换通过在信号上加一个滑移时间窗，对信号进行分段取样，使非平稳信号转换为若干个平稳信号。对这些分段的“平稳”信号进行傅里叶变换，可以得到一组原信号的局部频谱，将这些局部频谱组合成时频谱图，就能找出信号的非平稳特性。

（3）小波变换可在时频域局部化，而且时窗和频窗的宽度可调节，故可检测到突变信号。由于小波变换的特性——随着尺度的增大，噪声引起的小波变换模的极大值点迅速减少，而故障引起的小波变换模的极大值点得以显露，故小波分析不但可以在低信噪比的信号中检测到故障信号，而且可以滤去噪声，恢复原信号。

3. 小波变换堪称“数学显微镜”，为什么？

小波变换之所以被称为“数学显微镜”是因为它有如下几个特点。

（1）多分辨率，也叫多尺度，可以由粗及精地逐步观察信号。

（2）小波变换也可以看成基本频率特性为$\psi(\omega)$的带通滤波器在不同尺度下对信号进行滤波。由于傅里叶变换的尺度特性——$\psi\left(\frac{t}{a}\right)$的频谱为$a\psi(a\omega)$，所以，这组滤波器不论$a$为何值（$a>0$），$\psi\left(\frac{t}{a}\right)$始终保持了和$\psi(t)$具有相同的品质因数。

（3）适当选择基本小波，使$\psi(t)$在时域上为有限支撑，$\psi(\omega)$在频域上也比较集中，便可以使小波变换在时频两域都具有表征信号局部特性的能力，因此，有利于检测信号的瞬态或奇异点。

4. 为什么实施小波分析？

在机械制造和自动控制等领域的故障诊断方面经常需要对系统反馈的信号进行分析，以找到系统内部的故障。但系统反馈的信号往往带有较大的噪声，从而为故障信号的提取增加了难度，传统的傅里叶分析难以检测突变信号。小波分析可在时频域局部化，而且时窗和频窗的宽度可调节，故可检测到突变信号。而且小波分析既可以在低信噪比的信号中检测到故障信号，也可以滤去噪声，恢复原信号，有很高的价值，所以要实施小波分析。

5. 如何实施小波分析？

1）选择合适的小波基函数是前提

在运用小波分析理论解决实际问题时，选择合适的小波基函数是前提。只有选择了适合具体问题的小波基函数，才能得到较为理想的结果。目前，可选用的小波基函数很多，如 Mexican hat 小波、Haar 小波、Morlet 小波和 Meyer 小波等。

2）绘制小波系数图、小波方差图和主周期变化趋势图是关键

当选择好合适的小波基函数后，下一步的关键就是如何通过小波变换获得小波系数，然后利用相关软件绘制小波系数图、小波方差图和主周期变化趋势图，进而根据上述 3 种图像的变化识别信号的特征特点，针对信号体现的具体问题完成对实际问题的讨论。

3）具体步骤

（1）数据格式转化。

（2）边界效应的消除或减小。

（3）计算小波系数。

（4）计算复小波系数的实部。

（5）绘制小波系数实部图。

（6）绘制小波系数数模和模方图。

（7）绘制小波方差图。

（8）绘制主周期趋势图。

6. 熟悉 MATLAB 小波分析工具箱

1）cwt：一维连续小波变换

格式如下：

```
coefs=cwt(s,scales,'wavename')
coefs=cwt(s,scales,'wavename','plot')
```

scales 为尺度向量，可以为离散值，表示为[$a_1,a_2,a_3,\cdots$]，也可为连续值，表示为[amin:step:amax]。

2）dwt：单尺度一维离散小波变换

格式如下：

```
[ca,cd]=dwt(x,'wavename')
[ca,cd]=dwt(x,lo-d,hi-d)
```

先利用小波滤波器指令 wfilters 求取低通滤波器 lo-d 和高通滤波器 hi-d。

```
[lo-d,hi-d]=wfilters('haar','d');[ca,cd]=dwt(s,lo-d,hi-d)
```

3）idwt：单尺度一维离散小波逆变换

4）wfilters

格式如下：

```
[lo-d,hi-d,lo-r,hi-r]=wfilters('wname')
[f1,f2]=wfilters('wname','type')
```

type=d（分解滤波器）、R（重构滤波器）、l（低通滤波器）、h（高通滤波器）。

5）dwtmode：离散小波变换模式

格式如下：

```
dwtmode
dwtmode('mode')
```

mode：zdp（补零模式）、sym（对称延拓模式）、spd（平滑模式）。

6）wavedec：多尺度一维小波分解

格式如下：

```
[c,l]=wavedec(x,n,'wname')
[c,l]=wavedec(x,n,lo-d,hi-d)
```

7）appcoef：提取一维小波变换低频系数

格式如下：

```
A=appcoef(c,l,'wavename',N)
A=appcoef(c,l,lo-d,hi-d,N)
```

N 是尺度，可省略。

8）detcoef：提取一维小波变换高频系数

格式如下：

```
d=detcoef(c,l,N)%N 为尺度的高频系数
d=detcoef(c,l,)%最后一尺度的高频系数
```

9）waverec：多尺度一维小波重构

格式如下：

```
x=waverec(c,l,'wavename')
x=waverec(c,l,lo-r,hi-r)
```

```
x=waverec(waverec(c,l,'wavename'),'wavename')
```

10）upwlev：单尺度一维小波的重构

格式如下：

```
[nc,na,ca]=upwlev(c,l,'wname')
[nc,na,ca]=upwlev(c,l,lo-r,hi-r)
```

返回上一尺度的分解结构并提取最后一尺度的低频分量，等价于

```
[c,l]=wavedec(x,N-1, 'wavename')
```

7. 在 MATLAB 工具箱中找到 STFT 变换的 spectrogram.m 函数，熟悉程序，并分析输入输出变量，然后了解 STFT 逆变换的 overlapadd.m 函数。

spectrogram 功能：使用短时傅里叶变换得到信号的频谱图。

语法如下：

```
[S,F,T,P]=spectrogram(x,window,noverlap,nfft,fs)
[S,F,T,P]=spectrogram(x,window,noverlap,F,fs)
```

说明：如果无输出参数，则会自动绘制频谱图；如果有输出参数，则会返回输入信号的短时傅里叶变换。也可以用函数的返回值 S、F、T、P 绘制频谱图。

各参数具体含义如下。

x：输入信号的向量。在默认情况下，没有后续输入参数，x 将被分成 8 段，分别进行变换处理，如果 x 不能被平分成 8 段，则会做截断处理。

window：窗函数，如果 window 为一个整数，x 将被分成 window 段，每段使用 Hamming 窗函数加窗。如果 window 是一个向量，x 将被分成 length(window) 段，每段使用 window 向量指定的部分。

noverlap：每段的重叠样本数，默认值是在各段之间产生 50%的重叠。

nfft：进行快速傅里叶变换的长度，默认为 256 或大于每段长度的最小的 2 的整数次幂。

此参数除使用一个常量外，还可以指定一个频率向量 $\boldsymbol{F}$。

fs：采样频率，默认值为归一化频率。

第 4 章思考题答案

1. 轴承的故障特征频率主要有哪些？写出其计算公式。

（1）不承受轴向力时轴承缺陷特征频率如下。

① 当内环固定，外环随轴线转动时，单个滚动体（或保持架）相对于内环的旋转频率为

$$f_{\mathrm{i}}=\frac{1}{2}\left(1+\frac{d}{D_{\mathrm{m}}}\right)f_{\mathrm{r}}$$

② 当外环固定，内环随轴线转动时，单个滚动体（或保持架）碰外环的旋转频率为

$$f_{\mathrm{o}}=\frac{1}{2}\left(1-\frac{d}{D_{\mathrm{m}}}\right)f_{\mathrm{r}}$$

③ 当轴承内外环有缺陷时，特征频率如下。

当内环固定时，如果内环滚道上有缺陷，则 z 个滚动体滚过该缺陷时的频率为

$$f_{\mathrm{i}}=\frac{1}{2}\left(1+\frac{d}{D_{\mathrm{m}}}\right)f_{\mathrm{r}}z$$

当外环固定时，如果外环滚道上有缺陷，则 z 个滚动体滚过该缺陷的频率为

$$f_{\mathrm{o}}=\frac{1}{2}\left(1-\frac{d}{D_{\mathrm{m}}}\right)f_{\mathrm{r}}z$$

④ 当单个有缺陷的滚动体每自转一周只冲击外环滚道（或外环）一次时，特征频率为

$$f=\frac{1}{2}\left(1-\frac{d^2}{D_{\mathrm{m}}^2}\right)f_{\mathrm{r}}\frac{D_{\mathrm{m}}}{d}$$

⑤ 保持架与内外环发生碰磨的频率如下。

内环：
$$f_{\mathrm{i}}=\frac{1}{2}\left(1+\frac{d}{D_{\mathrm{m}}}\right)f_{\mathrm{r}}$$

外环：
$$f_{\mathrm{o}}=\frac{1}{2}\left(1-\frac{d}{D_{\mathrm{m}}}\right)f_{\mathrm{r}}$$

（2）受轴向力时轴承缺陷特征频率如下。

内圈有缺陷时的故障特征频率：

$$f_{\mathrm{i}}=\frac{1}{2}\left(1+\frac{d}{D_{\mathrm{m}}}\cos\alpha\right)f_{\mathrm{r}}z$$

外圈有缺陷时的故障特征频率：

$$f_{\mathrm{o}}=\frac{1}{2}\left(1-\frac{d}{D_{\mathrm{m}}}\cos\alpha\right)f_{\mathrm{r}}z$$

滚珠有缺陷时的故障特征频率：

$$f_{\mathrm{RS}}=\frac{1}{2}\left(1-\frac{d^2}{D_{\mathrm{m}}^2}\cos^2\alpha\right)f_{\mathrm{r}}\frac{D_{\mathrm{m}}}{d}$$

保持架碰外圈时的故障特征频率：

$$f_{\mathrm{Bo}}=\frac{1}{2}\left(1-\frac{d}{D_{\mathrm{m}}}\cos\alpha\right)f_{\mathrm{r}}$$

保持架碰内圈时的故障特征频率：

$$f_{\mathrm{Bi}}=\frac{1}{2}\left(1+\frac{d}{D_{\mathrm{m}}}\cos\alpha\right)f_{\mathrm{r}}$$

2．表征轴承的时域特征有哪些？如何计算？

1）有量纲故障特征参数

在轴承故障诊断中，有量纲特征参数一般与轴承故障的严重程度密切相关，可以直接用于分析故障情况，轴承的故障越严重，有量纲参数的值就会越大，但是有量纲特征参数诊断轴承故障时受载荷、转速等运转环境的影响比较大。常用的量纲特征参数主要包括峰值、有效值、方根幅值、绝对平均值等。假设离散信号为$\{x_i\},i=1,2,3,\cdots,N$，那么有如下结果。

峰值：

$$\mathrm{Peak}=0.5\times\left[\max(x_i)-\min(x_i)\right]$$

有效值：

$$\mathrm{RMS}=\sqrt{\frac{1}{N}\sum_{i=1}^{N}(x_i-\overline{x})^2}$$

方根幅值：

$$x_{\mathrm{r}}=\left(\frac{1}{N}\sum_{i=1}^{N}\sqrt{|x_i|}\right)^2$$

绝对平均值：

$$|\overline{x}|=\frac{1}{N}\sum_{i=1}^{N}|x_i|$$

2）无量纲故障参数特征

无量纲故障特征参数是指没有或没法用具体的单位去量化的参数，通常表示信号本身的一些性质。在轴承故障诊断中，常用的无量纲参数有偏度、峭度、峰值因子、波形因子、脉冲因子、裕度因子等。

偏度：

$$\alpha = \frac{1}{N}\sum_{i=1}^{N}(x_i - \overline{x})^3$$

峭度：

$$\beta = \frac{1}{N}\sum_{i=1}^{N}(x_i - \overline{x})^4$$

峰值因子：

$$\text{CrestFactor} = \frac{\text{Peak}}{\text{RMS}}$$

波形因子：

$$S = \frac{x_{\text{RMS}}}{|\overline{x}|}$$

脉冲因子：

$$I = \frac{\text{Peak}}{|\overline{x}|}$$

裕度因子：

$$L = \frac{\text{Peak}}{x_{\text{r}}}$$

3．表征轴承的频域特征有哪些？如何计算？

频域参数反映的是信号频率特征的一些参数，常用的参数如下。

频率重心：

$$\text{FC} = \frac{\sum_{i=1}^{n}(f_i \cdot S(f_i))}{\sum_{i=0}^{n}S(f_i)}$$

均方频率：

$$\text{MSF} = \frac{\sum_{i=1}^{n}(f_i^2 \cdot S(f_i))}{\sum_{i=0}^{n}S(f_i)}$$

均方根频率：

$$\text{RMSF} = \sqrt{\text{MSF}}$$

频率方差：

$$\mathrm{VF}=\frac{\sum_{i=1}^{n}(f-\mathrm{FC})^2\cdot S(f_i)}{\sum_{i=0}^{n}S(f_i)}$$

频率标准差：

$$\mathrm{RVF}=\sqrt{\mathrm{VF}}$$

4．简述包络分析法的主要原理。

对采集的理想故障微弱冲击脉冲信号 $F(t)$进行解调处理，获得富含故障信息的高频解调波，通过对此解调波的振幅和频谱进行分析，确定故障发生的部位。

5．简述倒频谱分析的主要原理。

对功率谱的对数值进行傅里叶逆变换，将复杂的卷积关系变成简单的线性叠加，从而在其倒频谱上可以较容易地识别信号的频率组成分量及提取所关心的频率成分，较准确地反映故障特性。

第 5 章思考题答案

1．齿轮故障的主要形式有哪些？

常见的齿轮故障有以下 4 种形式。

（1）齿面磨损：润滑油不足或者油质不清洁会造成齿面磨粒磨损，使齿廓显著改变，侧隙加大，以致由于齿轮过度减薄导致断齿。

（2）齿面胶合和擦伤：对于重载和高速齿轮的传动，齿面工作区温度很高，一旦润滑条件不良，齿面间的油膜便会破裂消失，一个齿面的金属会熔焊在与之啮合的另一个齿面上，在齿面上形成划痕状胶合。当新齿轮未经磨合便投入使用时，常在某一局部产生这种现象，使齿轮擦伤。

（3）齿面接触疲劳点蚀：齿轮在实际啮合过程中，既有相对滚动，又有相对滑动，而且相对滑动的摩擦力在节点两侧的方向相反，从而产生脉动载荷。载荷和脉动力的作用使齿轮表面层深处产生脉动循环变化的剪应力。当这种剪应力超过齿轮材料的疲劳极限时，接触表面将产生疲劳裂纹。随着裂纹的扩展，最终使齿面剥落小片金属，在齿面上形成小坑，称为点蚀。当点蚀扩大连成片时，形成齿面上金属块剥落。此外，材质不均匀或局部擦伤，也容易在某一齿上出现接触疲劳，产生剥落。

（4）齿根弯曲疲劳断齿：在运行过程中承受载荷的轮齿，如同悬臂梁，其根部受到脉冲循环的弯曲应力作用最大，当这种周期性力超过齿轮材料的疲劳极限时，会在根部产生裂纹并逐步扩展，当剩余部分无法承受传动载荷时就会发生断齿现象。齿轮由于工作中严重的冲击、偏载及材质不均匀也可能会引起断齿。断齿和点蚀是齿轮故障的主要形式。

2. 什么是幅值调制？什么是频率调制？

幅值调制：载频的时域信号幅值受到调制信号的调制。

频率调制：载频信号受到调制信号的调制后，变成变频信号。

3. 什么是频率细化分析技术？简述其原理

频率细化分析，使某些感兴趣的重点频谱区域得到较高的分辨率，提高了分析的准确性，是在 20 世纪 70 年代发展起来的一种新技术，又称为局部频谱放大。

频率细化分析的基本原理：利用频移定理，对被分析信号进行复调制，再重新采样，进行傅里叶变换，即可得到更高的频率分辨率。

4. 齿轮故障诊断有哪些主要技术和方法？

齿轮故障分析方法包括常用振动诊断方法和精密诊断方法。

1）常用振动诊断方法

（1）时域同步平均法：从混杂有噪声干扰的信号中提取周期性分量的有效方法，也称为相干检波法。

（2）频率细化分析法：使某些感兴趣的重点频谱区域得到较高的分辨率，提高了分析的准确性，是在 20 世纪 70 年代发展起来的一种新技术，又称为局部频谱放大法。

（3）倒频谱分析法：根据 FFT 时域—频域转换的概念，将频谱结果再次利用 FFT 技术转换到一个新的分析域中。

2）精密诊断方法

齿轮的精密诊断是以频率分析为基础的。一般而言，常用振动诊断方法对齿轮故障诊断是非常有效的，但在实际工作中，通常是先利用常规的时域分析、频谱方法对齿轮故障做出诊断，这种诊断结果有时就是精密诊断结果，有时还需要进一步对故障进行甄别和确认，最终得出精密诊断结果。

第 6 章思考题答案

1. 考虑以下系统的传递函数：

$$\frac{Y(s)}{U(s)}=\frac{s+6}{s^2+5s+6}$$

试求该系统状态空间表达式的能控标准型和能观标准型。

解：可直接写出能控标准型各系数矩阵：

$$\boldsymbol{A}=\begin{bmatrix}0 & 1\\ -6 & -5\end{bmatrix},\boldsymbol{B}=\begin{bmatrix}0\\ 1\end{bmatrix},\boldsymbol{C}=\begin{bmatrix}6 & 1\end{bmatrix},\boldsymbol{D}=\boldsymbol{0}$$

该系统状态空间表达式的能控标准型为

$$\begin{cases}\boldsymbol{x}'(t)=\begin{bmatrix}0 & 1\\ -6 & -5\end{bmatrix}\boldsymbol{x}(t)+\begin{bmatrix}0\\ 1\end{bmatrix}\boldsymbol{u}(t)\\ \boldsymbol{y}(t)=[6\ 1]\boldsymbol{x}(t)\end{cases}$$

由能控标准型与能观标准型的对偶性，可得

$$\boldsymbol{A}'=\boldsymbol{A}^{\mathrm{T}},\boldsymbol{B}'=\boldsymbol{C}^{\mathrm{T}},\boldsymbol{C}'=\boldsymbol{B}^{\mathrm{T}}$$

则系统状态表达式的能观标准型为

$$\begin{cases}\boldsymbol{x}'(t)=\begin{bmatrix}0 & -6\\ 1 & -5\end{bmatrix}\boldsymbol{x}(t)+\begin{bmatrix}6\\ 1\end{bmatrix}\boldsymbol{u}(t)\\ \boldsymbol{y}(t)=[1\ 1]\boldsymbol{x}(t)\end{cases}$$

2. 考虑由下式定义的系统：

$$\dot{\boldsymbol{x}}=\boldsymbol{A}\boldsymbol{x}+\boldsymbol{B}\boldsymbol{u}$$
$$\boldsymbol{y}=\boldsymbol{C}\boldsymbol{x}$$

式中，

$$\boldsymbol{A}=\begin{bmatrix}1 & 2\\ -4 & -3\end{bmatrix},\ \boldsymbol{B}=\begin{bmatrix}1\\ 2\end{bmatrix},\boldsymbol{C}=[1\ 1]$$

试将该系统的状态空间表达式变换为能控标准型。

解：先求能控判别矩阵：

$$\begin{bmatrix}\boldsymbol{B}_0 & \boldsymbol{A}_0\boldsymbol{B}_0\end{bmatrix}=\begin{bmatrix}1 & 1\times1+2\times2\\ 2 & -4\times1-3\times2\end{bmatrix}=\begin{bmatrix}1 & 5\\ 2 & -10\end{bmatrix}$$

显然系统能控，求能控标准型的输出矩阵：

$$\boldsymbol{C}=\boldsymbol{C}_0\begin{bmatrix}\boldsymbol{B}_0 & \boldsymbol{A}_0\boldsymbol{B}_0\end{bmatrix}=[1\ 1]\begin{bmatrix}1 & 5\\ 2 & -10\end{bmatrix}=\begin{bmatrix}3 & -5\end{bmatrix}$$

求特征多项式：

$$\left|s\boldsymbol{I}-\boldsymbol{A}_0\right|=\begin{vmatrix}s-1 & -2\\ 4 & s+3\end{vmatrix}=s^2+2s+5$$

可以得到能控标准型的状态矩阵：

$$\boldsymbol{A}=\begin{bmatrix}0 & 1\\ -5 & -2\end{bmatrix}$$

又

$$B=\begin{bmatrix}0\\1\end{bmatrix}$$

最终系统状态表达式的能控标准型为

$$\begin{cases}\boldsymbol{x}'(t)=\begin{bmatrix}0 & -6\\-5 & -2\end{bmatrix}\boldsymbol{x}(t)+\begin{bmatrix}0\\1\end{bmatrix}\boldsymbol{u}(t)\\ \boldsymbol{y}(t)=\begin{bmatrix}3 & -5\end{bmatrix}\boldsymbol{x}(t)\end{cases}$$

3．考虑由下式定义的系统：

$$\begin{cases}\dot{\boldsymbol{x}}=\boldsymbol{Ax}+\boldsymbol{Bu}\\ \boldsymbol{y}=\boldsymbol{Cx}\end{cases}$$

式中，

$$\boldsymbol{A}=\begin{bmatrix}-1 & 0 & 1\\1 & -2 & 0\\0 & 0 & -3\end{bmatrix},\boldsymbol{B}=\begin{bmatrix}0\\0\\1\end{bmatrix},\boldsymbol{C}=\begin{bmatrix}1 & 1 & 0\end{bmatrix}$$

试求其传递函数。

解：先求预解矩阵：

$$[s\boldsymbol{I}-\boldsymbol{A}]^{-1}=\begin{bmatrix}s+1 & 0 & -1\\-1 & s+2 & 0\\0 & 0 & s+3\end{bmatrix}^{-1}=\frac{1}{\begin{vmatrix}s+1 & 0 & -1\\-1 & s+2 & 0\\0 & 0 & s+3\end{vmatrix}}\begin{bmatrix}s+1 & 0 & -1\\-1 & s+2 & 0\\0 & 0 & s+3\end{bmatrix}^{*}$$

$$=\frac{1}{s^3+6s^2+11s+6}\begin{bmatrix}(s+2)(s+3) & 0 & s+2\\s+3 & (s+1)(s+3) & 1\\0 & 0 & (s+1)(s+2)\end{bmatrix}$$

传递函数：

$$G(s)=\boldsymbol{C}[s\boldsymbol{I}-\boldsymbol{A}]^{-1}\boldsymbol{B}$$

$$=\frac{1}{s^3+6s^2+11s+6}[1\ 1\ 0]\begin{bmatrix}(s+2)(s+3) & 0 & s+2\\s+3 & (s+1)(s+3) & 1\\0 & 0 & (s+1)(s+2)\end{bmatrix}\begin{bmatrix}0\\0\\1\end{bmatrix}$$

$$=\frac{s+3}{s^3+6s^2+11s+6}$$

4．考虑下列矩阵：

$$A=\begin{bmatrix}0&1&0&0\\0&0&1&0\\0&0&0&1\\1&0&0&0\end{bmatrix}$$

试求矩阵 A 的特征值 λ_1、λ_2、λ_3 和 λ_4，再求变换矩阵 P，使得

$$\boldsymbol{P}^{-1}\boldsymbol{AP}=\mathrm{diag}(\lambda_1,\lambda_2,\lambda_3,\lambda_4)$$

解：特征值分别为−1, i, −i, 1，变换矩阵 $\boldsymbol{P}$ 为

$$\boldsymbol{P}=\begin{bmatrix}-0.5&0.5&0.5&-0.5\\0.5&0.5\mathrm{i}&-0.5\mathrm{i}&-0.5\\-0.5&-0.5&-0.5&-0.5\\0.5&-0.5\mathrm{i}&0.5\mathrm{i}&-0.5\end{bmatrix}$$

第 7 章思考题答案

1．设系统的传递函数为

$$G(s)=\frac{10}{s(s+1)(s+2)}$$

试设计状态反馈控制器，使闭环系统的极点为−2,−1±j。

解：$\boldsymbol{K}=\begin{bmatrix}-4 & -4 & -1\end{bmatrix}$

原系统状态变量图如图 B-4 所示。

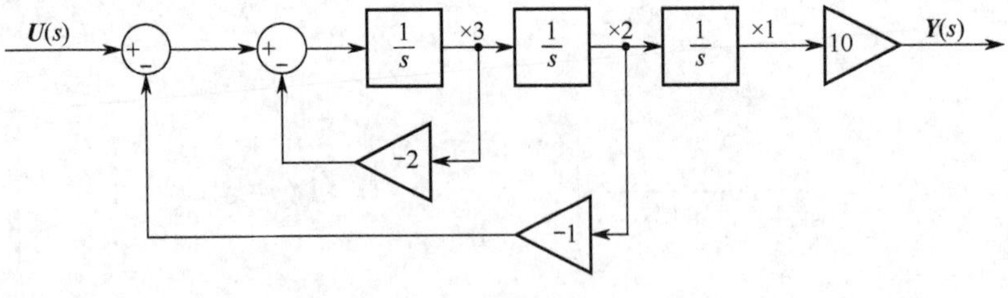

图 B-4　原系统状态变量图（一）

含状态反馈控制器的状态变量图如图 B-5 所示。

2．设系统的状态方程为

$$\begin{bmatrix}\dot{x}_1\\\dot{x}_2\\\dot{x}_3\end{bmatrix}=\begin{bmatrix}0&1&0\\0&-1&1\\0&0&-2\end{bmatrix}\begin{bmatrix}x_1\\x_2\\x_3\end{bmatrix}+\begin{bmatrix}0\\0\\1\end{bmatrix}\boldsymbol{u}$$

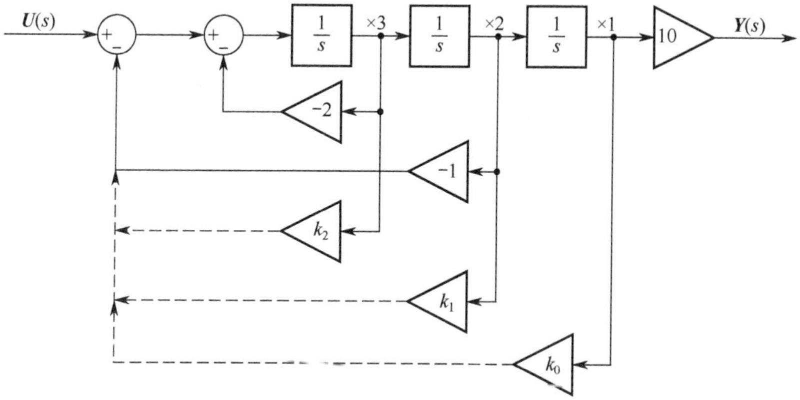

图 B-5 含状态反馈控制器的状态变量图（一）

若使闭环极点位于−2,−1±j，求状态反馈阵 *K*；画出状态变量图。

解：$\boldsymbol{K}=\begin{bmatrix}-4 & -3 & -1\end{bmatrix}$

原系统状态变量图如图 B-6 所示。

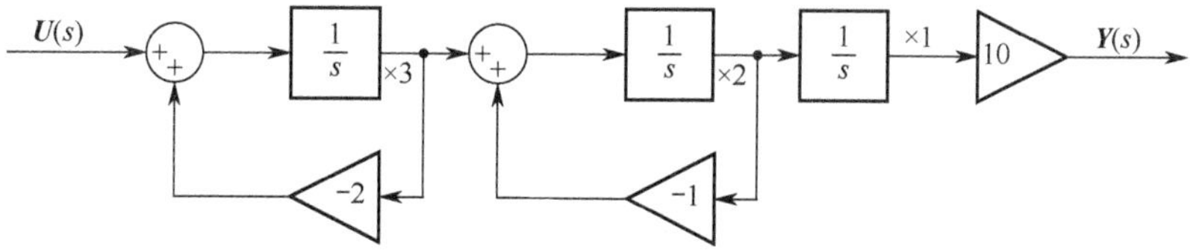

图 B-6 原系统状态变量图（二）

含状态反馈控制器的状态变量图如图 B-7 所示。

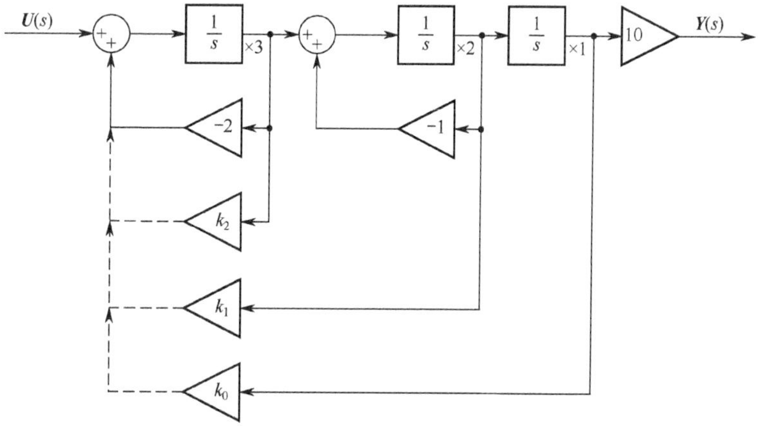

图 B-7 含状态反馈控制器的状态变量图（二）

第 8 章思考题答案

1．简述基于观测器的故障检测器的基本原理。

通过所设计的观测器来对系统的状态进行估计，并重构系统的一些可测量变量，然后将观测器的输出与真实系统的输出进行比较，产生残差，再分析处理残差，以达到故障诊断的目的。Kalman 滤波器就是故障诊断方法中最为常用的观测器之一。

2．简述故障分离滤波器的设计原理、完全故障分离存在的条件。

假设系统的模型描述如下：

$$\boldsymbol{y}(s)=\boldsymbol{G}_{yu}(s)\boldsymbol{u}(s)+\boldsymbol{G}_{yf}(s)\boldsymbol{f}(s)$$

对于故障向量 $\boldsymbol{f}(s)\in\boldsymbol{R}^{kf}$，我们的工作就是寻找这样一个残差生成器，使得残差向量 $\boldsymbol{r}(s)\in\boldsymbol{R}^{kf}$ 中的每一项完全取决于故障向量 $\boldsymbol{f}(s)$中的某一个特定的故障。当且仅当 $\mathrm{rank}(\hat{\boldsymbol{M}}_u(s)\boldsymbol{G}_{yf}(s))=\boldsymbol{k}_f$ 成立时，完全故障分离问题有解（当且仅当 $m\geqslant k_f$ 时，完全故障分离问题有解）。

3．什么是故障辨识？故障辨识有哪些策略？如何设计故障辨识滤波器？

（1）成功的故障辨识同时也就意味着成功的故障检测与故障分离。

（2）基于模型的故障辨识策略如下。

一是基于参数辨识的故障辨识技术。在这种技术中，故障以系统参数的形式建立为模型，并应用已经十分成熟的参数辨识技术实现故障辨识。

二是扩展的观测器策略。在这种方法中，故障被作为系统状态对待，构造扩展的观测器对状态变量与故障同时进行估计。

三是自适应观测器策略。这种方法在某种程度上可以认为是前面两种方法的结合。

四是基于估测器的故障辨识滤波器策略。

（3）故障辨识滤波器的设计步骤如下。

寻找一个矩阵 $\boldsymbol{L}$，使其满足

$$\dot{\hat{\boldsymbol{x}}}=\boldsymbol{A}\hat{\boldsymbol{x}}+\boldsymbol{B}\boldsymbol{u}+\boldsymbol{L}(\boldsymbol{y}-\hat{\boldsymbol{y}}),\hat{\boldsymbol{y}}=\boldsymbol{C}\hat{\boldsymbol{x}}+\boldsymbol{D}\boldsymbol{u}$$

是稳定的。

通过 $\boldsymbol{F}_f-\boldsymbol{F}_f=\boldsymbol{I}$ 求解 $\boldsymbol{F}_f$，并设

$$R(s)=\left(\begin{matrix}I-F_f^- C(pI-A+LC-LF_f F_f^- C+E_f F_f^- C)^{-1}\\(F_f-F_f)\end{matrix}\right)F_f^-$$

构造故障辨识滤波器

$$\hat{f}(s)=R(s)(y(s)-\hat{y}(s))$$

4. 简述基于 Kalman 滤波器的 GLRT 故障检测算法。

应用 Kalman 滤波器进行滤波估计，用得到的估计值与系统的实际输出进行比较，得到残差输出。最后运用 GLRT 方法处理残差输出，获得故障检测指标。当超过一个预先设置的阈值水平时，则认为检测到故障并进行报警。

第 9 章思考题答案

1. 简述 PCA 数据降维处理的基本原理，并用 MATLAB 实现这个算法。

PCA（Principal Component Analysis，主成分分析方法）是一种使用最广泛的数据降维算法。PCA 的主要思想是将 n 维特征映射到 k 维上，这 k 维是全新的正交特征，也被称为主成分，是在原有 n 维特征的基础上重新构造出来的 k 维特征。PCA 的工作就是从原始的空间中顺序地找一组相互正交的坐标轴，新的坐标轴的选择与数据本身是密切相关的。其中，第一个新坐标轴选择是原始数据中方差最大的方向，第二个新坐标轴选取是与第一个坐标轴正交的平面中使得方差最大的，第三个轴是与第一、第二个轴正交的平面中方差最大的。以此类推，可以得到 n 个这样的坐标轴。通过这种方式获得的新的坐标轴，大部分方差都包含在前面 k 个坐标轴中，后面的坐标轴所含的方差几乎为 0。于是，可以忽略余下的坐标轴，只保留前面 k 个含有绝大部分方差的坐标轴。事实上，这相当于只保留包含绝大部分方差的维度特征，而忽略包含方差几乎为 0 的特征维度，实现对数据特征的降维处理。

2. DPCA 和 PCA 的主要区别是什么？

PCA 方法不考虑当前观测数据与过去时刻观测数据之间的动态关系，只分析各变量之间的强互相关性，即不考虑数据之间的自相关性。

DPCA 方法在 PCA 的基础上，考虑了数据之间的自相关性，将前 S 个时刻的采样数据的每个变量当成新的增广矩阵的值，然后用 PCA 降维，去除变量之间的相关性。

3．写出基于 DPCA 算法的故障检测的主要步骤，并用 MATLAB 实现这个算法。

（1）在正常工况条件下，采集反映过程正常运行的数据。

（2）计算滞后 l，并根据动态主元分析的定义，构造进行动态主元分析所需的数据矩阵。

（3）对新的数据矩阵进行量化，然后对量化后的数据矩阵进行动态主元分析，建立动态主元模型。

（4）再采集一组新的数据，并投影到动态主元模型上。

（5）计算 T^2 和 Q 统计量，并绘制相应的过程监视图。

（6）检验过程异常。如果 T^2 或 Q 统计量超出控制限，说明过程异常，否则过程正常。

4．简述 SVM 分类的基本原理，以及如何用 SVM 实现故障分离功能。

SVM 分类的基本原理如下。

（1）SVM 针对线性可分情况进行分析，对于线性不可分的情况，通过使用非线性映射算法将低维输入空间线性不可分的样本转换为高维特征空间，使其线性可分，从而使得高维特征空间采用线性算法对样本的非线性特征进行线性分析成为可能。

（2）SVM 基于结构风险最小化原则，在特征空间中建构最优分割超平面，使得学习器得到全局最优化，并且使得在整个样本空间的期望风险以某个概率满足一定上界。

实现方法如下。

辨识故障发生的组件，即辨识是一系弹簧发生故障还是二系空簧发生故障，抑或是二系阻尼发生故障。辨识发生的故障类型，即辨识是中等故障还是严重故障。对于以上两方面内容，分别使用 FCA 和 FTA 进行辨识。

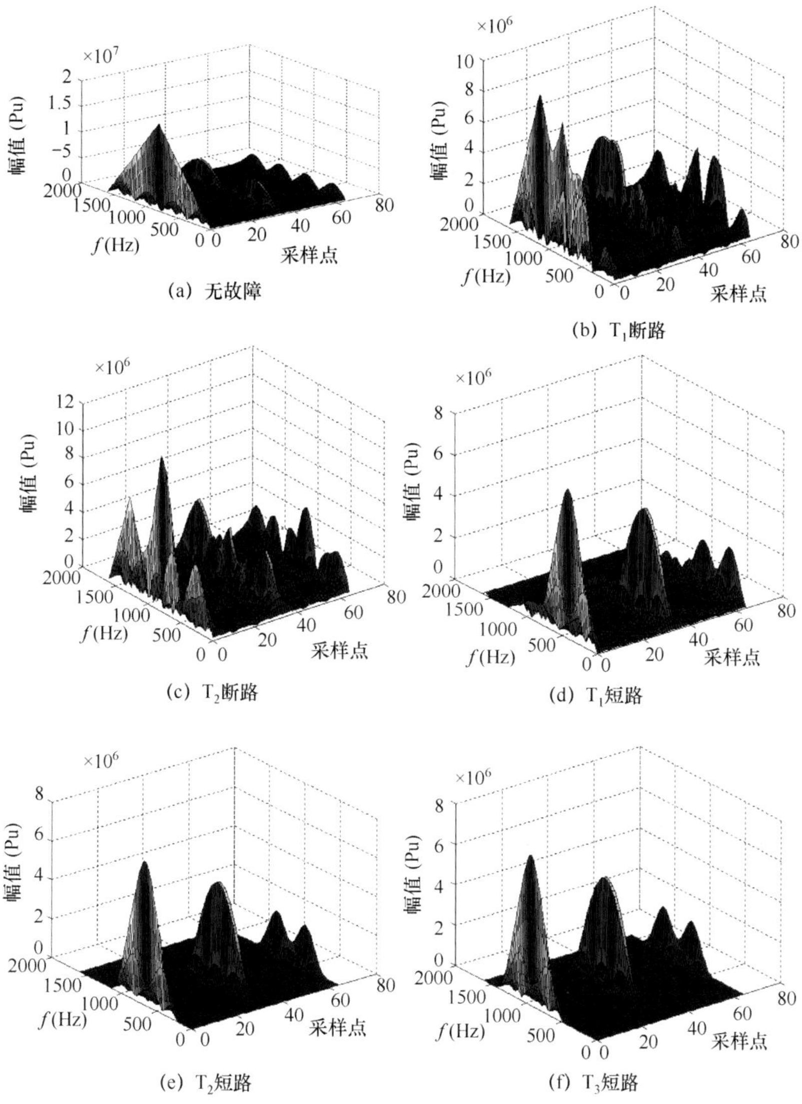

(a) 无故障　(b) T_1断路　(c) T_2断路　(d) T_1短路　(e) T_2短路　(f) T_3短路

图 3-2　不同故障发生时的 Wigner-Ville 分布

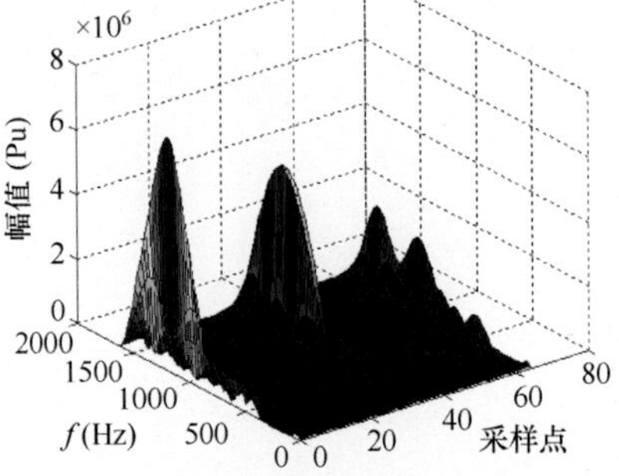

(g) T_4短路

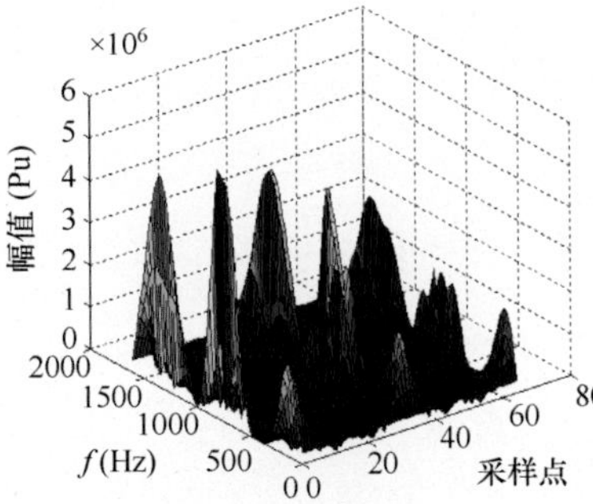

(h) T_5短路

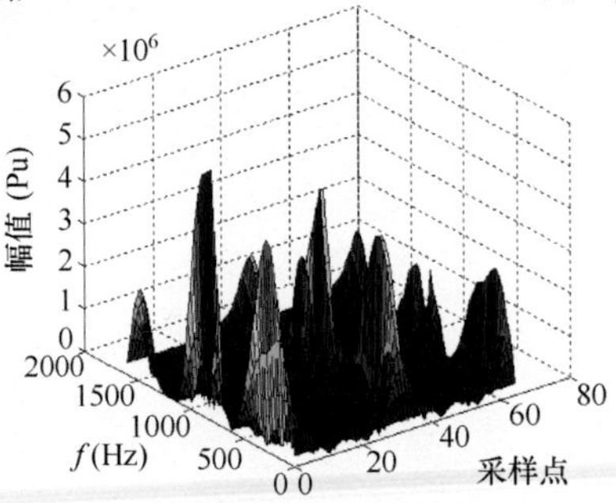

(i) T_6短路

图 3-2　不同故障的 Wigner-Ville 分布（续）

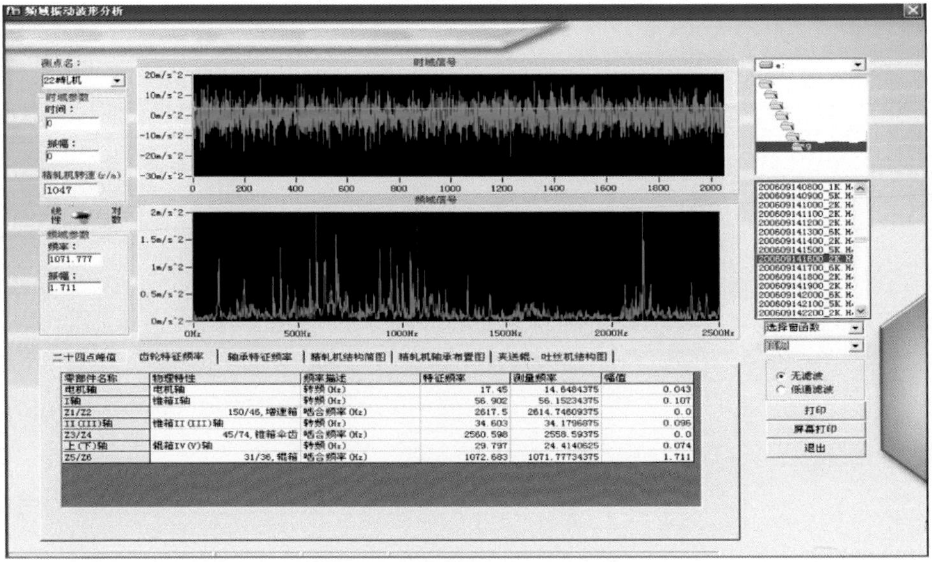

图 5-12　频域振动波形分析图

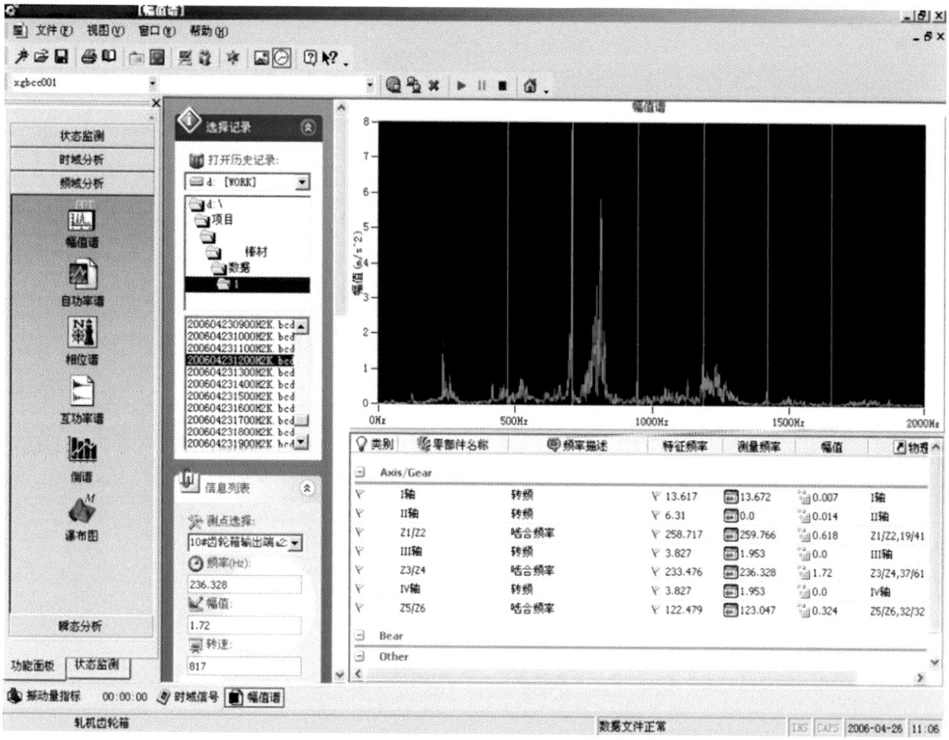

图 5-15　10#轧机 200604231200 输出端频域图

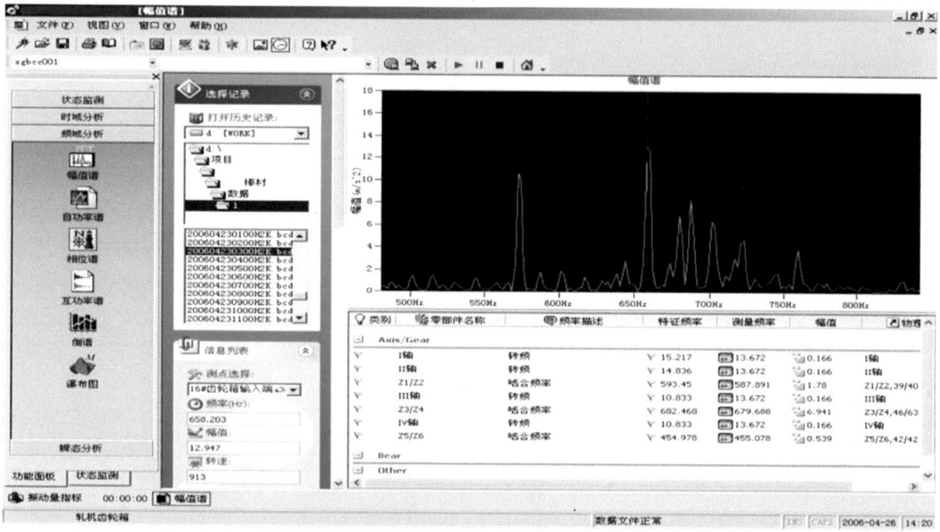

图 5-16　16#轧机 2006004230300 细化后的频域图

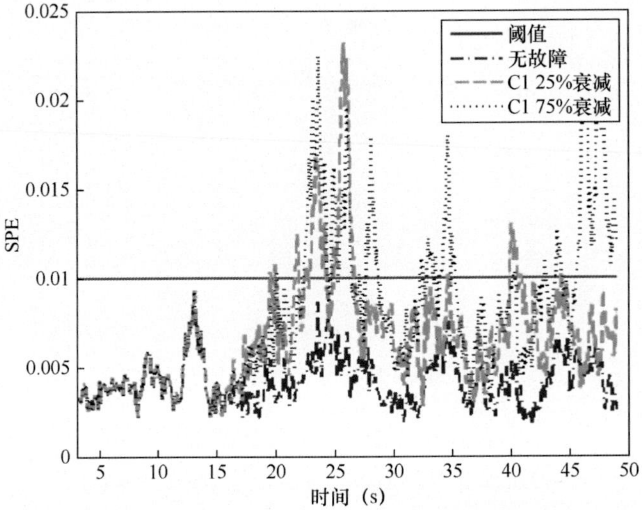

图 9-1　基于 DPCA 的一系阻尼故障检测结果

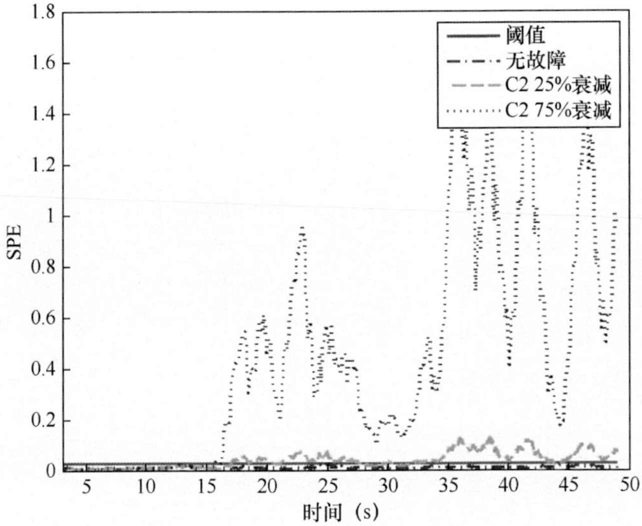

图 9-2　基于 DPCA 的二系阻尼故障检测结果

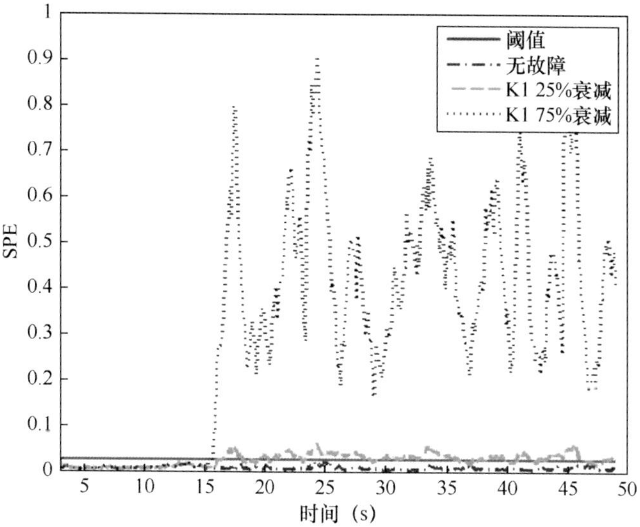

图 9-3　基于 DPCA 的一系弹簧故障检测结果

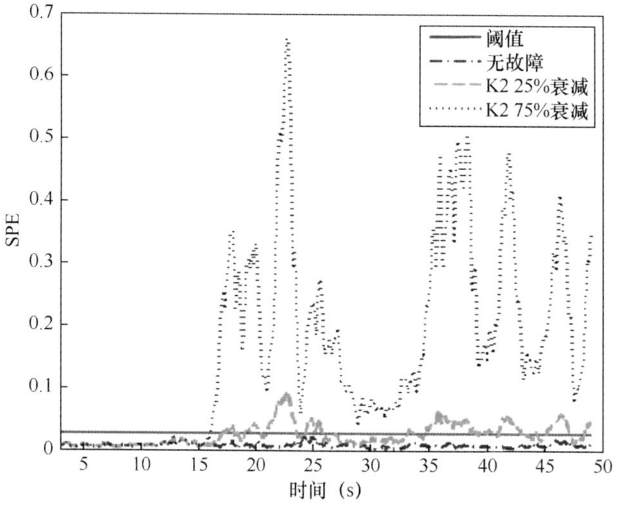

图 9-4　基于 DPCA 的二次空簧故障检测结果

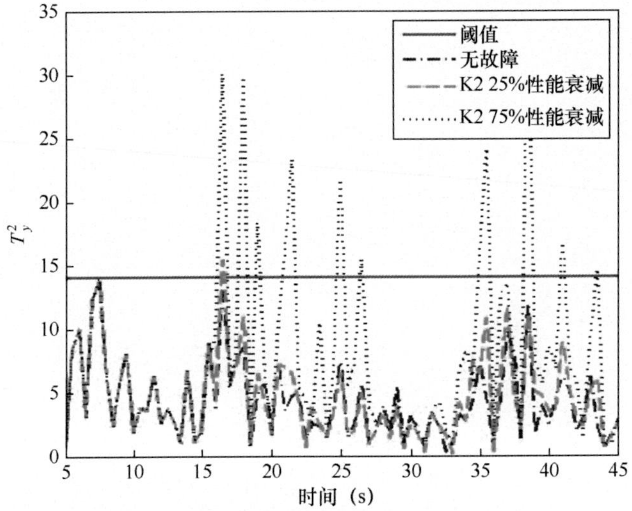

图 9-7　基于 T_y^2 的二系空簧故障检测结果

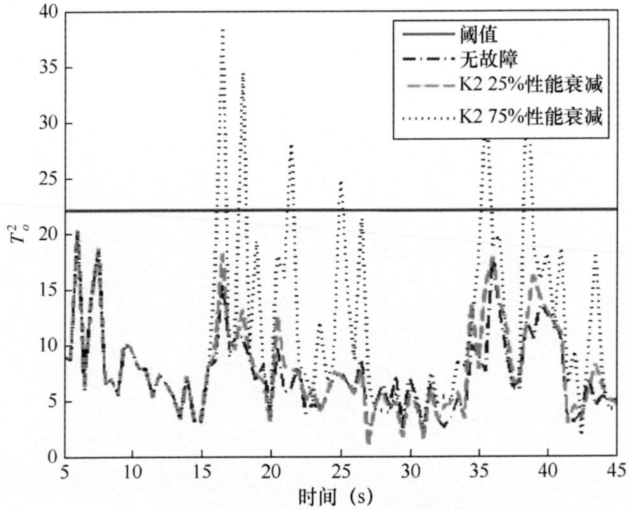

图 9-8　基于 T_o^2 的二系空簧故障检测结果

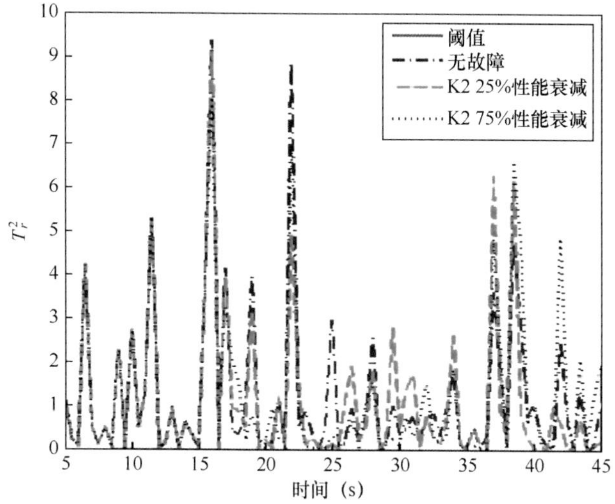

图 9-9　基于 T_r^2 的二系空簧故障检测结果

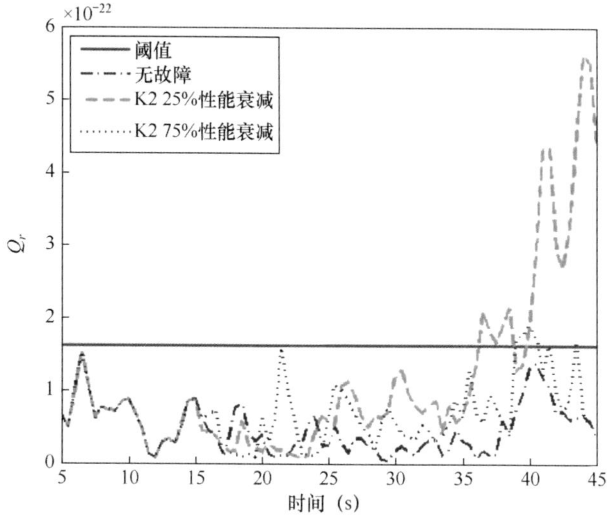

图 9-10　基于 Q_r 的二系空簧故障检测结果

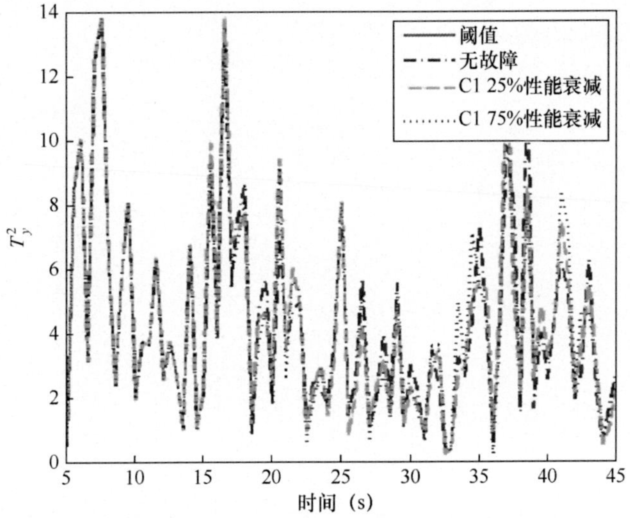

图 9-11　基于 T_y^2 的一系阻尼故障检测结果

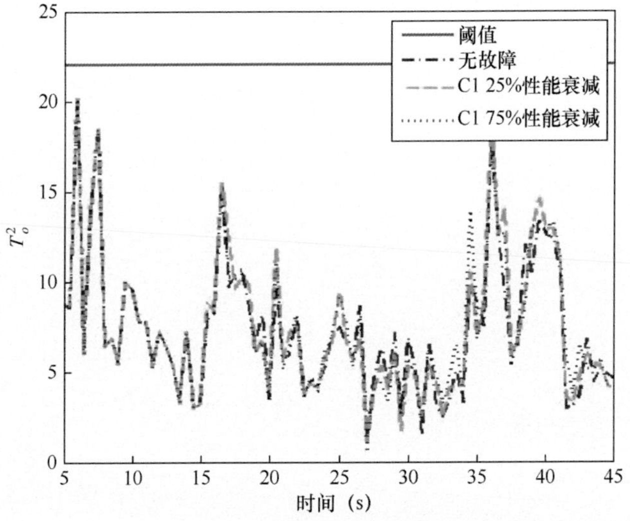

图 9-12　基于 T_o^2 的一系阻尼故障检测结果

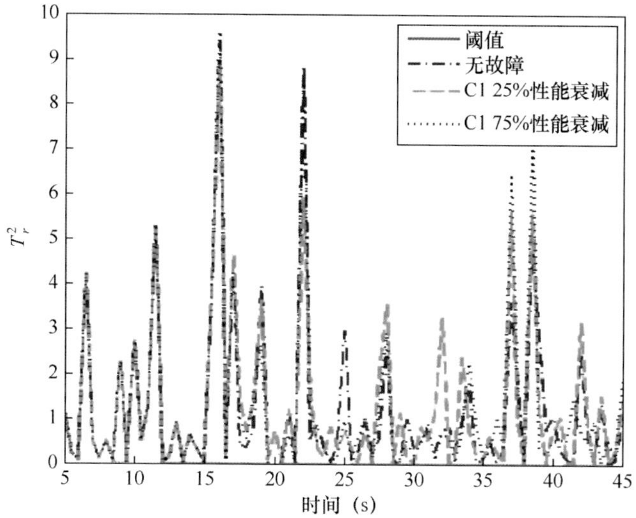

图 9-13　基于 T_r^2 的一系阻尼故障检测结果

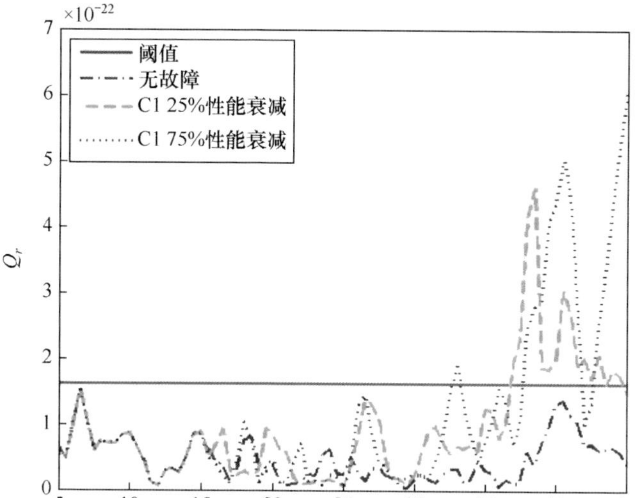

图 9-14　基于 Q_r 的一系阻尼故障检测结果

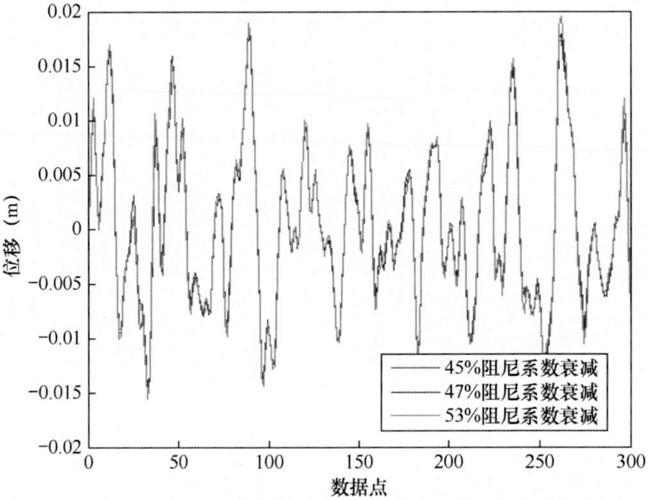

图 9-20 第一个二系阻尼 45%、47%、53%阻尼系数衰减时的位移数据

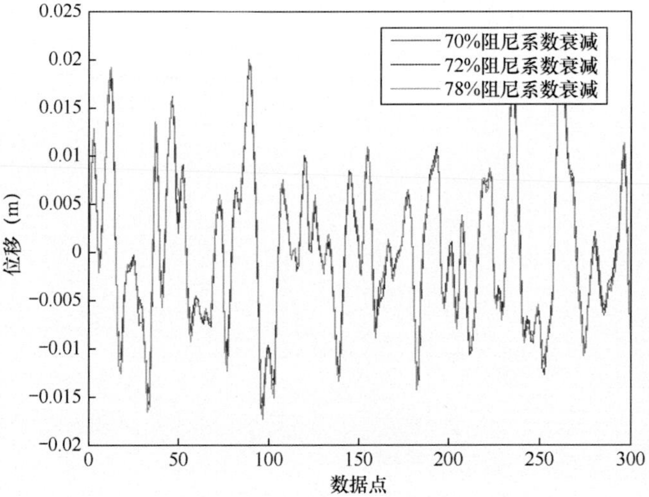

图 9-21 第一个二系阻尼 70%、72%、78%阻尼系数衰减时的位移数据

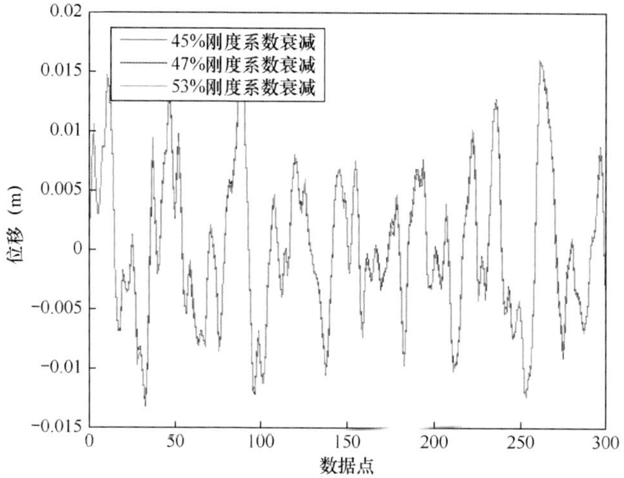

图 9-22　第一个一系弹簧 45%、47%、53%刚度系数衰减时的位移数据

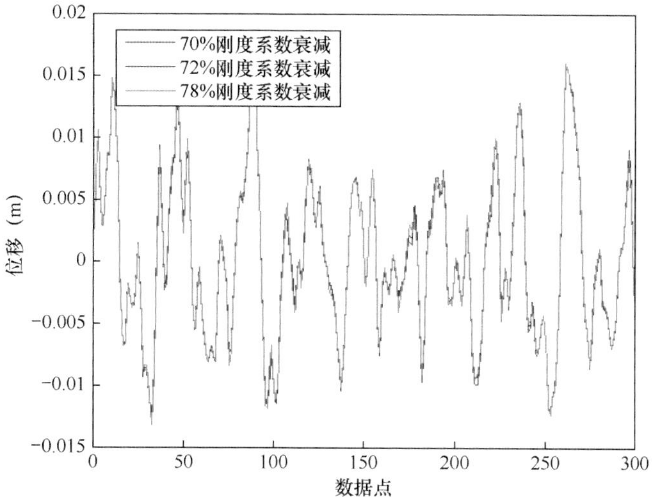

图 9-23　第一个一系弹簧 70%、72%、78%刚度系数衰减时的位移数据

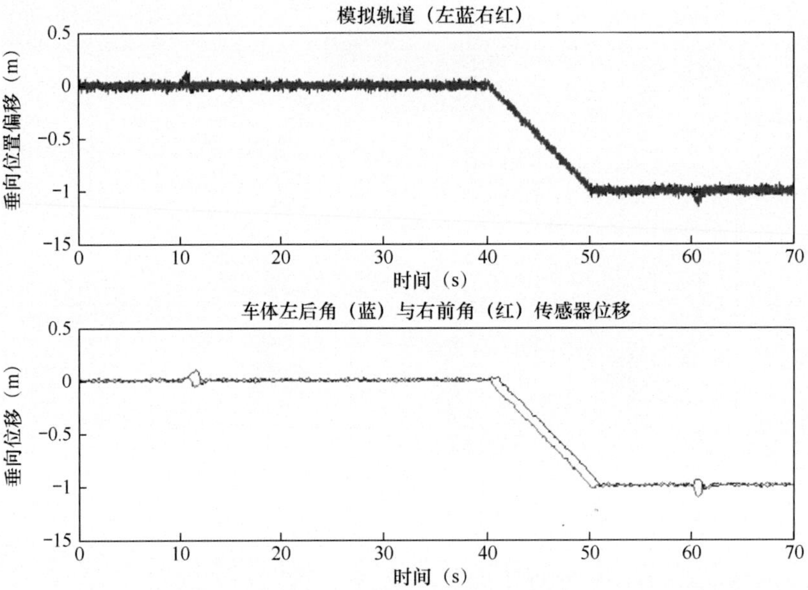

图 A-13　城轨车辆模型时域响应